Wolfgang Kühnel

Claimsmanagement in Schlüsselwörtern

Beiträge zum Industrieanlagenbau

VDMA Verlag GmbH
Lyoner Straße 18
60528 Frankfurt am Main
www.vdma-verlag.com

Dieses Buch ist gedruckt auf einem FSC-zertifizierten Naturpapier. Das FSC-Zertifikat steht für eine Produktgruppe aus vorbildlich bewirtschafteten Wäldern und kontrollierten Herkünften.

FSC

Bestell-Nr. vf 58701
ISBN 978-3-8163-0587-3

Gesamtproduktion:
LEiTHNER GmbH & Co. KG, www.leithner.de

Vorwort

Im Gegensatz zu Ländern wie den USA oder Großbritannien erfreut sich das Claimsmanagement in Deutschland als Instrument der Ertragssicherung noch keiner Anerkennung oder gar Beliebtheit. Gründe dafür sind hauptsächlich die ausgeprägte technische Prozessorientierung des deutschen Industrieanlagenbaus, seine Marktmentalität, die die Kundenzufriedenheit deutlich in den Vordergrund stellt und unser Rechtssystem, dessen materielle und prozessuale Ergebnisse trotz mancher Unwägbarkeiten vergleichsweise überschaubar und gut abzuschätzen sind.

Gleichzeitig dürfte unbestritten sein, dass die Ertragslage des Maschinen- und Anlagenbaus sich selbst in Zeiten hoher Auftragszugänge nicht wesentlich zu verbessern scheint – ein Grund mehr, dem ungeliebten Claimsmanagement und seinem Ergebnispotential in Zukunft vorbehaltloser näher zu treten. Ohne grundlegende Kenntnis der Schlüsselbegriffe werden Bemühungen in dieser Richtung aber nicht einmal ansatzweise erfolgreich sein können.

Die vorliegende Veröffentlichung will solche Schritte unterstützen. Sie baut wie die Vorauflage auf den ebenfalls im VDMA – Verlag erschienenen Broschüren „Projekt, Vertrag und Claim“ sowie „Zeit, Verzögerung und Claim“ auf. Der juristische Laie, der als Ingenieur oder Kaufmann verantwortlich an Projekten der Investitionsgüterindustrie mitwirkt, findet in neunzig Schlüsselwörtern die Grundzüge des Claimsmanagement erläutert. Diesem Ziel dient eine durchgehende Darstellungsform: Den Anfang bildet eine Projektbeschreibung mit tatsächlichen Abwicklungsschwierigkeiten, die Beteiligten stellen dazu aus ihrer jeweiligen Interessenlage Überlegungen an, ihnen folgen praktische Ratschläge und schließlich der Anschaulichkeit dienende Vertragsbeispiele.

Deren Schraffur soll der Leserlichkeit dienen. Soweit die Originale in englischer Sprache abgefasst sind, habe ich sie ins Deutsche übertragen. Da deutsche Vorschläge in der grenzüberschreitenden Praxis die Ausnahme sind, war der umgekehrten Weg verzichtbar. Die Schlüsselwörter wiederum entstammen fast durchweg der deutschen Sprache. Die englische Fassung habe ich nur bei deren starker Verbreitung auch im deutschen Sprachraum oder bei deutlich voneinander abweichendem Inhalt der Übersetzungen gewählt.

Bei der Fülle möglicher Fallgestaltungen im Maschinen- und Anlagenbau müssen die Beschränkung auf ein Projekt je Schlüsselwort, die Auswahl und Darstellung der Schwierigkeiten und Überlegungen sowie der bewusst nicht immer mustergültigen Vertragsbeispiele manchmal willkürlich erscheinen. Zudem sind die Probleme des Verständnisses und der Übersichtlichkeit halber häufig vereinfacht aufbereitet. Mir liegt jedoch mehr an der grundsätzlichen Sensibilisierung des Lesers und Praktikers für das Claimsmanagement als an dessen dogmatischer Darstellung. Juristische Angreifbarkeit in dem einen oder anderen Einzelfall sowie der Verzicht auf Fußnoten und weiterführende Hinweise sind für dieses Ziel kein zu hoher Preis, solange Klarheit über die Schwächen besteht.

Dr. Wolfgang Kühnel

Mehr Informationen, Fragen und Antworten zum Thema finden Sie unter:
www.vdma-verlag.de/claimsmanagement.html

Abnahme

Das Projekt

Auf Vorschlag des Auftraggebers aus der Möbelindustrie hatten die Parteien bei einem 5 Mio. EUR Inlandsprojekt für die Spanplattenfertigung und -verarbeitung vertraglich eine „vorläufige" und eine „endgültige" „Übernahme" der Anlage vorgesehen. Die vorläufige Übernahme sollte mit Erbringung der einzelnen Leistungsnachweise erfolgen. Gleichzeitig sollte die vereinbarte Frist für die Sachmängelhaftung zu laufen beginnen. Die endgültige Übernahme sollte mit dem Ablauf der Sachmängelhaftung vor sich gehen.

Nachdem der Anlagenbauer alle → *Leistungsnachweise* zur völligen Zufriedenheit des Auftraggebers erbracht und dieser seinem Vertragspartner gegenüber die vorläufige Übernahme erklärt hatte, vernichtet ein von einem Feuerteufel gelegter Großbrand die Anlage.

Der Anlagenbauer fordert Zahlung der ausstehenden letzten Rate mit dem Hinweis auf die erfolgreich erbrachten Leistungsnachweise und die Tatsache, dass eine endgültige Übernahme unter den leider gegebenen Umständen tatsächlich nicht mehr möglich und damit überflüssig sei.

Der Auftraggeber verweigert die Zahlung mit der Begründung, er habe noch keine Gegenleistung erhalten, da es an der endgültigen Übernahme fehle. An dem Brand treffe ihn eindeutig kein Verschulden. Die vertraglich vereinbarte endgültige Übernahme erst sei die Abnahme, die der Anlagenersteller für die Geltendmachung seines Zahlungsanspruchs brauche.

Überlegungen

Das deutsche Werkvertragsrecht behandelt die Abnahme in §§ 640 ff. BGB: Der Auftraggeber muss das vertragsgemäß hergestellte Werk abnehmen. Dabei handelt es sich um eine Hauptpflicht, die der Auftragnehmer selbständig einklagen kann. Diese rechtsgeschäftliche Abnahme besteht zum Ersten aus der körperlichen Hinnahme (der Besitzübertragung), zum Zweiten aus der Anerkennung oder Billigung des Werks als der in der Hauptsache vertragsgemäßen Leistung. Wenn sich das Werk bereits im Besitz des Bestellers befindet, wie bei Arbeiten in oder an einer Anlage, entfällt die Hinnahme. Wegen unwesentlicher Mängel kann die Abnahme nicht verweigert werden.

Die Abnahme kann ausdrücklich, konkludent oder fiktiv erfolgen.

- Eine ausdrückliche Abnahme liegt beispielsweise vor, wenn der Auftraggeber formlos sein Einverständnis mit einer Erklärung wie „Die Sache ist in Ordnung." abgibt. Eine förmliche Abnahme kennt das Gesetz nicht, die Partner können sie aber vertraglich vereinbaren, in dem sie sich etwa auf ein Protokoll verständigen.
- Eine konkludente Abnahme liegt vor, wenn der Auftragnehmer seine Billigung nicht ausdrücklich erklärt, sondern durch sein Verhalten zu erkennen gibt. Bestes Beispiel ist die vorbehaltlose Zahlung der Vergütung.
- Eine fingierte Abnahme *(→ Fiktion)* stellt den Auftraggeber so, als wenn er tatsächlich abgenommen hätte, obwohl er es weder ausdrücklich noch konkludent getan hat. So etwa steht es gemäß § 640 Abs. 1 Satz 3 BGB der Abnahme gleich, wenn der Besteller das Werk nicht innerhalb einer ihm vom Unternehmer bestimmten angemessenen Frist abnimmt, obwohl er dazu verpflichtet ist.

Im Investitionsgütergeschäft liegt die Bedeutung der Abnahme vorrangig in der Anerkennung der erstellten Anlage als vertragsgemäße Leistung. Damit treten wichtige Rechtsfolgen ein:

- Der Anspruch des Auftraggebers auf Erfüllung erlischt und konkretisiert sich auf die Mängelbeseitigung.
- Verjährungsfristen beginnen zu laufen.
- Die bisher beim Auftragnehmer liegende Gefahr des Untergangs oder der Beschädigung des Werkes geht nun auf den Besteller über, → *Gefahrübergang*.
- Die Vergütung wird fällig. (In der Praxis sind dies häufig die „letzten" 5–10%.)
- Die Beweislast für das Bestehen von Sachmängeln geht auf den Besteller über.

Die Kargheit der werkvertraglichen Regelungen im Gesetz steht im krassen Gegensatz zu den praktischen Problemen, die jeder Claimsmanager im Tagesgeschäft mit der Abnahme hat. Da das Gesetz nicht ausreicht, bedarf es der vertraglichen Ergänzung. Auch in diesem Problembereich bietet die Vergabe- und Vertragsordnung für Bauleistungen *(→ VOB)* für die vertragliche Gestaltung eine Hilfestellung. § 12 VOB regelt zum Bespiel das Recht auf besondere Abnahme von abgeschlossenen Teilen der Leistung, förmliche Abnahmen und Benutzung von Leistungsteilen durch den Auftraggeber als fiktive Abnahmen.

Im beschriebenen Fall wird der Anlagenbauer nun seine weiteren Maßnahmen davon abhängig machen, welche Bedeutung der Vereinbarung von vorläufiger und endgültiger Übernahme beizumessen ist. Spätestens jetzt wird ihm klar werden, dass die Parteien – aus welchen Gründen auch immer – jedenfalls keine klare Regelung für die Abnahme getroffen haben; für beide Seiten lassen sich Argumente vorbringen: Die vereinbarte vorläufige Übernahme weist einerseits mit dem Beginn der Sachmängelfrist klare Merkmale einer Abnahme aus. Wäre sie allein aber die ganze Abnahme, hätte andererseits die endgültige Übernahme keinen Sinn mehr.

Der Anlagenbauer wird sich im Ergebnis vernünftigerweise auf Verhandlungen und schließlich einen Vergleich einlassen müssen, mit dem er die wenig sorgfältige vertragliche Vereinbarung wahrscheinlich teuer bezahlt.

Der Rat

All dies macht deutlich, warum gerade bei Werkverträgen die leichtsinnige Verwendung des nicht näher umrissenen Begriffs „Übernahme" gefährlich ist und die – häufig in verschiedenen Stufen erfolgende – Abnahme einen der umstrittensten Punkte in der Verhandlung und Abwicklung eines Projekts darstellt. Oft versucht der Auftraggeber, den Abnahmezeitpunkt möglichst als noch nicht erreicht anzusehen, obwohl er die im Wesentlichen reibungslos funktionierende Anlage schon betreibt. Damit will er fällige Zahlungen hinausschieben und Sachmängelfristen verlängern. Demgegenüber muss der Auftragnehmer alles daran setzen, die Abnahme herbeizuführen. Um in diesem Widerstreit die Übersicht zu behalten, ist das Claimsmanagement auf eine sorgfältige vertragliche Ausgestaltung aller mit der Abnahme zusammenhängenden Maßnahmen angewiesen.

- Besonders wichtig sind dabei die der Abnahmeerklärung (mit der der Kunde die vertragsgerechte Erfüllung durch den Anlagenbauer billigt) vorangehenden → *Leistungsnachweise* oder Tests. Sie werden in der Praxis immer wieder mit der Abnahme selbst verwechselt. Das kann schwerwiegende Folgen haben; häufig ziehen die Parteien falsche Schlüsse aus dem tatsächlichen Vorgang eines Leistungsnachweises auf die in dessen (Nicht-)Erbringung liegende Abnahmeerklärung oder deren Fehlen.
- Wichtig sind die Modalitäten der Leistungsnachweise. Je komplexer ein zu lieferndes oder zu errichtendes Anlagenprojekt ist, desto eingehender sind die Umstände und Einzelheiten der Leistungsnachweise zu regeln.

- Unbedingt zu vereinbaren sind auch die Voraussetzungen provisorischer (vorläufiger) Übernahmen, der in diesem Zusammenhang zu erstellenden Zertifikate (zum Beispiel eines *provisional acceptance certificate*) und deren Rechtsfolgen.
- Regelungsbedürftig sind weiterhin → *Fiktionen* von Abnahmen. Sie können beispielsweise darin liegen, dass das (teilweise) Betreiben einer Anlage durch den Auftraggeber die Abnahme durch ihn beinhaltet und ihm das Recht verwehrt, mit Verweis auf eine nicht wie vorgesehen erfolgte Abnahme zum Beispiel Zahlung der letzten Raten zu verweigern.
- Denkbar ist auch eine zeitliche Fiktion, wonach etwa die Abnahme „spätestens 90 Tage nach Erbringung des letzten Leistungsnachweises als erteilt" gilt.
- Schließlich sollte der Vertrag bestimmen, ob und in welcher Form der Auftraggeber eine Abnahme erklärt. Die Vereinbarung eines endgültigen Abnahmezertifikats *(final acceptance certificate)* ist zwar rechtlich nicht unbedingt erforderlich, trägt aber wesentlich zur Vermeidung von Auslegungsstreitigkeiten bei.

In vom anglo-amerikanischen Rechtsdenken beeinflussten internationalen Verträgen des Anlagenbaus finden sich die erwähnten Vereinbarungen zur Regelung der Abnahmeproblematik durchweg unter dem Begriff *taking over* und *acceptance*. Bei beiden ist zu bedenken, dass es für ihre Auslegung eine Rückfallposition wie die §§ 640 ff des BGB nicht gibt. Deshalb müssen die Vertragspartner die Begriffe entweder schon in den „Definitionen" abklären oder später im Vertragstext deutlich machen, was sie sich unter dem jeweiligen Wort vorstellen. Darüber hinaus ist festzulegen, welche rechtlichen Folgen für das Projekt die verschiedenen Vorgänge auslösen. Unterscheidet der Vertrag zwischen vorläufigen *(provisional)* und endgültigen *(final)* Vorgängen, müssen sich die Klärungen auch auf diese erstrecken (z. B. die Bedeutung eines *provisional acceptance certificate* festlegen).

Das Vertragsbeispiel

Orgalime definiert in dem Muster „Turnkey Contract for Industrial Works" als Punkt 14:

Taking Over

1. The Purchaser shall be deemed to have taken over the Works at the time when the Tests on Completion have shown that the Works fulfil the requirements which the Contract specifies that they shall fulfil before taking over, and the Works in other respects are in the condition required in the Contract for taking over.

If the Works are not in accordance with the Contract but the deviations can be rectified by minor adjustments or additions, such deviations shall not prevent taking over, provided that the Works can be taken safely into operation as intended in the Contract ...

Effects of Taking Over

Under these General Conditions taking over of the Works by the Purchaser has the following consequences: ...

Abnahme

1. Es wird vermutet, dass der Besteller die Anlage dann abgenommen hat, wenn die Leistungstest ergeben haben, dass die Anlage den Erfordernissen genügt, die der Vertrag als Voraussetzung der Abnahme festlegt und dass die Anlage im übrigen den Abnahmebedingungen des Vertrags entspricht.

Erfüllt die Anlage die Anforderung des Vertrags nicht, sind die Abweichungen aber durch kleinere Anpassungen oder Ergänzungen zu beheben, stehen die Abweichungen der Abnahme nicht entgegen, vorausgesetzt, die Anlage kann wie im Vertrag vorgesehen sicher in Betrieb gehen.

...

Folgen der Abnahme

2. Nach diesen allgemeinen Bedingungen hat die Abnahme der Anlage durch den Besteller zur Folge: ...

Das folgende Beispiel unterscheidet zwischen vorläufiger und endgültiger Abnahme.

1. Provisional Acceptance

When the result of the evaluations of the Performance Tests shows that the guaranteed performance figures specified in the Appendix No.....attached hereto have been met, the Performance Tests shall no longer apply, and the Contractor's obligations with respect thereto shall have been fulfilled and the Owner shall accept the Unit(s) and the Parties shall sign on the Provisional Acceptance Protocols. In the event that the successful Performance Test of a Unit shall not be conducted and completed within thirty (30) months after the date of the Effective Date or within eight (8) months after the date of Mechanical Completion of the relevant Unit, whichever occurs first, for any reasons not attributable to the Contractor, all Performance Guarantees by the Contractor under the Contract shall be deemed to have been fulfilled, and than the Contractor shall be entirely released from all it's obligations and liabilities towards the Owner hereunder with respect to the Performance Guarantees of such Unit, and in the case of the above, the Owner shall be deemed to have accepted such Unit and the Provisional Acceptance Protocol shall be deemed to have been signed by the representatives of the Parties.

At the date of the signature of the last of the Provisional Acceptance Protocol(s) of the Unit(s), Owner shall automatically issue to Contractor the overall Provisional Acceptance Protocol, stating that Provisional Acceptance of the Plant has been achieved. If the Provisional Acceptance Protocol has not bee duly issued by Owner within a period of three (3) days after signing of the last Provisional Acceptance Protocol of the Unit the overall Provisional Acceptance Protocol of the Plant shall be deemed to have been issued by the Owner and the Contractor's pertinent contractual obligations be deemed to have been fulfilled.

2. Final Acceptance

Upon expiration of the Defect Liability Period Contractor shall submit to Owner a notice containing a statement that all Contractor's obligations related to this Contract have been satisfactorily fulfilled and that the Defect Liability Period has expired. Within thirty (30) days of receiving above notice, Owner shall issue the Final Acceptance Certificate and return to Contractor any outstanding guarantee for the relevant Unit for which the Defect Liability Period has expired.

1. Vorläufige Abnahme

Wenn das Versuchsergebnis der Leistungsnachweise zeigt, dass die zugesagten Leistungsdaten aus Anhang ... erreicht sind, brauchen keine weiteren Leistungsnachweise durchgeführt zu werden; die Verpflichtungen des Contractor sind soweit erfüllt, der Auftraggeber nimmt die Ausrüstungsgegenstände ab und die Parteien unterzeichnen das vorläufige Abnahmeprotokoll. Sollte ein erfolgreiche Leistungsnachweis nicht spätestens dreißig (30) Monate nach Inkrafttreten des Vertrags oder acht (8) Monate nach mechanischer Fertigstellung aus vom Contractor nicht zu vertretenden Gründen nicht durchgeführt und abgeschlossen sein, gelten alle Leistungszusagen des Contractor nach dem Vertrag als erfüllt. Der Contractor ist dann von allen Verpflichtungen dem Auftraggeber gegenüber bezüglich der Leistungszusagen für den entsprechenden Ausrüstungsteil frei. In diesem Fall gilt der Anlagenteil als vom Auftraggeber abgenommen und das vorläufige Abnahmeprotokoll als von den Vertretern der Parteien unterzeichnet.
Am Tage der Unterzeichnung des letzten Protokolls der vorläufigen Abnahme(n) händigt der Auftraggeber dem Contractor unaufgefordert das Gesamtprotokoll der vorläufigen Abnahmen aus und bescheinigt damit die vorläufige Abnahme der Anlage. Sollte der Auftraggeber das Protokoll der vorläufigen Abnahme nicht ordnungsgemäß innerhalb von drei (3) Tagen nach der Unterzeichnung des letzten Protokolls der vorläufigen Abnahme ausgehändigt haben, gelten das Gesamtprotokoll der vorläufigen Abnahme als vom Auftraggeber ausgehändigt und die entsprechenden Verpflichtungen des Contractor als erfüllt.

2. Endgültige Abnahme

Nach Ablauf der Frist für die Sachmängelhaftung teilt der Contractor dem Auftraggeber mit, dass alle vertraglichen Verpflichtungen des Contractor zufrieden stellend erfüllt sind und die Frist abgelaufen ist. Dreißig (30) Tage nach dieser Mitteilung händigt der Auftraggeber das endgültige Abnahmezertifikat aus und gibt dem Contractor von ihm gestellte Garantien für den entsprechenden Anlagenteil, für den die Frist abgelaufen ist, zurück.

1. Vorläufige Übernahme

Nach einwandfreiem Verlauf der Inbetriebnahme und erfolgreichem Probebetrieb (ca. vier bis sechs Wochen) erfolgt die vorläufige Übernahme. Der Auftraggeber und der Auftragnehmer fertigen hierüber ein Protokoll an. Ab der vorläufigen Übernahme beginnt die Gewährleistungsfrist.

Ab der vorläufigen Übernahme wird der Auftraggeber Eigentümer und verantwortlicher Betreiber des Vertragsgegenstandes. Er trägt die Gefahr für die Anlage.

Verzögern sich aus für den Auftragnehmer unverschuldeten Gründen der Probebetrieb, die Inbetriebnahme oder Montage, so gelten für den Beginn der vorläufigen Übernahme folgende Spätesttermine:

Für Ausfall
- des Probebetriebs: spätestens zwei Monate nach Beendigung der Inbetriebnahme,
- der Inbetriebnahme: spätestens zwei Monate nach Beendigung der Montage,
- der Montage: spätestens sechs Monate nach Meldung der Versandbereitschaft für Mindestens 90% des geldwerten Anlagevolumens.

2. Endgültige Übernahme

Nach Ablauf der Gewährleistungsfrist für die Gesamtanlage gilt die Anlage als vom Auftraggeber endgültig übernommen.

Trotz der Verwendung des Begriffs „Übernahme" in vorläufiger und endgültiger Form dürften hier eindeutig die Wirkungen einer Abnahme eintreten – auch wenn der Auftraggeber vielleicht bewusst deren Erwähnung unterlassen hat, um sich einen Vorteil zu verschaffen.

Gegenüber diesen sehr ausführlichen Abnahmeregelungen sieht die folgende eher lakonisch aus, mag aber im Einzelfall durchaus genügen:

Endgültige Abnahme

Die endgültige Abnahme erfolgt mit Ablauf sämtlicher Verjährungsfristen für Mängelansprüche. Zur endgültigen Abnahme muss der einvernehmliche Abschluss der Mängelpunkte aus den Protokollen nachgewiesen werden.

Keine Abnahmen sind Erklärungen, wie sie zum Beispiel in einem *equipment hand-over sheet* enthalten sind:

The equipment has been handed over to client from contractor. Client is responsible for care and custody of the equipment. Contractor is responsible for completion of snag items and organization for emergency repair of mal-function of the equipment until acceptance.

Der Contractor hat dem Auftraggeber die Liefergegenstände übergeben. Dieser ist für deren sorgfältige Aufbewahrung und Bewachung verantwortlich. Der Contractor hat bis zur Abnahme fehlende Teile zu vervollständigen und die Störfallbeseitigung zu organisieren.

Hier geht es lediglich um die tatsächliche Übergabe der Ausrüstung an den Auftraggeber. Dieser hat dafür Sorgfalt wie in eigenen Angelegenheiten walten zu lassen, die Gefahr ist aber noch nicht auf ihn übergegangen

Gelegentlich versuchen Vertragspartner auch, einem sonst vielleicht als Abnahme zu qualifizierenden Vorgang diesen Charakter durch Definition zu nehmen:

Der Auftragnehmer überlässt dem Auftraggeber vor Abnahme Teile der Anlage zur Nutzung. Hierzu begehen Auftragnehmer und Auftraggeber die Anlage gemeinsam. Diese Begehung und Nutzung ist keine Abnahme. Sie dient lediglich der Feststellung des Errichtungszustands und der Ausgangslage für spätere Geltendmachung von Ansprüchen.

Der Auftragnehmer muss sich darüber klar sein, dass er mit dieser Klausel dem Auftraggeber die Nutzung zumindest von Teilen der Anlage noch vor Abnahme gestattet. Das wiederum bedeutet, dass er sich ein wesentliches Verhandlungsinstrument für die Fälle aus der Hand nehmen lässt, in denen ein Auftraggeber die Abnahme verweigert oder verzögert, obwohl er wichtige Teile der Anlage schon nutzt.

Garantie

Der Auftragnehmer übernimmt eine Garantie von 12 Monaten nach Abnahme der Maschine durch den Endkunden des Auftraggebers, jedoch bis spätestens 24 Monate nach Lieferung.

Abgesehen von der nicht angebrachten Verwendung des Begriffs „Garantie" – „Sachmangel" wäre aus Sicht des Auftragnehmers ungefährlicher – liegt die für den Auftragnehmer wichtige Abnahme hier jenseits der Billigung der Lieferung durch den Auftraggeber bei dessen Endkunden. Dieser gewinnt damit eine Bedeutung im Vertragsverhältnis, ohne Vertragspartner zu sein. Der Auftragnehmer ist bis zum Spätestzeitpunkt von der Abnahme durch den Endkunden abhängig.

Allgemeine Geschäftsbedingungen

Das Projekt

Der deutsche Anlagenbauer DAB hatte mit dem Hauptauftraggeber Hauf AG einen Vertrag über die Lieferung einer kompletten Brauerei geschlossen. Zur Erfüllung seiner Verpflichtungen hatte DAB den zuverlässigen französischen Zulieferer Marchepas Sarl (M) eingesetzt. Als die Hauf AG kurz vor der Abnahme eine Erweiterung plant und beauftragt, beabsichtigt DAB, auch dafür mit M zusammenzuarbeiten. Deshalb macht DAB für die von M beizustellenden zusätzlichen Edelstahlleitungen ein Mengen- und Preisangebot auf der Grundlage des ursprünglichen Zuliefervertrages und setzt M davon in Kenntnis. M antwortet darauf nicht. DAB hält dies – ohne nachzufassen – für eine Zustimmung und kalkuliert auf der M vorgeschlagenen Basis seinen Nachtrag gegenüber Hauf AG. Später stellt sich heraus, dass M am Zuschlag von DAB nicht interessiert war und deshalb das Angebot nicht beantwortet hat. DAB musste sich zur Deckung seines Bedarfs für die Erweiterung der Anlage bei der Teuer GmbH zu höheren als den geplanten Kosten eindecken.

Bei der Hauf AG war die DAB mit ihren Allgemeinen Liefer- und Montagebedingungen nicht zum Zuge gekommen. Dem Zulieferer M gegenüber aber hatte DAB ihre Allgemeinen Geschäftsbedingungen mit der Überschrift „Einkaufs- und Auftragsbedingungen" durchgesetzt. Sie waren eigentlich für Geschäfte mit deutschen Partnern gedacht und sahen grundsätzlich die Möglichkeit von Auftragserweiterungen vor, ohne Details zu regeln. Besonders stolz waren die Verkäufer auf den Passus „Auch für Verträge mit ausländischen Partnern gilt ausschließlich deutsches Recht." in den Schlussbestimmungen. Damit glaubten sie jedenfalls die Anwendung französischen Rechts erfolgreich vermieden zu haben.

Überlegungen

Die Verantwortlichen von DAB meinen, sie hätten hinsichtlich der Edelstahlleitungen M eine *change order* erteilt und fragen sich, ob sie die Zusatzkosten als Claim gegenüber M geltend machen können.

Ein solches Vorgehen wäre aussichtsreich, wenn M verpflichtet gewesen wäre, aus einer mit DAB geschlossenen *change order* zu dem von DAB kalkulierten Preis zu liefern. Voraussetzung dafür wiederum wäre, dass trotz fehlender ausdrücklicher Zustimmung hinsichtlich der Änderung durch M ein Vertrag zustande gekommen ist. Nach deutschem Recht gilt Schweigen grundsätzlich als Ablehnung eines Angebots. Eine Ausnahme gilt für miteinander in Geschäftsverbindung stehende Kaufleute, zu denen auch Handelsgesellschaften zählen. Unter ihnen bedeutet das Schweigen der M auf das Nachtragsangebot dessen Annahme, § 362 HGB. Somit wäre M zur Lieferung auf Grund des Mengen- und Preisangebots von DAB bzw. bei Nichtlieferung zu Schadensersatz verpflichtet gewesen. Die Vertragspartner hatten hier jedoch vermutlich ohne daran zu denken mit der Vereinbarung deutschen Rechts auf den Vertrag auch das Übereinkommen der Vereinten Nationen über Verträge über den internationalen Warenkauf, das Teil des deutschen Rechts ist, vereinbart. Dessen Artikel 18 bestimmt, dass Schweigen oder Untätigkeit allein keine Annahme eines Angebots darstellt.

DAB wird bestenfalls noch damit argumentieren können, dass M auf Grund vorangegangener Geschäftsbeziehungen zu DAB verpflichtet gewesen sei, eine Ablehnung des Angebots deutlich zu erklären. Solche Beziehungen nämlich verpflichten die Beteiligten stärker gegenseitig, als wenn sie miteinander noch nichts zu tun gehabt hätten. Die Umstände des Falles geben für eine solche enge Geschäftsverbindung jedoch nicht genug her.

So wird es im Ergebnis dabei bleiben, dass DAB wegen der erhöhten Aufwendungen für die Beschaffung weiterer Zulieferteile keinen Anspruch gegen M geltend machen kann, sondern die Differenzkosten selbst tragen muss.

Der Rat

Allgemeine Geschäftsbedingungen (AGB) sind nach deutschem Verständnis alle für eine Vielzahl von Verträgen vorformulierten Vertragsbedingungen, die eine Vertragspartei (Verwender) der anderen bei Abschluss eines Vertrages stellt, § 305 BGB. Das englische Recht kennt sie als *Standard Form Contracts oder Standard Forms of Contract*, das französische Recht als Contrats d'adhésion. AGB sind in erster Linie für Massengeschäfte (Einkauf und Verkauf von Standardprodukten, Versicherungen, Transport, Miete, Bankgeschäfte) gedacht. Sie spielen deshalb im Arbeitsbereich des im Verhältnis zum Hauptauftraggeber überwiegend mit maßgeschneiderten Einzelprojekten beschäftigten Claimsmanager eine geringere Rolle.

Anders dagegen kann es im Bereich der Zulieferungen aussehen, die häufig auf Basis von Allgemeinen Einkaufs- und Lieferbedingungen erfolgen. Wegen der Kollision mit den Allgemeinen Verkaufsbedingungen der Zulieferer tauchen für den Claimsmanager dann immer wieder zwei Fragen auf. Die erste richtet sich darauf, welche Seite sich mit ihren AGB durchgesetzt hat. Eine solche Kollision der Bedingungen *(battle of forms)* kann dazu führen, dass die AGB keiner Seite als vereinbart gelten. Nach deutschem Recht würde bei dieser Konstellation das BGB zum Zuge kommen. Die Folgen können für den Verwender der AGB dramatisch sein: zum Beispiel würden vorgesehene Haftungsausschlüsse nicht mehr gelten.

Die zweite Frage richtet sich auf die inhaltliche Geltung der vereinbarten AGB. Diese entsprechen häufig nicht den strengen Anforderungen der jeweiligen Rechtsordnung an standardisierte Bedingungen. Sind sie unwirksam, können die Folgen die gleichen sein wie bei der Schilderung der ersten Frage.

So hat nach deutscher Rechtssprechung bei Allgemeinen Einkaufsbedingungen der Klauselverwender besonders zu beachten:

- Die Bedingungen dürfen einen Liefervertrag nicht als Fixgeschäft qualifizieren.
- Eine verschuldensunabhängige Vertragstrafenklausel ist nur bei einem gerechtfertigten Bedürfnis des Verwenders wirksam.
- Für Schadensersatz oder Rücktritt bei Lieferverzug ist Setzen einer angemessenen Nachfrist und deren fruchtloser Ablauf unabdingbar.
- Die Kumulation von Schadensersatz und Vertragsstrafe ist unzulässig.
- Das Erfordernis eines Vorbehalts als Voraussetzung einer Vertragsstrafe darf nicht ausgeschlossen sein.
- Der Verwender darf sich nicht nach Belieben vom Vertrag lösen können.
- Die kaufmännische Untersuchungs- und Rügepflicht darf nur eingegrenzt, nicht aber umfassend ausgeschlossen werden.
- AGB dürfen die Auslegungsregeln zum Schweigen auf ein kaufmännisches Bestätigungsschreiben nicht in das Gegenteil verkehren.

Außerdem muss sich der Claimsmanager immer wieder auch mit AGB-ähnlichen, von verschiedenen Institutionen empfohlenen oder von den Parteien verwendeten → *Vertragsmustern* befassen. Sie können bei Projektverhandlung und Vertragsabschluss zwar eine große Hilfe sein, sind jedoch in den wenigsten Fällen unverändert auf das in Frage stehende Projekt anwendbar.

Die Vertragspartner sollten im Anlagengeschäft individuellen Vereinbarungen den Vorzug vor AGB geben, um die mit deren Verwendung absehbaren Probleme von vornherein zu vermeiden. Individuelle Vertragsabreden – Vereinbarungen, die die Vertragspartner im Einzelnen ausgehandelt haben, – haben nämlich Vorrang vor AGB und unterfallen nicht deren strengen Wirksamkeitsvoraussetzungen. Eine nur individualisierte äußere Form nicht verhandelter Vertragsklauseln dürfte diesen allerdings noch nicht den Charakter von Allgemeinen Geschäftsbedingungen nehmen.

Das Vertragsbeispiel

Wir bestellen zu unseren Einkaufsbedingungen, die Ihnen vorliegen, unter gleichzeitiger Ablehnung Ihrer Geschäftsbedingungen.

Diese häufig in Bestellungen formularmäßig verwendete Klausel dürfte keine Wirkung entfalten, wenn sie auf eine entsprechende Gegenerklärung des Vertragspartners trifft, der nur zu seinen Verkaufsbedingungen abschließen will.

Es gilt das Recht der Bundesrepublik Deutschland; die Geltung des UN-Übereinkommens über den internationalen Warenkauf ist ausdrücklich ausgeschlossen.

Unter der Voraussetzung, dass die Einkaufsbedingungen von DAB mit M im übrigen wirksam vereinbart sind, hätte DAB hiermit inhaltlich festgelegt, dass Schweigen – wie nach deutschem Recht durchaus möglich – als Zustimmung zu werten sein könnte.

Das hätte eine bessere Verhandlungsposition ergeben als im Projekt geschildert.

Allianzvertrag

Das Projekt

ACI, ein bedeutender Auftraggeber der chemischen Industrie, der erfolgreich in Entwicklung, Fertigung und Vertrieb seiner Produkte ist, beabsichtigt eine Erweiterung seiner Produktionsanlagen. Die dafür vorzunehmenden Investitionen sollen möglichst schnell und reibungslos vorgenommen werden, um die Laufzeit eines neuen Patents optimal zu nutzen.

Bei den Vergabegesprächen erfährt der Chemieanlagenbauer CAB, dass ACI zur Vermeidung zeit- und kraftraubender Claimsverhandlungen abweichend von den Gepflogenheiten nun gern einen Allianzvertrag abschließen möchte. Dies sei eine Form der Zusammenarbeit, mit der die Bauindustrie angeblich schon erfolgreich gearbeitet haben soll. Ein solcher Vertrag sei von vornherein partnerschaftlich ausgerichtet, für unvorhergesehene Ablaufstörungen werde ein *„contingency pot"* eingerichtet, man werde CAB gegenüber eine Politik offener Bücher betreiben, und auf diese Weise werde zum beiderseitigen Nutzen jedes Claimsmanagement überflüssig.

Überlegungen

Der Geschäftsführer von CAB ist zunächst sehr angetan. Wie so oft war unglücklicherweise auch in seinem Unternehmen Claimsmanagement ein ungeliebtes Kind, das nicht nur einigen Kontrollaufwand erforderte, sondern auch intern wie extern unliebsame Auseinandersetzungen mit sich brachte, die CAB gern vermieden hätte. Diese fehlerhafte Einschätzung und Handhabung des Claimsmanagement ist einer der Gründe, die Allianzverträge für einen konfliktmüden Claimsmanager attraktiv erscheinen lassen. Der Geschäftsführer allerdings hatte noch keine rechte Vorstellung, wie etwa nötige Nachträge behandelt werden sollen. Die Nachteile einer solchen für ihn neuen Vertragsform drängen sich ihm nicht sofort auf, und was für ihn nur vorteilhaft aussieht, macht ihn immer etwas misstrauisch

Die Begriffe „Allianzvertrag", „Open-Book-Vertrag", „Partnerschaftsvertrag" oder „Partnering" sind nicht eindeutig sprachlich besetzt. Gemeinsam sind ihnen die betonte Absicht einer partnerschaftlichen Ausrichtung des Vertrags, eine für den Vertragspartner offeneren Kalkulation von Projektteilen und vertragliche Bestimmungen über Verteilung unvorhergesehener Einsparungen, Kosten und Risiken zwischen den Beteiligten.

In dieser gewollten Offenheit erinnern sie an das aus anderen Branchen bekannte *„agile project management“* oder auch an das *„service level agreement“*. Sie stehen insoweit hinsichtlich der Ausgestaltung der Zusammenarbeit im einzelnen Kooperationsverträgen nahe.

Angelsächsische Rechtsprechung und Lehre bedienen sich für alle diese Vertragsformen des Oberbegriffs *„relational contract“*. Sie verstehen darunter unvollständige Verträge, die die Parteien in dem Bewusstsein schließen, dass sie nicht alle Eventualitäten der Vertragsentwicklung voraussehen können und deshalb Entscheidungsmechanismen, Instrumente für Konfliktlösungen und Anpassungsmaßnamen vertraglich regeln. Ein angemessenes Claimsmanagement kann durchaus Teil dieser Regelungen sein.

Die deutsche Bauindustrie hat mit Allianzverträgen anscheinend schon gute Erfahrungen gemacht, im Industrieanlagenbau dagegen haben sie sich bisher nicht durchgesetzt. Dies könnte vor allem daran liegen, dass die Auftraggeber sich bei einer Vergabe nach dem klassischen Muster gegenüber dem Anlagenbau immer noch mehr Vorteile aus einer starken Verhandlungsposition versprechen als aus neuen Modellen.

Andererseits werden neue Vertragsformen auch in der Investitionsgüterindustrie an Verbreitung zunehmen. Sie entsprechen einer veränderten Erwartungshaltung an den Auftragnehmer. Sein Kunde sieht heute nicht mehr allein auf eine bestimmte Produktqualität zum Zeitpunkt der Lieferung oder Leistung. Mindestens ebenso wichtig ist die Kompetenz zu Problemlösungen, die sich im Laufe der Zeit ergeben. Der Kunde sieht in seinem Vertragspartner nicht mehr nur den Lieferer, sondern einen Mitträger von Betrieb und Risiko.

Zweifelhaft sind die Argumente für die neuen Modelle, soweit es um die Betonung des partnerschaftlichen Gedankens geht. Claimsmanagement und partnerschaftliches Verständnis sind nicht nur keine Gegensätze, sondern gehören für die beiderseitig erfolgreiche Abwicklung eines Projekts unbedingt zusammen. Claimsmanagement ist richtigerweise Kontrolle von Zeit und Kosten im Interesse des Projekts. So verstanden erfordert ein Allianzvertrag vielleicht mehr Aktivitäten in dieser Richtung als jedes andere Vorhaben. Wenn aber die partnerschaftlichen Voraussetzungen für einen Allianzvertrag bei den Beteiligten gegeben sind, könnten sich beide Seiten ohne weiteres auch auf ein klassisches Vertragsmodell mit vernünftigen Claimsmanagement einlassen. Das Finden geeigneter Vertragspartner ist in beiden Fällen das Hauptproblem.

Der Rat

Der Wunsch nach Allianzverträgen geht selten von Auftragnehmern aus. Auftraggeber möchten mit Allianzverträgen offensichtlich dem Claimsmanagement aus dem Wege gehen, auf das die Investitionsgüterindustrie aber zum Erhalt ihres Erlöspotentials dringend angewiesen ist. Ein mit Partnerschaftsverträgen unerfahrenes Unternehmen muss sich deshalb sorgfältig um Klärung der Punkte bemühen, mit denen ihm das Claimsmanagement praktisch abgehandelt wird. Dazu gehören die Ausgestaltung der gegenseitigen Einsichtsrechte in Bücher und Kalkulationsgrundlagen, die Abstimmungsprozesse, die Verteilungsmechanismen von Chancen und Risiken.

Die Vertragsgestaltung ist noch ungewöhnlich, sehr kompliziert und wird das mittelständische Unternehmen schnell überfordern. Der Verzicht auf die Mühen des Claimsmanagement ist nicht umsonst zu haben. Der Allianzvertrag erfordert intensivere Teambildung und entsprechende Mechanismen für die Zusammenarbeit.

Trotz der im Einzelnen sehr unterschiedlichen Ausgestaltungen müssen erfolgreiche Partnerschaftsmodelle im Industrieanlagengeschäft generell einige Voraussetzungen erfüllen.

- Der gesellschaftsähnliche Charakter der Modelle setzt ein Höchstmaß an Erfahrung und gegenseitigem Vertrauen der Beteiligten zueinander voraus.
- Die Partner sollten angesichts der fehlenden verbindlichen Terminologie wissen, was sie wirklich und realistisch von einander wollen. Sie sollten den Allianzvertrag nicht dazu nutzen, Vorurteile gegenüber dem Claimsmanagement oder gegenüber Anwälten zu bedienen. Beide werden sich auch mit bestens funktionierenden Allianzverträgen nicht aus der Welt schaffen lassen.
- Die Beteiligten sollten Mentalität, Philosophie und Strukturen des anderen Unternehmens kennen. Ohne diese Kenntnis wird eine intensive Zusammenarbeit nicht erfolgreich sein.
- Die angestrebte Vermeidung von Dissenskosten bedingt aufwendige Informations-, Entscheidungs- und Verteilungsmechanismen. Um diese betriebswirtschaftlich zu rechtfertigen, ist wiederum eine Mindestgrößenordnung des Projekts erforderlich. Diese dürfte bei 20 Mio. € liegen.
- Zwischen den Partnern muss ein ausgewogenes Verhältnis bestehen, eine einseitig starke Position erzeugt Misstrauen. Diese Forderung gilt hinsichtlich der Risikoverteilung, der Informationsrechte, der Kosten und der Einsparungen.

- Die Beteiligten dürfen ihre Erwartungen nicht überspannen. Partnerschaftsmodelle sind kein Allheilmittel, Claims sind unvermeidbar, und kein Vertrag ist lückenlos. Die meisten der angestrebten Ziele lassen sich bei entsprechend gutem Willen auch mit einer klassischen Vertragsform verwirklichen.
- Die Partner müssen sich klar darüber sein, dass sich der gesellschaftsähnliche Charakter ihrer Vereinbarung nicht auf die Zulieferer durchstellen lässt. Insoweit ist der Anlagenbauer selbst bei bestem eigenen Willen in seiner Beweglichkeit eingeschränkt, es sei denn, sein Auftraggeber ist bereit, Claims der Zulieferer zu befriedigen.

Die Vertragsgestaltung

Bei der Formulierung des Vertrages selbst sind grundsätzlich alle Punkte zu berücksichtigen, die auch bei einem klassischen Vertrag über die Errichtung einer Industrieanlage eine Rolle spielen. Wegen des Charakters eines Allianzvertrages werden aber einige Punkte deutlich anders geregelt sein müssen.

- Wichtig sind die Entscheidungsgremien und deren Arbeitsweise. Im Allgemeinen wird zwischen einem Allianzteam, das die projektpolitischen Entscheidungen trifft, und einem Projektmanagementteam, das das operative Geschäft begleitet, unterschieden.
- Die Ausgestaltung der Vergütung unterliegt einer breiten Spannweite. Auf der einen Seite steht der so genannte GMP-Vertrag (Garantierter Maximalpreis-Vertrag). Bei ihm übernimmt der Auftragnehmer das Risiko der Kostenüberschreitung, Unterschreitungen gehen zu seinen Gunsten. Auf der anderen Seite steht das „Gain- and Pain-Share", die Teilung von Gewinn und Verlust nach einem bestimmten Schlüssel. Dazwischen gibt es jede erdenkliche Mischform.
- Sachmängelhaftung und Risikoverteilung nach dem klassischen Muster gibt es häufig nicht. An ihrer Stelle tritt eine Verantwortung, über die die Gremien entscheiden und die dann die Partner gemeinsam in einem bestimmten festgelegten Verhältnis tragen.
- Auf diese Weise sind auch häufig die üblichen Rechtsfolgen von Verzögerung und Verzug außer Kraft gesetzt.
- Der Vertragsänderung sollten die Partner größte Aufmerksamkeit zukommen lassen. Auch funktionierende Partnerschaftsverträge werden hier am ehesten an ihr Grenzen stoßen.

Änderungsauftrag

Das Projekt

Der Auftraggeber AG hatte zum Ausbau seiner Fabrikation einen Generalplaner GP eingeschaltet, der auch die Gesamtabwicklung des Ausbaus überwacht. Im Lauf der Arbeiten stellt GP fest, dass sich der Materialfluss durch eine geringe Erweiterung der Durchgangshöhen wesentlich verbessern ließe. Während einer technischen Besprechung schlägt GP dem für die Lüftungstechnik verantwortlichen Auftragnehmer AN vor, die Kanalführung der Lüftungsanlage den neuen Plänen entsprechend anzupassen.

AN hält das zwar für technisch möglich, weist aber auf zu befürchtende Druckverluste, zusätzliche Kosten für Material und höheren Zeitaufwand hin. Er bittet deshalb GP um einen schriftlichen Änderungsauftrag.

GP ist verstimmt. Er hält das Ansinnen von AN für bürokratisch und versucht ihn, mit Hinweis auf das für die weitere reibungslose Projektabwicklung nötige Wohlwollen von GP von der Bitte abzubringen.

Überlegungen

Die Meinungen im Unternehmen AN sind gespalten. Es ist bekannt, dass GP großen Einfluss auf den Kunden ausübt und sowohl der Verlauf des aktuellen Projekts als auch die Vergabe weiterer Aufträge von seiner Fürsprache abhängt. Es besteht auch Verständnis dafür, dass GP die ins Auge gefasste Verbesserung möglichst geräuschlos durchführen will, um bei AG unangenehme Fragen nach etwaigen Planungsfehlern durch GP zu vermeiden.

Zudem ergeben nachträglich angestellte Berechnungen, dass die befürchteten Nachteile einer veränderten Planung doch nicht so erschwerend ins Gewicht fallen.

Der Projektleiter bleibt jedoch hart. Mehrfach hat er erlebt, dass nur mündlich erteilte Änderungsvorschläge später von der Gegenseite bestritten und nicht honoriert wurden. Einmal hatte er sogar auf Kosten des eigenen Unternehmens eine Änderung wieder rückgängig machen und den ursprünglich vereinbarten Vertragszustand herstellen müssen. Diese schlechten Erfahrungen mit bereitwilligem Eingehen auf Wünsche des Planers oder Kunden bewahrt den Projektleiter davor, hier nachzugeben.

Die Praxis versteht unter einem Änderungsauftrag *(change order, variation order)* einen Vertrag, den ein Auftraggeber mit dem Anlagenbauer unter Abänderung des schon bestehenden Anlagenvertrags schließt. Der Änderungsauftrag bezieht sich auf den

Umfang (in Form von Zusätzen, Veränderungen oder Weglassungen), immer wieder aber auch auf den Zeitplan (in Form von Beschleunigungen, Verzögerungen oder Beendigungen).

Hinsichtlich der Gegenleistung sieht ein Änderungsauftrag für eine neu definierte Leistung einen vereinbarten Preis vor; in ihm sollte ein Gewinn enthalten sein. Deshalb ist auch insoweit die Zeitkomponente wichtig. In deutlichem Gegensatz dazu betrifft ein auf Zahlung gerichteter Claim lediglich die Erstattung bereits entstandener Kosten. Geltendmachen eines Gewinns wird in den seltensten Fällen möglich sein.

Der Rat

Das BGB ist – sollte deutsches Recht überhaupt anwendbar sein – in Fällen wie dem geschilderten in der Praxis nicht hilfreich. Zwar gibt es im Recht der Schuldverhältnisse aus Verträgen einen Untertitel über Anpassung und Beendigung. Dort regelt § 313 Abs. 1 BGB aber nur schwerwiegende Veränderungen, und dies zu dem in sehr allgemeiner Form: „Haben sich Umstände, die zur Grundlage des Vertrags geworden sind, nach Vertragsschluss schwerwiegend verändert und hätten die Parteien den Vertrag nicht oder mit anderem Inhalt geschlossen, wenn sie diese Veränderung vorausgesehen hätten, so kann Anpassung des Vertrags verlangt werden, soweit einem Teil unter Berücksichtigung aller Umstände des Einzelfalls, insbesondere der vertraglichen oder gesetzlichen Risikoverteilung, das Festhalten am unveränderten Vertrag nicht zugemutet werden kann".

Wesentlich praktischer ist demgegenüber die VOB, deren § 6 Abs. 2 eine automatische Vertragsanpassung („Ausführungsfristen werden verlängert") bei Behinderung und Unterbrechung der Ausführung unter bestimmten Umständen vorsieht.

Im anglo-amerikanischen Rechtskreis taucht bei der Frage nach der Vertragsanpassung grundsätzlich das zusätzliche Problem auf, dass die Gerichte den Willen der Parteien bei der Vertragsgestaltung viel stärker respektieren als dies bei Geltung einer der meisten kontinentalen Rechtsordnungen der Fall wäre. Bei einer wesentlichen Veränderung der äußeren Umstände des Vertrags kommen diese deshalb eigentlich nur als Entschuldigungsgrund für die Nichterfüllung *(frustration)* in Betracht, als weitere Folge ist der Vertrag beendet. Dieses Ergebnis steht im Widerspruch zu den tatsächlichen Erfordernissen des Industrieanlagenbaus. Deshalb haben sich in der Praxis verschiedene Instrumente der Vertragsanpassung herausgebildet.

Sie sind aber so wenig eindeutig besetzt, dass sie in jedem einzelnen Fall in Voraussetzung und Rechtsfolge definiert sein sollten.

- *adaption*
- *adjustment*
- *conciliation*
- *renegotiation*
- *rescheduling*
- *review*
- *revision*

Die Partner müssen deshalb das Problem vertraglich regeln.

Der wichtigste Grundsatz des Claimsmanagement sollte sein, die Entstehung von Claims möglichst zu vermeiden und konsequent jegliche Änderung von vornherein zum Gegenstand eines Änderungsauftrags zu machen. Der Anlagenbauer sollte deshalb keine vom ursprünglichen Vertrag abweichende Arbeiten ohne klaren schriftlichen Auftrag und ohne vereinbarten Preis in Angriff nehmen. Die Wirklichkeit sieht häufig leider anders aus: Die Baustelle funktioniert nach dem Prinzip, dass eine Hand die andere wäscht. „Stille“ oder „einvernehmliche“ praktische Änderungen mit unabsehbaren Folgen sind nicht unüblich. Der Kunde macht einen Änderungsvorschlag, der Projektmanager sichert eilfertig Erledigung zu, ohne über Preis und Zeit zu verhandeln. Die Arbeit wird geleistet, Rechnung gestellt, vom Partner aber nicht bezahlt. Sein Argument, ein Preis sei nicht vereinbart gewesen, ist noch nicht einmal von der Hand zu weisen. Dem Anlagenbauer bleibt dann nur der Weg, seine mutmaßlichen Ansprüche als Claim geltend zu machen, d.h. den Versuch zu unternehmen, wenigstens die beweisbaren Kosten erstattet zu bekommen.

Der Vertragsänderungen behandelnde Abschnitt eines Vertrags entscheidet weitgehend über die dem Claimsmanager zur Verfügung stehenden Instrumente und das von ihm einzuhaltende Verfahren. Für die Vertragsgestaltung bedeutet das,

- Festlegung eines klaren und praktikablen Verfahrens hinsichtlich Beteiligter, Entscheidungsbefugnisse und Formerfordernisse für eine Auftragsänderung: Änderungswunsch des Auftraggebers; Voranschlag des Anlagenbauers hinsichtlich Kosten, Einfluss auf Termine, weitere vertragliche Konsequenzen (z. B. Sachmängelhaftung), Preis- und Zahlungsbedingungen; Entscheidung des Auftraggebers; Ausführung durch den Anlagenbauer
- Verbot einer Änderung, die die entscheidenden technischen und wirtschaftlichen Merkmale des Projekts wesentlich berührt. Dazu kann auch der Umfang gehören. Damit werden Schwellen für Erweiterungen oder Verringerungen nötig, um einer-

seits die Leistungsfähigkeit des Auftragnehmers nicht zu überspannen, ihm aber andererseits auch nicht nachträglich praktisch den Auftrag durch Aushöhlung zu entziehen.

- Verbot einer Änderung ohne Änderungsauftrag (zum Schutz des Anlagenbauers vor willkürlichen Änderungswünschen durch den Auftraggeber)
- Recht zu Gewährung von zusätzlicher Zeit oder Erstattung von Kosten unter bestimmten Voraussetzungen
- Praktikable Verfahren für Beschleunigung, Verzögerung und Einstellung von Arbeiten
- Regelung von Streitigkeiten durch Schlichtung, Schiedsgericht oder ordentliche Gerichtsbarkeit
- Auch wenn diese Punkte zufrieden stellend geregelt sind, übersehen die Beteiligten in der Abwicklungspraxis immer wieder den Zusammenhang zwischen den zu ändernden Sachverhalten und den übrigen Punkten des Vertrags. Dieser Fehler wird häufig schon sehr früh (z. B. bei einer in letzter Minute bezüglich des Leistungsumfangs noch zugestandener Erweiterung) gemacht. Das Bewusstsein von den netzartig zusammenhängenden Verflechtungen eines Vertrags (im Beispiel etwa mit Zahlungsbedingungen wie Raten oder zusätzlichen Kosten einer Gewährleistungsbürgschaft) ist allerdings nicht so sehr Problem vertraglicher Regelung sondern eher des grundlegenden Verständnisses eines Vertrags, das alle am Claimsmanagement Beteiligten haben sollten.

Das Vertragsbeispiel

Diesen Anforderungen genügt eine einfache Billigkeitsklausel offensichtlich nicht:

> Wenn die wirtschaftlichen, technischen oder rechtlichen Voraussetzungen, unter denen die Bestimmungen dieses Vertrages vereinbart worden sind, eine grundlegende Änderung erfahren und infolge dessen einem der Vertragspartner oder beiden ein Festhalten am Vertrag nicht mehr zugemutet werden kann, weil dies den bei Vertragsschluss vorhandenen Vorstellungen über einen angemessenen Ausgleich der beiderseitigen wirtschaftlichen Interessen nicht entsprechend würde, so ist dieser Vertrag unter Berücksichtigung des Grundsatzes von Treu und Glauben und unter Beachtung des Gleichbehandlungsgrundsatzes den geänderten Verhältnissen anzupassen oder innerhalb einer angemessenen Frist aufzulösen.

Nachträgliche Leistungsänderungen/Change Orders

Der Auftraggeber ist berechtigt, Leistungen nach diesem Vertrag jederzeit ohne Angabe von Gründen zu ändern, zu verringern oder zusätzliche Leistungen zu verlagen („Änderungen"). Der Auftragnehmer ist berechtigt, Änderungen vorzuschlagen.

Unerhebliche Änderungen sind nicht Gegenstand einer nachträglichen Leistungsänderung, sondern in der vereinbarten Vergütung enthalten. Erhebliche Änderungen bedürfen einer Change Order. Änderungen sind erheblich, wenn sie von der Leistungsbeschreibung nicht mehr umfasst sind und/oder zu einer wesentlichen Änderung des vereinbarten Terminplans führen.

Die Parteien werden solche erheblichen Änderungen einander in einer schriftlichen Change Order-Anfrage mitteilen.

Der Auftragnehmer wird dem Auftraggeber die sich hieraus ergebenden Auswirkungen, insbesondere technischer, wirtschaftlicher und terminlicher Art, unverzüglich, spätestens jedoch 14 Tage nach Erhalt einer Anfrage mitteilen.

Die angefragte Change Order wird mit Mitteilung der ausdrücklichen, schriftlichen Zustimmung durch den Auftraggeber gegenüber dem Auftragnehmer wirksam. Der Auftragnehmer ist nicht berechtigt, die entsprechenden Arbeiten vor Erhalt der Zustimmung aufzunehmen.

Im Falle von Änderungen werden Vergütung und Terminpläne entsprechend angepasst. Bei einer Verringerung der Leistung hat der Auftragnehmer keine Ansprüche auf Vergütung oder entgangenen Gewinn.

Auffällig an dieser Klausel ist zunächst das willkürliche Recht des Auftraggebers, die Leistung zu verändern. Der Versuch, im zweiten Absatz wesentliche von unwesentliche Änderungen zu unterscheiden, ist misslungen; damit sind Auseinandersetzungen programmiert.

Die im vorletzten Absatz behandelte „entsprechende Anpassung" von Vergütung und Terminplan bleibt im Detail unklar. Der zweite Satz belastet den Auftragnehmer, weil auch mit der Verringerung einer Leistung Kosten verbunden sein können, die der Auftraggeber nach dieser Regelung nicht erstattet.

Die folgenden Formulierungen mögen sehr ausführlich und etwas umständlich erscheinen. Sie berücksichtigen jedoch die genannten Ratschläge großenteils.

Article 7 Variations

1. Variations

As further provided for in this Article 7, the Contractor will, to the possible extent, accept such variations in the Work as the Owner may reasonably from time to time request provided that funding to the satisfaction of Contractor is available. Any request by the Owner therefore shall be delivered to the Contractor in writing (hereinafter referred to as the "Request for Variation" and shall be sufficiently definitive and detailed enough to give the Contractor an adequate basis on which the Contractor may prepare a preliminary proposal for variation pursuant to Article 7.2 hereof. If in the opinion of Contractor a Request for Variation may jeopardize the fulfillment of the warranties and guarantees or the performance of the Plant the Contractor has the right to reject such Request for Variation. If the Owner insists on compliance with such Request for Variation, Contractor has the right to no longer extent the applicable warranties and guarantees or guarantee as to the performance of the Plant. Throughout the performance of the supply and work hereunder, the Contractor may recommend to the Owner for the Owner's consideration,

a. all such variations as the Contractor considers desirable, and

b. such other variations known to the Contractor as may be necessary to incorporate significant new developments in technology which are applicable or appropriate to the Plant.

If the Owner will decide to follow the Contractor's recommendation as referred to above, the Owner shall submit to the Contractor its request for such variation, in such way and manners as provided for hereinabove.

2. Preliminary Proposal for Variation

Upon receipt of the Request for Variation in the scope of supply and work pursuant to Article 7.1 hereof, the Contractor shall prepare a preliminary proposal for variation based on the Request for Variation (hereinafter referred to as the "Preliminary Proposal for Variation") and furnish same to the Owner within a reasonable period of time following receipt of such request.

Each Preliminary Proposal for Variation submitted by the Contractor to the Owner pursuant to this Article 7.2 shall be in writing accompanied with the rough information for the effect on the Work, the Overall Project Master Schedule including the

Time of Completion, the performance of the Plant and the Total Contract Price as well as the Contractor's estimate of fees and cost required to prepare the variation order sheet pursuant to Article 7.3 hereof.

3. Variation Order Sheet

If pursuant to Article 7.1 and 7.2 the Request for Variation be implemented, the Owner shall request in writing the Contractor to prepare the variation order sheet, hereinafter referred to as the "Variation order Sheet", which shall be accompanied by such information and data as will be reasonably required by the Owner for the Owner to properly evaluate the proposed execution of work and the effect on the Work, the Overall Project Master Schedule including the Time of Completion, the technical specifications, the technical soundness of the Plant, the warranties and guarantees contained in the Contract and the Total Contract Price. Upon the Owner's review of the Preliminary Proposal for Variation, the Contractor shall prepare and submit the Variation Order Sheet to the Owner within a period of time agreed by the Parties following receipt of such request. The Owner shall reject or approve each Variation Order Sheet within a period of fourteen (14) days.

If the Owner approves the Variation Order Sheet, the Owner shall within such fourteen (14) days period make signature on the Variation Order Sheet and return it to the Contractor and a supplement to the Contract shall be concluded between the Parties for the variation in the Work, (including terms of payment) in accordance with the Variation Order Sheet.

If the Owner requests the preparation of the Variation Order Sheet to the Contractor pursuant to this Article 7.3 and subsequently decides not to order such Variation, the cost incurred by the Contractor for all work done for the Variation Order Sheet shall be reimbursed to the Contractor by the Owner in accordance with the Contractor's estimate of fees and cost mentioned in the Preliminary Proposal for Variation pursuant to Article 7.2 hereof.

4. Suspension of the execution of the Work

It is expressly recognized by the Parties that an Owner' Request for Variation may cause the suspension of the execution of the Work or any part thereof. In the event that such suspension is caused and the Request for Variation is not materialized for any reason whatsoever, then the delay in the execution of the Works or any part thereof including delivery of any of the Plant Equipment, the Spare Parts and/or the Technical Documents of which the manufacture or the work shall be suspended thereby shall not constitute a default of the Contractor. Cost incurred by Contractor during the period of suspension will be reimbursed by Owner. In the event such suspension exceeds a period of fifty (50) days the Parties will meet and mutually agree how to proceed.

5. Other requests

Any request, order, instruction and/or suggestion for variations by the Owner in respect of the technical appendices hereto, the Technical Documents and other documents in writing setting forth the technical conditions regarding the Plant shall be made in accordance with the process and formalities as provided for in Article 7.1 through Article 7.4 hereof.

6. Total Contract Price

The Total Contract Price referred to under Article 5.1 and the dates referred to in the Overall Project Master Schedule under Article 6 have been based on the Owner's Scope of Work. Should Owner' Scope of Work would have the effect of increasing or decreasing the costs to Contractor in performing the Work or completing the Work in accordance with the Schedule, then the consequences of such differences on the costs to Contractor and on the time for Completion shall constitute a variation in the Work, for which a Variation Order Sheet shall be prepared by Contractor and approved by Owner in accordance with this Article 7.

§ 7 Änderungen

1. Änderungen

Wie im Einzelnen in diesem § 7 vorgesehen wird der Contractor soweit wie möglich Änderungen in den Leistungen akzeptieren, wenn der Wunsch des Auftraggebers nicht unbillig ist und aus Sicht des Contractors hinreichend finanziert erscheint. Deshalb muss jeder entsprechende Wunsch des Auftraggebers dem Contractor schriftlich übermittelt werden (im Folgenden „Änderungswunsch") und bestimmt und detailliert genug sein, um dem Contractor eine angemessene Grundlage für die Erstellung eines vorläufigen Änderungsvorschlags gemäß § 7 II zu bieten. Wenn nach Meinung des Contractors ein Änderungswunsch die Einhaltung von Haftungen und Zusagen oder die Leistung der Anlage gefährden könnte, darf der Contractor den Änderungswunsch zurückweisen. Wenn der Auftraggeber trotzdem auf Erfüllung des

Änderungswunsches besteht, ist der Contractor von seinen Haftungen und Zusagen hinsichtlich der Leistung der Anlage befreit. Im Lauf der Lieferungen und Leistungen kann der Contractor dem Auftraggeber

a. Änderungen vorschlagen, die ersterer für wünschenswert hält, und

b. alle Änderungen vorschlagen, die der Contractor für notwendig hält, um bedeutende technische Neuentwicklungen bezüglich der Anlage umzusetzen.

Beabsichtigt der Auftraggeber, der Empfehlung des Contractors zu folgen, muss er dem Contractor einen Änderungswunsch wie oben unterbreiten.

2. Vorläufiger Änderungsvorschlag

Nach Eingang eines Änderungswunsches im Leistungsumfang gemäß § 7 I erstellt der Contractor einen vorläufigen Änderungsvorschlag aufgrund des Änderungswunsches (im Folgenden „vorläufiger Änderungsvorschlag") und übermittelt diesem dem Auftraggeber in angemessener Frist nach dem Eingang eines solchen Wunsches.

Jeden vorläufigen Änderungsvorschlag im Sinne dieses Paragraphen muss der Contractor dem Auftraggeber schriftlich vorlegen. Erforderlich ist darüber hinaus eines grobe Schätzung der Auswirkung auf die Leistungen, den gesamten Ablaufplan einschließlich der Erfüllungszeit, der Leistung der Anlage, des endgültigen Vertragpreises und der Schätzungen des Contractors bezüglich der Gebühren und Kosten für die Vorbereitung des Änderungsauftrags gemäß § 7 III.

3. Förmlicher Änderungsauftrag

Wenn der Änderungswunsch gemäß §§ 7 I bis 7 II umgesetzt werden soll, fordert der Auftraggeber den Contractor schriftlich auf, einen Änderungsauftrag zu erstellen, im Folgenden als „Änderungsauftrag" bezeichnet. Zu diesem gehören Informationen und Angaben, die der Auftraggeber benötigt, um ihm die Einschätzung der vorgeschlagenen Arbeiten und ihrer Auswirkungen auf die gesamte Vertragsleistung, den Ablaufplan einschließlich der Erfüllungszeit, die technischen Spezifikationen, den technisch einwandfreien Zustand der Anlage, Haftungen und besondere Zusagen sowie den Gesamtpreis zu ermöglichen. Nach der Durchsicht des vorläufigen Änderungsvorschlags durch den Auftraggeber übermittelt der Contractor dem Auftraggeber den vorbereiteten Änderungsauftrag innerhalb einer zwischen den Parteien vereinbarten Frist nach Eingang des Wunsches. Innerhalb einer Frist von zehn Tagen wird der Änderungsauftrag vom Auftraggeber zurückgewiesen oder akzeptiert.

In letzterem Fall zeichnet der Auftraggeber innerhalb dieser Frist den Änderungsauftrag ab und schickt ihn an den Contractor zurück. Die Parteien fertigen eine Ergänzung des Vertrags bezüglich der Veränderungen (einschließlich der Zahlungsbedingungen) aufgrund des Änderungsauftrags.

Sollte der Auftraggeber vom Contractor die Erstellung eines Änderungsauftrags entsprechend diesem Abschnitt verlangen und anschließend den Auftrag nicht erteilen, hat er dem Contractor den gesamten Aufwand für den Änderungsauftrag entsprechend den Schätzung des Contractors vorläufigen Vorschlag für die Änderung gemäß § 7 II zu erstatten.

4. Aufschub der Arbeiten

Die Parteien sind sich ausdrücklich darüber einig, dass ein Änderungswunsch des Auftraggebers den Aufschub der ganzen oder teilweisen Vertragsleistungen bewirken kann. Sollte es zu einem Aufschub kommen und der Änderungswunsch aus welchem Grund auch immer nicht verwirklicht werden, stellt die Verzögerung im Ablauf aller oder von Teilen der Vertragsleistungen einschließlich Lieferung der Ausrüstung, der Ersatzteile oder der technischen Dokumentation, deren Erstellung sich verzögert, keinen Vertragsbruch des Contractors dar. Die während eines solchen Aufschubs dem Contractor entstanden Kosten wird ihm der Auftraggeber erstatten. Bei einem Aufschub von mehr als fünfzig (50) Tagen werden die Parteien das weitere Vorgehen miteinander abstimmen.

5. Weitere Anforderungen

Alle Wünsche, Anweisungen, Instruktionen und/oder Vorschläge Veränderungen durch den Auftraggeber hinsichtlich technischer Anhänge, der technischen Dokumentation und anderer schriftlicher Dokumente die technischen Einzelheiten der Anlage betreffend müssen dem Verfahren und den Anforderungen von § 7 I bis 7 IV entsprechen.

6. Endgültiger Vertragspreis

Der in § 5 I zitierte Vertragspreis und die Angaben im Gesamtablaufplan in § 6 beruhen auf dem Leistungsumfang des Auftraggebers. Sollte dieser Umfang die Kosten des Contractors bei der Leistungserbringung erhöhen oder vermindern, sind die Folgen solcher Unterschiede auf die Kosten des Contractors und die Erfüllungszeit als Änderungen im Leistungsumfang anzusehen. Dafür wird – wie in diesem § 5 vorgesehen – der Contractor einen Änderungsauftrag vorbereiten, den der Auftraggeber genehmigt.

Eine wohl durchdachte Klausel muss aber nicht unbedingt so umfangreich sein, um den Anforderungen an eine ausgewogene Lösung und einen reibungslosen Projektverlauf zu genügen.

The Customer shall be entitled to submit to the Contractor written notice of proposed changes in the Applicable Documentation and/or the Contract Products. Such proposed changes shall not alter the basic nature of the work to be performed by the Contractor. Within fourteen days following receipt of any such notice of proposed changes, the Contractor shall either notify the Customer of his inability to implement the proposed changes or shall inform the Customer of the effect on the contract price and Date of Delivery. If the Customer elects to have the changes carried out, the parties shall, prior to the execution of the work, agree on an earlier or later Date of Delivery and the reduction of, or increase in, the contract price. Failing such agreement, the Date of Delivery and the new contract price shall be determined by arbitration in accordance with Article ...

Der Kunde hat das Recht, dem Anlagenbauer schriftlich Mitteilung von ihm gewünschter Änderungen in der Dokumentation und/oder dem Vertragsgegenstand zu machen. Solche Änderungen dürfen den Grundcharakter der vom Anlagenbauer zu leistenden Arbeit nicht beeinflussen. Spätestens vierzehn Tage nach Erhalt einer solchen Mitteilung über vorgeschlagene Änderungen wird der Anlagenbauer entweder den Kunden davon in Kenntnis setzen, dass der Anlagenbauer sich zur Umsetzung der vorgeschlagenen Änderungen nicht in der Lage sieht. Oder er wird den Kunden von ihren Auswirkungen auf Vertragspreis und Lieferzeit informieren. Entscheidet sich der Kunde zur Durchführung der Änderungen, einigen sich die Parteien vor Aufnahme der Arbeiten auf einen früheren oder späteren Erfüllungszeitpunkt und Verminderung oder Erhöhung des Vertragspreises. Ohne eine solche Vereinbarung entscheidet ein Schiedsgericht gemäß Artikel ... über den Erfüllungszeitpunkt und den neuen Vertragspreis.

Sollte der Auftraggeber die genannten Termine nicht einhalten, behält der Auftragnehmer sich vor, einen neuen Liefertermin festzusetzen.

Die Vertragsstrafe ist damit außer Kraft gesetzt.

Wenn der Auftraggeber ihm obliegende Termine nicht einhält, braucht der Auftragnehmer eine Vertragsstrafe ohnehin nicht zu fürchten. Die Regelung ist also überflüssig, wenn auch insoweit unschädlich. Ihre Gefahr liegt vielmehr darin, dass die Parteien nach Änderung des Vertrags durch Einigung auf neue Liefertermine vergessen, dass sie nun eigentlich auch die mittlerweile entfallene Vertragsstrafe neu regeln müssen, soll nicht eine der Vertragsparteien nun anders als bei ursprünglichem Vertragsbeginn bevorteilt werden. Diese Situation ist typisch für die Vernachlässigung des Vertragsnetzes bei Änderungsaufträgen.

Angebot

Das Projekt

Im Zuge der mehrmonatigen Verhandlungen über die Erstellung einer Industrieanlage hatte sich das ursprüngliche Vorhaben erheblich verändert. Sowohl hinsichtlich der Verfahrenstechnik als auch des Lieferumfangs, der Termine sowie des Preises und der Zahlungsbedingungen war das Ausgangsprojekt nicht mehr wieder zu erkennen. Die Vertragspartner hielten aber schließlich alles Nötige für vereinbart.

Als der Auftragnehmer für in seinem ursprünglichen Angebot nicht enthaltene Montageleistungen Vergütung als Claim verlangt, weigert sich der Auftraggeber. Er sei davon ausgegangen, dass die erörterten Änderungen die Montageleistungen auf Kosten des Auftragnehmers mit einschlössen.

Überlegungen

Das einem Projekt zugrunde liegende Angebot hat eine wichtige Funktion für den Claimsmanager: Es ist der Ausgangspunkt für alle Überlegungen, die sich um den Vertragsinhalt drehen. Die mangelnde Kenntnis des Angebots und seiner (im Laufe der Vergabeverhandlung meistens erfolgenden) Abänderungen ist häufig mit ein Grund dafür, dass das Claimsmanagement den Leistungsinhalt und andere Vertragspunkte nur schwer nachvollziehen kann.

Mit dieser Funktion oft im Widerstreit steht das Angebot als Instrument des Vertriebs. Um erfolgreich zu sein, hat dieses verschiedene Anforderungen zu erfüllen. Es muss nicht nur wirtschaftlich und technisch den Erwartungen des Auftraggebers entsprechen. Es muss häufig auch über die Beschreibung der einzelnen Leistungen hinausgehend den Auftraggeber davon überzeugen, mit dem für eine reibungslose Abwicklung kompetenten Partner zu verhandeln. Und es muss schließlich dem Wettbewerb überlegen sein, um Auftrag und Umsatz zu werden und letztlich somit seinen Beitrag zum Überleben des Unternehmens zu leisten.

Diese Anforderungen führen immer wieder dazu, dass in Angeboten Angaben enthalten sind (oder auch fehlen!), die dem Claimsmanager später das Leben schwer machen. So etwa ist häufig nicht klar, ob das „Angebot" wirklich als solches gemeint war, ob es sich nur um einen Kostenanschlag oder um eine unverbindliche Auflistung verschiedener Positionen mit Schätzpreisen handelte. Oft hat der Bieter durch Referenzen nachzuweisen, dass er Projekte in ähnlicher Größenordnung bereits erfolgreich abgewickelt hat. In welchem Umfang sollen solche Angaben Bestandteil des Angebotes sein?

Ähnliches gilt für weitere Angaben (zum Beispiel über die wirtschaftlichen Verhältnisse), mit denen Unternehmen versuchen, mit ihrem Angebot den Wettbewerb für sich zu entscheiden.

Das BGB selbst verwendet das in der Praxis übliche Wort Angebot (im angelsächsischen Sprachgebrauch *bid, offer, proposal, quotation* oder *tender*) nicht. Es spricht vielmehr vom „Antrag" zur Schließung des Vertrags, der durch die „Annahme" zustande kommt, §§ 145 ff. BGB. Auf diese einfache Weise entstehen allerdings Verträge über Industrieprojekte so gut wie nie. Ihnen gehen meistens Angebote voraus, die die Gegenseite abgeändert zurückgibt; diese Abänderung wiederum wird der ursprünglich Anbietende seinerseits ändern wollen usw. Häufig erklärt ein Geschäftspartner unter gleichzeitiger Änderung des Angebots seine „Annahme". Das Gesetz sieht darin aber eine Ablehnung des ursprünglichen Angebots, verbunden mit einem neuen Antrag. Wenn die Verhandlungen erfolgreich sind, wird am Ende eine letzte Änderung erfolgen, die die Gegenseite dann ohne Widerspruch annimmt. Grundsätzlich sind es nur diese beiden Erklärungen, der Antrag und die Annahme, die den Vertrag entstehen lassen.

Die aus der Sicht des Claimsmanagement wichtige Feststellung, welche der im Laufe der Vergabeverhandlungen, technischen Besprechungen und kaufmännischen Erörterungen abgegebenen Erklärungen nun tatsächlich Antrag und Annahme sind und welches deren Inhalt ist, bereitet erfahrungsgemäß erhebliche Schwierigkeiten. Sie wachsen meist mit der Größe des Projekts – wie bei der geschilderten Ausschreibung. Hinzu kommen, selbst wenn die entsprechenden Erklärungen feststehen, häufig Auslegungsprobleme hinsichtlich des Inhalts. Im Ausgangsfall wird der Claim nur Erfolg haben, wenn der Auftragnehmer nachweisen kann, dass er im Verlauf der Vergabeverhandlungen die Montageleistungen gegen Vergütung angeboten und der Auftraggeber dieses Angebot angenommen hat.

Wenn ein Gericht einer solchen Auslegungsfrage gegenüber steht, könnte es sich an der oben geschilderten Entwicklung der Vertragsentstehung orientieren und zum Beispiel vorvertragliche Schreiben, Aktenvermerke, Memoranden, Protokolle oder die abgeänderten Angebote als Hilfsmittel zur Auslegung verwenden. Für ein deutsches Gericht kann dieses Vorgehen durchaus legitim sein. Ein Richter aus dem angloamerikanischen Rechtskreis dagegen wird unterstellen, dass die Parteien – wenn sie sich schon auf einen schriftlichen Vertrag verständigt haben – auch nur dessen Inhalt vereinbaren wollten. Für sie ist nur der Vertragstext das *entire agreement*; der Beweis des Gegenteils ist nur begrenzt zulässig. Dies nennen Juristen die *parole evidence rul*e. Sollten die Parteien eine andere Absicht verfolgen, müssen sie es ausdrücklich kund tun. Dem dienen besondere Erwähnungen *(whereas recitals)* eingangs des Vertrags. Sie können tatsächliche Angaben über vorangegangene Geschäftsbeziehungen, beiderseitige Erfahrungen oder wirtschaftliche Grundlagen des Vertrags enthalten.

Der Rat

Die überragende Bedeutung des Angebots als Vertriebsinstrument darf den Blick auf seine Funktion als Grundlage des Claimsmanagement nicht verstellen. Im Angebot einmal enthaltene Schwachstellen lassen sich später nur schwierig wieder eliminieren. Damit ist eine Aushöhlung der Ertragskraft des jeweiligen Projekts vorprogrammiert. Eine frühzeitige Einschaltung des späteren Projektleiters oder Claimsmanagers schon in der Angebotsphase kann dieser Gefahr begegnen.

Manche Angebot enthalten soviel Aufwand und Know-How, dass der Anbieter bei Nichtberücksichtigung durch den erhofften Auftraggeber eine Vergütung erwartet. Ganz abgesehen davon, dass die Marktlage ein solches Ansinnen nur selten rechtfertigt, müsste die Vergütungspflicht deutlich aus dem Angebot hervorgehen. Demgegenüber stellen aber schon manche Ausschreibungen sicherheitshalber fest, dass die Ausarbeitung des Angebots für den Anfragenden kostenlos und unverbindlich ist. Gerade bei größeren Projekten ist deshalb der Versuch nicht unüblich – wenn auch rechtlich sehr bedenklich – sich mit den anderen bekannten Anbietern auf eine vom Gewinner der Ausschreibung zu tragenden *looser fee* für die leer Ausgegangenen zu verständigen.

Auslegung

Das Projekt

Zwischen einem deutschen Maschinenbauer M und seinem britischen Kunden K ist Streit über den Umfang der kostenlosen produktbegleitenden Dienstleistungen von M entstanden. Die Vertragspartner hatten „Wartungsleistungen“ vereinbart. Aus Sicht von M nimmt K diese übermäßig intensiv in Anspruch. M möchte sich deshalb mit einem Claim bei K schadlos halten.

Überlegungen

Der Erfolg des Claim wird im Streitfall davon abhängen, wie ein (Schieds-)Gericht die vertraglichen Bestimmungen zwischen den Parteien auslegt.

Dem deutschen Richter hat das BGB zwei Handlungshilfen gegeben. Bei der Auslegung einer Willenserklärung ist der wirkliche Wille zu erforschen und nicht am buchstäblichen Sinn des Ausdrucks zu haften, § 133 BGB. Verträge sind so auszulegen, wie Treu und Glauben mit Rücksicht auf die Verkehrssitte es erfordern, § 157 BGB. Diese sehr grundsätzlichen Richtlinien reichen aber für die Entscheidungspraxis nicht aus. Deshalb hat sich eine Stufenleiter der Auslegung entwickelt.

Als erstes fragt das Gericht danach, was die Beteiligten vereinbart haben (z. B. „Wartungsleistungen“). Den Ausschlag gibt der objektive Sinn der Erklärungen, wie ein vernünftig urteilender Dritter ihn sähe. Ist der Wortsinn festgestellt, fragt das Gericht, was die Parteien mit den Erklärungen gewollt haben (z. B. „die Maschine möglichst effektiv laufen lassen“). Und drittens sehen die Richter darauf, ob sich aus den Begleitumständen etwas für Sinn und Inhalt der Erklärungen ergibt. Dabei können die Entstehungsgeschichte des Vertrages, vorangegangene Äußerungen der Verhandlungspartner, in ihren bisherigen Geschäftsverbindungen herausgebildete Gewohnheiten, die bestehende Interessenlage und der mit dem Vertrag verfolgte Zweck eine Rolle spielen (z. B. der Lieferer hatte schon vor der Streitentstehung ohne Beanstandung eine zeitlang neben Wartungs- auch Inspektions- und Instandsetzungsarbeiten ohne Vergütung geleistet).

Für einen Richter des anglo-amerikanischen Rechtskreises kommt es zunächst auf die Bedeutung der Wortwahl an, wobei er nicht akribisch und pedantisch vorgehen wird, sondern auf Sprachgebrauch und Gewohnheit Rücksicht nimmt. Als nächstes spielt die Absicht der Parteien eine Rolle, wobei ein gerechtfertigtes, vernünftiges Ergebnis anzustreben und die unverhältnismäßige Belastung einer Seite zu vermeiden ist. Bei der Auslegung von Begriffen stellt der Richter auf eine verständige Durchschnittsperson ab. Für die Beurteilung technischer Ausdrücke ist ständige Übung und überwiegende Auffassung der Praxis ausschlaggebend. Das Gericht sieht auf den Vertrag als Ganzes, nicht nur auf den im Einzelnen zu interpretierenden Begriff. Und schließlich wird das Gericht dem geschäftlichen Umfeld des Vertrages Rechnung tragen. Dazu können bereits abgewickelte Verträge zwischen den Partnern, allgemein anerkannte praktische Usancen oder die Marktsituation zur Zeit des Abschlusses gehören. (Bis hierher wird das Ergebnis kaum anders sein als nach deutschem Recht.) Im Prinzip nicht dagegen berücksichtigen wird der Richter vorvertragliche Belege (Schreiben, Aktenvermerke, Memoranden oder Protokolle). Diese sehr alte Rechtsregel heißt *parol evidence rule* und gilt – wenn auch mittlerweile in abgeschwächter Form – noch heute.

Der Rat

Die Praxis zeigt, dass der anglo-amerikanische Richter einerseits ein größeres Ermessen bei der Auslegung eines Vertrages hat, andererseits viel eher am eigentlichen Vertragstext urteilt. Er sieht leichter einen Vorgang als nicht dem Vertrag unterfallend oder in ihm nicht geregelt an und entscheidet: No contract. Dies gilt ganz besonders bei Vereinbarung einer *entire agreement clause*, nach der nur das als vereinbart gilt, was Vertragstext geworden ist. Ein deutscher Richter (für den weiteren kontinentaleuropäischen Rechtskreis ist dies ähnlich) berücksichtigt trotz strengerer Auslegungsregeln die historische Entwicklung des Vertrages stärker und neigt eher dazu, Vorgänge als vom Vertrag umfasst auszulegen. Bei einer Klausel wie der genannten sind aber auch ihm insoweit die Hände gebunden.

Besondere Sorgfalt müssen die Verhandlungspartner walten lassen, wenn sie sich im Vertrag eines Begriffes bedienen, der durch die Übertragung in eine andere Sprache eine abweichende Bedeutung gewinnt. Die Praxis spricht in diesem Zusammenhang von *false friends*, falschen Freunden. Diese Gefahr liegt vor allem bei Wendungen nahe, die allgemein bekannt sind und zunächst unproblematisch erscheinen. Wenn sich die Parteien bei den Verhandlungen in englischer Sprache etwa hinsichtlich *guarantees*, *breach of contract*, *delay* oder *penalties* geeinigt haben und in der verbindlichen deutschen Fassung des Vertragstextes daraus später „Garantien“, „Vertragsbruch“, „Verzögerung“ oder „Vertragsstrafen“ werden, steht der auslegende Richter vor dem Problem, dass diese Begriffe trotz ihrer vermeintlichen Ähnlichkeit sehr unterschiedliche Inhalte bezüglich der Voraussetzungen und der jeweiligen Rechtsfolgen haben können. Bei einer Übertragung von einer in eine andere Sprache empfiehlt es sich deshalb, dem letztlich im Text verwendeten Begriff die sprachliche Fassung in der beabsichtigten Form hinzuzusetzen, sobald der Vertragsinhalt selbst insoweit nicht klar genug ist.

Wenn auf diese Weise hinter vereinbarten *liquidated damages* oder *penalties* der Zusatz „Vertragsstrafe" in Klammern erscheint, ist bei Geltung deutschen Rechts auf den Vertrag klargestellt, dass die Gültigkeit und Folgen dieser Vertragsstrafe nicht an den Voraussetzungen des englischen Rechts zu messen sind. Die offene Erörterung solcher Fragen macht den Parteien oft erst deutlich, dass sie bisher nicht genau wussten, was sie eigentlich wollten. Eine frühzeitige Ausschaltung solcher Unsicherheiten ist bereits Teil eines wirksamen Claimsmanagement.

Das Vertragsbeispiel

Entire Agreement

This Contract constitutes the entire agreement and understanding between the Parties and will take effect according to its tenor despite:

- any prior agreement in conflict or at variance with the Contract; or
- any correspondence or other documents relating to the subject matter of the Contract which may have passed between the Parties prior to the Contract Date and which are not included in the Contract.

Abschließende Vereinbarung

Dieser Vertragstext stellt die abschließende Vereinbarung und Übereinkunft zwischen den Parteien dar. Der Vertrag wird in diesem Sinn in Kraft treten ungeachtet

- jeder vorangegangenen Vereinbarung, die im Wiederspruch mit dem Vertrag steht oder von ihm abweicht
- jeder Korrespondenz oder anderen Dokumenten bezüglich des Vertragsgegenstands, die die Parteien vor Vertragsabschluss ausgetauscht aber nicht in den Vertrag eingeschlossen haben.

This Agreement and its terms shall be construed according to German law. If the English legal meaning differs from the German legal meaning of this Agreement and is terms, the German meaning shall prevail.

Diese Vereinbarung und ihre einzelnen Begriffe unterliegen deutschem Rechtsverständnis. Wenn die englische Rechtsauffassung der Vereinbarung und ihrer einzelnen Begriffe sich von der deutschen unterscheidet, hat die deutsche Vorrang.

Mit einer solchen construction clause nach englischem Vorbild hätte M eine mögliche Unsicherheit der Vertragsauslegung beseitigt und sich damit einen erheblichen potentiellen Vorteil verschafft.

Interpretation

In the Contract, unless the context otherwise indicates:

...

No rule of interpretation applies to the disadvantage of a Party on the basis that the Party put forward the Contract or any part thereof;

...

Interpretation

In dem Vertrag darf, soweit nicht der Zusammenhang anderes nahe legt:

...

Keine Auslegungsregel zum Nachteil einer Partei darauf gestützt werden, dass diese Partei den Vertrag oder einen Teil davon vorgelegt hat.

Bei dieser Klausel geht es ihrer harmlos erscheinenden Bezeichnung entgegen nicht lediglich um eine Interpretationsregel, sondern um einen Ausschlussgrund. Auch das englische Recht, das in diesem Projekt anwendbar sein sollte, kennt die contra proferentem-Regel. Nach ihr werden Widersprüche, Schwächen oder rechtliche Unzulässigkeiten gegen die Partei ausgelegt, die sich auf diese Vereinbarung beruft. Genau das aber will der potentielle Auftraggeber hier ausschließen.

Ausschreibung

Das Projekt

Ein bedeutender Betreiber in einem Schwellenland hatte mit Hilfe eines Consultant umfangreiche Ausschreibungsunterlagen erstellt. Sie umfassten die Instruktionen *(instructions to bidders)* für die Angebotsaufmachung selbst, den standardisierten Text des späteren Kaufvertrags und sehr ausführliche technische Beschreibungen und Spezifikationen der zu erstellenden Anlage.

Chefverkäufer Clever war aus Referenzgründen auf die Vergabe an sein Unternehmen U erpicht und ließ ein Angebot abgeben, das allen Anforderungen entsprach. C wollte damit erst einmal mindestens unter die fünf besten Anbieter (auf die *short list*) kommen. Allzu belastende Vertragspunkte wollte er im Lauf der endgültigen Vergabe noch wegverhandeln.

Der erfahrene Projektleiter P warnt: Solche Verhandlungen blieben häufig erfolglos, problematische Punkte gerieten in Vergessenheit, und später könne sich kaum noch jemand daran erinnern, dass das Unternehmen auf der Grundlage einer solchen Ausschreibung gar nicht hätte anbieten dürfen. U erhält den Auftrag.

Später kommt es zu Auseinandersetzungen über den Umfang der Trainingsmaßnahmen durch U. Als man dort erwägt, den vermeintlichen Mehraufwand mit einem Claim geltend zu machen, stößt U auf einen unveränderten Passus in den Ausschreibungsunterlagen, wonach U für den Erfolg der Ausbildung einzustehen hat. Ein Claim ist unter diesen Umständen sinnlos.

Überlegungen

Eine Ausschreibung zur Abgabe eines Angebots für ein Projekt kann sehr unterschiedlichen Zielen des Auftraggebers dienen. Die Teilnehmer verschaffen ihm einen Überblick über die ihm vielleicht nicht in dieser Breite bekannten Anbieter der Branche, die Unterlagen enthalten häufig wertvolle Informationen über Produkte, Verfahren oder Betrieb, der Wettbewerb auf einem vorgeschriebenen einheitlichen Niveau zwingt die Anbieter zu dem niedrigsten für sie vertretbaren Preis und macht zudem die Angebote vergleichbar.

Wegen der Transparenz des Verfahrens (bei ordnungsmäßiger Abwicklung) bedienen sich öffentliche Hände im In- und Ausland häufig der Ausschreibung zur Vergabe im öffentlichen Auftragswesen, für bestimmte Projektwerte ist die Ausschreibung sogar verbindlich vorgeschrieben. Im privaten Bereich sind es oft beratende Ingenieurunternehmen, die Aufträge auf dem Umweg über Ausschreibungen vergeben.

Neben den offensichtlichen Missbrauchsmöglichkeiten durch den Auftraggeber (z. B. Setzen langer Bindungsfristen, Know-How-Abzug, Preisdrückerei oder Nachverhandlungen, Aufhebung der Ausschreibung ohne Vergabe) bedrückt den Claimsmanager hauptsächlich das Störpotential aus dem Leistungsteil der Ausschreibung. Ein Leistungsverzeichnis (LV) mit detaillierten Positionen stellt zwar eine gute Basis dar und hilft später Streitigkeiten vermeiden. Gerade im Industrieanlagenbau werden damit aber oft bestimmte Verfahren ausgeschlossen, so dass manche Unternehmen dadurch von vorneherein nicht zum Zuge kommen. Eine funktionale Leistungsbeschreibung eröffnet hinsichtlich des Verfahrens dagegen weitaus mehr Möglichkeiten, ist aber andererseits ein Einfallstor für zusätzliche Forderungen nach Leistungen des Auftragnehmers ohne entsprechende Vergütungspflicht seines Vertragspartners. Der Auftraggeber kann sich hier viel leichter auf den Standpunkt stellen, dass der vom Auftragnehmer abgegebene Preis bei dem gewählten Verfahren alle dazu gehörenden Leistungen erfasst habe.

Der Rat

Die Erfahrung mit Missbräuchen einerseits und der Zwang zur Akquisition andererseits lässt gerade (aber nicht nur) im Auslandsgeschäft die Unternehmen häufig einen gefährlichen Weg beschreiten. Mit einem Minimum an angebotener Leistung und einem dementsprechend niedrigen Preis versuchen manche Anbieter, die erste Vergaberunde zu überstehen. Dabei gilt es, eine oft in den Unterlagen enthaltene *list of exclusion to quotation*, die Disqualifikationsmerkmale für das Angebot enthält, zu berücksichtigen. Im Fall des späteren Zuschlags hofft dann der Gewinner des Projekts, den Auftraggeber zu Vertragserweiterungen bewegen zu können oder aber Nachforderungen auf anderen Wegen durchzusetzen. Das Claimsmanagement sieht sich dabei vor einer schwer lösbaren Aufgabe, wenn auf der anderen Seite ein Partner steht, der entweder selbst erfahren genug ist oder sich (z. B. durch Consultants) professionell beraten lässt. Auch für das Ausschreibungswesen gilt der Grundsatz, dass ein bewusst „abgespecktes“ Angebot im allgemeinen keine gute Grundlage für erfolgreiches Claimsmanagement ist, wenn dahinter die Absicht steht, sich später durch fragwürdige Nachforderungen zu erholen.

Das Vertragsbeispiel

Bidder is required to submit a proposal confirming with the requirements of this Request for Proposal.

Bidder may in addition also submit a non-conforming proposal highlighting any claimed advantages and merits. All area of non-conformity must be clearly identified.

Der Bieter hat ein den Anforderungen dieser Anfrage entsprechendes Angebot zu unterbreiten.

Der Bieter kann zusätzlich ein den Anforderungen dieser Anfrage nicht entsprechendes Angebot unterbreiten. Darin hat er alle behaupteten Vorzüge und Vorteile zu beleuchten. Jede Abweichung ist deutlich zu kennzeichnen.

Eine von der ursprünglichen Aufforderung zur Abgabe eines Angebots vorgelegte technische oder kaufmännische Lösung führt hier nicht zum automatischen Ausschluss im Vergabeverfahren. Diese Alternative dürfte für den Anlagenbauer immer dann vorteilhaft sein, wenn sein Angebot einen individuellen Zuschnitt aufweist und sich damit der Vergleichbarkeit in Massen oder Mengen entzieht. Andererseits besteht auf diesem Wege eine höhere Gefahr des Abflusses an Wissen als im ersten Fall.

Bankgarantie

Das Projekt

Noch in Zeiten schlechter Konjunktur hat das Unternehmen U von einem ihm bis dahin völlig unbekannten Auftraggeber einen Auftrag hereingenommen, dessen Inhalt an die Stellung verschiedener Bankgarantien geknüpft war.

Angesichts einiger ernster vertraglicher Störungen fragt sich nun der Claimsmanager beunruhigt, wie er einer drohenden missbräuchlichen Inanspruchnahme der Garantien durch den ausländischen Kunden begegnen könne.

Überlegungen

Bankgarantien sind für das Exportgeschäft lebenswichtig. Die Praxis unterscheidet im Wesentlichen drei Arten.

Die Bietungsgarantie *(bid bond, earnest money, letter for initial surety, tender bond, tender guarantee)* soll den Auftraggeber (meist bei Ausschreibungen öffentlicher Stellen) dagegen absichern, dass ein Bieter den im Angebot definierten Verpflichtungen nicht nachkommt, vor allem den Vertrag nicht unterschreibt, obwohl er den Zuschlag erhalten hat. Die Höhe der Bietungsgarantie beträgt 2–3% durchschnittlich.

Die Anzahlungsgarantie *(advance payment bond, refundment bond* oder *repayment guarantee)* soll den Auftraggeber dagegen absichern, dass sein Vertragspartner Anzahlungen einbehält, ohne das Geschäft auszuführen.

Die Höhe der Garantie geht bis zur Höhe der Anzahlung.

Die Erfüllungs- oder Leistungsgarantie, die sich auch auf Gewährleistungen erstrecken kann *(completion bond, performance bond, performance guarantee)*, begegnet dem Risiko des Auftraggebers, dass der Anlagenbauer den Vertrag zeitlich oder inhaltlich nicht ordnungsmäßig erfüllt. Die Höhe dieser Garantie dürfte bei 5–10% des Vertragspreises liegen.

Im Inlandsgeschäft werden gelegentlich statt Garantien Vertragserfüllungsbürgschaft, Anzahlungsbürgschaft und Pflichtverletzungsbürgschaft gefordert. Bei ihnen ist wegen höherer Rechtssicherheit als im Exportgeschäft die Gefahr missbräuchlicher Inanspruchnahme geringer.

Die Verpflichtung zur Stellung einer Garantie und Einzelheiten ihres Inhalts ergeben sich aus dem Grundgeschäft zwischen Auftraggeber und Auftragnehmer.

Letzterer schließt einen Vertrag mit der als „Garant" bezeichneten garantierenden Bank. Diese wiederum schließt dann einen Garantievertrag mit dem „Begünstigter" genannten Auftraggeber.

Die Gefahr missbräuchlicher Inanspruchnahme von Garantien entsteht dadurch, dass sie meist „auf erstes Anfordern" zahlbar und bedingungslos ausgestaltet sind. Bei der Bietungsgarantie bedeutet das, dass der Auftraggeber trotz ausgedehnter Vergabeverhandlungen den Bieter an der Garantie festhalten will, obwohl sich eine Reihe von Voraussetzungen für den Angebotspreis zu Ungunsten des Bieters schon verändert haben. Der Druck erfolgt etwa unter der Drohung *„extend or pay"*. Die Anzahlungsgarantie benutzt der Auftraggeber gelegentlich, um seine Anzahlung grundlos zurückzuholen oder damit zu drohen, um andere Zugeständnisse zu erreichen. Die Erfüllungsgarantie dient auch ohne Vorlage von Sachmängeln dem Druck auf zusätzliche Lieferungen und Leistungen. In allen Fällen kommt auch die Nichtrückgabe der Garantieurkunde in Frage, was für den Auftraggeber ein Damoklesschwert darstellt und zusätzliche Kosten bedeutet.

Befristungen einer Garantie kommen als Abhilfe häufig schon deshalb nicht in Frage, weil der Auftraggeber eine unbefristete Garantie verlangt. Abgesehen davon ist nach einigen Rechtsordnungen die Inanspruchnahme auch nach Fristablauf noch möglich, wenn der Anspruch innerhalb der Garantiefrist entstanden ist. Nur die Rückgabe der Garantieurkunde sichert den Anbieter wirklich gegen missbräuchliche Inanspruchnahme.

Neben diesen Garantien im engeren Sinn lassen sich Vertragspartner oder finanzierende Banken gelegentlich eine Patronatserklärung *(parent company guarantee, letter of comfort)* geben. In ihr verpflichtet sich eine Muttergesellschaft dazu, irgendwie für die vertraglichen Verpflichtungen der Tochter einzustehen. Da die Mutter eine Eventualverbindlichkeit in der Bilanz ausweisen müsste, ist ihr an einer möglichst unverbindlichen, weichen Form der Patronatserklärung gelegen. Deren Wortlaut ist deshalb immer auf seinen tatsächlichen Erklärungs- und damit Sicherungswert zu prüfen.

Der Rat

Wegen der schwierigen Rechtslage und uneinheitlicher Rechtsprechung in den verschiedenen Ländern empfiehlt es sich nicht, auf gerichtlichen Schutz bei missbräuchlicher Inanspruchnahme von Garantien zu setzen. Eine größere Chance bietet – vorausgesetzt, die Verhandlungsposition gibt dies her – im Zusammenhang mit der Vertragsgestaltung die Vereinbarung von einzelnen Klauseln, mit denen die üblichen

Missbrauchsfälle eingeschränkt werden können. Dabei können die jeweiligen Richtlinien für Garantien der Internationalen Handelskammer (ICC) nützliche Hilfe leisten. Voraussetzung deren direkter Anwendbarkeit ist, dass die Garantieerklärung auf sie Bezug nimmt.

Bankgarantien unterliegen dem Grundsatz der Dokumentenstrenge. Nach diesem Prinzip zahlt die Bank nur und schon bei Vorlage des vorgeschriebenen Dokuments. Das kann sich positiv wie negativ aus der Sicht des endgültig Verpflichteten auswirken. So etwa kann der Bankkunde seine Bank drängen, auf Grund fehlender Übereinstimmung der geforderten mit den präsentierten Dokumenten keine Zahlung zu leisten, obwohl sie tatsächlich gerechtfertigt wäre. Auf der anderen Seite leisten Banken auch Zahlung bei rein förmlicher Übereinstimmung, selbst wenn die Tatsachen gegen eine Zahlung sprechen. Das zeigt, wie wichtig die sorgfältig formulierte Verknüpfung von Ergebnissen des Projektverlaufs mit dem Text der Bankgarantie sein kann.

Das Vertragsbeispiel

Tender Bond

We hereby guarantee to pay to the Emirate of Abu Simbel a sum of .... US $ representing ....% of the amount tendered, as a guarantee for the tenderer's' liabilities. This guarantee shall be payable on first demand, without reference to the tenderer, stating that the tenderer has failed to accept the contract award or sign the contract agreement. This guarantee shall be valid up to .... (90 days from the latest day fixed for submitting tenders) and, if the tenderer, on whose behalf this guarantee is issued is awarded the contract, its validity shall be automatically extended until such times as the Performance Bond required under the contract terms, is lodged with the Government.

Bietungsgarantie

Hiermit garantieren wir dem Emirat Abu Simbel die Zahlung einer Summe von .... US $, was .....% der Angebotssumme entspricht, als Garantie für die Einhaltungen der Verpflichtungen des Bieters. Die Garantie ist auf erstes Anfordern ohne Benachrichtigung des Bieters mit der Behauptung zahlbar, er habe die Auftragsvergabe an ihn nicht akzeptiert oder den Vertrag nicht unterschrieben. Diese Garantie ist gültig bis .... (90 Tage nach dem als endgültig festgelegten Abgabetermin für Angebote). Wenn der Anbieter, in dessen Auftrag diese Garantie abgegeben wird, den Auftrag erhält, verlängert sich ihre Gültigkeit automatisch solange, wie die nach dem Vertag erforderliche Erfüllungsbürgschaft bei der Regierung verbleibt.

Anknüpfungspunkt für die Entlastung aus der Bietungsgarantie soll hier die Rückgabe der Erfüllungsbürgschaft sein. Das ist willkürlich, denn die Bietungsgarantie soll den Bieter nur an seinem Angebot festhalten, nicht aber die Erfüllung selbst sichern.

Claims for payment or requests for extension of validity must be accompanied by a copy of the letter of award stating that Bidder has been awarded with the contract on the basis and within the validity of his offer.

Aforesaid claim or request has to be accompanied by Owner's declaration that Bidder has failed to sign the respective contract or to submit a performance guarantee as provided for in the contract.

Auf Zahlung gerichteten Claims oder Forderungen nach Gültigkeitsverlängerung ist eine Kopie des Vergabebescheids beizufügen. Aus ihr muss hervorgehen, dass der Bieter den Auftrag auf der Grundlage und innerhalb der Bindungsfrist seines Angebots erhalten hat.

Dem genannten Claim oder der Forderung muss eine Erklärung des Auftraggebers beigefügt sein, dass der Bieter den entsprechenden Vertrag nicht unterschrieben oder die nach dem Vertrag vorgesehene Erfüllungsgarantie nicht gestellt hat.

Auf diese Weise ist dem böswilligen Auftraggeber der Weg zur Inanspruchnahme der Garantie wenigstens insoweit versperrt, als er nicht mehr wahrheitswidrig behaupten kann, der Anlagenbauer habe den Zuschlag erhalten, verweigere nun aber die Vertragsschließung.

1. Diese Anzahlungsgarantie tritt in Kraft, sobald der Anzahlungsbetrag von ... bei uns zu Gunsten und zur freien Verfügung des Lieferers unter Bezug auf diese Garantie eingegangen ist und sobald das unwiderruflich bestätigte Akkreditiv über ... entsprechend ... des Gesamtpreises gültig bis ... bei uns zu Gunsten des Lieferers und für ihn in akzeptabler Form unter Bezug auf diese Garantie eröffnet worden ist.

2. Eine Inanspruchnahme unter dieser Garantie muss nach dem Verfalldatum des erwarteten Akkreditivs datiert sein.
3. Diese Garantie ermäßigt sich automatisch um ...% von 100% des Rechnungswertes jeder durchgeführten Lieferung. Als deren Nachweis und als alleinige Voraussetzung für die Ermäßigung dieser Garantie gilt die Einreichung ordnungsgemäßer Dokumente bei uns unter dem vom Lieferer erwartenden Akkreditiv über ...% des Gesamtpreises.
4. Die Garantie erlischt automatisch, sobald ...% von 100% des Rechnungswertes aller mit Dokumenten nachgewiesener Lieferungen und Leistungen den Betrag dieser Anzahlungsgarantie ausmachen.

Hier haben die Vertragspartner das Missbrauchsproblem durch Formulierung von Inkrafttreten, Reduzierung und Befristung stark eingeengt.

Performance Bond – Annexure

We hereby guarantee to pay to the Government of Abu Simbel a sum of .... € representing ....% of the contract sum, as a guarantee for due and proper performance of the contract.

This guaranteed sum shall be paid to Government on first demand, without reference to the Contractor, stating that the Contractor has failed to fulfil the terms of the contract.

This guarantee shall be valid up to ....
(date scheduled for completion of contract/order)
and shall, before expiry, be automatically renewed until the Final Acceptance Certificate has been issued or until advised by Finance Department that the contract/order has been fulfilled.

Erfüllungsbürgschaft – Anhang

Hiermit verbürgen wir uns für die Zahlung eines Betrages von .... €, die ....% der Vertragssumme darstellen, an die Regierung von Abu Simbel als Bürgschaft für ordnungsgemäße Vertragserfüllung.
Der verbürgte Betrag ist ohne Benachrichtigung des Anlagenbauers auf erstes Anfordern mit der Behauptung an die Regierung zu zahlen, der Anlagenbauer habe den Vertrag nicht erfüllt.

Die Bürgschaft ist bis .... (Erfüllungsdatum des Vertrags/Auftrags) gültig und verlängert sich vor ihrem Ablauf automatisch, bis das Final Acceptance Certificate erteilt ist oder bis die Finanzverwaltung mitgeteilt hat, dass der Vertrag/Auftrag erfüllt ist.

The Contractor shall extend the period of validity of the Bank Guarantee(s) and Performance Bond commensurate with the period of extension granted by the Purchaser, and the Purchaser shall be obliged to bear the cost of such extension of Guarantee(s) and Bond(s) provided that the circumstances envisaged in Articles ...

Der Anlagenbauer wird die Dauer der Bankgarantie(n) und der Erfüllungsgarantie entsprechend der vom Käufer eingeräumten Verlängerung der Leistungszeit verlängern. Der Käufer trägt die Kosten solcher Garantieverlängerung unter der Voraussetzung der Artikel ...

Die Parteien haben mit der Klausel die Auswirkungen einer Leistungszeitverlängerung auf andere Punkte des Vertragsnetzes – hier: die Garantien – berücksichtigt. Ohne eine solche Anpassung würde der Auftraggeber nach Ablauf der ursprünglich vereinbarten Leistungszeit seines Sicherungsrechtes verlustig gehen. Andererseits soll der Auftragnehmer dafür nicht die Kosten tragen, soweit die sonstigen vertraglichen Voraussetzungen der Artikel ... vorliegen.

Beschleunigung

Das Projekt

Die Abwicklung des Projekts, das Konstruktion, Fertigung und Montage umfasst, drohte sich durch einen zweifelsfrei im Risikobereich des Auftraggebers (AG) liegenden Umstand zu verzögern. Es war nicht gelungen, alle für die rechtzeitige Eröffnung der Baustelle erforderlichen behördlichen Genehmigungen zu beschaffen. AG teilt dies seinem Auftragnehmer (AN) mit, fügt aber hinzu: „Der Abnahmetermin bleibt trotzdem unverändert. Er ist für uns wichtig, weil von seiner Einhaltung unsere Fähigkeit zu mehreren Auslieferungen von diesem Zeitpunkt an abhängt".

Überlegungen

AN ist verblüfft. Wie kann der Auftraggeber davon ausgehen, dass bei dem ohnehin schon sehr eng aufeinander abgestimmten Zeitplan ein Verzögerungsereignis ohne Wirkung auf den Endtermin (hier die Abnahme) bleiben könnte? Die Änderung des geplanten Projektverlaufs – sei es durch verspäteten Arbeitsbeginn, Arbeitsunterbrechungen oder auf Grund eines Wunsches des Auftraggebers zu vorfristiger Erfüllung – führt praktisch zu einer Verkürzung der vereinbarten Liefer- und Leistungsfrist bis zum Abnahmetermin. Wenn überhaupt sei dieser Termin nur mit Beschleunigungsmaßnahmen *(acceleration)* zu halten.

Die Diskussion im Kreis der Projektbeteiligten ist widersprüchlich. Einerseits besteht die Auffassung, dass der Auftraggeber so eindeutig in Verzug sei, dass man Schadensersatzzahlungen nicht zu befürchten brauche. Zusätzliche Anstrengungen zur Einhaltung des Termins könne AG nicht verlangen, dafür sehe der Vertrag nichts vor. Und Beschleunigungsmaßnahmen, mit denen sich Zeitverluste vielleicht noch in Grenzen halten ließen, hätte der Auftraggeber nicht angeordnet; abgesehen davon sei auch darüber nichts im Vertrag zu finden.

Eine andere Meinung im Unternehmen des AN geht dahin, dass es jedenfalls besser sei, Klarheit darüber zu schaffen, was der Kunde eigentlich wolle. Eine möglichst pünktliche Ablieferung läge in jedem Falle – nicht zuletzt aus Imagegründen – auch im Interesse des Auftragnehmers. Und schließlich ließe sich vielleicht mit Beschleunigungsmaßnahmen noch Geld verdienen, soweit sie realistisch kalkuliert seien. Diese Auffassung setzt sich schließlich durch.

Der Rat

Der Auftragnehmer sollte deshalb schriftlich seinem Vertragspartner unmissverständlich mitteilen, dass unter den gegebenen Umständen der ursprünglich vereinbarte Abnahmetermin nicht mehr zu halten sei. Es gebe allerdings eine Reihe von Maßnahmen, die man versuchsweise ergreifen könne, ohne dass der Erfolg gewährleistet sei. Neben der Aufzählung dieser Möglichkeiten im Einzelnen sollte das Schreiben auch eine Aufstellung der anfallenden zusätzlichen Kosten und einen Vorschlag für die Modalitäten deren Erstattung durch den Auftraggeber enthalten.

Dieser könnte zunächst empört sein und die Einhaltung des ursprünglich zwischen den Vertragspartnern vereinbarten Zeitplans trotz der eingetretenen Verzögerung auch ohne zusätzliche Kosten für einen selbstverständlichen Beweis der Flexibilität und Professionalität des Auftragnehmers halten. AN sollte aber hartnäckig bleiben. Nach langem Hin und Her einigen sich die Kontrahenten oft schließlich sowohl auf die zu ergreifenden Beschleunigungsmaßnahmen als auch auf einen neuen Zeitplan und auf die Kostenerstattung.

Die Preisfindung der Beschleunigung ist fast immer problematisch. Sie kann zum Einen an den Erfolg der Maßnahmen geknüpft sein. Kalkulatorischer Anhaltspunkt für die Höhe der Vergütung wäre dann die Vereinbarung von *liquidated damages* oder einer Vertragstrafe. Für jeden eingesparten Tag wird nun die Summe fällig, die der Auftragnehmer für jeden Tag der Verzögerung hätte zahlen müssen.

Eine andere Variante ist ein „Bukettpreis". Der Anlagenbauer bietet dem Auftraggeber eine Bündel von Einzelmaßnahmen und -preisen an, aus dem sich der Auftraggeber das ihm geeignet Erscheinende heraussuchen kann. Denkbar z. B. sind:

- Überstunden- und Schichtarbeit
- Anreizsysteme
- Intensivierung der Bauaufsicht und -besichtigungen
- Verstärkter Einsatz von Management (für zusätzliche Treffen, Verhandlungen)
- Überstunden und Anreize für Test- und Übergabepersonal
- Zahlungsaufschläge für Beschleunigung von Zulieferanten
- Sicherstellung der Liefergegenstände durch Lieferanten
- Zusätzliche – und Sondertransporte
- Einlagerungen

- Zusatzausrüstungen Bau (Gerüste, Zugänge, Aufbauten)
- Zusatzausrüstungen Technik
- Sicherheits- und Schutzmaßnahmen
- Versicherungen
- Projektspezifische Maßnahmen

Auf diese Weise angebotene und in Teilen oder insgesamt vom Auftragnehmer akzeptierte Maßnahmen sollte er dann regelmäßig (etwa wöchentlich) gegen Rechnungsvorlage vergüten. Die Zahlung sollte niemals allein an den Erfolg der Maßnahmen geknüpft oder mit sonstigen Zwischenzahlungen aus dem Vertragsfortschritt vermischt sein.

Das Vertragsbeispiel

Der AN ist verpflichtet, jede sich abzeichnende Verzögerung des Abnahmetermins oder eines Zwischentermins dem AG eigenständig und unverzüglich anzuzeigen. Er ist verpflichtet, auf Verlangen des AG zu jedem Zeitpunkt Beschleunigungsmaßnahmen (mehr Personal, mehr oder bessere Ausrüstung, zusätzliche Subunternehmer) vorzunehmen. Dies gilt unabhängig davon, ob der Auftragnehmer die Verzögerung verursacht bzw. wer die Kosten der Beschleunigungsmaßnahmen zu tragen hat. Deshalb sind diese unverzüglich auch ohne vorherige Klärung der Verursachung und Kostentragung vorzunehmen. Die Klärung der Verursachung und Kostentragung erfolgt sachgerecht spätestens nach Abnahme und richtet sich nach den übrigen Regelungen des Vertrags. Die Klärung dieser Frage ist Voraussetzung für die Fälligkeit der Schlussrechnung.

Hier hat der Auftraggeber seine Marktstellung offensichtlich dazu genutzt, eine (ohnehin bestehende) Pflicht zur Anzeige drohender Verzögerungen mit der Verpflichtung zu Beschleunigungsmaßnahmen zu verknüpfen. Die Klärung der Kostentragung erst nach Abnahme und ihre Qualifizierung als Voraussetzung der Fälligkeit der Schlussrechnung dürfte den Auftragnehmer stark belasten.

Die Vertragspartner tun von vornherein besser daran, für solche Fälle einerseits dem Auftraggeber den Wunsch nach Beschleunigungsmaßnahmen oder Erstellung eines revidierten Zeitplans einzuräumen, andererseits zugunsten des Auftragnehmers die

Kostenerstattung zu regeln. Ein Beispiel findet sich im Red Book der Institution of Chemical Engineers *(→ Vertragsmuster)*, § 13.5:

If at any time the performance of the Contract falls behind the Approved Programme, or it becomes clear that it will so fall behind, then the Project Manager may require the Contractor either to take such steps as may be practicable in order to achieve the Approved Programme or to revise the Approved Programme in the light of the circumstances and to re-submit it to him for his approval. If the Project Manager approves the revised programme it shall thereafter be the Approved Programme.

Wenn irgendwann die Erfüllung des Vertrags hinter dem beschlossenen Zeitplan zurückbleibt oder klar wird, dass dies geschehen wird, kann der Projektverantwortliche (des AG) vom Anlagenbauer praktische Schritte zur Einhaltung des beschlossenen Zeitplans verlangen; er hat auch das Recht, eine Revision des beschlossenen Zeitplans unter Berücksichtigung der waltenden Umstände zu verlangen und ihm zur Genehmigung vorzulegen. Genehmigt der Projektverantwortliche den revidierten Zeitplan, gilt dieser als der beschlossene Zeitplan.

Mit dem letzten Satz ist klargestellt, dass der Claimsmanager nicht länger in Ungewissheit darüber schwebt, was nun tatsächlich der verbindliche Zeitplan ist.

Die Regelung wäre aus Sicht des Anlagenbauers nachteilhaft, wenn er das Zurückbleiben des Projekts hinter dem Zeitplan nicht verschuldet hätte. Denn befindet sich der Auftraggeber selbst in Verzug, kann er eigentlich schon nach Treu und Glauben vom sonst vertragstreuen Partner keine Beschleunigung verlangen, es sei denn, der Vertrag sieht das vor. Diesen schon im römischen Recht geltenden Grundsatz (venire contra factum proprium) kennt auch das angelsächsische Recht. Dementsprechend stellt das Delay and Disruption Protocol der Society of Construction Law *(→ Vertragsmuster)* in § 1.18 klar:

The contractor can not be instructed to accelerate to reduce Employer delay, unless the contract allows for this.

Der Anlagenbauer kann bei Verzug des Auftraggebers nur zur Beschleunigung angewiesen werden, wenn der Vertrag dies vorsieht.

Das bedeutet nicht, dass sich der Anlagenbauer grundsätzlich jedem Wunsch nach Beschleunigung verschließen sollte. Immerhin ist auf diese Weise eine Ergebnisverbesserung für ihn denkbar. Aber es gibt – wissenschaftlich erwiesen – Defizite eines intensiveren Einsatzes von Personal und Material bei Beschleunigungsmaßnahmen. Deshalb sind diese sorgfältig gegen den möglichen Mehrgewinn abzuwägen.

Earlier Time for Completion

In the event that the Employer requests the Contractor to complete the Works at a date earlier than the Time for Completion already allowed or due to the Contractor, then the Contractor shall submit a proposal for special measures that the Contractor believes will achieve such earlier Time for Completion including a description of the nature of such measures and a statement of the addition to the Contract Price occasioned thereby. Such measures shall be invoiced and paid for weekly without set-off at the end of each calendar week during which such measures are in effect. Unless the parties agree otherwise, the conduct of such special measures shall be without obligation on the part of the Contractor to achieve earlier completion, and the Time for Completion under the Contract shall not be changed in consequence of the Contractor's agreement to pursue any special measures.

Vorzeitige Erfüllung

Verlangt der Auftraggeber vom Auftragnehmer seine Arbeiten früher als vertraglich vorgesehen abzuschließen (einschließlich bereits angefallener Zeitverlängerungen), soll der Auftragnehmer einen Vorschlag mit Zusatzmaßnahmen unterbreiten, die er für Beschleunigungen für geeignet hält. Der Vorschlag muss auch Erläuterungen zum Inhalt der Maßnahmen enthalten und ihren Preis benennen. Die einzelnen Maßnahmen sind jeweils am Wochenende in Rechnung zu stellen und unabhängig davon zu begleichen, ob tatsächlich eine Beschleunigung eintritt. Dem Auftragnehmer erwächst keine Verpflichtung, vorzeitig zu leisten.

Haben sich die Vertragspartner von vornherein auf diese Art und Weise auf einen Preis für die Zusatzmaßnahmen geeinigt, ist eine Grundanforderung an jedes Claimsmanagement erfüllt: Besser vorher einen Preis (der den Gewinn enthält) aushandeln als später mühsam und streitig einen Claim (der meist nicht die gesamten Kosten enthält) geltend machen müssen.

Nun gibt es leider Ausnahmefälle, in denen der Auftragnehmer leichtfertig Beschleunigungsmaßnahmen ergriffen hat, ohne dem Auftraggeber seine Absicht, Verzögerungen aufzuholen, mitgeteilt und zur Entscheidung vorgelegt hat. Aus dem oben Dargestellten ist leicht ersichtlich, dass der Auftragnehmer insbesondere dann für seine Maßnahmen keinen Vergütungsanspruch hat, wenn zusätzlicher Kapazitätseinsatz nicht ohne weiteres ersichtlich und beweisbar ist. Lässt sich aber aufgrund erhöhten Kapitaleinsatzes erkennen, dass die Maßnahmen im Sinne der Terminerreichung und Kostenminimierung erfolgreich waren, kann man unterstellen, dass der Auftragnehmer in Interesse des Auftraggebers gehandelt habe und dementsprechend – jedenfalls nach deutschem Recht – einen Vergütungsanspruch hat, wenn der Auftraggeber die Verzögerung zu vertreten hatte.

Neben dem Verlust der Vergütung bergen unabgestimmte Maßnahmen noch ein weiteres Risiko.

Es lauert in Formulierungen wie

> The Contractor shall not make any such variation without an instruction of the Engineer.

Ähnlich wäre der Wortlaut:

> The contractor shall not be obliged or entitled to carry out a variation or disputed variation before the parties have reached a written agreement on how it shall be carried out and its consequences, or the matter has been settled by an independent expert.

> Der Auftragnehmer ist weder verpflichtet noch berechtigt, eine Änderung oder noch diskutierte Änderungen vorzunehmen, bevor die Parteien sich nicht schriftlich über Ausführung und Folgen geeinigt haben oder die Angelegenheit durch einen unabhängigen Experten geregelt ist.

Bei dieser Regelung setzt sich der Auftragnehmer ohne entsprechende Anweisung seines Auftraggebers oder den im Vertrag geregelten Expertenspruch mit Beschleunigungsmaßnahmen sogar dem Vorwurf eines *breach of contract* aus.

Beteiligte

Das Projekt

Der ausländische Auftraggeber hatte im Rahmen der Abwicklung eines Projekts einen „Engineer" eingeschaltet. Dieser trifft auf der Baustelle verschiedene Entscheidungen, mit denen der Auftragnehmer nicht einverstanden ist. So verlangt der Engineer mehr Leistungen, als nach dem Vertrag vorgesehen sind; er verlangt vorfristige Erfüllung; er lehnt Subunternehmer des Auftraggebers ab, und er verweigert vorläufige Abnahmezeugnisse.

Projektleiter P des Auftragnehmers hat Bedenken, ob er die Entscheidungen einfach ignorieren kann oder ob er sich mit einer solchen Nichtbeachtung Claims der Gegenseite aussetzt.

P fragt sich zu Recht, wer eigentlich wem gegenüber welche Ansprüche aus dem Vertrag geltend machen kann.

Überlegungen

Nach deutschem Rechtsverständnis ist grundsätzlich zur Begründung eines Schuldverhältnisses durch Rechtsgeschäft ein Vertrag zwischen den Beteiligten erforderlich, § 311 Abs. 1 BGB. Kraft des Schuldverhältnisses ist der Gläubiger berechtigt, von dem Schuldner eine Leistung zu fordern, § 241 Abs. 1 BGB. Diese Beschränkung von Rechten und Pflichten auf die unmittelbar Vertragsbeteiligten findet auch bei den meisten ausländischen Rechtsordnungen statt. Im anglo-amerikanischen Rechtskreis heißt dieses Prinzip *privity of contract*. Im Ergebnis müsste danach P den Anordnungen des Engineer nicht Folge leisten, weil er nicht Beteiligter des zwischen AG und AN geschlossenen Vertrags ist.

Eine so konsequente Sichtweise würde jedoch den Anforderungen des praktischen Lebens nicht gerecht werden. Deshalb eröffnen fast alle Rechtsordnungen dem Auftraggeber die Möglichkeit, einem Dritten (hier: dem Engineer) Vollmacht für die Vornahme bestimmter Handlungen zu erteilen oder Rechte aus dem Vertrag an Dritte abzutreten.

P muss sich spätestens bei der ersten Anordnung des Engineer unverzüglich darüber vergewissern, welche Rechte dieser im Rahmen des Vertrags hat. Soweit sich dies nicht aus dem Vertrag selbst ergibt, muss P mit dem Auftraggeber eine Klärung herbeiführen.

Der Rat

Das eingangs geschilderte Problem taucht in der Praxis des Maschinen- und Anlagenbaus gewöhnlich in zwei Erscheinungsformen auf. Zum einen wächst mit der Komplexität und Größe vieler Projekte die Zahl der neben den eigentlichen Vertragspartnern Beteiligten. Zum anderen sind die Rechte dieser Beteiligten, die sehr unterschiedliche eigene wirtschaftliche Interessen an dem Projekt verfolgen können, häufig nicht hinreichend formuliert.

Neben den Vertragspartnern (auch Auftraggeber, Auftragnehmer, Contractor, Employer, Owner, Parteien, Parties) kann es viele Beteiligte geben:

- Banken
- Bauunternehmer (lokale)
- Behörden
- Betreiber
- Bevollmächtigte
- Consultants
- Endabnehmer
- Engineers
- Inspektoren
- Investoren
- Konsorten
- Lizenzgeber
- Montagefirmen
- Patronatsgesellschaften
- Prüfer
- Sponsoren
- Transporteure
- Vermittler
- Versicherer
- Zulieferer

Das Vertragsbeispiel

Um Schwierigkeiten zu vermeiden, empfiehlt es sich, die Rechte (und Pflichten) dieser Dritten im Vertrag und die Beziehungen der Vertragspartner zu ihnen möglichst genau zu definieren. Ein solche Definition muss durchaus nicht umfangreich sein. Im eingangs geschilderten Fall hätte z. B. ein Vertragstext wie

When the Contractor has received any direction from the Purchaser/Engineer ...

Wenn der Anlagenbauer Anweisungen vom Besteller/Engineer erhalten hat ...

schon geholfen. Die Gleichstellung von Auftraggeber und Engineer mittels des Schrägstriches hätte bei P keine Zweifel über seine Verhaltenspflichten aufkommen lassen, soweit der Engineer sich ansonsten im Rahmen des vertraglich Zulässigen gehalten hätte.

While carrying out their inspection, the supervisors and inspectors will be acting on behalf of the Purchaser. The Supplier shall take heed of justified remarks and observations and adopt necessary measures to rectify faults and deficiencies pointed out by the Purchaser or his supervisors and inspectors.

Während der Inspektion handeln Aufsichtspersonal und Inspektoren in Vertretung des Bestellers. Der Lieferer hat berechtigte Erklärungen und Feststellungen zu beachten und die notwendigen Maßnahmen zur Beseitigung von Fehlern und Unzulänglichkeiten zu ergreifen, auf die der Besteller oder sein Aufsichtspersonal und die Inspektoren hingewiesen haben.

Hiermit ist klargestellt, dass Aufsichtspersonal und Inspektoren, obwohl selbst nicht Vertragspartei, im Auftrag und mit Anweisungsrecht des Bestellers handeln.

Weder Sie noch Ihre Unterlieferanten dürfen während der Projektbearbeitung und bis zur vollständigen Abnahme durch unseren Endkunden ohne Genehmigung von uns mit unserem Endkunden Kontakt aufnehmen noch Informationen direkt austauschen.

Dies gilt auch nach Erfüllung dieses Vertrags.

Aus einer solchen Regelung können sich Konsequenzen für das Claimsmanagement ergeben, weil häufig Kunden des Auftraggebers oder deren Abnehmer mit Gestaltungsvorschlägen oder Sonderwünschen in den Projektverlauf eingreifen. Über die daraus erwachsenden, oft durch Informationslücken bedingten Zusatzkosten wird dann häufig gestritten.

Der Auftragnehmer stellt das Zugangsrecht auch bei seinen Unterlieferanten ohne Mehrkosten für den Auftraggeber sicher, soweit dieses zur Fertigungsüberwachung erforderlich ist.

Diese Klausel gibt zwar dem Auftraggeber kein direktes Zugangsrecht gegenüber einem Zulieferer des Auftragnehmers. Insoweit bleibt der Zulieferer frei von Verpflichtungen gegenüber dem aus seiner Sicht Dritten. Erst wenn der Auftragnehmer der vertraglichen Verpflichtung zur Sicherstellung nachgekommen ist, (indem er diese im Zuliefervertrag „durchgestellt“ hat), kann der Auftraggeber ein direktes Zugangsrecht geltend machen.

Beweislast

Das Projekt

Im Freizeitpark Frohnatur AG (F) war eine Liftanlage ausgefallen. Das als Ersatz von der Treibsand GmbH (T) eiligst herbeigeschaffte Antriebsaggregat sollte vereinbarungsgemäß Freitagmorgen um 8.00 Uhr mittels Lkw Nebentor A passieren. Unmittelbar nach Verbringung auf die Einsatzstelle sollten dann die Spezialisten mit den Instandsetzungsarbeiten beginnen. Auf diese Weise hätten die Arbeiten um 16.00 Uhr beendet und der Lift am umsatzstarken Wochenende wieder einsatzbereit sein können.

Als der Lkw-Fahrer um 8.00 Uhr vor Tor A erscheint, stellt er fest, dass es nicht geöffnet ist. Er wartet zunächst, dann benachrichtigt er seine Firmenleitung, diese sofort den Liftbetreiber. Um 9.30 Uhr ist schließlich die Einfahrt möglich. Wegen der Verzögerung werden die Monteure abends nicht in der vorgesehenen Zeit fertig. Infolge der notwendig gewordenen Überstunden und des Ausbleibens der Monteure an anderer Stelle entsteht eine Kettenreaktion von Ansprüchen gegen T. Das Unternehmen will F dafür verantwortlich machen.

Überlegungen

Bei der Geltendmachung von Nachforderungen – sei es in Form von Kosten oder Zeit – wird der Claimsmanager häufig damit konfrontiert sein, dass die Gegenseite diese Forderungen bestreitet. Der Verpflichtete wird sich erfahrungsgemäß darauf stützen, dass bestimmte Tatsachen als Voraussetzungen solcher Ansprüche entgegen der Behauptung des Claimsmanagers nicht vorgelegen haben. Einigen sich die Parteien nicht, wird vor einem (Schieds-)Gericht oder dem sonst zur Erledigung berufenen Gremium die Frage wichtig, wer das Vorliegen von Tatsachen beweisen muss und welche Folgen eintreten, wenn Tatsachen nicht hinreichend bewiesen sind.

Im deutschen Zivilprozess gilt der Beibringungsgrundsatz. Die Parteien bestimmen durch ihren Sachvortrag, welche einen Anspruch begründenden oder vernichtenden Tatsachen vom Gericht der Entscheidung zugrunde zulegen sind. Dabei dient der Beweis als Erkenntnismittel, mit dem die Parteien ein Gericht von der (Un)wahrheit einer Behauptung überzeugen wollen.

Im Allgemeinen wird ein Gericht unter Berücksichtigung des gesamten Inhalts der Verhandlungen und des Ergebnisses einer etwaigen Beweiserhebung nach freier Überzeugung entscheiden, ob eine tatsächliche Behauptung einer Partei für wahr oder nicht wahr zu erachten sei. Diese Regel findet sich in § 286 ZPO. Problematisch wird die Situation, wenn das Gericht eine vorgetragene Sachlage nicht für erwiesen hält. Nun wird wichtig, welche Partei die Beweislast *(burden of proof)* trägt. Darunter verstehen Juristen das Risiko des Prozessverlustes einer Partei wegen Nichterweislichkeit der ihren Sachantrag stützenden Tatsachenbehauptungen.

Grundsätzlich ist die Beweislast verteilt. Wer eine ihm günstige Rechtsfolge in Anspruch nimmt, hat die zugrunde liegenden Tatsachen zu beweisen. Der Kläger trägt demnach die Beweislast für alle anspruchsbegründenden Behauptungen, also zum Beispiel den Vortrag, die Baustelle sei an einem bezeichneten Tag für eine bestimmte Dauer nicht zugänglich gewesen, weil das Tor A geschlossen gewesen sei. Der Beklagte trägt die Beweislast für alle anspruchsvernichtenden Behauptungen, also zum Beispiel, das Tor A sei offen gewesen. Kann der Kläger nicht beweisen, dass das Tor geschlossen war, verliert er schon deshalb den Prozess. Der Beklagte muss nicht etwa noch beweisen, dass das Tor geöffnet war.

Je nach Streitpunkt und Verfahrensstand kann die Beweislast auf die andere Seite übergehen. Nicht selten streiten die Parteien darüber, wer überhaupt die Beweislast trägt.

Der Rat

Das macht deutlich, wie wichtig für den Claimsmanager die Sicherung aller Beweismittel ist. Die meisten Auseinandersetzungen werden nicht wegen der Sachlage gewonnen oder verloren, sondern wegen der Beweislage. Das Projektmanagement sollte deshalb die betriebsinterne Verantwortlichkeit für die Erfassung und Verwaltung der potentiellen Beweismittel bestimmen. Inhaltlich in Frage kommt alles, was den Projektverlauf dokumentieren kann. Dazu gehören neben den eigentlichen Vertragsunterlagen zum Beispiel Besprechungsberichte, Schriftwechsel der Beteiligten, Meldungen von der Baustelle oder Prüfprotokolle. Wichtig ist, die Beweismittel im Original zu bewahren.

Besonders schwierig ist die Beweisführung beim Schadensersatzanspruch. Sie geht in zwei Richtungen.

Der Geschädigte muss zum einen die Kausalität zwischen dem schädigenden Ereignis und dem geltend gemachten Schaden nachweisen. Experten bedienen sich dazu eigener Programmanalysen *(time impact analysis)*, mit denen der Zusammenhang zwischen Verzögerungen auf dem kritischen Pfad *(critical path)* und Einfluss auf den Projektverlauf dargestellt werden kann. Ein Gericht wird aber nicht davon ausgehen, dass zum Beispiel eine frühe Störung automatisch den Endtermin für die Leistung beeinflusst. Es kommt vielmehr darauf an, ob ein solcher Einfluss im zu entscheidenden Fall tatsächlich diesen Effekt gehabt hat. Die zweite Richtung betrifft den Umfang des Schadens.

Zum Beispiel muss selbst die zweifelsfreie Störung des Projektverlaufs und eine unbestrittene Verzögerung des Endtermins noch nicht bedeuten, dass dies – wie Geschädigte häufig vortragen – Auswirkungen auf die Kosten der gesamten Baustelle gehabt hat.

Die oben geschilderte grundsätzliche Beweislastverteilung trifft allerdings nicht für alle Sachverhalte zu. Gesetz oder Vertrag können Erleichterung oder Beschwerung für die Beteiligten vorsehen.

- So erfolgt zum Beispiel im deutschen Recht aus Gründen des Verbraucherschutzes eine Beweislastumkehr bei Konsumgütern. Ist eine Sache mangelhaft, kann der Käufer verschiedene Rechte geltend machen, § 437 BGB. Die Sache ist frei von Sachmängeln, wenn sie bei Gefahrübergang die vereinbarte Beschaffenheit hat, § 434 BGB. Nach den normalen Beweisregeln müsste der Käufer eigentlich zur Durchsetzung seiner Ansprüche beweisen, dass die Sache bei Gefahrübergang nicht frei von Sachmängeln war. Dieser Beweis ist häufig schwierig zu führen. Deshalb hat der Gesetzgeber zum Schutz des vermeintlich wirtschaftlich schwächeren Käufers die Beweislast umgekehrt. § 476 BGB begründet die Vermutung, dass eine Sache bereits bei Gefahrübergang mangelhaft war, wenn sich innerhalb von sechs Monaten seit Gefahrübergang ein Sachmangel zeigt. Deshalb ist es nun an dem Verkäufer, zu beweisen, dass die Sache bei Gefahrübergang fehlerfrei war. Kann er diesen Beweis nicht führen, dringt der Käufer mit seinem Anspruch durch.
- Aber auch durch Verträge kann eine Beweislastumkehr erfolgen. Dies ist insbesondere unter Ausnutzung der Nachfragemacht industrieller Besteller von Maschinen und Anlagen üblich mit der Folge, dass dem Anlagenbauer das Risiko von ihm nicht zu beweisender Behauptungen auferlegt wird. Auch daraus wird deutlich, wie wichtig im Claimsmanagement das Sichern von Daten jeder Art ist, die im Streitfall zu Beweiszwecken benötigt werden könnten. Die bei der Abwicklung eines Projekts anfallende Menge an Informationen und Material erfordert ein sorgfältig durchdachtes und gehandhabtes Claimsmanagement, um nicht später trotz günstiger Rechtslage möglicherweise an ungünstiger Beweislage mit eigentlich berechtigten Claims zu scheitern.
- Die vertragliche Beweislastumkehr kann es dem Auftraggeber erleichtern, Schadensersatzansprüche gegen den Auftragnehmer geltend zu machen. Diese Abweichung von der gesetzlichen Haftung wiederum kann im Einzelfall den Versicherungsschutz des Auftragnehmers gefährden.

Das Vertragsbeispiel

1. Falls der Auftragnehmer seine Leistungen durch Verschulden des Auftraggebers nicht termingerecht erbringen kann, verschieben sich die im Vertrag vereinbarten Termine um die Zahl der Kalendertage der durch den Auftraggeber nachweislich verursachten Verzögerung. Auf die sich ergebenden neuen Termine finden die Vertragsvereinbarungen weiterhin Anwendung.
2. Außergewöhnliche Ereignisse, die für den Auftraggeber wie den Auftragnehmer von außen einwirken und nicht vorhersehbar und vermeidbar sind, verschieben die im Vertrag vereinbarten Termine um die Zahl der Kalendertage der Verzögerung. Auf die sich ergebenden neuen Termine finden die Vertragsvereinbarungen weiterhin Anwendung.

Während außergewöhnliche Ereignisse dem Auftragnehmer wie in § 6 VOB eine außergewöhnliche Terminverschiebung gewähren, gilt dies hinsichtlich der Umstände aus dem Risikobereich des Auftraggebers nicht. Hier muss der Auftragnehmer vielmehr den für ihn schwer zu führenden Beweis eines Verschuldens des Auftraggebers führen. Dies wird ihm selten gelingen.

Der Besteller ist berechtigt, diesen Vertrag jederzeit nach freiem Ermessen zu kündigen. Er hat dann dem Unternehmer alle bis zum Eingang der schriftlichen Mitteilung über die Kündigung erbrachten Leistungen zu vergüten. Die restliche Vergütung kann der Unternehmer nur insoweit verlangen, als er nachweist, dass er seine entstandenen oder entstehenden Aufwendungen nicht einsparen oder das für das Projekt einzusetzende Personal nicht anderweitig einsetzen konnte.

Nach dem Gesetz hat im deutschen Recht der Unternehmer bei der Kündigung des Bestellers die auf die vereinbarte Vergütung anrechenbaren Aufwendungen nur vorzutragen, § 649 BGB, noch nicht zu beweisen. Wenn der Besteller dieses Vorbringen bestreitet, muss er dagegen seine Zweifel an dem gegnerischen Vorbringen beweisen. Das Vertragsbeispiel kehrt diese Beweislast zu ungunsten des Unternehmers um: nun soll dieser beweisen müssen, dass er nicht in der Lage war, seine Aufwendungen einzusparen.

breach of contract

Das Projekt

Der deutsche Maschinenbauer M hatte noch wenig Auslandserfahrung. Bei Vertragsverhandlungen mit einem englischen Kunden stößt M auf den Begriff *breach of contract*. Für ihn bedeutet das „Vertragsbruch", ohne das M sich allerdings über den Inhalt im Einzelnen klar ist. M fragt sich, ob sich aus dieser Unklarheit für ihn eine Gefährdung seiner Interessen ergeben könnte.

Überlegungen

Nach englischem Rechtsverständnis liegt ein *breach of contract* vor, wenn eine Partei ohne rechtlich erheblichen Grund einen Vertrag nicht in der vereinbarten Zeit, gar nicht oder schlecht erfüllt. Insoweit besteht kein großer Unterschied zum Begriff der Pflichtverletzung im deutschen Recht, der sich auf die Verletzung von Leistungs-, Nebenleistungs- und Verhaltenspflichten aus dem Schuldverhältnis bezieht. Wesentlich größer als bei diesen Grundbegriffen sind in den verschiedenen Rechtsordnungen allerdings die Folgen des Vertragsverstoßes. Anders als das deutsche Recht unterscheidet das englische bei den Vertragselementen: *Conditions* sind vertragstragende Teile des Versprechens. Ihre Nichteinhaltung berechtigt die andere Seite zum Rücktritt. *Warranties* sind weniger wichtige Elemente. Ihre Nichteinhaltung gibt lediglich einen Anspruch auf Schadensersatz. Die Unterscheidung zwischen beiden ist nicht immer einfach. Teilweise bestehen gesetzliche Regelungen, daneben gibt es eine umfangreiche Spruchpraxis der Gerichte.

Der Rat

Deshalb empfiehlt es sich, sowohl die Beschreibung der Vertragsverletzungen als auch ihrer Rechtsfolgen sorgfältig im Vertrag zu regeln, um von vorneherein Auslegungsschwierigkeiten in Grenzen zu halten. Die Einstandspflichten von M werden im Allgemeinen umfangreich in einem Abschnitt *„liability for defects"* geregelt sein.

Das Vertragsbeispiel

Als Grundlage für eine Vereinbarung über das Rücktrittsrecht als Folge von breach of contract kann die Formulierung im Red Book der Institution of Chemical Engineers dienen.

If the Contractor is in default in that he:

a. without reasonable cause wholly suspends or abandons the carrying out of the Works before completion thereof; or

b. fails to proceed regularly and diligently with the Works; or

c. commits any other material breach of the Contract; then, without prejudice to any other rights or remedies which the Purchaser may possess, the Project Manager my notify the Contractor of such default and if the Contractor fails to commence and diligently pursue the rectification of the default within a period of fourteen days after receipt of notification, the Purchaser may by notice terminate the employment of the Contractor under the Contract.

Wenn der Anlagenbauer seiner Vertragspflicht nicht nachkommt, indem er:

a. ohne nachvollziehbare Entschuldigungsgründe vor Fertigstellung die Arbeiten an der Anlage unterbricht oder einstellt; oder

b. die Arbeiten nicht termingerecht und sorgfältig vorantreibt; oder

c. irgendeinen anderen wesentlichen Vertragsbruch begeht, kann der Projektmanager ohne Nachteil für Ansprüche oder andere Rechte des Käufers den Anlagenbauer davon in Kenntnis setzen. Wenn dieser nicht innerhalb von vierzehn Tagen nach Erhalt der Mitteilung ernsthaft und nachhaltig sein Fehlverhalten ändert, kann der Käufer den Anlagenbauer von der Beendigung des Vertragsverhältnisses benachrichtigen.

Der Begriff „*condition*“ taucht hier in Abgrenzung zu „*warranty*“ nicht auf. Das in (c) verwendete Wort „material“ dürfte mit der Bedeutung „wesentlicher“ Vertragsbruch die Unterscheidung in diesem Fall überflüssig machen.

Claimsmanagement

Das Projekt

Die Produkte des mittelständischen Unternehmens M sind bei Kunden im In- und Ausland anerkannt, Auftragseingang und Umsatz sind sehr gut. Trotzdem ist Geschäftsführer G unzufrieden. Die zunächst ordentlich kalkulierten Projekte erfordern in der Abwicklung häufig einen höheren Aufwand als zunächst angenommen. Die Vertragspartner stellen an die Anpassungsfähigkeit des Unternehmens höchste Anforderungen, denen M im Hinblick auf seinen guten Ruf als kundenfreundlich und kulant immer wieder nachkommt.

G erwägt, ob er entgegen seiner bisherigen Auffassung mit einem organisierten Claimsmanagement die Erlössituation verbessern kann.

Überlegungen

G weiß, dass das Unternehmen in dieser Beziehung in der Vergangenheit nicht etwa gar nichts unternommen hätte. So hat es immer wieder einmal Nachträge wegen Änderungen oder Erweiterungen des ursprünglichen Vorhabens bezahlt bekommen. Aber häufig hatten sich die Kunden mit Hinweis auf unklare Vertragsverhältnisse oder zweifelhafte Beweislagen durchgesetzt. Außerdem beeinträchtigte die Aussicht auf Folgeaufträge die Bereitschaft der verantwortlichen Mitarbeiter, den Vertragspartnern härter entgegenzutreten.

G weiß zudem, dass es nicht nur um Forderungen seines Hauses gegen Kunden geht. Das sind zwar die Hälfte aller Claims. Umgekehrt ist aber das eigene Unternehmen häufig die Störquelle für Forderungen der Gegenseite Die Praxis des Anlagenbaus schätzt diesen Anteil auf knapp ein Drittel des Volumens. Und schließlich scheint G die Kontrolle der Abwicklung von Zulieferverträgen verbesserungsfähig – eine Störgröße, die ein Fünftel des Claimvolumens ausmachen dürfte.

G entscheidet, wenigstens den Versuch zu unternehmen, mit Hilfe von Claimsmanagement das Ergebnis zu verbessern. Zunächst entschließt er sich zu einer für das Unternehmen geltenden Begriffsklärung, um die Koordination und Zielsetzung der beteiligten Mitarbeiter zu erleichtern.

Eine einheitliche Terminologie, die sich in der Praxis durchgesetzt hätte und auf die sich eine Darstellung stützen könnte, gibt es bisher nicht. Nach angelsächsischem Rechtsverständnis ist ein Claim *„an assertion of a right"*, die Geltendmachung eines Rechts. Die gesetzliche Definition in § 194 BGB nennt das Recht, von einem anderen ein Tun oder ein Unterlassen zu verlangen, einen Anspruch. Die schuldrechtlichen Leistungsrechte bezeichnet das Gesetz als Forderungen. Ein deutsches Gericht entscheidet dementsprechend über geltend gemachte Ansprüche und Forderungen, nicht über Claims. Schon insofern ist die gelegentlich zu hörende Behauptung irreführend, deutsche Gerichte täten sich mit der Zuerkennung von Claims schwer. Ein Berechtigter sollte vor Geltendmachung jedenfalls immer rechtzeitig daran denken, dass er ihn für einen Gang an das Gericht noch in die erforderliche Form bringen (lassen) muss. Aus praktischer Sicht aber lassen sich Claim, Anspruch und Forderung zunächst durchaus synonym verwenden.

Die Verknüpfung mit weiteren Wortbestandteilen allerdings kann zu Missverständnissen und damit auch zu organisatorischen Fehlleistungen führen. So etwa ist die Gleichsetzung von Claimsmanagement mit Nachforderungsmanagement nicht gerechtfertigt. Wenn die DIN 69905 diese vornimmt und beide Begriffe als „Überwachung und Beurteilung von Abweichungen bzw. Änderungen und deren wirtschaftlichen Folgen zwecks Ermittlung und Durchsetzung von Ansprüchen" definiert, greift sie mindestens zeitlich zu kurz, weil sie gedanklich erst beim Abschluss eines Vertrages ansetzt. Gleiches gilt für das Nachtragsmanagement. Die von manchen Unternehmen dem Claimsmanagement vorgezogenen – weil weniger hart klingenden – Begriffe Vertragsmanagement oder Contractmanagement sind missverständlich, weil sie zu sehr auf vertragsrechtliche Seite des Problems abstellen.

Claimsmanagement ist

- das geplante und kontrollierte Voraussehen, Beobachten, Feststellen, Dokumentieren und
- Geltendmachen oder Abwehren
- von nicht ursprünglich zwischen den Parteien geregelten Forderungen,
- die sich erst aus Abweichungen des tatsächlichen vom vereinbarten Vertragsverlauf ergeben.
- *Change* oder *variation orders* (Änderungsaufträge) sind einvernehmliche Vertragsänderungen als ein angestrebtes Ergebnis dieser Aktivitäten.

Claimsmanagement lässt sich bei einer Vielzahl von Unternehmen – unabhängig von Größe und Branche – einführen. Für das Geschäft mit Serienprodukten wird es weniger sinnvoll sein. Anders dagegen im Sondergeschäft. Überall dort, wo Projekte von erheblicher Größenordnung, einer langen Laufzeit für Vorbereitung und Durchführung, vielen Beteiligten aus mehreren Branchen, wirtschaftlicher und technischer Komplexität,

Einmaligkeit oder Erstmaligkeit bestimmt sind, sollten die Verantwortlichen über Claimsmanagement nachdenken. Es entwickelt sein Ergebnispotential als Unternehmensinstrument, indem es

- bei der Kontrolle des Projektverlaufs hilft,
- vor kosten- und zeitträchtigen Abweichungen warnt,
- Störungen in der Abwicklung vermindert,
- der Beweissicherung dient,
- Voraussetzungen für das Geltendmachen und Abwehren von Nachforderungen schafft,
- bei der Verhandlung von Änderungsaufträgen nützt,
- gegen Kostenüberschreitungen schützt,
- zur Vermeidung von Streitigkeiten beiträgt,
- das Projektergebnis gegen aushöhlende Zusatzforderungen sichert,
- die Bewertung des Unternehmens durch Außenstehende verbessert,
- zunehmend unverzichtbarer Bestandteil des professionellen Auftritts als Auftraggeber oder Auftragnehmer wird.

Diese Überlegungen gelten grundsätzlich im Auslands- wie im Inlandsgeschäft, bei allen Vertragsarten und in allen Branchen. Der verschärfte globale Wettbewerb wird zu ihrer weiteren Verbreitung ebenso beitragen wie die Trends zu unpersönlicheren Geschäftsbeziehungen, genauerer Kalkulation der Margen oder professionellerer Vertragsgestaltung als in der Vergangenheit. Für die meisten anglo-amerikanischen Unternehmen sind diese Gedanken schon heute selbstverständlich.

Der Rat

Erfolgreiches Claimsmanagement setzt ein deutliches, verständlich erklärtes und nachhaltig bewiesenes Bekenntnis der Geschäftsleitung voraus, das auch nicht durch die Verwendung weniger hart erscheinender Begriffe wie *contract management* abgeschwächt werden sollte. Dies muss auf der Einsicht beruhen, dass unzureichendes Claimsmanagement eine ebenso gefährliche Verlustquelle sein kann wie Kalkulationsfehler, schlechte Verträge oder fehlerhafte Abwicklung. Der verlorene Streit um die Berechtigung einer Vertragsstrafe in Höhe von 2% des Volumens wegen einer um zwei

Wochen verspäteten Lieferung kann einen großen Teil der Marge kosten. Schon dieses eingängige Beispiel spricht für das Instrument. Andererseits darf Claimsmanagement der Gesamtstrategie des Projektleiters nicht im Wege stehen, sondern soll sie begleiten. Außerdem ist Claimsmanagement nicht umsonst zu haben.

Die Unternehmensleitung muss eine zum Gesamtbild der Firma passende Claimsphilosophie entwickeln. Sie sollte einerseits für Mitarbeiter wie für Außenstehende verlässlich sein. Andererseits darf sie nicht statisch bleiben. So muss sie bei Unternehmenszusammenschlüssen die verschiedenen Firmenkulturen respektieren oder bei Übernahmen die Integration neuer Mitarbeiter berücksichtigen. Auch plötzliche Änderungen der Projektstruktur oder Verlagerungen der Geschäftstätigkeit in bisher weniger bearbeitete Länder können Anpassungen nötig machen.

Von der so (weiter)entwickelten Claimsphilosophie hängt ab, ob das Claimsmanagement eher defensiv oder eher aggressiv gehandhabt werden sollte. Eine defensive Einstellung wird die partnerschaftliche Vertragsgestaltung in den Vordergrund stellen und die Beteiligten erwartete Probleme noch vor ihrer Konkretisierung gemeinsam erörtern lassen, um die Entstehung von Claims frühzeitig zu verhindern. Bei der Geltendmachung eigener und der Abwehr fremder Claims sollte das Unternehmen die Akzeptanz durch die andere Seite nicht aus dem Auge verlieren, auch wenn dies nicht immer einfach sein wird.

Eine aggressive Handhabung des Claimsmanagement ist durch eine egoistische Vertragsgestaltung geprägt, die bewusst Grauzonen in den Vertragsverhältnissen zum Auftraggeber und den Unterlieferanten oder sogar Claimsfallen vorsehen kann. Diese können z. B. in einem nur den nötigsten Anforderungen genügenden Angebot liegen. Vor dem verbreiteten Irrglauben, durch Schweigen oder fehlende Aufklärung Claimspotential eröffnen zu können, ist nur zu warnen. Ein solches Verhalten kann eher Gegenclaims wegen Verletzung von Verhaltenspflichten provozieren. Auch die Taktik, Eigenclaims selbst ohne Begründung bei jeder sich bietender Gelegenheit bewusst überhöht geltend zu machen und Fremdclaims grundsätzlich immer erst einmal abzulehnen, ist zweifelhaft. Auch ein aggressives Claimsmanagement sollte nicht aus dem Augen verlieren, dass Claimsmanagement kein geeignetes Instrument ist, um aus einem schlecht kalkulierten Angebot ein gutes Ergebnis zu erwirtschaften. Ein Claim sollte nicht weniger solide sein als ein gerichtlich geltend gemachter Anspruch *(→ Geltendmachen)*.

Unabdingbar ist die Stärkung der Konfliktfähigkeit des Unternehmens gegenüber Auftraggebern und Auftragnehmern. Dazu gehört die Bereitschaft, auch in unangenehm gewordenen Kundengesprächen über Berechtigung und Ausmaß von Claims den Mitarbeitern den Rücken zu stärken und deren Position nicht der Angst zu opfern, das Verhältnis zum Kunden könne sich verschlechtern. Intern ist die Konfliktbereitschaft aller Mitarbeiter gegenüber Vorgesetzten und Kollegen zu fördern, ohne die Arbeitsatmosphäre darunter leiden zu lassen. Dies erfordert intensive Aufklärung und Weiterbildung, ohne die die Mitarbeiter den Zusammenhang zwischen lückenloser Projektverfolgung und erfolgreicher Geltendmachung von Ansprüchen nicht ohne weiteres verstehen werden. Darüber hinaus ist der Bekennermut aller Mitarbeiter zu eigenen Fehlern zu fördern, ohne den besonders erfahrene Kräfte dazu neigen werden, Probleme „elegant" und ohne Spuren zu hinterlassen auf Kosten des Unternehmens zu lösen. Diese Forderungen sind eigentlich nicht neu: so etwa ist im Bereich der Qualitätsverbesserung weitgehend anerkannt, dass Grundlage einer ständigen Ertragsoptimierung eine offene Fehlerkultur auf allen Unternehmensebenen ist.

Widerstände gegen das Festhalten und Sichtbarmachen von Claims entstehen auch deshalb, weil Mitarbeiter fürchten, später am erfolgreichen Durchsetzen der Ansprüche gemessen zu werden. Über allem aber steht die Verlässlichkeit der Vorgesetzten, die bei nicht nachvollziehbarem Verzicht auf den Einsatz des Instruments diesem sofort jede Glaubwürdigkeit nehmen können. Ob es für die Geschäftsleitung ratsam ist, die Vergütung der Mitarbeiter an erfolgreiches Claimsmanagement zu knüpfen, scheint in der Praxis noch nicht entschieden zu sein.

Ein sensibles Thema ist das interne Claimsmanagement. Besonders in Konzernen mit Bereichen, die auf Grund von Anweisungen der Leitung in ein Projekt eingebunden sind, ist die verordnete unternehmensbedingte Rücksichtnahme nicht nur ein häufiges Ärgernis, sondern auch eine Gefahr für das Ergebnispotential des Vorhabens. Das wird oft dann erst deutlich, wenn der Auftragnehmer bisher intern erbrachte Lieferungen und Leistungen extern zukauft. Die Motive für solche Auslagerungen *(outsourcing)* sind meist ganz anderer Natur: Im Vordergrund stehen die Transparenz der erbrachten Leistung, ein verbessertes Kostenbewusstsein, die Reduzierung von Überstunden oder die Vermeidung von Kapitalbindung. In den wenigsten Fällen wird an die Erschließung von Erlöspotential durch Claimsmanagement gedacht sein. Diesem positiven Nebeneffekt steht nun aber auf der anderen Seite auch die Notwendigkeit gegenüber, gezieltes Claimsmanagement zu betreiben.

Wo aber unternehmenspolitisch eine Auslagerung unerwünscht oder aus anderen Gründen nicht möglich ist, sollten die Verantwortlichen der Erörterung des internen Claimsmanagement im Hinblick auf die geschilderten Umstände umso mehr Aufmerksamkeit widmen.

Zu einem organisierten Claimsmanagement gehören die entsprechenden Claimsmanager. Abhängig von der Größenordnung des Unternehmens kann es sich bei ihnen um Projektleiter und Projektmanager mit erweitertem Aufgabenbereich oder um Mitarbeiter, die nicht unmittelbar in den ständigen Projektverlauf eingebunden sind, handeln. In beiden Fällen soll der Claimsmanager

- den Vertrag im weitesten Sinn kennen,
- den Zusammenhang zwischen Sachverhalt und Claim erkennen und darstellen,
- Claims mit verschiedenen Partnern bewerten,
- die Abwicklung des Claim unternehmensintern koordinieren,
- Vertragstermine überwachen, wahren und sichern,
- den Projektleiter claimspezifisch unterstützen,
- ein zeitnahes Berichtswesen unterhalten,
- bei Auftragsabrechnung und Gewährleistungsende aktive und passive Claimspotentiale gegenüberstellen.

Geschäftsführer G wird sich vielleicht nach Erwägung all dieser Gesichtspunkte im Hinblick auf die gewaltig erscheinende Aufgabe entmutigen lassen. Er sollte jedoch berücksichtigen, dass im Unternehmen durchaus schon nützliche Ansätze vorhanden sind, die Geschäftsführung und Mitarbeiter gegebenenfalls lediglich bewusster als in der Vergangenheit verfolgen müssen. Bei Bestehen eines Qualitätsmanagementsystems etwa muss der Lieferant ohnehin Verfahrensanweisungen zur Vertragsprüfung und für die Koordinierung dieser Tätigkeiten einführen und aufrechterhalten. Das bedeutet in der Praxis:

- Die Geschäftsleitung muss im Projekt ihrer Loyalitätspflicht dadurch nachkommen, dass sie den Projektleiter nach außen gegenüber dem Kunden stützt. Verzicht auf einen Claim oder andere Zugeständnisse sollte zur Wahrung seiner Position deshalb der Projektleiter, nicht die Geschäftsführung verkünden.
- Der Vertrieb muss sich trotz aller akquisitorischen Zwänge bewusst sein, dass er die Grundlagen für die Abwicklung schafft. Hilfreich können ihm dabei Leitlinien für das Vorgehen bei der Bearbeitung von Anfragen, Angeboten und Aufträgen sein.
- Verantwortliche auf der Baustelle müssen ständig drohende Vertragsabweichungen und mögliche Auswirkungen auf Kosten und Zeitplan an die Zentrale melden.
- Konstruktions- und Planungsabteilungen müssen die Auswirkungen technischer Änderungen an Teilen des Vertrags auf das gesamte Projekt abschätzen und weiter berichten.
- Einkaufsabteilungen müssen Probleme im Zulieferbereich sofort auf ihre Folgen für das Vorhaben durchleuchten und melden. Andererseits sind Zulieferer über Schwierigkeiten im Gesamtprojekt so zu informieren, dass sie sich etwaigen Rückgriffen nicht mit dem Hinweis auf unverschuldete Unkenntnis entziehen können.

- Alle Unternehmensteile müssen sich – bestärkt von der Geschäftsleitung und unterstützt durch Schulungsmaßnahmen – ständig in der Obhutspflicht für den vertragsgerechten Projektverlauf fühlen (soweit dies nicht eine Überspannung der Anforderungen mit sich bringt).

Mit der konsequenten Beobachtung dieser Punkte verfügt G schon über eine solide Ausgangslage zur Einführung des Claimsmanagements.

Bei zeitlich und inhaltlich umfangreichen Projekten kann auch die Einschaltung eines externen Claimsmanagers erwägenswert sein. Dessen Professionalität geht allerdings mit der Gefahr einher, dass er im eigenen Interesse den Auftrag intensiv auslegt. Es empfiehlt sich deshalb – wie auch bei Unternehmensberatern und Anwälten – das Mandat und dessen Vergütung möglichst genau zu definieren.

Das Beispiel

Aus jahrzehntelanger Erfahrung in Kooperation mit anspruchsvollsten Kunden verschiedener Branchen wissen wir, dass sich vielleicht beim ersten Auftrag unser Partner noch in erster Linie für unsere Maschinen und Anlagen wegen derer technischen Spitzenstellung entscheidet. Sehr bald danach aber überzeugen wir neben den qualitativen Stärken auch mit unserem ausgeprägten Dienstleistungsverständnis. Überall auf der Welt, wo unsere technischen Lösungen gefragt sind, profitieren unsere Auftraggeber von den konsequent kundenorientierten Prioritäten unseres Unternehmens. Den Stil unseres Hauses prägen klare Grundsätze: Wir entscheiden schnell. Wir setzen eigenverantwortlich handelnde Instandhalter ein. Wir helfen unverzüglich und kostenbewusst, erst danach stimmen wir uns zeitnah über eine angemessene Vergütung mit dem Kunden ab. Für diese Form der Zusammenarbeit möchten wir auch Sie gewinnen.

Die in diesem Auszug einer Werbeschrift verkörperte Grundhaltung ist – wenn auch nicht immer schriftlich so erklärt – in vielen (insbesondere mittelständischen) Unternehmen verbreitet. Sie ist nicht direkt gegen das Claimsmanagement gerichtet, sondern betont den positiven Aspekt der verfolgten Dienstleistungsphilosophie. Die Einstellung ist absolut zu respektieren; sie mag sich auch zukünftig für technisch hochstehende Nischenanbieter eignen. Als Grundhaltung für den Aufbau eines Claimsmanagement ist sie jedoch ungeeignet.

Compliance

Das Projekt

Der staatliche Anlagenbetreiber AG hat ein großes Projekt zu vergeben, um das sich auch der Anlagenbauer AN bewirbt. Der von dieser Firma sorgfältig ausgesuchte und jahrelang unbescholten gebliebene Verkäufer V lässt sich im harten Konkurrenzkampf dazu hinreißen, dem entscheidenden Einkäufer E für den Fall der Auftragsvergabe an die Firma AN ohne deren Wissen einen ansehnlichen Betrag in Aussicht zu stellen. E sorgt deshalb dafür, dass AG den Auftrag an AN vergibt. Zur Auszahlung des Betrages an E kommt es allerdings nicht.

AG erfährt von den Vereinbarungen zwischen E und V und verlangt den Betrag im Rahmen von Claimsverhandlungen als Schadensersatz von AN zurück.

Überlegungen

Die Probleme unerlaubter Zuwendungen an Entscheidungsträger bei Auftragsvergaben im In- und Ausland haben im Zuge einer internationalen öffentlichen Sensibilisierung erheblich an Aktualität zugenommen. Während früher entsprechende Zahlungen noch euphemistisch als (zum Teil steuerlich als Werbungskosten absetzbare) „nützliche Abgaben" bezeichnet wurden, hat mittlerweile die Erkenntnis Raum gewonnen, dass solche Abgaben betriebswirtschaftlich und volkswirtschaftlich schädlich sein können. Dementsprechend ist auch eine weitgehende Verschärfung einschlägiger Vorschriften zu verzeichnen. Diese können in Gesetzen, Richtlinien, Unternehmensregeln oder Kodizes bestehen. Für deren Befolgung und Einhaltung hat sich der Begriff *Compliance* eingebürgert. Er geht weit über die *Technical Compliance* hinaus, die hauptsächlich die Übereinstimmung der Produkte eines Unternehmens mit den Anforderungen technischen Regelwerks im Auge hat.

Die gesetzliche Verschärfung besteht in Deutschland in der Umsetzung eines OECD-Übereinkommens durch das Gesetz zur Bekämpfung internationaler Bestechung (IntBestG). Es stellt ausländische mit inländischen Amtsträgern bei Bestechungshandlungen gleich. Ausgenommen bleiben lediglich *facilitation payments*. Das sind kleinere Zahlungen, die einen Amtsträger zur Vornahme einer Diensthandlung veranlassen sollen, auf die ein Unternehmen oder eine Privatperson ohnehin Anspruch hat.

Der Zusammenhang zwischen Claimsmanagement und Compliance liegt zunächst nicht auf der Hand. Denn für Ersteres steht – anders als bei Letzterem – nicht die strafrechtliche Verantwortlichkeit der unmittelbar Beteiligten wegen aktiver oder passiver

Bestechung je nach den in Frage kommenden Rechtsordnungen im Vordergrund. Für die Claimsmanager beider Seiten geht es vielmehr um das zivilrechtliche Problem, ob der einen Seite tatsächlich ein Nachteil entstanden ist, den die andere begleichen muss. Die strafrechtliche Seite eines zivilrechtlichen Vorgangs wird aber schnell deutlich, wenn etwa ein Verzicht auf eine eigentlich berechtigte Nachforderung, die Akzeptanz einer offensichtlich überhöhten Zulieferrechnung oder die Begleichung von Honorarforderungen Dritter in Frage stehen.

Der Schaden könnte im geschilderten Fall darin bestehen, dass der Preis für die Leistung oder Lieferung um die jeweils in Aussicht gestellten Beträge erhöht und damit aus Sicht von AG überhöht ist. Die Beweislast für eine dahingehende Behauptung trifft AG.

Der Rat

Es ist deshalb gründlich zu überlegen, wie weit ein Unternehmen sich mit den möglichen Regelungen über Kontrolle und Transparenz sowie zusätzlichen internen Verhaltensanweisungen begnügt und ob es darüber hinaus vertragliche Vereinbarungen für notwendig erachtet. Soweit sich diese auf Kündigung oder Rücktritt richten, werden sie erfolgreich sein können. Einen Schadensersatzanspruch werden sie dagegen selten erleichtern.

Aus Sicht des Auftragnehmers ist zu erwägen, ob er den manchmal sehr weitgehenden Vorschriften über Offenlegung von Provisionen im Interesse des Vertrauensschutzes seiner Vertreter nachkommen kann.

Das Vertragsbeispiel

Officers and employees shall not

– have any relationships that might impair independence or judgement (which would include any personal or romantic relationship within a supervisory chain);
– have, directly or indirectly, a financial interest in any of the Company's suppliers, customers, or competitors unless disclosed to the Company and approved by the Company as not having the potential of being at variance with the best interests of the Company;
– be employed by or render service to another organization unless disclosed to the Company and approved by the Company as not detrimental to the Company's interests;

– seek or accept, directly or indirectly, any gift from those doing business or seeking to do business with the Company, other than as permitted by the Business practices Officer or the Policy Clarification Circular on Business Gifts;

...

Leitende und andere Angestellte dürfen nicht

– Beziehungen (einschließlich persönlicher oder Liebesbeziehungen zwischen Vorgesetzten und Mitarbeitern) eingehen, die ihre Unabhängigkeit oder ihr Urteilsvermögen beeinträchtigen könnten;

– direkte oder indirekte finanzielle Interessen an Lieferfirmen, Kunden oder Konkurrenzfirmen haben, es sein denn, sie sind dem eigenen Unternehmen mitgeteilt und von ihm genehmigt, wenn kein Konflikt mit den Interessen des Unternehmens besteht;

– Mitarbeiter eines anderen Betriebs sein oder einem solchen ihre Dienste anbieten, es sei denn, dies ist dem eigenen Unternehmen mitgeteilt und von ihm genehmigt, wenn die Tätigkeit nicht seinen Interessen schadet;

– direkt oder indirekt Geschenke von denjenigen ersuchen oder annehmen, die mit dem Unternehmen Geschäftsbeziehungen unterhalten oder sich um solche bemühen, abgesehen von solchen Geschenken, wie sie vom Verantwortlichen für Geschäftspraktiken genehmigt oder den Grundsätzen zur Klärung von Geschäftspräsenten bezeichnet sind.

...

Auffällig an diesem Unternehmenskodex ist das Fehlen von Regeln zur aktiven Bestechung bzw. dessen Versuch.

Bribery and corruption

No ZERO-company or -employee shall offer or provide an undue monetary or other advantage to any person or persons, including public officials or customer employees, in violation of laws and the officials or employees' legal duties, in order to obtain or retain business.

Keine Gesellschaft der ZERO-Gruppe noch einer ihrer Angestellten darf einer oder mehreren Person(en) einschließlich von Amtsträgern oder Angestellten von Kunden unter Verletzung von Gesetzen und gesetzlicher Pflichten der Amtsträger oder Angestellten diesen zur Herstellung oder Aufrechterhaltung von Geschäftsbeziehungen irgendwelche unangemessenen Zahlungen oder andere Vorteile anbieten oder gewähren.

Intermediaries

Agreements with consultants, brokers, sponsors, agents or other intermediaries shall not be used to channel payments to any persons, including public officials or customer employees and thereby circumvent ZERO policies regarding bribery and corruption. These agreements are strictly subject to the requirements set forth in the corresponding ZERO directive.

Dritte

Vereinbarungen mit Beratern, Vermittlern, Sponsoren, Vertretern oder anderen Dritten dürfen nicht dazu dienen, einer oder mehreren Person(en) einschließlich von Amtsträgern oder Angestellten von Kunden Zahlungen zu gewähren und damit die Bestechung und Korruption betreffenden Grundsätze von ZERO zu umgehen. Solche Vereinbarungen unterliegen streng den in der entsprechenden Anweisung von ZERO formulierten Anforderungen.

Solche internen Regelungen der Auftragnehmer dienen deren Unternehmensethik und entfalten praktisch keine zivilrechtlichen Außenwirkungen im Verhältnis zum Kunden. Die Geschäftsleitungen sind damit nicht von der unangenehmen Entscheidung entbunden, in welchem Umfang sie die Einhaltungen dieser Vorschriften mit Verzicht auf Geschäft zu erkaufen bereit sind.

Die folgenden Beispiele gehen von Formulierungen des Auftraggebers aus.

Im Zusammenhang mit Warenlieferungen oder Dienstleistungen an Betriebe oder Kunden des AG Konzerns haben wir weder Mitarbeitern des Konzerns noch sonstigen Dritten irgendwelches Zuwendungen im weitesten Sinne versprochen, zugesagt oder gewährt.

Verstöße gegen diese Klausel berechtigen AG zu Kündigung oder Rücktritt und gegebenenfalls Schadensersatz.

Bei dieser Klausel ist fraglich, ob der Lieferer tatsächlich eine soweit gehende Zusage machen kann. Unter „irgendwelche Zuwendungen im weitesten Sinn" fallen nämlich etwa auch völlig legale Provisionen. Ähnliches gilt hier:

The Contractor shall not pay fees, discount or other commissions in relation to the award to him of this Contract. If any agent's fees are payable to agents in Purchaser's country by virtue of legal agency agreement(s) made before the award of this Contract, then the Contractor shall (before the award of this Contract) make full disclosure to the Purchaser of the name of the agent and quantum of fees that were or are to be paid.

Der Anlagenbauer zahlt keine Gebühren, Rabatte oder Provisionen seiner Beauftragung mit diesem Vertrag. Sollten Gebühren an Vermittler im Käuferland aufgrund vor diesem Vertrag geschlossener gesetzlich ordnungsgemäßer Vertreterverträge zu zahlen sein, wird der Anlagenbauer (vor Vergabe dieses Vertrages) dem Käufer gegenüber den Namen des Vertreters und die Höhe der gezahlten oder noch zu zahlenden Gebühren offen legen.

The Contractor shall not solicit, request or tolerate any commission, fee, discount or other payments from any vendor. Should the Contractor receive any such payment (whether directly or indirectly) the Contractor shall forthwith disclose and reimburse the same without any deduction whatsoever to the Purchaser.

Der Anlagenbauer darf von seinen Zulieferern keine Provisionen, Gebühren, Rabatte oder andere Zahlungen erbitten, fordern oder dulden. Sollte er (direkt oder indirekt) solche Zahlungen erhalten, wird er sie umgehend offen legen und ohne jeden Abzug an den Käufer auskehren.

Diese Regelung betrifft das Verhältnis des Anlagenbauers zu seinen Zulieferanten. Hier richtet sich die Verpflichtung des Contractor bezüglich möglicher Zahlungen durch seine Zulieferer allerdings nicht nur auf Verbot und Offenlegung, sondern auf Weiterleitung an den Auftraggeber.

Wegen der Bedeutung der im Einkauf zu erzielenden Rabatte und der Schwierigkeit deren Abgrenzung von den genannten Zahlungen dürfte diese Klausel aus Sicht des Anlagenbauers unannehmbar sein.

critical assumption

Das Projekt

Der Kunde in einem afrikanischen Entwicklungsland hatte bei P eine Pelletieranlage bestellt, die dieser schon verschiedentlich in mehreren westeuropäischen Ländern erfolgreich vertrieben hatte. Die besonderen Ansprüche des Kunden richten sich auf die Größenordnung der einzelnen Pellets, deren Gewicht und den Schwefelgehalt. Im Vertrauen auf die gemachten guten Erfahrungen geht P auf die Kundenwünsche ein.

Bei Betrieb der Anlage setzt der Kunde aus Kostengründen Vorprodukte ein, die sich erheblich von denen der Referenzanlagen unterscheiden. Um das gewünschte Ergebnis zu erzielen, sind Nachrüstungen an Brecher, Trockner und bei der Entschwefelung erforderlich.

Überlegungen

P ist zwar bereit, die Nachrüstungen vorzunehmen – allerdings gegen entsprechende Bezahlung. Der Kunde steht auf dem Standpunkt, P hätte ihn über die Bedeutung des Vorprodukts für das Ergebnis aufklären müssen und sei deshalb nun zur kostenlosen Nachrüstung verpflichtet.

Der Rat

Komplizierte Anlagen und Einrichtungen werden im Allgemeinen ihre Funktion nur unter bestimmten technischen Voraussetzungen erfüllen können. Die Parteien dürfen nicht davon ausgehen, dass die Einhaltung dieser Bedingungen selbstverständlich wäre. Deshalb empfiehlt es sich, solche Voraussetzungen als *critical assumptions* (entscheidende Annahmen) im Vertrag festzuschreiben. Im beschriebenen Fall hätte also etwa die Bestimmung von Stückung, Feuchte und Schwefelgehalt des Vorprodukts die Auseinandersetzung vermieden. Der Einsatz nicht geeigneten und diesen Beschreibungen nicht entsprechenden Materials wäre dann eine Obliegenheitsverletzung gewesen, die den Kunden an der Geltendmachung von kostenlosen Nachrüstungen gehindert hätte.

Die Verhandlung dieses Punktes ist nicht immer ganz einfach, weil manche Vertragspartner in der Formulierung von *critical assumptions* eine Misstrauenserklärung gegenüber den Verhältnissen im eigenen Land (z. B. bezüglich regelmäßiger Stromzufuhr,

Versorgung mit hochwertigen Rohstoffen oder sauberen Prozesswassers) sehen. Als Gegenargument kann das technisch hohe Niveau der Anlage dienen, die eben besondere Voraussetzungen benötigt.

Abzuraten ist von dem Versuch, *critical assumptions* als Claimsfallen einzusetzen in der Hoffnung, der Kunde würde die nötigen Vorprodukte ohnehin nicht beschaffen können. Kritische Annahmen sollen vielmehr die Leistungsbeschreibung komplettieren und Auslegungsstreitigkeiten vermeiden helfen. In diesem Sinne sollte sie der Auftragnehmer ganz offen mit dem Kunden erörtern.

Ein wichtiges Anwendungsfeld für kritische Annahmen sind die Arbeitsabläufe auf der Baustelle. Hierher können etwa freibleibende Zugänge, die Belastbarkeit von Böden durch Druck oder das Vorhandensein von Hebezeugen mit bestimmter Tragkraft gehören. Der Auftraggeber sieht sich unter dem Druck von drohenden Verzögerungen oder angesichts der Versuchung sich anbietender Beschleunigung oft veranlasst, in das Zusammenspiel der verschiedenen Gewerke einzugreifen und Abläufe zu ändern. So kann zum Beipiel die vorgezogenen Tätigkeit der Lüftungstechnik dazu führen, dass mittlerweile montierte Kanäle für nachfolgende Gewerke nötige Durchfahrtsmaße verringern oder Zugänge versperren. Einen auf diese Veränderung gegründeten Zeit- und Kostenclaim wegen Behinderung wird der Anlagenbauer aber erfolgreich nur geltend machen können, wenn die Zugangsmaße als *critical assumption* festgeschrieben waren. Diese Beispiel zeigt übrigens, dass die Grenze zum Begriff des → *method statement*, der die Verfahrensabläufe beschreibt, fließend ist.

Das Vertragsbeispiel

Da es sich um einen Teil der vertraglichen Vereinbarung handelt, ist auch hier auf eine sorgfältige Formulierung Wert zulegen. In seiner Bestellung hatte der Anlagenbauer dem Zulieferer wenig präzise aufgegeben:

> Zu Ihrem Leistungsumfang gehört auch der Transport vom Lkw-Abladeort bis zum Montageort/Verwendungsstelle.
>
> Wir gehen davon aus, dass die Anlieferung per Lkw erfolgt und dass man direkt vom Lkw mit dem Kran in den Stahlbau heben kann. Die Abladestelle liegt im Schwenkbereich des vorhandenen Kranes; somit ist für die großen Bauteile kein Zwischentransport erforderlich.

Für kleine Bauteile ist ein Lagerplatz vorhanden. Der Transport muss dann von Ihnen mit dem zu Ihrem Leistungsumfang gehörenden Stapler zur Verwendungsstelle vorgenommen werden.

Um genauere Einzelheiten zu klären, bitten wir um einen gemeinsamen Besuch mit unserem Projektleiter und Ihrem Montageleiter Ende Januar. Bei dieser Gelegenheit wollen wir auf der Baustelle das genaue Vorgehen mit unserem Kunden absprechen.

Sowohl die Formulierung „wir gehen davon aus …" als auch die erst angekündigte Klärung der Einzelheiten lassen befürchten, dass die Vertragspartner hier kritische Annahmen bei Vertragsbeginn noch nicht endgültig getroffen haben. Erfahrungsgemäß unterbleiben solche Klärungen häufig, weil sie in der Hektik des Tagesgeschäfts vergessen werden. Damit ist Streit über Zusatzzeit und -kosten vorprogrammiert.

Definitionen

Das Projekt

Das Unternehmen Süß & Klebrig hatte für die Herstellung von Fruchtsäften eine zusätzliche Produktionslinie bei dem Anlagenbauer Arm & Bettel bestellt. Die Anlage funktioniert zunächst zur Zufriedenheit von S & K. Wegen zweier warmer Sommer lief die Anlage ununterbrochen im 3-Schicht-Betrieb.

Die Parteien hatten eine Gewährleistungszeit von 24 Monaten, beginnend mit dem Abnahmedatum, vorgesehen.

Im 23. Monat nach Abnahme erleidet die Anlage einen Stillstand. Der Anlagenmechaniker von A & B ist sofort zur Stelle. Seine Diagnose ergibt, dass ein Bedienungsfehler des Betreibers nicht vorliegt; es erweist sich als notwendig, ein Antriebsaggregat auszutauschen und danach die Anlage vorsichtig wieder anzufahren. Der Stillstand dürfte etwa zwei Tage betragen.

S & K verlangt unter Hinweis auf die Sachmängelhaftung sofortige Behebung des Stillstands und behält sich die Geltendmachung weiterer Rechte vor.

Überlegungen

Der Leiter der Instandhaltung Listig von A & B war bisher sehr stolz auf das Projekt gewesen. Die Anlage hatte in 22 Monaten beanstandungslos (bei drei Schichten) 66 Betriebsmonate hinter sich gebracht. Bei einem normalen 2-Schicht-Betrieb wäre die Gewährleistungszeit schon nach 48 Betriebsmonaten abgelaufen gewesen. Listig weist den Projektleiter seines Unternehmens darauf hin, dass er sich sofort technisch um die Sache kümmern werde, allerdings werde S & K den Aufwand als zusätzliche Instandhaltungsleistung bezahlen müssen. Der Projektleiter solle deshalb einen entsprechenden Claim geltend machen.

Der Projektleiter ist den Berechnungen von L gegenüber skeptisch. Ein Blick in den Vertragstext bestätigt die Befürchtungen. Dort ist nämlich die Sachmängelfrist lediglich nach Monaten bemessen. Eine Bezugnahme auf Betriebsstunden oder Schichtbetrieb fehlt, ebenso wenig haben die Vertragspartner festgelegt, welcher Betrieb für diese Produktionslinie „normal“ sein solle. Schweren Herzens ordnet P deshalb die notwendigen Instandsetzungsarbeiten im Rahmen der noch nicht abgelaufenen Sachmängelfrist an, ohne Hoffnung auf eine Erstattung des Aufwands durch S & K zu haben.

Der Rat

Viele Begriffe der immer komplizierter werdenden Vertragsverhältnisse sind sprachlich nicht eindeutig besetzt. Dies gilt insbesondere für Wörter, die auf den ersten Blick nicht sonderlich verfänglich erscheinen. Unter dem Blickpunkt vertraglicher Verpflichtungen kann aber die Frage, ob unter einem „Tag" ein Arbeitstag, Kalendertag, Wochentag oder 24 Stunden zu verstehen sind, sehr unterschiedliche Folgen haben. Ein Servicemonteur muss demgemäß nach einem am Donnerstag vor Ostern gemeldeten Störfall entweder noch am Freitag oder erst am Dienstag antreten. Über die „Rechtzeitigkeit" z. B. einer Anforderung von Zusatzleistungen für Softwareprogrammierungen entsteht wahrscheinlich weniger leicht Streit, wenn der zugrunde liegende Vertrag definiert:

„Rechtzeitig bedeutet spätestens 10 Tage vor Ablauf der bestellten Menge an Einsatzstunden."

Ähnlich konfliktträchtig sind Wörter wie „marktüblich", „prompt" oder „circa". Die Einhaltung zugesicherter Freiheit des Liefergegenstandes von irgendeinem Fremdstoff (zum Beispiel Silikonfreiheit in der Oberflächentechnik) hängt wesentlich von den angewandten Meßmethoden oder von den zugrunde gelegten technischen Parametern ab. Wichtig werden können auch das Geltungsdatum oder eine bestimmte Version im Zusammenhang mit einer Definition. Bei Verträgen mit Auslandsbezug sind Definitionen noch sinnvoller, weil die Interpretation von Begriffen in unterschiedlichen Ländern und Sprachen stark voneinander abweichen kann. Wendungen mit auf den ersten Blick identischer Bedeutung können sich später als *false friends* erweisen.

Bezüglich des zu formulierenden Inhalts der Definitionen sind die Parteien nicht gebunden; dies ist Ausfluss der Vertragsfreiheit. Dementsprechend erstrecken sich Definitionen sowohl auf tatsächliche kaufmännische oder technische Bereiche wie auf Begriffe aus den jeweiligen Rechten der beteiligten Partner. Im Rahmen des Vertrags finden sich die Definitionen durchweg am Anfang des Textes. Besonders angloamerikanischen Rechtsordnungen unterliegende Verträge haben die Eigenart, die definierten Wörter innerhalb des Textes groß zu schreiben, um auf diese Weise den Leser sofort auf die Definition hinzuweisen. Dementsprechend sind kleingeschriebene Wörter nicht definiert und damit weiter auslegungsfähig.

A & B hätten sich bei den Vertragsverhandlungen mit S & K darüber verständigen müssen, welche Betriebszeiten für die Anlage in Frage kommen. Die Festschreibung präziser Leistungszeiten kann bei der Leistungsbeschreibung erfolgen. Sie kann aber auch im Rahmen der Sachmängelfristen vorgenommen werden. Eine Formulierung wie „die Gewährleistungszeit beträgt 24 Monate (im 2-Schicht-Betrieb)" hätte die Position eindeutig zu Gunsten von A & B verbessert. Vor allem aber eignet sich auch der Vertragsteil „Definitionen" für eine solche Festlegung.

Das Vertragsbeispiel

Die General Conditions des von ORGALIME erstellten Musters „Turnkey Contract for Industrial Works“ definieren die folgenden Begriffe.

Commencement Date	(Datum, an dem die Lieferungen und Leistungen durch den Auftragnehmer beginnen sollen)
Contract	(Vertragstext mit allen Anhängen, Bedingungen und schriftlichen Zusätzen)
Contract Price	(für die vertraglichen Leistungen zu zahlende Gesamtsumme ohne Mehrwertsteuer und alle im Errichtungsland zu erbringenden Abgaben)
Co-ordination Time Schedule	(vom Auftragnehmer erstelltes Dokument, das die Koordinierung der gegenseitigen Leistungspflichten der Vertragspartner möglich machen soll)
Force Majeure	(im Vertrag an späterer Stelle bezeichnete Umstände)
Gross Negligence	(grobe Fahrlässigkeit)
Laws and Regulations	(den Vertrag betreffende verbindliche öffentliche Vorschriften, Standards und Normen)
Main Contract Document	(das von den Parteien verwendete Vertragsdokument)

Main Time Schedule	(Anhang mit zeitlicher Festlegung der wichtigsten Baufortschritte)
Project Representative	(der von den Vertragspartnern jeweils autorisierte Verantwortliche für den Projektverlauf)
Purchaser's Risks	(Aufzählung der vom Auftraggeber zu tragenden Risiken)
Ruling Language	(verbindliche Sprache des Vertragstextes)
Site	(Baustelle)
Site Representative	(Baustellenverantwortlicher beider Seiten)
Subcontract(or)	(Zuliefervertrag und aus ihm verpflichteter Zulieferer)
Tests after Completion	(Tests nach Übernahme)
Tests on Completion	(Tests zur Übernahme)
Time for Completion	(Leistungszeit)
Works	(alle Lieferungen und Leistungen des Auftragnehmers zur Vertragserfüllung einschließlich der vereinbarten Änderungen)

Eine Definition von Leistungspflichten im Vertragstext selbst könnte lauten:

The Owner requests the Contractor to provide process licenses and basic design, detailed engineering and procurement services and supply of plant equipment, construction management and supervision, field construction, technical guidance, training, commissioning and start-up for the Project as further specified in Appendix No ...

Der Auftraggeber fordert vom Anlagenbauer die Bereitstellung von Verfahrenslizenzen und basic design, detailed engineering sowie die Beschaffung von Leistungen und die Lieferung der Anlage, Bauausführung und -leitung, Konstruktion vor Ort, technische Beratung, Training, Auslieferung und Anfahren der Anlage wie im Einzelnen in Anhang ... beschrieben.

Ohne den Bezug auf den Anhang allerdings würde es sehr wahrscheinlich zu Auslegungsstreitigkeiten über Inhalt und Umfang der geschilderten Leistungen kommen. Auf diese Weise notwendig werdendes Claimsmanagement aber ist von vornherein vermeidbar.

Mechanical completion means the end of Dry Tests and Mechanical Tests of the Contract Plant to be performed by Buyer's personnel under the Supervision of Seller's supervisors.

Die mechanische Fertigstellung ist mit der Beendigung der Trockentests und mechanischen Tests der Anlage, die vom Personal des Käufers unter Aufsicht des Aufsichtspersonals des Verkäufers zu erbringen sind, erfolgt.

Die Erwähnung der Tests stellt klar, dass der Begriff der Fertigstellung hier weiter gehen soll, als der reine Wortlaut vermuten lässt.

delay

Das Projekt

Die Baltische Anlagengesellschaft ANB hatte mit ihrem neuen Kunden Allied Textiles General (AG) in einem Schwellenland einen Vertrag über Konstruktion, Fertigung und Montage einer Anlage für den Textildruck im Wert von 11 Mio. € geschlossen. ANB hofft auf Anschlussaufträge.

Sowohl für die Verschiffung als auch für den Beginn der Vorbereitungsarbeiten auf der Baustelle ist in dem engen Zeitplan der 18.09.2006 festgeschrieben. Sobald die Ausrüstung auf der Baustelle ankommt, soll die Montage beginnen. Der ursprüngliche Zeitplan weist als Abnahmetermin den 05.02.2007 aus.

Für den Baustellenzutritt war vorgesehen, dass der Anlagenbauer unumschränkten aber nicht alleinigen Zutritt zur Baustelle spätestens am 18.09.2006 erhalten soll, damit er die vorbereitenden Arbeiten einschließlich der Beseitigung der alten Ausrüstungen ausführen kann.

Die Parteien hatten für jede angefangene Woche verspäteter Abnahme 1% des Vertragspreises als *liquidated damages* vereinbart.

Auf den Vertrag soll das Recht des Kundenlandes, das zur angelsächsischen Rechtsfamilie gehört, anwendbar sein.

(Die beiden letzten Absätze stellen den wesentlichen Unterschied zu dem unter → *Verzug* geschilderten Fall dar.)

Am 04.09. teilt AG der ANB schriftlich mit: „Auf Grund von uns nicht zu vertretender Verzögerungen bei den Verhandlungen um unser neues Fabrikgelände werden wir Ihnen nicht wie vereinbart am 18.09. Zutritt zu unserem Betriebsgelände gewähren können. Dieser Zutritt ist nun zwei Wochen später geplant. Sollten sich weitere Verzögerungen einstellen, werden wir Sie sofort benachrichtigen. Bitte nehmen Sie aber zur Kenntnis, dass wir keine Verzögerung in der Fertigstellung des Projekts ins Auge fassen. Der Abnahmetermin bleibt unverändert der 05.02.07. Dieser Termin ist für uns besonders wichtig, weil von seiner Einhaltung unsere Fähigkeit zu mehreren Auslieferungen im April abhängt."

Überlegungen

Der Marketingmanager von ANB schlägt trotz aller Verärgerung vor, die erforderlichen Anstrengungen auf verbleibende praktische Möglichkeiten zur Zeiteinsparung (insbesondere durch Umorganisation von Abläufen) zu konzentrieren und unter allen Umständen zu versuchen, den ursprünglichen Abnahmetermin einzuhalten. Im Vordergrund stünde für das Marketing die Tatsache, dass AG ein wichtiges Unternehmen sei, das man nicht verstimmen dürfe, da die Aussicht auf Folgeaufträge erheblich sei.

Der Controller sieht das Kundenschreiben unter dem Gesichtspunkt notwendig werdender → *Beschleunigungsmaßnahmen* und damit verbundener Gewinnchancen an. Er legt als Kalkulationsbasis eine „umgekehrte“ Vertragsstrafe zugrunde und stellt sich eine Bonuszahlung durch den Kunden von 1% des Vertragspreises je Woche für das Einholen der Zeitverzögerung vor.

Der Claimsmanager ist über die Vorschläge seiner Kollegen entsetzt. Aus leidvoller Erfahrung weiß er, wie gefährlich der leichtfertige Umgang mit Leistungszeitveränderungen gerade nach englischem Recht ist. Dies sieht nämlich eine im Prinzip sehr viel strengere Einstandspflicht des Schuldners auch für zeitgerechte Erfüllung vor als das deutsche Recht und macht grundsätzlich keinen Unterschied zwischen Verzögerung und Verzug. Wenn der Schuldner keinen Entlastungsgrund geltend machen kann, trifft ihn der Vorwurf des *delay* mit der weiteren Folge der Zahlung von → *liquidated damages*, soweit diese wirksam vereinbart sind.

Entlastungsgründe aus der Sicht des Schuldners sind zum einen Ereignisse, die nicht in seiner *(contractor's risk area)*, sondern in der Risikosphäre des Gläubigers *(employer's risk area)* liegen. Beispiele sind:

- Vom Projektmanager des Auftraggebers angeordnete Änderungen,
- von ihm angeordnete Unterbrechungen,
- Vertragsverletzung durch den Auftraggeber,
- Fehlverhalten eines vom Auftraggeber benannten Zulieferers.

Die Zuweisung von Ereignissen zur einen oder anderen Risikosphäre gehört zu einer sorgfältigen Vertragsgestaltung.

Eine zweite Gruppe von Entlastungsgründen gegenüber der Behauptung des *delay* (und anderen angeblichen Vertragsverstößen gegenüber) findet sich in → *Force Majeure-Klauseln*. Sie entsprechen dem Begriff „höhere Gewalt", den im deutschen Recht das BGB und andere Gesetze gelegentlich verwenden, allerdings ohne ihn zu definieren. Die Rechtsprechung (zuletzt der Bundesgerichtshof) sieht darin „ein von außen auf den Betrieb einwirkendes außergewöhnliches Ereignis, das unvorhersehbar ist, selbst bei Anwendung äußerster Sorgfalt ohne Gefährdung des wirtschaftlichen Erfolges des Unternehmens nicht abgewendet werden kann und auch nicht wegen seiner Häufigkeit von dem Betriebsunternehmer in Rechnung zu stellen und mit in Kauf zu nehmen ist".

Dieser abstrakten Definition gegenüber enthalten aus dem anglo-amerikanischen Rechtskreis stammende *Force Majeure-Klauseln* konkrete Einzelsachverhalte. Sie gehen heute weit über den klassischen *act of God and the Queen´s enemies* als Entlastungsgrund des common law hinaus und sind häufig sehr umfangreich und detailliert. Bei Geltung angelsächsischen Rechts nämlich besteht die Gefahr, dass das Gericht eine solche Klausel ganz eng am Wortlaut und im Zweifel gegen die Partei (contra proferentem) auslegt, die aus der Klausel eine Haftungsbeschränkung ableitet. Beispiele für solche Sachverhalte sind:

- Regierungshandlungen oder Handelsembargo,
- Krieg (erklärt oder nicht), Feindseligkeiten, Terrorakte,
- Aufstände oder Bürgerunruhen,
- Epidemien,
- Naturkatastrophen,
- außergewöhnlich belastende Wetterverhältnisse oder deren Folgen,
- Unzugänglichkeit von sonst verfügbaren Transportmitteln,
- Streik (jeweils enger oder weiter begrenzt auf Branchen, Unternehmen oder Zulieferer).

Allied Textiles hat im Einzelnen nicht vorgetragen, welche Umstände bei den Verhandlungen um das neue Fabrikgelände zu Verzögerungen geführt haben. Jedenfalls aber ist mit dem Vorhandensein von Verzögerungsgründen aus der Risikosphäre von Allied Textiles zunächst einmal zugunsten von ANB geklärt, dass *delay* nicht vorliegt und damit keine *liquidated damages* zu zahlen sind.

Eine weitere wichtige Frage betrifft den Erfüllungszeitpunkt. Der ursprünglich vereinbarte Termin ist wegen des verzögernden Ereignisses verloren gegangen, the *completion date is lost*. Nach anglo-amerikanischer Rechtsauffassung ist nun *time at large:* Der Anlagenbauer hat jetzt eine angemessene Zeit für die Erfüllung seiner Verpflichtungen. Was angemessen ist, richtet sich nach den Umständen des Einzelfalls und ist oft streitig. Deshalb sollten sich die Parteien auf eine Leistungszeitverlängerung, eine *extension of time*, verständigen. An ihr haben beide Seiten gleichermaßen Interesse. Anliegen des Auftraggebers ist es, nachdem der ursprünglich vorgesehene Erfüllungstermin als Anknüpfungspunkt nicht mehr in Frage kommt *(time is at large)*, möglichst früh wieder einen festen Leistungszeitpunkt zu haben, von dem ab er bei Überschreitung *liquidated damages* verlangen kann. Der Anlagenbauer dagegen konkretisiert mit der *extension of time* seine (latent schon bestehende) Abwehr gegen Schadensersatzansprüche des Auftraggebers.

Und schließlich wäre noch zu klären, wie sich Allied Textiles General zur Frage der Erstattung der Kosten stellt, die der ANB auf Grund der Terminverschiebungen entstehen werden.

Der Rat

Die verschiedenen Überlegungen sollten klar machen, dass eine deutliche Reaktion der ANB unerlässlich ist. Die Praxis sieht leider häufig anders aus.

Viele Anlagenbauer sind mit Verzögerungsanzeigen und Zeitclaims zurückhaltend; sie geben sich damit zufrieden, dem Vertragspartner gegenüber im Recht zu sein, weil schließlich er die Verzögerung zu vertreten hat. Diese Einstellung ist sehr gefährlich:

- Das Unterlassen einer entsprechenden Anzeige kann ein Verstoß gegen die Schadensminderungspflicht sein und damit Ansprüche des Auftraggebers auslösen.
- Das Schweigen des Anlagenbauers lässt beide Parteien im Ungewissen über das zeitliche Schicksal des Projekts. Ohne neue zeitliche Vereinbarung ist später manche Position dann nicht mehr so gesichert wie sie anfangs schien.
- Ohne vertragliche Vereinbarung der Parteien verändert sich die Leistungszeit „angemessen". Danach drohen unbegrenzte Schadensersatzansprüche, die insbesondere für Zulieferer, die den Anlagenbauer in Verzug gebracht haben, tödlich sein können.

Das Schreiben des Claimsmanagers der ANB muss deshalb zunächst einmal klarstellen, dass die von AG mitgeteilte Verzögerung im Risikobereich des Auftraggebers liegt und damit die auf der Baustelle zu erwartende Verzögerung nicht den Tatbestand des Delay begründet. Damit entstehe für AG auch kein Anspruch auf Zahlung von *liquidated damages* durch ANB.

Außerdem habe ANB, nachdem der ursprüngliche Erfüllungszeitpunkt nicht mehr einzuhalten sei, einen Anspruch auf *extension of time*. Dieser sollte entsprechend der eingetretenen Verzögerung mindestens zwei Wochen betragen, wobei sich dieser Zeitraum bei weiteren Verzögerungen aus abwicklungstechnischen Gründen durchaus überproportional verlängern könnte.

Die Mitteilung der Verzögerung, so der weitere Tenor, würde ANB als Aufforderung ansehen, die augenblicklichen Transportvorbereitungen anzuhalten. Dadurch fielen Kosten für Lagerung und Versicherung von 3.700,00 € täglich an. Die Geltendmachung weiterer Kosten behielte ANB sich vor.

Nach erzieltem Einvernehmen über diese Punkte sei ANB gern bereit, über den Sinn, die Möglichkeit und die Kosten von Beschleunigungsmaßnahmen zu diskutieren, um drohende Zeitverluste in Grenzen zu halten.

Das Vertragsbeispiel

Es wäre im Sinn einer zeit- und kostensparenden Abwicklung des Projekts besser gewesen, wenn die Parteien für diesen (typischen) Verzögerungsfall schon im Vertrag eine Regelung unter dem Titel *„Claim for Extension of Time for Completion"* vorgesehen hätten.

The Contractor may claim an extension of the Time for Completion if he is or will be delayed in completing the Works by any of the following causes:

a. any Variation Order issued in compliance with the Contract unless such Variation Order expressly regulates time for completion;

b. exceptionally adverse weather conditions;

c. unforeseen conditions as regulated in Article ... (Unforeseen Conditions);

d. instructions of the Employer, otherwise than by reason of the Contractor's default;

e. the failure of the Employer to fulfill any of his duties under the Contract;

f. delay by any other contractor engaged by the Employer;

g. any of the Employer's Risks; or

h. Force Majeure;

or for any other cause expressly stipulated in the Contract.

The Contractor shall give to the Employer notice of his intention to make a claim for an extension of time within 14 Days of the Contractor having been informed about the delay. The notice shall be followed as soon as possible by the claim with full supporting details. Delay in giving such notice shall not invalidate the Contractor's claim; however, the provisions of Article ... (Duty to Mitigate) shall apply.

The Employer shall grant the Contractor such extension of Time for Completion as may be justified.

The Contractor shall be entitled to such extension whether the delay occurs before or after the scheduled Time for Completion.

If the Contractor considers himself to be entitled to any additional payment arising out of or in connection with any extension of time, a claim for such additional payment shall be made in accordance with the provisions of Article ... (Contractor's Claims).

Der Anlagenbauer hat Anspruch auf Verlängerung der Leistungszeit, wenn sich die Erfüllung aufgrund einer der folgenden Gründe verzögert oder zu verzögern droht:

a. Änderungsaufträge gemäß dem Vertrag, es sei denn, sie regeln die Erfüllungszeit ausdrücklich;

b. außergwöhnlich widrige Wetterverhältnisse;

c. unvorhersehbare Umstände gemäß Artikel ...

d. Anweisungen des Auftraggebers, denen kein Vertragsverstoß des Auftragnehmers zugrunde liegt.

e. Vertragsverletzung des Auftraggebers

f. Verzögerungen durch andere Auftragnehmer

g. Risiken des Auftraggebers

h. höhere Gewalt

oder andere im Vertrag ausdrücklich vorgesehene Gründe.

Der Anlagenbauer benachrichtigt den Auftraggeber von seiner Absicht, den Anspruch auf Leistungszeitverlängerung geltend zu machen, innerhalb von 14 Tagen nach Kenntnisnahme der Verzögerung. Der Mitteilung hat so schnell wie möglich der Claim mit den ihn stützenden Einzelheiten zu folgen. Eine verzögerte Mitteilung schmälert nicht den Claim des Anlagenbauers; die Bestimmungen des Artikels ... (Schadensminderungspflicht) bleibt jedoch anwendbar.

Der Auftraggeber gibt dem Anlagenbauer eine gerechtfertigte Leistungszeitverlängerung.

Der Anlagenbauer hat darauf Anspruch unabhängig davon, ob die Verzögerung vor oder nach der geplanten Erfüllungszeit eintritt.

Glaubt der Anlagenbauer aus oder in Zusammenhang mit der Verlängerung zusätzliche Zahlungsansprüche zu haben, muss er sie gemäß Artikel ... geltend machen. (Anspruch des Anlagenbauers)

Delays and Extension of Time

Either party shall be entitled to an appropriate extension of time for performance of its obligations under this contract, if such performance is prevented or delayed by any condition, existing or future, which is beyond reasonable control and without the fault or negligence of such party at the time this contract was entered into and by such party taking reasonable steps could not have been prevented.

Such conditions shall include, without limitation, acts of God, war, fire, floods, and interferences by civil or military authorities.

Such party shall, within seven (7) days of the commencement of any such delay give to the other party written notice thereof and of the anticipated results thereof. Within seven (7) days after termination of any such delay, such party shall file an additional written notice with the other party specifying the actual duration of the delay. Failure to give either of the above notices shall be sufficient ground for denial of an extension of time hereunder.

Jeder Vertragspartner hat Anspruch auf eine angemessene Leistungszeitverlängerung, wenn die Erfüllung durch bestehende oder zukünftige Umstände, die außerhalb zumutbarer Kontrolle liegen und weder durch seinen Vorsatz noch seine Fahrlässigkeit zur Zeit des Vertragsschlusses entstanden sind und durch zumutbare Maßnahmen nicht hätten verhindert werden können, verhindert oder verzögert werden.

Zu solchen Umständen gehören (nicht abschließend) Vorgänge höherer Gewalt, Krieg, Brandkatastrophen, Überschwemmungen und Eingriffe ziviler oder militärischer Befehlsgewalt.

Der anspruchsberechtigte Vertragspartner hat innerhalb von sieben (7) Tagen nach Beginn der Verzögerung seinem Vertragspartner diese und die erwarteten Folgen schriftlich mitzuteilen. Spätestens sieben (7) Tage nach Ende der Verzögerung hat er eine weitere schriftliche Mitteilung über die tatsächliche Dauer der Verzögerung zu machen. Unterbleibt eine dieser Mitteilungen, kann die andere Seite die Leistungszeitverlängerung verweigern.

In dieser Klausel ist die Mitteilungspflicht, die im ersten Beispiel 14 Tage beträgt, auf 7 Tage verkürzt. Das ist angesichts der Tatsache, dass der Auftraggeber insbesondere bei exotischen Baustellen erst später von irgendwelchen Verzögerungen erfährt, unangemessen kurz. Aus Sicht des Anlagenbauers anzustreben ist deshalb eine Regelung wie in § 6 VOB. Dort besteht die Pflicht zur „unverzüglichen“ schriftlichen Anzeige, nachdem sich der Auftragnehmer in der ordnungsgemäßen Ausführung der Leistung behindert sieht. „Unverzüglich“ bedeutet: ohne schuldhaftes Zögern.

Ob Witterungsverhältnisse außergewöhnlich sind oder mit ihnen normalerweise zu rechnen war, wird von der verfügbaren Datenmenge an der Baustelle oder für den Transportweg zu ihr abhängen.

Dokumentation

Das Projekt

Die Findig GmbH (F) hatte eine lasergesteuerte Werkzeugmaschine als Sonderanfertigung zum ersten Mal nach Fernost verkauft. Mit den deutschen Kunden hatte es wegen der unbestrittenen Qualität der Produkte von F selten Schwierigkeiten gegeben. Der Exportleiter Emsig (E) nimmt deshalb erstaunt zur Kenntnis, dass der Kunde K die mangelhafte Dokumentation beanstandet. Sie erlaubt nach Auffassung von K weder überhaupt Verständnis (weil nicht in der Landessprache abgefasst) der Funktion noch Betrieb der Maschine durch neue Mitarbeiter noch Reparaturen oder Ersatzteilbeschaffung. K hält deshalb die letzte Kaufpreisrate mit der Begründung zurück, F habe bisher nicht vollständig geliefert. E ist gern bereit, die bisher gelieferte Dokumentation dem Kundenwunsch entsprechend zu ergänzen, möchte aber die Mehrkosten als Claim geltend machen.

Überlegungen

Ein Blick in den Vertrag lässt E unruhig werden. Der verantwortliche Mitarbeiter hat sich darauf beschränkt, den Text für Inlandsgeschäfte zugrunde zu legen. Mit diesen hatte F in langjährigen Geschäftsbeziehungen gute Erfahrungen gemacht. Die Verträge sind kurz und knapp gehalten. Bezüglich der Dokumentation hatten die Partner bisher immer nur Grundzüge vereinbart. Danach ist F verpflichtet, die für den laufenden Betrieb und Instandhaltung der Maschine nötige Dokumentation mitzuliefern.

E fragt sich, ob diese Beschreibung seinen Claim auf Mehrkosten stützt oder die Forderung des K nach zusätzlicher Dokumentation rechtfertigt.

Der Rat

Der Umfang der technischen oder produktbegleitenden Dokumentation (nicht zu verwechseln mit der Dokumentation des Projektverlaufs) einer Maschine oder Anlage wird von deren Auslegung abhängen. Was davon die Parteien einander schulden, hängt allein von der vertraglichen Vereinbarung ab.

In der Tendenz steigen die Anforderungen der Auftraggeber an das Überlassen von Dokumentationen. Wegen des in ihnen verkörperten Wissens und des dafür getätigten Aufwands stellen sie oft erhebliche Werte dar. Das legt einen Missbrauch durch Kunden nahe, die sich auf diesem Weg Kenntnisse zu beschaffen versuchen, die weit über den zum Betrieb der Anlage erforderlichen Umfang hinaus gehen. Dies und die Bedeutung der Dokumentation für einen reibungslosen Projektverlauf sollte zu intensiver Befassung mit der vertraglichen Regelung führen.

Es ist sinnvoll, die Dokumentation zunächst danach einzuteilen, wer sie zu erstellen bzw. zu liefern hat. Soweit der Auftragnehmer dafür verantwortlich ist, kommen infrage

- allgemeine Daten, Hinweise und Pläne über Position und Aufstellung der Maschine oder Anlage
- Terminpläne für Leistungen und Lieferungen
- Liefer- und Versandlisten
- Unterlagen für Montage und Inbetriebnahme
- Betriebsführungsunterlagen
- Schulungsdokumentation

Mit der zunehmenden Komplexität der Projekte ist auch auf Seiten des Auftraggebers die Verpflichtung zur Dokumentation gewachsen. Hier ist zu denken an

- Informationen über örtliche Gegebenheiten
- betrieblich bedingte Verhaltensvorschriften
- Ausführungs- und Sicherheitsbestimmungen
- Baupläne
- Angaben zu Abmessungen, Funktionen, Qualität
- Hinweise auf Werksabnahmen, Logistik, Lagerung
- Montagevorschrift
- Unterlagen für Inbetriebsetzung und Inbetriebnahme
- Anforderungen an Schulung
- Terminpläne für Beistellungen des Auftraggebers

Die beidseitigen Dokumentationspflichten sollten nicht nur generell, sondern auch im Detail umschrieben sein. Bei Zeichnungen, Beschreibungen und Berechnungen ist daran zu denken, dass eine sehr weitgehende Tiefe *die* Gefahr des Verlustes von know-how mit sich bringt. Ihm lässt sich mit einem *non-disclosure agreement* begegnen, aufgrund dessen z. B. keine Auslegungsberechnungen gefordert werden dürfen. Zur Vermeidung von Missverständnissen sollten solche Ausschlüsse deutlich formuliert sein.

Wichtig sind auch Zeitpunkt der Vorlage und Bearbeitungsstand, nach dem die Dokumentation zu liefern ist. Beispiele sind:

- nur zur Information
- vorläufig
- zur Prüfung und Freigabe
- mit Fertigungsfreigabe
- revidiert nach Inbetriebnahme.

Zu klären ist weiter die Verbindlichkeit der Unterlagen; diese Frage kann erhebliche Bedeutung erlangen, wenn aufgrund fehlerhafter Dokumentation Mängel, Verzögerungen und Kosten im Projektverlauf entstehen. Ein in der Praxis immer wieder zu findender Haftungsausschluss für über die Korrektur hinausgehende Kosten ist deshalb von beiden Seite sorgfältig zu bedenken und im Allgemeinen bei einseitigem Ausschluss keine faire Lösung.

Andere regelungsbedürftige Punkte sind:

- Zahl der Ausfertigungen
- Sprache und Übersetzungen
- etwaige Verpflichtung zu einem (vergüteten?) Änderungsdienst
- Rechte zur Benutzung für Nachbau oder Kopie
- Weitergabeverbot.

Alle Punkte sind auch hinsichtlich der Einschaltung von Zulieferern zu bedenken.

Das Vertragsbeispiel

Documentation

Supplier shall submit to Owner all documents as stipulated in Annex 7 of the Contract. In addition and upon Owner's request, all working drawings, specifications, flow sheets and other designs prepared by Supplier or Sub-Supplier, test certificates, records of failed tests, detailed time schedules, minutes of construction meetings and any other documentation that is relevant to the activities at the Site or operation of the Plant shall be made available by Supplier for review by Owner (with all other working drawings, specifications, flow sheets and other designs being available for review at the offices or shops of the Supplier or the relevant Sub-Supplier), other than proprietary manufacturer's drawings.

Dokumentation

Der Lieferer hat dem Auftraggeber alle in Annex 7 des Vertrags geforderten Dokumente zu überlassen. Darüber hinaus und auf Verlangen des Auftraggebers hat der Zulieferer ihm zur Überprüfung alle Arbeitszeichnungen, Spezifikationen, Ablaufpläne und andere Entwürfe des Lieferers oder der Zulieferer, Testergebnisse, Berichte von fehlgeschlagenen Tests, detaillierte Zeitpläne, Protokolle von Treffen während der Errichtung und andere für die Tätigkeit auf der Baustelle oder Funktion der Anlage wichtige Dokumentation zugänglich zu machen (einschließlich aller anderen Arbeitszeichnungen, Spezifikationen, Ablaufpläne und anderer Entwürfe, die der Überprüfung in den Geschäftsräumen oder der Fertigung des Lieferers oder der entsprechenden Zulieferer zugänglich sind). Ausgenommen sind die eigenen Zeichnungen der Hersteller.

Während der Umfang der Dokumentation recht deutlich beschrieben ist, fehlt es ersichtlich an mehreren der oben genannten Klarstellungen hinsichtlich der Spezifikation von Dokumentationsleistungen.

Einkauf

Das Projekt

Den harten Kampf um ein großes Zementwerk hatte der Anbieter A zwar gewonnen. Nun musste aber dessen Einkäufer E bei den Zulieferern entsprechend Druck machen, um den kontrahierten Preis des Hauptvertrags noch auskömmlich zu gestalten. E setzt deshalb gegenüber seinen Unterlieferanten rigoros nicht nur die eigenen Allgemeinen Einkaufsbedingungen und niedrigste Preise durch sondern beschließt auch, bei jeder sich bietenden Gelegenheit Claims geltend zu machen und alle Gegenclaims entschieden abzuwehren.

Eine Aufforderung des Auftraggebers zur vorübergehenden Einstellung der Arbeiten auf der Baustelle hatte A aus Kulanzgründen widerspruchslos hingenommen. Als E deshalb von Zulieferer Z Aufschub seiner Lieferung von Staubfiltern verlangt, konfrontiert dieser ihn mit Mehrforderungen.

Überlegungen

Der Einkauf als Organisation gehört zu den Unternehmensteilen, deren Rolle für ein wirksames Claimsmanagement sowohl von Geschäftsleitungen als auch von Einkäufern selbst immer wieder unterschätzt wird. Das hängt damit zusammen, dass die Praxis vom Einkauf vor allen Dingen Kostenkompetenz verlangt. Er soll den auf dem eigenen Unternehmen lastenden Kostendruck dadurch ausgleichen, dass er die Chancen des Beschaffungsmarktes nutzt. Das wird in Krisenzeiten, in denen geringere Nachfrage und kleinere Einkaufsmengen auf die Preise drücken, leichter sein als in Zeiten wirtschaftlichen Aufschwungs. Die Reduzierung auf das Kostengerüst eines Projekts wird den Anforderungen des Maschinen- und Anlagenbaus jedoch nicht gerecht. Der Preis ist fraglos wichtig. Für die erfolgreiche Abwicklung eines Projekts kommt es aber entscheidend auch auf die Beziehungen der Beteiligten an. Dabei ist nicht nur das Verhältnis der Parteien des Hauptvertrags zueinander, sondern auch das des Auftragnehmers zu seinen Zulieferern wichtig. Fehlende Symmetrien der verschiedenen Vereinbarungen hinsichtlich Leistungsgegenstand, Terminen, Einstandspflichten oder Haftungsausschlüssen können für das Projektergebnis schlimme Folgen haben.

Entsprechendes gilt für den Einkauf, den der Anlagenbauer als Teil seiner Gesamtleistung dem Kunden gegenüber erbringt.

Der Einkauf muss sich seiner hier entstandenen bedeutenden Rolle bewusst sein und sie annehmen. Dies gilt um so mehr, als viele Unternehmen verschiedener Branchen in den letzten Jahren Fertigung und Dienstleistungen ausgelagert haben. Unabhängig von den Kostenvor- und -nachteilen dieses so genannten *outsourcing* ist damit jedenfalls bezüglich dieser Leistungsteile ein Claimsmanagement erforderlich geworden, wo früher interne Kontrolle und Anweisung möglich war und genügte – soweit es nicht mit Rücksicht auf hausinterne Interessen unterblieb.

Der Rat

Der Einkauf muss seine weit verbreitete (meist auf mangelnder Übung beruhende) Berührungsscheu gegenüber dem Claimsmanagement ablegen. Er muss auch bei wirtschaftlicher und technischer Abhängigkeit von bestimmten Zulieferern, die häufig wichtige Partner in der Wertschöpfungskette sind und bleiben sollen, versuchen, seine Linie beizubehalten. Die Beschaffung muss sich bei der Projektabwicklung als wichtiges Scharnier zwischen dem Zulieferbereich und dem Geschehen auf der Baustelle sehen. Einkaufsabteilungen müssen einerseits Probleme im Zulieferbereich sofort auf ihre Folgen für das Vorhaben durchleuchten und melden. Andererseits sind Zulieferer über Schwierigkeiten im Gesamtprojekt so umfassend und rechtzeitig zu informieren, dass sie sich etwaigen Rückgriffen nicht mit dem Hinweis auf unverschuldete Unkenntnis entziehen können und ihre Claims unter Kontrolle bleiben. Hier wird es sich als nützlich erweisen, wenn Einkäufer neben ihrer Kostenkompetenz eine Vorstellung von den Vorlaufzeiten industrieller Beschaffungsprozesse bei ihren Partnern haben, sowohl unter technischen als auch unter kaufmännischen Gesichtspunkten. Das wird die Einschätzung der Folgen von Vertragsänderungen erleichtern helfen und zur Versachlichung von gegenseitigen Forderungen beitragen. In jedem Fall ist der Einkauf in das Claimsmanagement frühzeitig einzubeziehen.

Der folgende Katalog fasst die Fehler zusammen, die es für den Einkauf (oft auch in Auseinandersetzungen mit dem eigenen Unternehmen!) zu vermeiden gilt.

- Die als AGB gefassten Einkaufsbedingungen sind (etwa wegen Widerspruchs der Gegenseite) nicht wirksam vereinbart oder (weil vielleicht zu einseitig) nicht rechtsbeständig.
- Es bleibt unklar, welche Rolle (Erfüllungsgehilfe?) der Zulieferer einnimmt.
- Der Auswahl der Subkontraktoren liegen häufig eher Kostengründe als technische Leistungsfähigkeit zugrunde. Das Unternehmen ist über das damit verbundene Risiko nicht unterrichtet.

- Wirtschaftliche Bonitätsprüfungen werden vernachlässigt, ein regelmäßiges und effizientes Bewertungssystem fehlt.
- Für den Ausfall eines Zulieferers gibt es kein Notprogramm.
- Die rechtzeitige Mitteilung von Leistungsdefiziten des Zulieferers (Verzug oder Schlechterfüllung) unterbleibt dem eigenen Haus gegenüber.
- Das Durchstellen des kaufmännischen und technischen Risikos aus dem Hauptvertrag ist nicht lückenlos.
- Die Weitergabe von Spezifikationen des Hauptvertrags (z. B. Qualitätssicherungsvereinbarungen oder Softwareanforderungen) unterbleibt mit der Folge, dass der Zulieferer (unverschuldet) fehlerhaft leistet oder liefert.
- Claims des Auftraggebers und Wünsche nach Vertragsänderungen macht der Auftragnehmer seinem Zulieferer nicht schnell genug bekannt
- Der Zulieferer ist nicht ausreichend in die Abwicklungsroutine seines Auftraggebers eingebunden, so dass ständig zu dessen Nachteil Claims entstehen können.
- Der Einkauf hat keine Vorstellung vom professionellen Stand des Claimsmanagement beim Zulieferer.
- Diese Schwierigkeiten erhöhen sich noch bei einem vom Kunden benannten oder vorgeschriebenen Zulieferer *(nominated subcontractor)*.

Das Vertragsbeispiel

Änderungen und Erweiterungen

Der Auftraggeber kann vor oder während der Ausführung Änderungen verlangen. Vom Auftragnehmer ohne Mehrkosten auszuführen sind geringfügige Konstruktionsänderungen im Zusammenhang mit der Genehmigung der Ausführungspläne. Gleiches gilt für alle Änderungen auf Grund von Abweichungen von den technischen Spezifikationen. Fordert der Auftraggeber während der Werkstatt- und Montagearbeiten Änderungen, die nicht auf Unterlassungen und Fehlern des Auftragnehmers beruhen, entschädigt ihn der Auftraggeber für bereits erbrachte und wegen der Änderungen wertlosen Lieferungen und Leistungen in Höhe der nachgewiesenen Kosten.

Der Einkauf wird mit dieser Klausel vielleicht insoweit zufrieden sein, als er dem Zulieferer Einiges abgerungen zu haben glaubt. Allerdings sind die „geringfügigen" Änderungen mit Auslegungsschwierigkeiten behaftet. Die vereinbarte Entschädigung nur der Kosten dagegen ist ein Erfolg, weil sie keinen vom Auftragnehmer kalkulierten Gewinn enthalten. Sollte mit der Regelung aber auch ein Ausschluss der mit den Änderungen eigentlich nötigen Leistungszeitverlängerung beabsichtigt sein, sind Zweifel hinsichtlich der gerichtlichen Durchsetzung angebracht. Im Sinne des Claimsmanagement wäre es vernünftiger gewesen, diesen Punkt offen mit dem Vertragspartner zu diskutieren.

Einstellung

Das Projekt

Die Sugar International (S) hatte zur Errichtung einer Anlage für die Verarbeitung von Zuckerrohr in einem Land der dritten Welt aus Kostengründen große Teile des Auftrags an lokale Zulieferer vergeben. Diese sind mit ihren Arbeiten gegenüber dem Zeitplan weit in Rückstand. Als auch noch der Zuckerpreis drastisch fällt, ordnet S der für die Lieferung des Maschinenparks verantwortlichen deutschen Maschinenfabrik (M) gegenüber vorübergehend Einstellung der Lieferung und der vorbereitenden Montage an.

Nach Wiederaufnahme der Arbeiten durch M weigert sich S, M die entstandenen Zusatzkosten zu erstatten. Daraufhin erwägt M, ob sie zur Durchsetzung der geltend gemachten Ansprüche ihrerseits die Arbeiten einstellen soll oder daraus Claims zu Gunsten von S entstehen können.

Überlegungen

M ist nicht nur auf die laufenden Zahlungen aus der Abwicklung des Geschäfts angewiesen; das Unternehmen sieht sich bei Unterbrechung auch vor zusätzlichen Kosten für die Lagerung, Umdisposition von Personal und Abstimmungsproblemen mit den Zulieferern. Nach deutschem Recht wäre S im Gläubigerverzug bezüglich der Leistungen der M, wenn S die angebotenen Leistungen nicht annimmt, § 293 BGB. M könnte Ersatz der Mehraufwendungen verlangen, § 304 BGB. Über die Verlängerung der nach Wiederaufnahme der Arbeiten geltenden Fristen sagt das BGB nichts. Bei Geltung der VOB dagegen verlängern sich die Ausführungsfristen, § 6 Abs. 2. Außerdem hätte M Anspruch auf Ersatz des nachweislich entstandenen Schadens, wenn die Umstände von S zu vertreten sind. Das gilt hier sowohl für die Einschaltung der Zulieferer als für die Reaktion auf den gefallenen Zuckerpreis. Entgangenen Gewinn könnte M aber nur bei Vorsatz oder grober Fahrlässigkeit von S verlangen. Diese liegen wohl nicht hinsichtlich der Zulieferer, wohl aber bezüglich des willkürlich berücksichtigten Zuckerpreises vor. Damit käme es entscheidend darauf an, ob M beweisen kann, dass S die Einstellung wegen der Preisentwicklung verlangt hat.

M hätte wegen ihrer Ansprüche ein Zurückbehaltungsrecht der eigenen Leistung gem. § 273 BGB. Dies nimmt ihr auch (deren Geltung vorausgesetzt) § 18 Nr. 5 VOB/B nicht. Dieser bestimmt zwar ausdrücklich, dass Streitfälle den Auftragnehmer nicht berechtigen, die Arbeit einzustellen. Gesetzliche oder vertragliche Leistungsverweigerungsrechte will § 18 Nr. 5 aber nicht abschneiden, vielmehr nur klarstellen, dass das Vorliegen eines Streitfalls allein zur Leistungseinstellung nicht ausreicht.

Der Rat

In der Praxis ist über die Berechtigung von Arbeitseinstellungen (auch: Aussetzung) beider Seiten in den seltensten Fällen so einfach zu entscheiden wie im geschilderten Projekt. Deshalb müssen die Parteien dieses häufig vorkommende Ereignis der Arbeitsunterbrechung unter Berücksichtigung der umrissenen Probleme regeln.

- Berechtigung des Auftraggebers
- Berechtigung des Auftragnehmers
- Einfluss auf Zahlungspflichten
- Einflüsse auf Zeitplan
- Neubemessung der Fristen
- Vergütung
- Kostennachweis

Dabei muss der Auftragnehmer deutlich klarmachen, dass einfache Verschiebungen und Weitergeltungen nach der Unterbrechung seinen Interessen weder unter Gesichtspunkten der Kosten noch der Zeit dienen. Leerlaufzeiten verursachen immer Kosten. Im englischen Sprachgebrauch ist zu berücksichtigen, dass der Begriff „*suspension*" sowohl für die vorübergehende als auch die endgültige Einstellung der Arbeiten gilt.

Bei den Modalitäten der Wiederaufnahme der Arbeiten ist zu berücksichtigen, dass dieser Begriff nicht eindeutig ist. Im Interesse des Anlagenbauers liegt es beispielsweise nach einer Montageunterbrechung, schon in einem Besichtigen der Anlage zur Feststellung deren Zustands eine Wiederaufnahme zu sehen, um den Auftraggeber zur Weiterzahlung zu veranlassen. Dieser wird dagegen meist erst den tatsächlichen Montagebeginn als Wiederaufnahme sehen wollen.

Das Vertragsbeispiel

In the event that the Owner fails to make payment on due dates hereunder or is in a breach of any of its obligations hereunder, the Contractor may forthwith or at any time thereafter suspend the performance of its works by notice in writing. Within the period of two (2) weeks after the delivery of the notice of said suspensions, the Parties shall discuss to agree the conditions including the amendment of the Contract on which the Contractor can resume the works ...

In the event of a suspension of the performance of the Contract pursuant to this Article... hereof, the Contractor shall be entitled to reimbursement for additional costs incurred by it in suspending the Work and during the period of the suspension and for resuming the Work after the end of the suspension period. In addition the Contractor shall be entitled to an equitable adjustment to the Overall Project Master Schedule and/or Time of Completion upon any suspension.

Sollte der Auftragnehmer Zahlungsverpflichtungen aus dem Vertrag nicht nachkommen oder eine Pflichtverletzung nach dem Vertrag begangen haben, kann der Anlagenbauer sofort oder jederzeit danach schriftlich die Einstellung seiner Arbeiten ankündigen. Zwei (2) Wochen nach Zustellung der Mitteilung dieser Einstellung werden die Parteien die Bedingungen einschließlich der Vertragsergänzung verhandeln, aufgrund deren der Anlagenbauer die Arbeiten wieder aufnehmen kann ...

Im Fall der Unterbrechung der Vertragserfüllung nach diesem Artikel hat der Anlagenbauer Anspruch auf Erstattung der ihm durch die Einstellung der Arbeiten, während ihres Ruhens und durch die Wiederaufnahme nach dem Ende der Unterbrechung entstandenen zusätzlichen Kosten. Außerdem hat der Anlagenbauer nach jeder Einstellung Anspruch auf angemessene Anpassung des gesamten Projektplans und der Erfüllungszeit.

Hier geht es um die Berechtigung des Anlagenbauers; Einflüsse auf den Zeitplan und Vergütung sind geregelt. Wie die Erstattung der Kosten, ihre Berechnung und ihr Nachweis zu handhaben sind, müsste sich aus anderen Regelungen des Vertrags ergeben. Häufig sind in den Vereinbarungen über Einstellung der Arbeiten weitere Folgen wie z. B. die Konsequenzen in Form eines Rücktritts und seiner Abwicklung bestimmt.

The Purchaser may, by Contractual Notice to the Supplier, order the Supplier to suspend performance of any or all of its obligations under the Contract. Such notice shall specify the obligations as to which performance is to be suspended, the commencement date of the suspension and the reasons therefore. The Supplier shall thereupon suspend performance of such obligation (except those obligations necessary for the care or preservation of the Scope) until ordered in writing to resume such performance by the Purchaser ...

If the Supplier's performance of its obligations is suspended pursuant to this article ..., then the Time Schedule shall be extended accordingly pursuant to article ..., and any and all additional costs or expenses incurred by the Supplier as a result of such suspension shall be paid by the Purchaser to the Supplier in addition to the Contract Price pursuant to article ..., except in the case of suspension order by reason of the Supplier's default or breach of the Contract.

Der Käufer kann mittels nach dem Vertrag vorgesehener Mitteilung den Lieferer anweisen, die Erfüllung oder andere Verpflichtungen nach dem Vertrag einzustellen. Die Mitteilung muss die Erfüllung der einzustellenden Verpflichtungen, den Beginn der Einstellung und ihre Begründung spezifizieren. Der Lieferer unterbricht daraufhin die Erfüllung der entsprechenden Verpflichtung (ausgenommen die für die generelle Sorge oder Erhaltung des Leistungsgegenstands erforderlichen) bis zur schriftlichen Anweisung des Käufers zur Wiederaufnahme der Arbeiten ...

Wenn die Erfüllung der vertraglichen Verpflichtungen des Lieferers nach diesem Artikel eingestellt ist, wird der Zeitplan entsprechend gemäß Artikel ... angepasst. Über den Kaufpreis hinaus zahlt der Käufer alle zusätzlichen Kosten des Lieferers als Ergebnis der Einstellung entsprechend Artikel ... Ausgenommen sind die Fälle der Einstellungsanordnung aufgrund von vertraglichem Fehlverhalten oder Vertragsverletzung des Lieferers.

Hier geht es um die Berechtigung des Käufers. Die wichtigsten Punkte sind ähnlich geregelt wie im ersten Beispiel. Die Originalklausel enthält auch hier sehr viel weitergehende Einzelheiten bezüglich endgültigen Scheiterns der Wiederaufnahme bis hin zum Rücktrittsrecht und seinen Folgen.

AG ist berechtigt, die Ausführung der Lieferungen und Leistungen anordnend zu unterbrechen oder zu verlangsamen. Die Parteien werden sich bemühen, die Auswirkungen der Anordnung möglichst gering zu halten.

Lieferungen und Leistungen, die AN oder sein Unterauftragnehmer in der Zeit nach verbindlicher Auftragserteilung bis zum Zugang der schriftlichen Anordnung gestellt hat, werden vertragsgemäß vergütet. Bei Streitigkeiten über die Preisermittlung treffen die Parteien eine einvernehmliche Vereinbarung unter Berücksichtigung der von AN nachgewiesenen Kosten, doch nur bis zur Höhe des anteiligen Auftragswertes, abzüglich der Ersparnisse von AN für nicht erbrachte Leistungen. Von AN oder dessen Subunternehmer angearbeitete Lieferungen und Leistungen vergütet AG auf Anforderung des AN auf Selbstkostenbasis, jedoch nicht höher als zum anteiligen Vertragswert.

Für Anzahlungen, die den Betrag des Bearbeitungsstandes des Auftrags übersteigen, ist eine Vereinbarung zu treffen.

Die fertig gestellten oder angearbeiteten Liefer- bzw. Leistungsgegenstände hat AN auf seine Kosten und sein Risiko so zu verwahren, dass ihre Verwendungsfähigkeit erhalten bleibt. Erstreckt sich die Anordnung auf mehr als drei Monate, ist eine einvernehmliche Regelung über eine Beteiligung von AG an diesen Kosten herbeizuführen. Gibt AG den von der Anordnung betroffenen Auftrag wieder frei, erbringt AN die Lieferungen und Leistungen gemäß Vertrag. Für eine Dauer bis zu drei Monaten sind Ansprüche jeder Art aus der Anordnung und der späteren Freigabe, gleich aus welchem Rechtsgrund, ausgeschlossen.

Im Zuge der Freigabe legen die Parteien die der Bestellung zugrunde liegenden Bedingungen, wie z. B. Liefertermine, Zahlungen, Sachmängelhaftung, neu fest. Erfolgt eine derartige Neufestlegung nicht oder nur teilweise, gelten die ursprünglichen Festlegungen entsprechend zeitversetzt weiter.

Falls eine Anordnung in die Mängelhaftungszeit von AN fallen sollte, ist sie für die Dauer der Anordnung gehemmt.

Dass diese Regelung dem Auftraggeber ein Anordnungsrecht gibt, ist nicht zu beanstanden. Ein solches Recht ist angesichts der schwer zu kontrollierenden Einflüsse auf die Abwicklung eines Projekts unerlässlich. Aus Sicht des Auftragnehmers allerdings nachteilig ist die Regelung der Folgen. Insbesondere belastend ist die Vorschrift, wonach für eine Zeit bis zu drei Monaten die Anordnung bezüglich etwaiger Kostenfolgen voll den Auftragnehmer trifft. Bezüglich der Behandlung der zeitlichen Folgen enthält die „zeitversetzte Weitergeltung“ keinen Zuschlag, falls die Wiederaufnahme der Arbeiten erschwerenden Bedingungen wie zum Beispiel einer ungünstigeren Jahreszeit oder behindernden Witterungsbedingungen begegnet.

Engineer

Das Projekt

Die Aufträge des mittelständischen Unternehmens U waren bisher von einer überschaubaren Größenordnung und von Kunden gekennzeichnet, die selbst genug Know-How besaßen, um den Ablauf der Projekte zu überwachen. Mit der Erweiterung der Geschäftstätigkeit von U begegnet dem Unternehmen zum ersten Mal ein Projekt, zu dessen Abwicklung der Auftraggeber einen Consulting Engineer einsetzt.

Die Geschäftsleitung von U fragt sich, was das für das Claimsmanagement bedeutet.

Überlegungen

Der beratende Ingenieur verdankt seine Stellung vor allem Kunden, die über wenig Erfahrung als Auftraggeber im Anlagenbau verfügen. Sie lassen sich deshalb von ihm schon bei der Projektplanung, der Ausschreibung, der Beurteilung der Angebote oder der Aufsicht über die Errichtung der Anlage selbst beraten und vertreten. Oft schreiben auch international tätige Finanzinstitute aus Gründen besserer Kontrolle den Einsatz eines Engineer vor. Bei dieser Entwicklung hat die Fédération Internationale des Ingénieurs-Conseils (FIDIC), der Internationale Verband Unabhängig Beratender Ingenieure, eine bedeutende Rolle gespielt.

Denkbar, aber wesentlich seltener ist der Consulting Engineer auf Seiten der Auftragnehmer, beispielsweise um im Rahmen eines Konsortiums die Koordinierung bei Errichtung einer schlüsselfertigen Anlage zu erleichtern.

Das Bild der so tätigen Ingenieure hat sich im Vergleich zu den zurückliegenden Jahrzehnten deutlich gewandelt. Während sie sich früher eher als qualifizierte Mittler zwischen den Interessen der Vertragsparteien sahen, sind sie seit den 80er Jahren deutlich an die Seite der Auftraggeber getreten. Dort versuchen sie häufig, durch eine entsprechende Interessenwahrnehmung ihren Einsatz wirtschaftlich zu rechtfertigen. Das kann im Einzelfall dazu führen, dass die Position des Ingenieurs dem Anlagenbauer gegenüber praktisch nicht von der des Auftraggebers zu unterscheiden ist.

Die negativen Erfahrungen mit der starken Stellung des Engineer haben dazu geführt, dass die Parteien häufig ganz auf ihn verzichten und dass er in vielen vertraglichen Vereinbarungen und Mustern deshalb nicht berücksichtigt wird. Die FIDIC selbst hat die ihn betreffenden Regelungen teilweise geändert.

Der Rat

Für das Claimsmanagement und die Vertragsgestaltung muss das bedeuten, dass die Stellung des Consulting Engineer sorgfältig auf die Eingriffsmöglichkeit in den Projektverlauf zu überprüfen ist. Die folgenden Punkte haben sich in der Praxis als besonders kritisch erwiesen:

- Recht zu Informationen und Anweisungen
- Festlegung der Person des Ingenieurs
- Bestätigung ordnungsgemäßer Leistungen und Lieferungen
- Recht zur Abnahme
- Recht zu Stellungnahme oder zur Entscheidung
- Vorbehalte endgültiger Entscheidung durch den Auftraggeber

Das Vertragsbeispiel

Wegen der Abhängigkeit des Engineer vom Auftraggeber und der sich daraus ergebenen Grenzen der Neutralität ist manchen Formulierungen mit Vorsicht zu begegnen.

... in the opinion of the Engineer...

... nach Meinung des Engineer...

The Engineer shall be at liberty to...

Der Engineer hat das Recht...

... to the satisfaction of the Consultant.

...zur Zufriedenheit des Consultant.

Diese Klauseln geben dem Ingenieur über seine im allgemeinen ohnehin großzügig bemessene Stellung hinaus einen schriftlichen Freibrief für Verhaltensweisen, die den Anlagenbauer stark belasten können.

Wie weit die Rolle des Engineer zulasten des Anlagenbauers gehen kann, zeigt die Formulierung in den General Conditions des Yellow Book der FIDIC.

3.1 Engineer's Duties and Authority

The Employer shall appoint the Engineer who shall carry out the duties assigned to him in the Contract. The Engineer's staff shall include suitably qualified engineers and other professionals who are competent to carry out these duties.

The Engineer shall have no authority to amend the Contract.

The Engineer may exercise the authority attributable to the Engineer as specified in or necessarily to be implied from the Contract. If the Engineer is required to obtain the approval of the Employer before exercising a specified authority, the requirement shall be as stated in the Particular Conditions. The Employer undertakes not to impose further constraints on the Engineer's authority, except as agreed with the Contractor.

However, whenever the Engineer exercises a specified authority for which the Employer's approval is required, then (for the purposes of the Contract) the Employer shall be deemed to have given approval.

Except as otherwise stated in these Conditions:

a. whenever carrying out duties or exercising authority, specified in or implied by the Contract, the Engineer shall be deemed to act for the Employer;

b. the Engineer has no authority to relieve either Party of any duties, obligations or responsibilities under the Contract; and

c. any approval, check, certificate, consent, examination, inspection, instruction, notice, proposal, request, test or similar act by the Engineer (including absence of disapproval) shall not relieve the Contractor from any responsibility he has under the Contract, including responsibility for errors, omissions, discrepancies and non-compliances.

3.1 Pflichten und Rechte des Engineer

Der Auftraggeber ernennt den Engineer, der die ihm aufgrund des Vertrags übertragenen Rechte wahrnimmt. Das Personal des Engineer muss hinreichend qualifizierte Ingenieure und andere Berufsträger aufweisen, die diese Pflichten erfüllen können.

Der Engineer hat kein Recht zur Vertragsergänzung.

Der Engineer übt seine Rechte so wie im Vertrag beschrieben oder wie sich zwangsläufig aus ihm ergebend aus. Bedarf der Engineer vor Ausübung eines bestimmten Rechts der Einwilligung des Auftraggebers, ergibt sich das Erfordernis aus den besonderen Bedingungen. Der Auftraggeber verpflichtet sich, dem Engineer keine weiteren Beschränkungen aufzuerlegen, es sei denn sie sind mit dem Anlagenbauer vereinbart.

Im Fall der Ausübung eines bestimmten Rechts durch den Engineer, für das der Zustimmung bedarf, wird diese als gegeben unterstellt.

Solange diese Bedingungen nichts anderes bestimmen, gilt:

a. Bei Ausübung seiner ausdrücklichen oder aufgrund des Vertrages vermuteten Pflichten oder Rechte wird unterstellt, dass der Engineer für den Auftraggeber handelt.

b. Der Engineer hat kein Recht, eine Partei von irgendwelchen Pflichten, Verbindlichkeiten oder Verantwortlichkeiten aus dem Vertrag freizustellen.

c. Kein(e) Zustimmung, Prüfung, Bescheinigung, Besichtigung, Anweisung, Mitteilung, Vorschlag, Anforderung, Test oder ähnliche Handlung des Engineer (einschließlich fehlender Missbilligung) kann den Anlagenbauer von irgendwelcher Verantwortlichkeit aus dem Vertrag entbinden. Dies gilt auch für die Verantwortlichkeit für Irrtümer, Weglassungen, Widersprüche und Nichtvereinbarkeiten.

Die weiteren Regelungen 3.1 bis 3.5 enthalten umfangreiche Bestimmungen zum Delegationsrecht des Engineer, seinen Anweisungen, seinem Austausch und seinen Entscheidungen.

Entschädigung

Das Projekt

Der deutsche Schmiermittelhersteller Agil AG hatte für ein Inlandsprojekt die Rohrdommel GmbH (R) mit den Rohrleitungsarbeiten für die Förderung von Vorprodukten beauftragt. Fertigstellung war zum 31.03. vereinbart. Die für die Rohrverlegung als Vorgewerk erforderlichen Pumpstationen hatte AG an die Drittfirma P vergeben. Schon im Januar und Februar zeigte R vertragsgemäß an, dass nach ihren Informationen dieser Fremdleistungsteil nicht termingerecht erstellt sein würde. Deshalb melde R vorsorglich „Zusatzkosten und Entschädigung“ an.

Überlegungen

R kann die Arbeiten erst im Herbst beenden. Mittlerweile sind in erheblichem Umfang im Vergleich zum geplanten Ablauf Mehrkosten entstanden. Die Geschäftsleitung von R weiß aus Vorgesprächen, dass AG jede Erstattung mit der Begründung ablehnt, das Pumpenunternehmen P sei nicht Erfüllungsgehilfe des Auftraggebers und damit stehe dieser nicht für zeitliche Versäumnisse von P ein.

Der Projektleiter von R fragt sich, ob R sich mit dieser Einstellung zufrieden geben müsse. Schließlich trifft R nicht das geringste Verschulden an den Verzögerungen. Das Unternehmen hat seine vertraglich vorgesehene Behinderungsanzeige korrekt erstattet und die Entstehung der Kosten in Grenzen gehalten. Eigentlich müsste AG neben den entstandenen Kosten auch noch Wagnis und Gewinn erstatten.

Bei Fehlen einschlägiger vertraglicher Vereinbarungen könnte dem Rohrleitungsbauer § 642 BGB helfen. Dessen erster Absatz nennt den Grundsatz: Danach kann R „eine angemessene Entschädigung“ verlangen, wenn bei der Erstellung der Anlage eine Handlung des Auftraggebers erforderlich ist und dieser durch das Unterlassen der Handlung in Verzug der Annahme kommt. Die erforderliche Handlung von AG besteht darin, für die rechtzeitige Erstellung der Pumpstationen zu sorgen. Das hat Agil unterlassen. In Annahmeverzug (Gläubigerverzug) ist das Unternehmen dadurch geraten, dass es die ihm angebotene Leistung des R nicht angenommen hat. Verschulden des Gläubigers ist nicht erforderlich.

Die Höhe der Entschädigung regelt § 642 Abs. 2 BGB. Sie bestimmt sich einerseits nach der Dauer des Verzugs und der Höhe der vereinbarten Vergütung, andererseits nach demjenigen, was der Auftragnehmer infolge des Verzugs an Aufwendung erspart oder durch anderweitige Verwendung seiner Arbeitskraft erwerben kann.

Bei der Frage nach dem Umfang dieses Entschädigungsanspruchs im Einzelnen gehen die Meinungen in der Rechtsprechung und Literatur auseinander. Nach der einen Ansicht umfasst er zwar zum Beispiel Verwaltungsmehraufwand, nicht aber entgangenen Gewinn und Wagnis. Die Gegenmeinung sieht den vergütungsähnlichen oder gar vergütungsgleichen Charakter des § 642 BGB im Vordergrund. Sie will dementsprechend in die Berechnungsgrundlagen alle Bestandteile der Vergütung einrechnen, also insbesondere auch Baustellengemeinkosten, allgemeine Geschäftskosten und auch Wagnis und Gewinn, da auch diese im Regelfall Bestandteil der Kalkulation der vereinbarten Vergütung sind und durch den Annahmeverzug des Auftraggebers nicht erspart werden.

Auch hier zeigt ein Blick auf die – im Rohrleitungsfall nicht vereinbarte und deshalb nicht anwendbare – VOB, wie nützlich sie für Anregungen zur Vertragsgestaltung sein kann. Einen echten Vergütungsanspruch gewährt § 2 (Vergütung) VOB/B. Nach dessen Nr. 5 ist ein neuer Preis unter Berücksichtigung der Mehr- oder Minderkosten zu vereinbaren, wenn durch Änderung des Bauentwurfs oder andere Anordnungen des Auftraggebers die Grundlagen des Preises für eine im Vertrag vorgesehene Leistung geändert wird. Nach Nr. 6 hat der Auftragnehmer Anspruch auf besondere Vergütung, wenn eine im Vertrag nicht vorgesehene Leistung gefordert wird. Bei der Vereinbarung einer Pauschalsumme sieht Nr. 7 vor, dass bei einer erheblichen Abweichung der ausgeführten von der vorgesehenen Leistung ein Verlangen auf Ausgleich zugewähren ist, wenn das Festhalten an der Pauschalsumme nicht zumutbar ist.

Darüber hinaus sieht § 6 (Behinderung und Unterbrechung der Ausführung) in Nr. 6 vor, dass ein Vertragsteil Anspruch auf Ersatz des nachweislich entstandenen Schadens, des entgangenen Gewinns aber nur bei Vorsatz oder grober Fahrlässigkeit hat, wenn die hindernden Umstände von dem anderen Vertragsteil zu vertreten sind. Besonders interessant ist hier die Regelung des entgangenen Gewinns, dessen Erstattung im Rahmen von (im übrigen vielleicht ansonsten erfolgreichen) Claims immer wieder äußerst umstritten ist.

Der Rat

Dies alles zeigt, wie wichtig die vertragliche Vereinbarung der Grundlagen von Kostenerstattungen und anderen Entschädigungen ist, um Streitigkeiten vorzubeugen. Der national wie international tätige Claimsmanager muss grundsätzlich zwischen zeitunabhängigen und zeitabhängigen Kosten unterscheiden. Bei der ersten Gruppe handelt es sich um solche, die einmal anfallen und die sich in ihrer Höhe durch Zeitablauf nicht ändern. Hierher gehören etwa zusätzliche Aufwendungen für Infrastrukturmaßnahmen, Reisen, Unterbringungen, Verwaltungskosten für nicht vorhergesehene

Anträge, Anwaltskosten für Vertragsänderungen. Bei der zweiten Gruppe unterliegen die Kosten einer Zeitkomponente. Der Zeitablauf erhöht die Kosten, wenn auch nicht zwangsläufig proportional mit dem Zeitverlauf.

Die zeitunabhängigen Kosten werden im Allgemeinen weniger Probleme bereiten als die zeitabhängigen. Im Zuge der Erstellung letzterer durch den Claimsmanager wird er immer wieder auf bestimmte Fallgruppen stoßen, die Grundlage einer Prüfliste sein können. In diesem Sinne sind die ausgewählten folgenden Bereiche nicht erschöpfend, sondern beispielhaft zu sehen.

Die in der Praxis wichtigsten zeitabhängigen Kosten sind:

- Arbeitskosten
- Kosten für Ausrüstungsgüter
- Materialkosten
- Projektunterhaltungskosten
- Gemeinkosten des Unternehmens
- Zulieferererkosten

Bei den Arbeitskosten muss der Anlagenbauer berücksichtigen, dass er zur Wahrnehmung seiner Schadensminderungspflicht auch im Fall der Verzögerung so viele Personalkräfte wie möglich anders beschäftigen oder beschäftigen lassen muss. Für die trotz dieser Bemühungen verlorenen Arbeitstage muss er eine Aufstellung, unter Umständen differenziert nach Personen und Qualifikation, fertigen. Ein immer wiederkehrendes Problem bietet die genaue Berechnung der Entschädigungssumme. Nur wenn ein Schiedsrichter oder ein Gericht der oben geschilderten weiteren Auslegung folgt, wird das Urteil einen Anspruch auf Grund eines lediglich kalkulierten Kostensatzes zusprechen. Ein „Satz“ enthält nämlich normalerweise Gewinn. Im Allgemeinen wird sich der Claim aber erfolgreich auf die Erstattung nur der tatsächlich entstandenen, belegbaren Kosten richten.

Den Berechnungen der Kosten für die vom Auftragnehmer eingesetzten Ausrüstungsgüter ist der Mietpreis zugrunde zu legen. Stehen sie im Eigentum des Anlagenbauers, kann der Claimsmanager sich einschlägiger Abschreibungssätze bedienen oder auf einen (fiktiven) Mietpreis zurückgreifen. Beide Berechnungsmethoden haben die

Schwäche, dass die Kosten nicht real (wie bei einer tatsächlich erfolgten Miete) belegbar entstanden, sondern auf Grund betriebswirtschaftlicher Betrachtung angefallen sind. Die Spruchpraxis erkennt jedoch beide Methoden durchweg (wenigstens alternativ) an.

Bei Materialkosten ist zu berücksichtigen, dass manche Stoffe sich mit Lagerung verschlechtern, zum Beispiel Zement. Davon abgesehen verlieren Zulieferteile an Wert, weil trotz der Verzögerung die Frist für die Mängelhaftung des Herstellers weiterläuft und sich somit für die Zeit nach dem Einbau eine Haftungslücke ergibt: Gegenüber seinem Auftraggeber haftet der Anlagenbauer noch, gegenüber seinem Zulieferer hat er nun aber vielleicht keinen Anspruch mehr. Die Kosten, die der Anlagenbauer für eine entsprechende Verlängerung der Gewährleistungsfrist durch den Hersteller aufbringen muss, kann er geltend machen.

Gleiches gilt für zusätzliche Lagerkosten einschließlich Bewachung und Versicherung.

Die im Material steckenden Finanzierungskosten sind ebenfalls erstattungsfähig. Der Zinssatz kann durch Vertrag oder das anwendbare Recht festgelegt sein, oder aber der Anlagenbauer muss die tatsächlich entstandenen Kosten nachweisen. Dabei ist darauf zu achten, dass Claims für die selbe Angelegenheit nicht zweifach erhoben werden. Der Anspruch auf die Finanzierungskosten etwa geht ins Leere, wenn der Anlagenbauer gleichzeitig Zinsen wegen der verspäteten Zahlung für die auf die Baustelle angelieferten Komponenten geltend macht. In zweifelhaften Fragen sollte sich der Claimsmanager mit den zuständigen Verantwortlichen seines Unternehmens (zum Beispiel der Buchhaltung) abstimmen.

Besonders bei größeren Vorhaben entstehen Projektunterhaltungskosten für Personal, das nicht von der Baustelle abgezogen und anderweitig eingesetzt werden kann. Auch die laufenden Kosten für Unterbringungsmöglichkeiten, Pausenräume, Kantinen oder Geräteschuppen einschließlich der laufenden Kosten für Strom, Telefon und Reinigung kann der Anlagenbauer geltend machen. So gering die Beträge auf den ersten Blick im Einzelnen sein mögen, so beachtlich kann die Summe sein, die sich insgesamt aus ihnen ergibt. Das Budget des Anlagenbauers wird angesichts des heute herrschenden Wettbewerbs und der damit verbundenen knappen Gewinnmarge keine Spielräume für eine Nachlässigkeit gestatten, wie sie den Verzicht auf alle diese Positionen darstellt.

Eines der sperrigsten Probleme bei der Berechnung von Claims sind die Gemeinkosten des Unternehmens.

Sie fallen bei einer Verzögerung des Projekts weiterhin an und gehören zu den erstattungsfähigen Schadenskosten, die konkret nicht nachweisbar sind. In den seltensten Fällen wird der Vertrag für diesen Fall Sorge getragen haben. Hilfreich wäre zum Beispiel eine Vereinbarung, wonach der Berechtigte einen zwischen 5 und 15% liegenden, bestimmten Zuschlag für Gemeinkosten auf die Gesamtsumme des geltend gemachten Claim erheben darf. Das Fehlen solcher Bestimmungen führt in der Praxis zu Berechnungsformeln, die sich auf Erfahrungswerte der Vergangenheit in Kombination mit dem Gewicht des Projekts am Umsatz stützen. So etwa lässt sich für die letzten drei Jahre ein Durchschnittsatz der Gemeinkosten ermitteln. Das fragliche Projekt wiederum macht einen bestimmten Prozentsatz des Gesamtumsatzes aus. Daraus schließlich kommt man zum Ergebnis des Tagessatzes für Gemeinkosten. Viele Gerichte akzeptieren solche Vorgehensweisen, manche lehnen sie ab. Das Delay and Disruption Protocol empfiehlt (für den angelsächsischen Rechtsraum) die unter den Namen Hudson, Emden und Eichleay bekannt gewordenen Formeln.

Bei länger anhaltenden Verzögerungen kann auch die in diesem Zeitraum entstandene Entwertung der Gegenleistung durch Inflation oder Verschlechterung der Währungsparitäten ein erhebliches Ausmaß annehmen. Sind die Verluste abgesichert, kann der Anlagenbauer zwar nicht diese, wohl aber die zusätzlich aufgewendeten Sicherungskosten geltend machen.

Ähnlich verhält es sich mit Zinsen für alle verzögert anfallenden Zahlungen. Hier ist darauf zu achten, dass der Anlagenbauer diese Kosten nicht schon in anderen Positionen (z. B. Gemeinkosten) geltend gemacht hat.

Eine weitere Fallgruppe (Zuliefererkosten) betrifft das Verhältnis zwischen Auftraggeber, Auftragnehmer und dessen Zulieferer. Da der Anteil der Zulieferungen im Maschinen- und Anlagenbau wenigstens in den letzten Jahren stetig gestiegen ist, wird ein im Verhältnis zwischen den unmittelbaren Vertragspartnern entstandener Claim in sehr vielen Fällen das Interesse des Zulieferers berühren. Der Hersteller von Komponenten für das Projekt wird durchweg keinen eigenen Anspruch gegen den Generalauftraggeber haben und deshalb seinen Claim gegen den eigenen Auftraggeber, den Anlagenbauer, richten. Dieser wird ihn entweder neben dem eigenen Claim geltend machen oder ihn in diesen integrieren.

Das kann verschiedene Weiterungen mit sich bringen:

- Wenn der Anlagenbauer den Claim des Zulieferers bereits anerkannt hat, trägt er das Risiko, mit seinem eigenen Claim beim Auftraggeber nicht durchzukommen.
- Das Geltendmachen von Claims gegen den Auftraggeber muss sich häufig auf Unterlagen und Aufzeichnungen des Zulieferers stützen, die oft leider nicht vorhanden sind, weil gerade mittelständische Unternehmen Claimsmanagement noch nicht als wichtige Lebenshilfe im Wettbewerb erkannt haben.
- Dieses wiederum verpflichtet den Anlagenbauer, seine Zulieferer unabhängig von ihrer technischen Kompetenz auch danach auszusuchen, ob sie den eigenen Anforderungen an Claimsmanagement entsprechen. Wo diese Voraussetzungen fehlen,

muss der Anlagenbauer vielleicht über eine entsprechende Schulung seiner Zulieferer nachdenken, wenn er auf einen bestimmten Anbieter Wert legt. Diese Idee wird vielen Anlagenbauern besonders dann nicht gefallen, wenn sie in erster Linie das damit verbundene verbesserte Claimsmanagement gegen sich selbst im Auge haben. Andererseits lässt sich auf diese Weise ein wichtiger Verbündeter für die Durchsetzung eigener Claims gegen den Hauptauftraggeber gewinnen.

Jedenfalls gehört die Behandlung von Claims im Verhältnis zu Zulieferern zu den frühzeitig zu klärenden Fragen der Unternehmensphilosophie. Ansonsten fühlen sich die damit befassten Mitarbeiter mit den Unsicherheiten einer von Sachverhalt zu Sachverhalt unterschiedlichen Unternehmenspolitik in diesem Punkt zusätzlich belastet.

Der Nachweis entstandener Kosten obliegt dem Auftragnehmer. Manche Auftraggeber begnügen sich mit dieser Beweislage nicht; sie verpflichten den Partner vertraglich ausdrücklich zur Buchführung hinsichtlich später geltend gemachter Claims und räumen sich selbst Einsichtsrechte ein.

Ein solches Recht geht weit über das berechtigte Interesse des Auftraggebers hinaus, sich gegen überhöhte Claims zu wehren. Denn durch die Einsicht verschafft er sich die Möglichkeit, die gesamte Kostenstruktur des Anlagenbauers (über die Claims hinaus) zu überprüfen.

Das Vertragsbeispiel

Kosten für Änderungen und Zusatzarbeiten sind entsprechend der Preisfindung dieses Vertrags zu kalkulieren. Sollte er im Einzelfall keine Ansatzpunkte für eine Preisfindung bieten, erfolgt die Preisfindung anhand der vom Auftragnehmer offen zu legenden Kalkulation.

Entfallen einzelnen Gewerke oder Komponenten, verringert sich die Vergütung um den für das Gewerk oder die Komponente bei Bildung der Vergütung zugrundegelegten Preisanteil.

Obwohl der Wortlaut der Regelung sich zunächst nur auf Kosten bezieht, wird später zu Gunsten des Auftragnehmers deutlich, dass es hier um einen Preis geht und damit auch ein Gewinn erstattungsfähig ist.

Der zweite Absatz bedeutet eine Schwächung des Entschädigungsanspruchs des Auftragnehmers. Denn Reduzierungen geplanter Arbeiten können durchaus aufwendiger sein als die Differenz zwischen den geplanten und später reduzierten Arbeiten in der ursprünglichen Kostenkalkulation.

Eine deutliche und damit Missverständnisse vermeidende Trennung von Kosten und Gewinn enthalten die Definitionen des Red Book der Institution of Chemical Engineers (IChemE).

Cost means:

a. salaries and wages reasonably incurred and properly paid or payable to employees of the party concerned together with reasonable amounts for payroll burden and overheads and administration, but not including any profit; and

b. net sums reasonably incurred and properly paid or payable to third parties (excluding employees of the party concerned) for goods and services supplied for the Works or for discharging contractual liabilities in connection with the Works or for terminating such contractual liabilities.

Kosten sind:

a. Löhne und Gehälter soweit in angemessener Höhe angefallen und ordnungsgemäß gezahlt oder zahlbar gegenüber Beschäftigten der betroffenen Partei zusätzlich angemessener Beträge für Lohnzusatzkosten, Gemeinkosten und Verwaltung, aber ohne jeden Gewinn,

b. Nettosummen soweit in angemessener Höhe angefallen und ordnungsgemäß gezahlt oder zahlbar an Dritte (ausgenommen Beschäftigte der betroffenen Partei) für Lieferungen und Leistungen im Zusammenhang mit der Anlage oder zur Abgeltung oder Beendigung vertraglicher Verpflichtungen in Zusammenhang mit der Anlage.

Demgegenüber ist die Aufzählung von Contractor's Additional Cost and Expense in 7.6. der Orgalime-Bedingungen für die Erstellung schlüsselfertiger Industrieanlagen nicht so deutlich.

- ...the compensation shall cover:
- waiting time and time for extra journeys,
- additional work, including work to remove, secure and set up erection equipment,

- costs incurred by the Contractor in having to keep his equipment on the Site longer than foreseen,
- additional costs for travel, board and lodging fore the Contractor's personnel, and
- other costs which the Contractor can show he has incurred due to the changed circumstances of the work.

Die Ausgleichszahlung soll decken:

- Wartezeiten und extra Reisezeiten,
- Zusatzarbeiten, einschließlich derer zur Verbringung, Sicherung und des Einsatzes von Montageausrüstung,
- dem Anlagebauer entstandene Kosten aus der länger als vorhergesehenen Verweilzeit seine Ausrüstung auf der Baustelle,
- Zusatzkosten für Reise, Verpflegung und Unterbringung für das Personal des Anlagenbauers und
- andere Kosten, die der Anlagenbauer als ihm aufgrund der geänderten Umstände bei den Arbeiten entstanden nachweisen kann.

Auch hiernach wird entgangener Gewinn nicht zu kompensieren sein.

Auch den entgangenen Gewinn, den der Anlagenbauer ohne eine Verzögerung des Projekts an anderer Stelle erzielt hätte, wird er meistens nicht erstattet bekommen. Diese internationale Erfahrung gibt auch das Protocol wieder, wenn es lakonisch ausführt:

Profit on other contracts which the claimant maintains it was prevented from earning because of an Employer Risk Event is generally not recoverable under the standard forms. (Vgl. Protocol § 1.17.1)

Entgangenen Gewinn aus Geschäften, die der Anlagenbauer wegen des Verzugs des Auftraggebers angeblich nicht hat abschließen können, kann der Anlagenbauer im Allgemeinen bei Standardbedingungen nicht geltend machen.

Accounting and Audits

Contractor shall, at its expense, keep and maintain in one place full and complete records and books of account of its cost and expenses relating to the performance of the work in accordance with generally accepted accounting practices. Such records and accounts shall permit Contractor to furnish the Owner, upon written notice, an accurate written allocation of the total contract price to the various elements of the work, as may be required by the Owner.

The Owner and its representatives shall have the right to examine, upon reasonable advance notice in writing, any books, records accounts and other documents of Contractor directly pertaining to costs when such costs are the basis of a claim or of reimbursement to Contractor hereunder. Contractor shall keep and preserve all such books, records, accounts and other documents for a period of at least three years from and after completion of the work.

Buchhaltung und Prüfung

Der Anlagenbauer hat auf seine Kosten an einem Ort vollständige Aufzeichnungen und Rechnungsbücher seiner Kosten und Ausgaben bezüglich des Projekts gemäß allgemein gültigen Buchhaltungsmethoden vorzuhalten. Solche Aufzeichnungen und Rechnungen sollen dem Anlagenbauer erlauben, dem Auftraggeber auf dessen Verlangen und auf seine schriftliche Benachrichtigung eine genaue schriftliche Zuordnung des Vertragsgesamtpreises zu den verschiedenen Projektteilen zu geben.

Der Auftraggeber und seine Bevollmächtigten haben nach angemessener schriftlicher Ankündigung das Recht, alle Bücher, Aufzeichnungen, Rechnungen und andere Dokumente des Anlagenbauers, die sich auf Kosten im Zusammenhang mit einem Claim oder einer Rückzahlung zugunsten des Anlagenbauers beziehen, zu prüfen. Der Anlagenbauer hat die genannten Unterlagen für eine Zeit von mindestens drei Jahren von und nach Vollendung des Projekts aufzubewahren.

Je nach Placierung dieser unangemessen weitgehenden Klausel im Vertrag verleiht sie Rechte auch außerhalb eines Entschädigungsanspruchs, weil von diesem erst im zweiten Absatz die Rede ist.

Ersatzteil

Das Projekt

Zwei Jahre nach Ablauf der Sachmängelfrist versagt eine Umlenkvorrichtung im Förderteil einer Lackieranlage den Dienst; das benötigte Ersatzteil hatte A bereits mehrfach vorher von einem kleinen Hersteller in Spanien bezogen und an den Kunden K weitergeliefert.

Als K wiederum Ersatzteillieferung verlangt, stellt sich heraus, dass der spanische Hersteller den Betrieb aufgegeben hat. A kennt keinen anderen Fabrikanten, der für die Fertigung des Ersatzteils in Frage kommt.

K behauptet, nach Treu und Glauben sei der Lieferer fünf Jahre lang zur Ersatzteilbevorratung verpflichtet. A habe schon soviel Anlagen gebaut, dass man von einem Serienprodukt sprechen müsse. Er habe außerdem immer damit geworben, dass die Anlagen „ewig" liefen.

Überlegungen

A fragt sich, ob er hier einen Claim zu gewärtigen habe, der sich entweder als Lieferanspruch des K (gerichtet auf das Ersatzteil) oder als Schadensersatzanspruch (z. B. für die Kosten, die K bei Beschaffung oder Herstellung durch einen Dritten entstehen) darstellen könnte. Andererseits: Wenn A zu Lieferung oder Beschaffung verpflichtet ist, zu welchen Konditionen hätte sie dann zu erfolgen? Vielleicht kann A liefern und dafür Zahlung verlangen.

Somit enthält der Sachverhalt für A drei Probleme:

- Was ist der Leistungsgegenstand?
- Wie lange muss A leisten?
- Zu welchen Bedingungen muss A leisten?

Der Rat

Um das Problem des Leistungsgegenstands zu lösen, sollten die Parteien nicht gedankenlos in der Praxis gängige Begriffe übernehmen und davon ausgehen, dass beide Seiten das Gleiche darunter verstehen. Wenn im Projekt K die Umlenkvorrichtung für ein Ersatzteil hält und A in ihr ein Verschleißteil sieht, das A ohnehin nicht liefern müsste, hätte sich dieses Auslegungsproblem von vornherein dadurch lösen lassen, dass der Vertrag auf irgendeine technische Definition Bezug nimmt.

Wenn es eine solche Rückgriffsmöglichkeit nicht gibt, müssen sich die Parteien der Mühe unterziehen, den verwendeten Begriff selbst zu definieren, z. B. „Reserveteile“. Bei fremdsprachlichen Vertragstexten ist dies deshalb besonders wichtig, weil deren Übersetzungen oft zu unterschiedlichen Interpretationen führen.

Dass A für eine bestimmte Mindestzeit zu Lieferungen von Ersatzteilen verpflichtet sei, entspricht einem weit verbreiteten Irrglauben. Solche Bevorratungszeiten sind nirgendwo verbindlich vorgeschrieben. Sie können sich allerdings aus Branchenüblichkeiten oder aus dem vorangegangenen Verhalten eines Lieferers ergeben. Insofern könnten schon die von K behaupteten Einzelheiten der Werbung, die Anlagen liefen „ewig“, eine Rolle spielen.

Schließlich müssen die Parteien sich mit der Frage beschäftigen, zu welchen Bedingungen A leisten muss. Denkbar ist z. B. eine Beschränkung dieser Pflicht auf den Nachweis von Bezugsmöglichkeiten oder, soweit A die Stücke früher selbst hergestellt hat, auf eine Überlassung der Fertigungszeichnungen. Für viele Anbieter ist eine (kostenpflichtige) Lieferung von Ersatzteilen ein ergebniswirksames Instrument, das man sich durchaus längere Zeit bewahren möchte.

Das Vertragsbeispiel

Für die Übernahme technischer Definitionen in den Vertrag bieten sich Formulierungen aus dem technischen Regelwerk an. DIN 31051 etwa legt fest:

Ein Ersatzteil ist eine Einheit zum Ersatz einer entsprechenden Betrachtungseinheit, um die ursprüngliche Funktion der Betrachtungseinheit wieder herzustellen.

Ein Verschleißteil ist eine Betrachtungseinheit, die an Stellen, an denen betriebsbedingt Abnutzung auftritt, aus wirtschaftlichen Gründen eingesetzt wird, um dadurch andere Betrachtungseinheiten vor Abnutzung zu schützen, und die vom Konzept her für den Austausch vorgesehen ist.

Seller defines wear parts as follows: light bulbs, filters etc.

Der Verkäufer definiert als Verschleißteile: Glühbirnen, Filter etc.

Mit einer solchen offenen Definition ist wenig gewonnen, da das „etc." viele Auslegungen offen lässt.

Spare Parts, Wear and Tear Parts
Eine vollständige Ersatzteilliste mit Einzelpreisen wird mit der Anlagendokumentation erstellt und abgegeben sowie dem Käufer zur Kontrolle vorgelegt.

Während die Klausel selbst sich nur auf Ersatzteile bezieht, erstreckt sich die Überschrift auch auf Verschleißteile. Außerdem fehlt die Preisanpassung, wenn sich die Lieferungen über einen längeren Zeitraum erstrecken sollen.

Ersatzteile

Während der Laufzeit der Anlagenerrichtung und für einen Zeitraum von zehn Jahren nach Abnahme wird der Anlagenbauer dem Besteller alle für den Kundendienst und den Ersatzteilbedarf erforderlichen Komponenten zum zuletzt gültigen Preis liefern. Der jeweils aktuelle Kostenunterschied für Herstellung und Verpackung wird im Einzelnen verhandelt, darf aber auf keinen Fall 20% überschreiten.

Hier finden sich eine Zeitbestimmung und Grundsätze für eine Preisanpassung, die allerdings reichlich Raum für Auslegungsdifferenzen bieten.

The Bidder shall include as part of his bid detailed firm priced two (2) years Spare Parts List together with related literatures and/or catalogue by filling out Exhibit... attached herewith. Bidder shall also state names of the original manufacturers and their complete addresses for spares in Exhibit ... Firm quotation may also be given for additional spares recommended by the Bidder.

Non submission of the spare parts list by the time of bid opening may lead to rejection of the bid.

Der Bieter muss als Teil seines Angebots eine mit detaillierten Festpreisen versehen Liste von Ersatzteilen für zwei Jahre vorlegen. Dazu gehören entsprechende Literatur und/oder Katalogangaben nach beigefügtem Anhang.... Der Bieter muss außerdem die Namen der Originalhersteller und ihre vollständigen Adressen für Ersatzteillieferungen in Anhang ... angeben. Feste Angebote kann der Bieter auch für von ihm empfohlene Ersatzteile abgeben.

Nichtvorlage der Ersatzteileliste zur Zeit der Angebotseröffnung kann zum Ausschluss im Bietungsverfahren führen.

Hier ist die Zeit für die Lieferverpflichtung verhältnismäßig kurz. Deutlich ist die Absicht des Ausschreibenden, sich danach selbst mit Ersatzteilen zu versorgen. Der Bieter verliert damit nicht nur Ergebnispotential, sondern auch noch Bezugs-Know-How.

Seller shall endeavour for a period of 15 years from Final Acceptance of the Contract Plant to deliver to Buyer on their order and at usual price and within usual delivery terms spare parts and parts subject to fast wear and tear required for regular and smooth operation maintenance and repairs of the machinery constituting the subject matter of Contract and grant them technical assistance to be agreed on.

Der Verkäufer wird sich für eine Spanne von 15 Jahren nach endgültiger Abnahme der kontrahierten Anlage bemühen, dem Käufer auf seine Anweisung und zu üblichen Preisen sowie üblichen Lieferbedingungen Ersatzteile und Verschleißteile zu liefern, soweit sie für eine gleichmäßige und reibungslose Aufrechterhaltung eines Betriebs der Maschinen und ihrer Instandhaltung erforderlich sind, die den Hauptgegenstand des Vertrags darstellen. Der Verkäufer wird dafür im Einzelnen zu verhandelnde technische Hilfe gewähren.

Hier wird die zunächst als lang erscheinende Verpflichtungszeit von 15 Jahren durch die Formulierung abgemildert, der Verkäufer habe sich lediglich zu bemühen.

Ersatzteile

Der Auftragnehmer garantiert, dass für jede Bestellung Ersatz- und Verschleißteile für einen Zeitraum von mindestens 10 Jahren nach Ablauf der Verjährungsfrist für die Mangelhaftung verfügbar sind.

Entgegen der Überschrift soll sich die Regelung auch auf Verschleißteile erstrecken. Es bleibt unklar, was inhaltlich mit „garantiert" und „verfügbar" gemeint ist. Der Mindestzeitraum erlaubt keine zeitliche Begrenzung der Verpflichtung. Diese – aus Allgemeinen Einkaufsbedingungen stammende – Ersatzteilklausel ist unwirksam.

Wegen der Unklarheit gilt im Ergebnis Gleiches für die Klausel

Der Auftraggeber erhält eine Ersatzteil-Versorgungsgarantie von 10 Jahren.

In einer Individualvereinbarung wäre sie zwar nicht unwirksam, aber mindestens hochgradig missverständlich und deshalb angreifbar.

Seller shall provide a Spare Parts lists with itemised prices and identification details. The Total Contract Price includes spare and wear parts needed up to FAC to be available in due time at site, however it does not contain spare and wear parts for operation.

Der Verkäufer liefert eine Ersatzteilliste mit Preisen und Identifizierungsdetails. Der Gesamtpreis des Vertrags schließt bis zur Erteilung des FAC benötigte Ersatz- und Verschleißteile, die rechtzeitig auf der Baustelle sein müssen, ein. Er erstreckt sich indes nicht auf Ersatz- und Verschleißteile für den Betrieb.

Die vertraglich vorgesehene Ersatzteilliste löst das Definitionsproblem eindeutig, und die zeitliche Lieferverpflichtung für die Teile ist klar begrenzt.

FIDIC

Das Projekt

Nachdem die Parteien eine Zeit lang ergebnislos in den Vertragsverhandlungen die jeweils eigenen Bedingungen hatten durchsetzen wollen, kam der Vorschlag auf den Tisch, sich auf die FIDIC-Bedingungen zu einigen.

Der Verhandlungsführer des Anlagenbauers hatte davon zwar schon gehört, im Einzelnen aber nur sehr unklare Vorstellungen, was dieser Vorschlag eventuell für das Claimsmanagement des Unternehmens bedeuten könnte.

Überlegungen

Die Nachfragemacht des Auftraggebers wird es selten zulassen, dass im Industrieanlagenbau der Lieferer seine eigenen Vorstellungen von der vertraglichen Ausgestaltung der Beziehungen wird durchsetzen können. Insofern kann schon ein Kompromiss unter Hinzuziehung eines von dritter Seite stammenden Vertragsmusters ein Teilerfolg sein. Dabei darf jedoch nicht übersehen werden, dass → *Vertragsmuster* selten neutral, sondern meistens von Interessen der aufstellenden Partei geprägt sind.

Das Kürzel FIDIC steht für Fédération Internationale des Ingénieur Conseils, den Internationalen Verband Beratender Ingenieure. Die von ihm herausgegebenen Vertragsbedingungen haben dank ihrer früheren Ausgewogenheit und der internationalen Stellung der beratenden Ingenieure eine beachtliche Verbreitung gefunden. Bedeutende Institutionen wie die Weltbank stützen sich auf die FIDIC-Bedingungen oder verlangen ihre Anwendung bei der Projektvergabe.

Der Rat

Verwender sollten unbedingt berücksichtigen, dass es für verschiedene Anforderungen verschiedene Muster gibt. Ähnlich wie die verschiedenen Fassungen von Entwürfen in der Normung werden sie nach unterschiedlichen Farben bezeichnet.

- Das *Red Book* bezieht sich auf schlüsselfertige Erstellung von Bauwerken.
- Das *Yellow Book* betrifft die Errichtung von Industrieanlagen ohne Bauteil. Aus Sicht der Industrie ist es wegen der Mitwirkung von Praktikern aus ihrem Kreis vergleichsweise empfehlenswert.
- Das *Orange Book* soll zum Zuge kommen, wenn dem Anlagenbauer auch die Planung des Werkes obliegt.
- Das *New Red Book (Construction Contract)* betrifft „Construction for Building and Engineering Works Designed by Employer".
- Das *New Yellow Book (Plant Contract)* gilt für „Plant and Designed-Build for Electrical and Mechanical Plant and for Building and Engineering Works, Designed by Contractor".
- Das *Silver Book (EPC Contract)* enthält Conditions of Contract for EPC (Engineering Procurement Construction) Turnkey Projects.
- Das *Green Book* ist eine Short Form of Contract.

Die inhaltlich weitgehend deckungsgleichen Bedingungen unterscheiden sich im Wesentlichen durch die jeweilige Rolle des → *Engineer*. So hat er z. B. im *Silver Book* gar keinen Platz gefunden, während er nach dem neuen *Red Book* und *Yellow Book* (allein) für den Auftraggeber tätig ist und damit seine ehemals unparteiische Stellung verloren hat.

Das Vertragsbeispiel

Auch Bedingungen der FIDIC gelangen trotz ihrer Verbreitung nicht automatisch, sondern nur durch Bezugnahme in einen Vertrag.

> The Conditions of Contract comprise the "General Conditions", which form part of the Conditions of Contract for...by FIDIC and the following Special Conditions which include amendments and additions to such General Conditions.

Die Vertragsbedingungen schließen die „Allgemeinen Geschäftsbedingungen“ ein, die Teil der von FIDIC herausgegebenen Vertragsbedingungen für... sind. Sie schließen weiter die folgenden Vertragsbedingungen ein, die Zusätze und Ergänzungen solcher Allgemeiner Geschäftsbedingungen enthalten.

Problematisch an solchen Klauseln ist, dass das Heranziehen mehrerer Allgemeiner Geschäftsbedingungen die Gefahr von Widersprüchen enthält und damit der Keim für die Unwirksamkeit der AGB gelegt ist.

Fiktion

Das Projekt

Das Unternehmen der petrochemischen Industrie (P) hatte der mittelständischen Flink & Fleißig GmbH (F) einen auf drei Jahre befristeten Dienstvertrag im Bereich der Industriewartung erteilt. F leistete zur Zufriedenheit des Auftraggebers, P seinerseits zahlte die vereinbarten Quartalsraten pünktlich. Auf der Arbeitsebene der Beteiligten hatte man die Befristung übersehen, und wegen der beiderseitigen Zufriedenheit erbrachten die Parteien auch nach Ablauf der drei Jahre Leistung und Gegenleistung.

Sechs Monate nach dem eigentlichen Vertragsende bemerkt der Claimsmanager (C) von F die Lage. F verlangt als Nachforderung eine erhöhte Vergütung für die erbrachten Wartungsleistungen, der alte Vertrag sei ausgelaufen und nach drei Jahren würde F für einen neuen Vertrag nicht mehr zu den alten Preisen angeboten haben. P weigert sich mit der Behauptung, die Vertragspartner hätten das bisherige Vertragsverhältnis fortgesetzt.

Überlegungen

C meint, mit Ablauf der ursprünglich vereinbarten Vertragslaufzeit sei das Vertragsverhältnis beendet gewesen. Für ein neues Vertragsverhältnis sei, wenn es überhaupt zu Stande gekommen ist, die übliche Vereinbarung als vereinbart anzusehen. Diese läge nach dem Branchendurchschnitt deutlich mehr als 10% über der für den alten Vertrag vereinbarten Vergütung. P begründet seine Weigerung zur Mehrzahlung mit dem Hinweis auf § 625 BGB: „Wird das Dienstverhältnis nach dem Ablauf der Dienstzeit von dem Verpflichteten mit Wissen des anderen Teils fortgesetzt, so gilt es als auf unbestimmte Zeit verlängert, sofern nicht der andere Teil unverzüglich widerspricht."

Eine Formulierung wie „ ... so gilt ..." *(„ ... shall be deemed ...")* bezeichnen die Juristen als Fiktion. Mit ihr legen Gesetze oder Vertragstexte unter bestimmten Voraussetzungen eine Annahme als Sachverhalt fest, der in Wirklichkeit nicht besteht. Daran knüpfen sich dann bestimmte Rechtsfolgen. Der oben geschilderte Dienstvertrag gilt also zunächst weiter, einschließlich der vereinbarten Vergütung. F müsste eine Änderungskündigung aussprechen, um die Vergütung zu erhöhen. Anders als eine gesetzliche Vermutung, die im Beweisverfahren widerlegt werden kann, ist gegen die Fiktion kein Gegenbeweis möglich.

Fiktionen gibt es vor allem hinsichtlich von Willenserklärungen. So gilt im Handelsrecht nach § 362 HGB unter Umständen das Schweigen des Kaufmanns als Annahme eines Antrags. Im Baurecht gilt nach § 12 Abs. 5 Nr.1 VOB die Leistung mit Ablauf von zwölf Werktagen nach schriftlicher Mitteilung über die Fertigstellung der Leistung als abgenommen, wenn keine Abnahme verlangt wird. Gemäß Nr. 2 gilt die Abnahme nach Ablauf von sechs Werktagen nach Beginn der Benutzung durch den Auftraggeber als erfolgt, wenn keine Abnahme verlangt wird und nichts anderes vereinbart ist.

Fiktionen gibt es aber auch für tatsächliche Vorgänge. Nach § 6 Abs. 2 Nr. 2 VOB gelten Witterungseinflüsse während der Ausführungszeit, mit denen bei Abgabe des Angebots normalerweise gerechnet werden musste, nicht als Behinderung. Für die Verweisung des Witterungseinflusses in die Risikosphäre des Auftragsnehmers kommt es danach also nicht auf die Behinderung selbst sondern darauf an, ob der Anlagenbauer die Wetterbedingungen einkalkulieren konnte.

Der Rat

Die Vertragsfreiheit ermöglicht es den Parteien, gesetzliche Fiktionen in den Vertrag zu übernehmen oder eigene Formulierungen zu vereinbaren. Letzteres ist insbesondere empfehlenswert, wenn ein Vertragspartner befürchtet, dass der andere durch Untätigkeit sonst eintretende Rechtsfolgen (z. B. Zahlungspflicht, Beginn der Sachmängelhaftung, Gefahrübergang) zu verhindern sucht. Andererseits dienen Fiktionen auch als Instrumente unangemessener Risikoüberwälzung und erinnern so an die Problematik der Vollständigkeitsklausel.

Das Vertragsbeispiel

Vertraglich vereinbarte Fiktionen sind nicht immer sofort als solche zu erkennen. Sie verbergen sich häufig hinter Erklärungen, die der Auftragnehmer abgeben muss.

Der Bieter erklärt (auch für das von ihm eingesetzte Personal), über alle für das Projekt relevanten Umweltschutz- und Entsorgungsvorschriften unterrichtet zu sein.

Wenn der Bieter eine der in Frage kommenden Vorschriften übersehen hat, geht dies im Zweifelsfall voll zu seinen Lasten, auch wenn der Fehler für ihn unvermeidbar war. Auf Grund der Erklärung muss sich der Absender so behandeln lassen, als wenn er tatsächlich alle Vorschriften gekannt hätte.

> Der AN erklärt, dass ihm Art und Umfang sämtlicher in diesem Vertrag vereinbarten Leistungen sowie die Örtlichkeit des Erfüllungsortes bekannt sind. Auf unzureichende Kenntnis kann er sich nicht berufen.

Die möglichen Auswirkungen dieser Klausel dürften noch gefährlicher sein, weil sie sich auf alle Leistungen und auch die versteckten Ortsverhältnisse erstreckt.

> Eine fiktive oder stillschweigende Abnahme, etwa durch behördliche Genehmigung, durch Nutzung oder Inbetriebnahme der Anlage oder ihrer Teile, ist ausgeschlossen.

Hier hat der Auftraggeber nicht dem Vertragspartner die Folgen einer Fiktion auferlegt, sondern sich selbst von einer möglicherweise gegen den Auftraggeber wirkenden Fiktion freigezeichnet.

> In the event that for reasons Seller is not responsible for the first Test Runs are not completed within 180 calendar days after the Start-Up of Contract Plant.....Seller's guarantee shall be deemed to have been fulfilled and the protocol certifying Final Acceptance shall be issued by Buyer.

> Sollten spätestens 180 Tage nach dem Anfahren der Anlage aus vom Verkäufer nicht zu verantwortenden Gründen die Testläufe nicht beendet sein, gilt die Garantie des Verkäufers als erfüllt, und der Käufer hat das die endgültige Abnahme beweisende Protokoll auszustellen.

Diese Fiktion wirkt zugunsten des Verkäufers und stellt ihn auch ohne Leistungsnachweis so, wie er mit erfolgreichen Testläufen gestanden hätte.

LAST DELIVERY shall be deemed to be effected also in case of delay of minor items which do not cause delay in ERECTION.

Die letzte Teillieferung der Ausrüstung gilt auch dann als rechtzeitig erfolgt, wenn nur kleinere Teile verspätet geliefert werden, ohne die Gesamtmontage zu verzögern

Die Großschreibung weist darauf hin, dass diese Begriffe in den Definitionen des Vertrags genauer erläutert sind. Im Zusammenhang mit dieser Erläuterung wirkt hier eine aus Sicht des Anlagenbauers sinnvolle Fiktion: Der Auftraggeber kann ihn nicht an Lieferverzögerungen von für die Montage nicht wesentlichen Teilen festhalten. Ohne diese Fiktion spräche ein tatsächlicher Verzug gegen den Anlagenbauer.

... weeks not completed to be counted as completed.

Nicht vollendete Wochen zählen als vollendete.

Hier hätten sich die Parteien auch einfacher auf „angefangene" Wochen als Anknüpfungspunkt verständigen können.

force majeure

Das Projekt

Der Staat Xantippa im Nahen Osten befindet sich seit längerer Zeit im Krieg mit Ypsien. Außerdem erschüttern innere Unruhen X.

Gleichwohl gelingt es dem Lieferer, in X den Auftrag für den Bau einer Gasbehandlung zu akquirieren. Der Vertrag sieht schlüsselfertige Übergabe der Anlage zwei Jahre nach Vertragsabschluss vor. Für den Fall der Überschreitung dieses Termins, ausgenommen die Fälle von force majeure, hat L die Zahlung eine Vertragsstrafe von 50.000 USD pro Tag versprochen.

Bei Lieferung eines entscheidenden Ausrüstungsteils fährt das Transportfahrzeug auf eine Mine. Das Fahrzeug und das Ausrüstungsteil werden vollständig zerstört; dessen Neulieferung dauert acht Monate. Der vertraglich vereinbarte Übergabetermin wird überschritten.

Zwei Jahre nach Vertragsabschluss verlangt der Kunde die vereinbarte Vertragsstrafe infolge Terminüberschreitung.

L beruft sich auf höhere Gewalt.

Überlegungen

Wäre deutsches Recht auf den Vertrag anwendbar, könnte L versuchen, seine Weigerung auf eine einfache Gedankenkette zu stützen: Eine Vertragsstrafe ist verwirkt, wenn L in Verzug kommt, § 339 BGB. L kommt nicht in Verzug, solange die Lieferung infolge eines Umstands unterbleibt, den er nicht zu vertreten hat, § 286 Abs. 4 BGB. Gemäß § 276 BGB hat L nur Vorsatz und Fahrlässigkeit zu vertreten, wenn eine strengere oder mildere Haftung weder bestimmt noch aus dem sonstigen Inhalt des Schuldverhältnisses zu entnehmen ist.

Diese Vorschrift ist der Grund dafür, dass der Begriff der höheren Gewalt für den deutschen Juristen bei vertraglichen Verpflichtungen ohne Auslandsberührung eher eine Ausnahmerolle (z. B. im Arbeitsrecht oder bei einzelnen Haftungsverschärfungen) spielt.

Nach § 6 Abs. 2 c VOB bewirkt unter anderem höhere Gewalt eine Verlängerung der Ausführungsfristen. § 7 VOB nennt die höhere Gewalt neben Krieg, Aufruhr und anderen objektiv unabwendbaren vom Auftragnehmer nicht zu vertretenden Umständen als

Grund, bei Beschädigung oder Zerstörung (im Gegensatz zum BGB) für die ausgeführten Teile der Leistung einen Vergütungsanspruch zu haben.

Die Rechtsprechung versteht darunter ein „betriebsfremdes, von außen durch elementare Naturkräfte oder durch Handlungen dritter Personen herbeigeführtes Ereignis, das nach menschlicher Einsicht und Erfahrung unvorhersehbar ist, mit wirtschaftlich vertretbaren Mitteln auch durch äußerste nach der Sachlage vernünftigerweise zu erwartende Sorgfalt nicht verhütet oder unschädlich gemacht werden kann und auch nicht wegen seiner Häufigkeit vom Betriebsunternehmer in Kauf zu nehmen ist". Aber wer ohnehin nur für Vorsatz und Fahrlässigkeit haftet, braucht den Ausnahmetatbestand der höheren Gewalt als Entschuldigungsgrund für eine Fehlleistung im Allgemeinen nicht.

L tut trotzdem hier gut daran, sich auf die vertraglich vereinbarte höhere Gewalt-Klausel zu berufen. Ein Gericht könnte sich nämlich zugunsten des Kunden auf den Standpunkt stellen, dass ohne sie der Vertragsabschluß schon an sich wegen der L bekannten unsicheren Verhältnisse am Erstellungsort fahrlässig war und L damit mindestens ein Mitverschulden trifft.

Der Rat

Gänzlich anders ist die Rolle der höheren Gewalt *(force majeure)* im anglo-amerikanischen Rechtskreis. Ihm ist dogmatisch eine versprochene Leistung als Inhalt der vertraglichen Verpflichtung und deren Durchsetzung nicht so wichtig wie dem deutschen Recht. Im Vordergrund der Betrachtung steht vielmehr die Verpflichtung zum Schadensersatz für den Fall, dass der Schuldner die Leistung nicht oder nur fehlerhaft erbringt. Diese Leistungspflicht ist grundsätzlich unbedingt. Will der Schuldner seine Haftung abwenden, braucht er dafür einen Entschuldigungsgrund *(exemption)*. Ihn kann die force majeure-Klausel bieten. Deshalb ist sie in allen vom englischen Rechtsdenken beeinflussten Verträgen äußerst wichtig. Daraus ergibt sich die Notwendigkeit, *force majeure* – ohne dass der Begriff selbst verwendet werden muss – in diesen Fällen sorgfältig zu regeln. Der Bedarf führt in der Praxis oft zu einer übertriebenen Kasuistik, die allerdings für die Wirksamkeit der jeweiligen Klausel nicht schädlich zu sein braucht.

Eine Hilfestellung für Formulierungen bietet Artikel 79 (Befreiungen) des VN-Übereinkommens über Verträge über den internationalen Warenkauf. Da dieses Gesetz sehr stark vom anglo-amerikanischen Rechtsdenken beeinflusst ist, sieht es folgerichtig vor: Eine Partei hat für die Nichterfüllung einer ihrer Pflichten nicht einzustehen, wenn sie beweist, dass die Nichterfüllung auf einem außerhalb ihres Einfluss bereichs liegenden Hinderungsgrund beruht und dass von ihr vernünftigerweise nicht erwartet werden konnte, den Hinderungsgrund bei Vertragsschluss in Betracht zu ziehen oder den Hinderungsgrund oder seine Folgen zu vermeiden oder zu überwinden.

Neben der Definition des Entschuldigungsgrundes müssen die Parteien auch die Rechtsfolgen regeln, die sich bei Vorliegen der definierten Umstände ergeben. Zu denken ist dabei an ein vorübergehendes „Einfrieren" des Vertrags oder – vielleicht erst nach einem festgelegten Zeitablauf – die Möglichkeit des Rücktritts. Wichtig ist in jedem Fall die Kostenverteilung zwischen den Beteiligten.

Das Vertragsbeispiel

Im Ausgangsfall hatten die Vertragspartner vereinbart:

Force majeure shall mean any happening or occurance beyond the reasonable control of either party not forseeable for the party so effected by force majeure at the time of entering into the Contract which causes a or results in failure of either party to fulfill any of its obligations under the Contract.

Force majeure sind alle außerhalb der vernünftigerweise zu erwartenden Kontrolle der Parteien liegenden Vorgänge oder Ereignisse, die zum Zeitpunkt des Vertragsabschlusses nicht voraussehbar waren und Grund oder Ergebnis einer Vertragsverletzung einer Partei sind.

Die Ausschlusswirkung dieser Klausel könnte allerdings zweifelhaft sein, weil L zum Zeitpunkt des Vertragsabschlusses durchaus hätte damit rechnen können, dass angesichts der bestehenden Verhältnisse in X ein Transportfahrzeug in vermintes Gelände gerät.

Geholfen hätte L dagegen eine Klausel, die nicht auf die Vorhersehbarkeit, sondern auf ein tatsächlich eintretendes Ereignis abstellt.

Special Risks

The Contractor shall be under no liability whatsoever in respect of destruction of or damage to the Works or to property whether of the Employer or third parties or for or in respect of injury or loss of life which is the consequence whether direct or indirect of war, hostilities (whether war be declared or not), invasion, act of foreign enemies, rebellion, revolution, insurrection or usurped power, civil war or (otherwise than among the Contractor's own employees) riot, commotion or disorder (hereinafter comprehensively referred to as "the said special risks"), and the Employer shall indemnify and save harmless the Contractor against and from the same and against and from all claims, demands and expenses whatsoever arising there out or in connection therewith and shall compensate the Contractor for any loss or damage to property of the Contractor used or intended to be used for the purpose of the Works (including property in transit to the Site) and occasioned either directly or indirectly by said special risks.

If the Works or Temporary Works or any materials on or near or in transit to the site shall sustain destruction or damage by reason of any of the said special risks the Contractor shall nevertheless be entitled to payment for any such work and for any materials as destroyed or damaged and the Contractor shall be entitled to be paid by the Employer the cost of making good any such destruction or damage and of replacing or making good such materials so far as may be required by the Engineer or as may be necessary for the completion of the Works.

Destruction, damage, injury or loss of life caused by the explosion or impact whenever and wherever occurring of any mine bomb, shell grenade, or other projectile missile ammunition or explosive of war shall be deemed to be a consequence of the said specials risks.

The Employer shall repay to the Contractor any increase in cost of or incidental to the execution of the Works which is howsoever attributable to or consequent on or the result of or in any was so ever connected with the said special risks, but the Contractor shall as soon as any such increase of cost shall come to his knowledge forthwith notify the Engineer thereof in writing.

Said "special risks" are considered force majeure.

Außerordentliche Risiken

Den Contractor trifft keine Verantwortung für Beschädigung von oder Schäden an Leistungen und Lieferungen oder Eigentum des Auftraggebers oder Dritter oder für Schäden oder Verlust an Leib und Leben als Folge direkter oder indirekter kriegerischer Ereignisse, Feindseligkeiten (unabhängig vom Vorliegen einer Kriegserklärung), Invasion, feindlicher Aktivitäten, Aufruhr, Revolution, Revolte oder ungesetzliche

Machtergreifung, Bürgerkrieg oder (soweit nicht unter den eigenen Angestellten des Contractor) Unruhe, gewalttätige Bewegungen oder chaotische Zustände (im Folgenden als „die genannten außerordentlichen Risiken“) bezeichnet.

Der Auftraggeber stellt den Contractor von diesen Risiken und von allen aus ihnen oder in Verbindung mit ihnen stehenden Ansprüchen, Forderungen und Kosten frei. Er erstattet dem Contractor jeden Verlust und Schaden an seinem Eigentum, das dieser bei Leistungen und Lieferungen eingesetzt hat oder einzusetzen beabsichtigt (einschließlich Eigentum auf dem Weg zur Baustelle), vorausgesetzt, der Schaden ist direkt oder indirekt auf die genannten außerordentlichen Risiken zurückzuführen.

Bei Untergang oder Beschädigung von Leistungen und Lieferungen ganz oder in Teilen oder Material auf der, nahe der oder auf dem Wege zur Baustelle aufgrund der genannten außerordentlichen Risiken hat der Contractor gleichwohl Anspruch auf Vergütung. Der Contractor hat Anspruch auf Kostenerstattung für die Wiederherstellung soweit der Engineer sie fordert oder sie für die Vervollständigung der Leistungen und Lieferungen notwendig ist. Alle Zerstörungen, Schäden und Verluste an Leib und Leben infolge einer Exposion oder Druckluftwelle wenn und wo immer durch eine Mine, Granate oder ein anderes Projektil oder militärischen Sprengstoff verursacht gelten als Folgen der genannten außerordentlichen Risiken.

Der Auftraggeber hat dem Contractor alle Kostenerhöhungen infolge oder im Zusammenhang mit den Leistungen und Lieferungen zu erstatten, soweit sie den genannten außerordentlichen Risiken zuzurechnen, eine Folge oder ein Ergebnis von ihnen sind oder in irgendeiner Weise mit ihnen zusammenhängen. Der Contractor hat bei Kenntnisnahme einer solchen Kostenerhöhung den Engineer davon sofort schriftlich zu verständigen.

Die genannten „außerordentlichen Risiken“ gelten als force majeure.

Höhere-Gewalt-Klauseln lassen sich auch vereinbaren, um Claims auf Leistungszeitverlängerung zu begründen.

Die Ereignisse der höheren Gewalt (Überschwemmung, Erdbeben, Epidemie) verlegen angemessen die Liefertermine der Ausrüstung oder der technischen Dokumentation nur insofern, als diese Ereignisse einen bedeutenden Einfluss auf rechtzeitige Erfüllung des ganzen Vertrages oder eines Teils des Vertrages, welcher nach Beginn dieser Ereignisse zu erfüllen ist, ausüben.

Der Verkäufer ist verpflichtet, den Käufer über den Beginn und die Beendigung der Auswirkung der Ereignisse der höheren Gewalt, die die Ausführung des Vertrages behindern, unverzüglich telegrafisch zu informieren. Dabei soll diese Nachricht durch die örtliche Handelskammer bestätigt werden.

Wenn infolge der Ereignisse höherer Gewalt der Lieferverzug mehr als sechs Monate andauert, hat der Käufer das Recht, vom Vertrag völlig oder teilweise zurückzutreten. Dabei werden die Rechten und Pflichten der Partner so geregelt, wie es in Artikel ... vorgesehen ist.

Diese Regelung ist allerdings insoweit problematisch, als die höhere Gewalt lediglich mit drei Beispielen (Juristen sprechen von einer enumerativen Aufzählung) beschrieben ist. Dies lässt für die Gegenseite die Auslegung zu, dass andere Fälle außer Betracht bleiben. Die oben geschilderte Minenexplosion wäre danach kein Fall höherer Gewalt.

Gelegentlich schildern Verträge auch ausdrücklich, welche Ereignisse nicht als *force majeure* anzusehen sind.

The following shall in no event be considered an event of force majeure:

- late performance by Seller caused by the acts or omissions of subcontractors or sub-suppliers (other than acts or omissions caused by an event of force majeure), by the seller's failure to hire an adequate number of personnel or labour or by inefficiencies on the part of the Seller;
- delays resulting from reasonably foreseeable unfavourable weather or sea conditions or other similarly reasonably foreseeable adverse conditions;
- delays resulting from ground or soil conditions at the Site or from ground conditions at other sites where Scope is being performed or parts of the Scope are stored or maintained;
- economic hardship of Seller or any of its affiliates or its or their inability to pay debts;
- the late payment by Buyer or Seller of money when otherwise due in accordance with the Contract;
- infringements by seller or any of his subcontractors or their affiliates of any Intellectual Property Rights; and
- delays resulting from late submission of documents and/or drawings to Buyer which does not afford Buyer with sufficient time to review, approve or make a judgement on their content (unless such delays are caused by circumstances that are themselves force majeure, in which case such delays shall also be considered force majeure.);

- delays resulting from strikes, lockouts or other similar action which relate to any dispute between Seller, its affiliates or any subcontractor and their respective directors, officers, employees or agents.

Die folgenden Umstände sind in keinem Fall als ein Ereignis höherer Gewalt anzusehen:

- verspätete Erfüllung des Verkäufers aufgrund von Handlungen oder Unterlassungen von Subunternehmern oder Zulieferern (ausgenommen Handlungen oder Unterlassungen aufgrund von höherer Gewalt), Versäumnis des Verkäufers, eine angemessene Zahl von Personal oder Arbeitskräften zu verpflichten sowie allgemeine Unzulänglichkeiten auf Seiten des Verkäufers.
- Verzögerungen aufgrund von einigermaßen vorhersehbaren ungünstigen Wetter- oder Schifffahrtsbedingungen oder anderer gleichermaßen vernünftigerweise vorhersehbarer widriger Bedingungen;
- Bedingungen von anderen Baustellen, wo Teile der Anlage gefertigt, aufbewahrt oder unterhalten werden;
- wirtschaftliche Schwierigkeiten des Verkäufers oder einer seiner Tochterunternehmen oder Unfähigkeit, Schulden zu begleichen;
- die verspätete Zahlung des Käufers oder Verkäufers, soweit sie gemäß Vertrag sonst fällig gewesen wäre;
- Verstöße des Verkäufers oder einer seiner Unterlieferer oder deren Tochterunternehmen gegen Urheberrechte;
- Verspätung aufgrund von verspäteter Vorlage von Dokumenten und/oder Zeichnungen beim Käufer, die ihm nicht genug Zeit gibt, den Inhalt zu überprüfen, zu billigen oder sich ein Urteil über den Inhalt bilden zu können (es sei denn, solche Verspätungen wären durch Umstände verursacht, die ihrerseits höhere Gewalt darstellen, in diesem Fall wären auch solche Verspätungen als höhere Gewalt anzusehen.).

Hin und wieder tauchen statt höherer Gewalt oder *force majeure* weitere Begriffe, zum Beispiel *hardship,* auf. Von deren Verwendung ist grundsätzlich abzuraten, weil bei Interpretation der erstgenannten wenigsten eine umfangreiche Rechtsprechung zur Verfügung steht.

Hardship Clause

Should the occurrence of events not contemplated by the parties fundamentally alter the equilibrium of the present contract, thereby placing an excessive burden on one of the parties in the performance of its contractual obligations, that party shall be entitled to request a revision of the present contract.

Härteklausel

Falls der von den Parteien nicht vorausgesehene Verlauf der Ereignisse die Ausgewogenheit des Vertrages entscheidend verändert und dabei einer der Parteien bei der Vertragserfüllung eine übermäßige Last aufbürdet, ist diese Partei berechtigt, eine Neufassung des Vertrages zu verlangen.

Definition of Hardship

There is hardship where the occurrence of events fundamentally alters the equilibrium of the contract either because the cost of party's performance has increased or because the value of the performance a party receives has diminished, and

the events occur or become known to the disadvantaged party after the conclusion of the contract;

the events could not reasonably have been taken into account by the disadvantaged party at the time of the conclusion of the contract;

the events are beyond the control of the disadvantaged party; and

the risk of the events was not assumed by the disadvantaged party.

Hardship

Hardship ist gegeben, wenn Ereignisse grundsätzlich das Gleichgewicht des Vertrags ändern entweder weil die Gestehungskosten der Leistung einer Seite gestiegen sind oder weil sich der Wert der Gegenleistung vermindert hat und

- die Ereignisse erst nach Vertragsschluss lagen oder der benachteiligten Partei bekannt wurden,
- die benachteiligte Partei die Ereignisse zur Zeit des Vertragsschlusses vernünftigerweise nicht berücksichtigen konnte,
- die Ereignisse außerhalb der Einflussmöglichkeit der benachteiligten Partei lagen und
- die benachteiligte Partei das Risiko der Ereignisse nicht in Betracht gezogen hat.

Das Problem der Definition ist im zweiten Beispiel eher gelöst als im ersten. In dieser Fassung erinnert die Klausel an § 313 BGB, der bei nach Vertragsschluss eintretenden Störungen der Geschäftsgrundlage den Parteien das Recht gibt, Anpassung des Vertrags zu verlangen.

Die Formulierungen führen zu einem weiteren Problem bei der Verhandlung von Klauseln für den Härtefall: Während *force majeure* dem Betroffenen durchweg einen rechtlichen Entschuldigungsgrund bietet, nicht oder nicht zu einem bestimmten Zeitpunkt leisten zu müssen, ist das bei Klauseln zur *hardship* nicht der Fall. Bei ihnen wird der Beschwerte zunächst weiter leisten müssen. Ob das Verlangen einer Vertragsanpassung bei Weigerung der Gegenseite dann (schieds)gerichtlich erzwungen werden kann oder welche anderen Folgen (zum Beispiel Rücktritt) möglich sind, bedarf der Regelung. Der Claimsmanager sollte jedenfalls wissen, dass eine *hardship clause* im allgemeinen *force majeure* nicht ersetzt.

Fristen

Das Projekt

Die Arglos GmbH (A) hatte ihre vertraglichen Verpflichtungen zu Lieferung und Montage einer Schwingsesselanlage für schwere Lastkraftwagen eigentlich ordnungsgemäß erfüllt. Die Abwicklung war allerdings mehrfach durch Umstände unterbrochen worden, die eindeutig nicht im Risikobereich von A lagen. Der Projektleiter hatte sich darauf beschränkt, dem Hersteller der Fahrzeuge und Auftraggeber H schriftlich die jeweiligen Behinderungen anzuzeigen und darauf hinzuweisen, dass das Unternehmen A eine entsprechende Verlängerung der Leistungszeit und Erstattung der angefallenen Zusatzkosten erwarte.

Als der ursprünglich vereinbarte Abnahmezeitpunkt näher rückt und H auf Einhaltung dieses Termins besteht, beginnt der Projektleiter sich Sorgen darüber zu machen, ob sein für sicher gehaltener Zeitclaim vielleicht doch nicht begründet sein könnte.

Überlegungen

Bei der vertraglichen Gestaltung der Leistungszeit und ihrer Verlängerung haben die Parteien verständlicherweise zunächst die sachlichen Voraussetzungen der Entstehung eines solchen Anspruchs im Auge. Dabei spielen Fragen wie die nach der Risikoverteilung und dem angemessenen Zeitrahmen der Verlängerung die vorrangige Rolle. Darüber vergessen die Beteiligten häufig die formale Seite des Anspruchs. Diese besteht nicht nur in der Einhaltung von Vorgaben für den Inhalt der Meldung des beeinträchtigenden Ereignisses; wichtig ist unter Umständen auch die Form der Mitteilung und die Frist, innerhalb deren sie erfolgen muss.

Der Rat

Deutsche Unternehmen neigen häufig dazu, die Einhaltung von Meldefristen im Zusammenhang mit Claims zu vernachlässigen. Sie begnügen sich damit, eine Meldung abzugeben, um das störende Ereignis an sich festzuhalten. Dies mag in vielen Fällen auch genügen. Auf dieser Linie liegt auch die VOB. Sie bestimmt in § 6, dass ein Auftragnehmer, der sich in der ordnungsgemäßen Ausführung seiner Leistung behindert glaubt, dies dem Auftraggeber unverzüglich schriftlich anzeigen muss. „Unverzüglich" bedeutet, dass die Meldung lediglich ohne schuldhaftes Zögern zu erfolgen hat. Eine bestimmte Frist ist hier nicht einzuhalten.

Die Regelung von Fristen ist Gegenstand der Vertragsfreiheit. Ein Anspruch, der grundsätzlich zu Gunsten einer Partei erwachsen kann, gerät durch eine knappe vertragliche Fristsetzung leicht in Gefahr, ausgehöhlt zu werden. Bei Nichteinhaltung einer auf diese Weise festgeschriebenen Frist kann es dann dazu kommen, dass der Claim gar nicht erst entsteht. Fristen nicht nur für Claims sind deshalb sowohl bei der Vertragsgestaltung als auch bei der Vertragsabwicklung selbst im Auge zu behalten. Sie können sich auch in Anhängen verbergen.

Das Vertragsbeispiel

18.3 Claim for Extension

To claim an extension of time for the Scheduled Taking Over Date and/or the Scheduled Mechanical Completion Date of any Section or both, as the case may be, the Contractor must

18.3.1 as soon as possible but at least within 14 days of the commencement of the Delay Event, submit a written claim to the Employer for an extension of time, which

gives detailed particulars of the delays and the event or circumstance causing the delay; and

states the number of days extension of time claimed together with the basis of calculating that period, including evidence that it will be delayed in achieving Mechanical Completion or Taking Over (as the case may be) of the Section in the manner set out below; and

18.3.2 if the effects of the delay continue beyond the period of 14 days after the commencement of the event or circumstance causing the delay and the Contractor wishes to claim an extension of time in respect of the further delay, submit a further written claim to the Employer

every 14 days after the first written claim under paragraph 18.3.1 until 14 days after the end of the effects of the delay; and

containing the information required by paragraph 18.3.1.

18.4. Conditions Precedent to Extension

It is a condition precedent to the Contractor's entitlement to an extension of time in respect of any Section that the Contractor has given the written claim required by clause 18.3.1, as required by that clause;

18.3 Anspruch auf Leistungszeitverlängerung

Um einen Anspruch auf Zeitverschiebung auf die vorgesehenen Übernahmezeitpunkte und/oder das vorgesehene Datum der mechanischen Fertigstellung eines Anlagenteils oder für beide beanspruchen zu können, muss der Anlagenbauer wie folgt tätig werden:

18.3.1 Er muss sobald wie möglich, spätestens aber 14 Tage nach Eintritt des die Verzögerung begründenden Ereignisses, an den Auftraggeber eine schriftliche Forderung auf Leistungszeitverlängerung richten, die genaue Einzelheiten der Verzögerung und das begründende Ereignis oder den für den Verzug kausalen Umstand angeben und die Zahl der Tage für die beanspruchte Verlängerung einschließlich ihrer Berechnungsgrundlage nennen; dazu gehört der Nachweis des Zusammenhangs der Verzögerung und mechanischer Fertigstellung oder Inbetriebnahme des Anlagenteils.

18.3.2 Wenn die Auswirkungen der Verzögerung länger als 14 Tage nach dem ersten Eintritt des begründenden Umstands oder Ereignisses anhalten und der Anlagenbauer einen Verlängerungsanspruch auch im Hinblick auf diese weitergehende Verzögerung geltend macht, muss er eine weitere schriftliche Forderung an den Auftraggeber richten. Dies hat er alle 14 Tage nach der ersten Forderung gemäß 18.3.1 bis 14 Tage nach dem Ende der Auswirkungen der Verzögerung unter Berücksichtigung der Anforderung aus 18.3.1 zu wiederholen.

18.4 Zwingende Voraussetzung einer Leistungszeitverlängerung

Zwingende Voraussetzung für den Anspruch des Anlagenbauers auf Leistungszeitverlängerung hinsichtlich eines jeden Anlagenteils ist die schriftliche Geltendmachung gemäß 18.3.1

...

Diese komplizierte, – wenn auch eindeutige – Fristenregelung, zudem mit dem strengen Erfordernis der Schriftform verknüpft, kann einen sonst vielleicht berechtigten Claim schon in der Entstehung ernsthaft behindern.

If Employer is late in delivering Employer Provided Items, or with respect to any other obligations under the Contract, then Contractor shall be entitled to an adjustment of the Contract Schedule and the Contract Price in accordance with the provision of Art. ... Such adjustment shall reflect the consequences of the delay caused to Contractor by Employer's breach of Contract...

Contractor loses his right to request a Variation Order if he has not made such request within 30 days after discovering the breach of Contract.

Wenn der Auftraggeber verspätet ihm obliegende Beistellungen erbringt oder sonstige vertragliche Verpflichtungen verspätet erfüllt, hat der Anlagenbauer ein Recht auf Anpassung des Terminplans und Vergütung gemäß Artikel ... Die Anpassung hat die Auswirkungen der Verzögerung für den Anlagenbauer aufgrund des Vertragsbruchs durch den Auftraggeber zu berücksichtigen.

Der Anlagenbauer verliert seinen Anspruch auf einen Änderungsauftrag, wenn er sein Recht nicht innerhalb von 30 Tagen nach Entdeckung des Vertragsbruchs geltend macht.

Diese Klausel ist zwar übersichtlicher und damit verständlicher als die vorhergehende. Gefährlich ist aber, dass sich die Fristenregelung für alle Folgen von Pflichtverletzungen hinter den Beistellungen verbirgt und damit leicht zu übersehen ist.

Gefahrübergang

Das Projekt

Die Zackig AG (Z), ein Zulieferer für die Automobilindustrie, hatte der Schleif GmbH (S) einen Inlandsauftrag über Konstruktion, Lieferung und Montage einer Spezialschleifmaschine im Wert von 1 Mio. € erteilt. Die Abwicklung stand unter starkem Zeitdruck, weil auf der Maschine Teile für eine neue Pkw-Reihe behandelt werden sollten.

S erhält eine Anzahlung von 300.000 € und beginnt unverzüglich. Als ein in Folge eines Orkans umgestürzter Leitungsmast einen verheerenden Brand mit irreparablen Schäden an der gelieferten und vormontierten Maschine bei Z verursacht, waren mittlerweile 500.000 € an Kosten für die Arbeiten bis zur Vormontage der Maschine im Werk des Auftraggebers entstanden.

S ist bereit, einen neuen Fertigungsversuch zu unternehmen. Vor der Wiederaufnahme der Tätigkeiten macht sie allerdings einen Claim wegen des Differenzbetrages von 200.000 € geltend. Außerdem verlangt S erneut eine Anzahlung in ursprünglich vereinbarter Höhe für den zweiten Versuch.

Z weist nicht nur alle Ansprüche zurück, sondern verlangt ihrerseits Rückzahlung der 300.000 €. An der Schleifmaschine habe Z wegen der mittlerweile uneinholbaren Lieferverzögerung kein Interesse mehr, weil der Kfz-Hersteller vom Auftrag zurückgetreten sei.

Überlegungen

S hält die Forderungen ihres Vertragspartners für unbillig. Schließlich habe sich S vertragsgerecht verhalten, die Leistungen soweit wie möglich erbracht und damit nach ihrem Rechtsgefühl einen Anspruch auf die Gegenleistung. Den von Z vorgebrachten Hinweis auf die Erfolgsbestimmtheit des Werkvertrages und das damit verbundene Unternehmerrisiko hält sie für überzogen. Mit dem Orkan und dem Großbrand liege ein Fall höherer Gewalt vor, für dessen Folgen S nicht einzustehen habe.

Die Parteien haben einen Werkvertrag geschlossen. Bei diesem trägt gemäß § 644 BGB das Unternehmen S die Gefahr bis zur Abnahme der Schleifmaschine. Was das Gesetz im konkreten Fall unter „Gefahr“ versteht, ist nicht ohne weiteres ersichtlich. Das deutsche Recht unterscheidet drei verschiedene Gefahren voneinander.

- Die Regeln über die Sachgefahr beantworten die Frage, ob S oder Z den Sachschaden trägt, wenn eine Sache oder ein Werk vor Vertragserfüllung untergeht (z. B. verbrennt).
- Die Regeln über die Leistungsgefahr beantworten die Frage, ob S nach dem Brand noch einmal leisten muss.
- Die Regeln über die Gegenleistungsgefahr (auch: Vergütungs-, Preisgefahr) beantworten die Frage, ob Z zahlen muss, obwohl die Vorarbeiten vernichtet sind.

In § 644 BGB meint das Gesetz die Vergütungsgefahr. Sie besteht konkret darin, dass das Unternehmen S für seine schon geleisteten Arbeiten im Wert von 500.000 € keine Gegenleistung von Z erhält. Den Übergang dieser Gefahr auf den Besteller knüpft das Gesetz allein an die erfolgte Abnahme. Ob diese verschuldet oder unverschuldet – wie hier etwa wegen höherer Gewalt – nicht erfolgen konnte, spielt für S leider keine Rolle. Die Gefahr ist bei ihr geblieben; sie hat damit keinen Anspruch auf Zahlung weiterer 200.000 € durch Z.

Auf der anderen Seite kann Z nun aber auch keine Schleifmaschine mehr verlangen. Die Leistungsgefahr, die darin besteht, dass S eventuell vertraglich weiterhin zur Lieferung der Maschine verpflichtet ist, besteht nicht mehr. Gemäß § 275 BGB ist nämlich der Anspruch auf Leistung ausgeschlossen, soweit sie für den Schuldner oder für jedermann unmöglich ist. Nun könnte zwar S theoretisch durchaus eine zweite Maschine, aufgrund der bereits geleisteten Konstruktionsarbeiten wahrscheinlich sogar in kürzerer Zeit als beim ersten Versuch, herstellen. Leistung im Sinne des § 275 BGB ist jedoch nicht die einmal vereinbarte Leistungshandlung schlechthin, sondern der von den Parteien beabsichtigte Leistungserfolg. Dieser besteht hier eben nicht in der Herstellung und Lieferung der Schleifmaschine an sich, sondern in ihrem Einsatz im Rahmen einer neuen Fertigungslinie beim Automobilhersteller zu dem bestimmten Zeitpunkt. Diese Leistung ist für jedermann unmöglich. Damit ist S von der Leistungspflicht frei.

Dies wiederum hat Folgen für die geleistete Anzahlung. Braucht S nicht zu leisten, entfällt der Anspruch auf die Gegenleistung, § 326 BGB. Soweit die geschuldete Gegenleistung – hier: Die Anzahlung von 300.000 € – schon bewirkt ist, kann Z sie nach den Vorschriften über den Rücktritt zurückfordern.

Diese auf den ersten Blick für S hart erscheinende Lösung ist Ausfluss des werkvertraglichen Konzepts des BGB. Erst und einzig der unternehmerisch erbrachte Erfolg zählt.

Zweifel an der geschilderten Verteilung der Gefahr können entstehen, wenn die Parteien für die Lieferung von später zu montierenden Ausrüstungsteilen Versendungsklauseln vereinbart haben. Wenn die Lieferung zum Beispiel *fob* erfolgen soll, würde der Besteller die Gefahr von dem Zeitpunkt an tragen, in dem die Lieferteile die Schiffsreling im benannten Verschiffungshafen überschritten haben. Andererseits hätte (nach deutschem Werkvertragsrecht) der Anlagenbauer die Gefahr ohne Unterbrechung bis zur Abnahme des Werkes zu tragen. Wenn die Parteien wirklich ein solches Hin und Her der Gefahrtragung beabsichtigt haben, sind genau die Zeitpunkte vertraglich zu nennen, zu denen die Gefahr von einer Seite auf die andere zurückgeht. Der Vertragstext oder seine Auslegung könnte aber auch ergeben, dass die Vertragspartner eine solche Beeinflussung des Gefahrübergangs gar nicht beabsichtigt sondern die Handelsklausel ohne bestimmte Absicht nur aus Gewohnheit vereinbart haben.

Der Rat

Der Fall zeigt, wie wichtig versicherungsrechtliche Aspekte auch für den Claimsmanager sind, um aus Vertrag oder Gesetz erwachsende Risiken zu begrenzen.

Allerdings hätte S versuchen sollen, wenigstens für Teile seiner Leistung Vergütungsansprüche zu sichern.

Eine Formulierungshilfe bietet § 7 VOB. Anders als nach dem BGB hat dort der Auftragnehmer für die ausgeführten Teile seiner Leistung Anspruch auf Vergütung, wenn die Leistung vor der Abnahme durch höhere Gewalt *(→ force majeure)*, Krieg, Aufruhr oder andere objektiv unabwendbare vom Auftragnehmer nicht zu vertretende Umstände beschädigt oder zerstört wird. Voraussetzung ist allerdings, dass die fraglichen Leistungen mit der baulichen Anlage schon unmittelbar verbunden sind.

Im Hinblick auf diese sachgerechtere Lösung sollte der Maschinen- und Anlagenbauer die Vereinbarung von Werksabnahmen beim Hersteller oder von Teilabnahmen für Lieferungen und Leistungen in die Vertragsverhandlungen einbringen. Im Erfolgsfall kann er auf diese Weise den Gefahrübergang früher bewirken und dementsprechend die wenigstens teilweise Vergütung erhalten oder behalten. Erfahrungsgemäß ist dieser Punkt allerdings schwierig erfolgreich zu verhandeln.

Das Vertragsbeispiel

Gefahrübergang

Soweit nichts anderes vereinbart ist, geht die Gefahr gemäß Incoterms EXW auf den Besteller über, sobald der Liefergegenstand in unserem Werk oder einem anderen von uns benannten Abholungsort zur Verfügung gestellt wird; ist kein Termin vereinbart, werden wir den Besteller in angemessener Weise benachrichtigen, zu welcher Zeit wir den Liefergegenstand zu Verfügung stellen.

Ganz abgesehen davon, dass der Hinweis auf die Incoterms überflüssig ist, wird sich diese Gefahrtragung aus dem Versendungskauf nicht durchsetzen lassen, wenn es nicht um reine Liefergeschäfte geht.

Häufig erwecken Vertragstexte mit einem frühzeitigen Übergang dinglicher Rechte (wie Eigentum oder Besitz) den Eindruck, auch die Vergütungsgefahr ginge zeitgleich über.

Transfer of Title

The Parties hereby agree that title to all equipment, materials and Scope (the Items) to be provided for by the Supplier under the Subcontract and all warrants issued in relation to such Items shall be transferred to the Purchaser at the earlier of delivery or payment in respect thereof... .

Rechtsübergang

Die Parteien vereinbaren, dass die Rechte an allen Ausrüstungsgegenständen, Material und Leistungen (die Lieferung) des Lieferers nach dem Zuliefervertrag und alle deren Verbriefungen auf den Käufer zum jeweils früheren Zeitpunkt von Lieferung oder Zahlung übergehen... .

Typischerweise wird dann allerdings etwas später im Text dieser Eindruck richtig gestellt.

Risk of loss

Notwithstanding the transfer of title pursuant to article ... all risk of damage to or loss of any items shall be borne by and remain with the Supplier until Mechanical Completion.

Gefahr

Trotz des Rechtsübergangs gemäß Artikel ... bleibt das Risiko der Beschädigung oder des Verlustes bis zur mechanischen Fertigstellung beim Lieferer.

Damit bleiben alle Gefahren bis zu dem mit „Mechanical Completion" bezeichneten Vertragszeitpunkt beim Lieferer.

Geltendmachen

Das Projekt

Das mittelständische Unternehmen M hatte die ersten vorsichtigen Schritte zur Einführung eines organisierten → *Claimsmanagement* unternommen. Die Bemühungen erwiesen sich als lohnend, denn in einem von zeitlichen und inhaltlichen Planabweichungen geprägten Projekt konkretisieren sich nun die Notwendigkeiten, Leistungszeitverlängerungen und Kostenerstattung zu beanspruchen.

Der Geschäftsführer von M fragt sich, wie er seine mutmaßlich berechtigten Forderungen praktisch geltend machen soll.

Überlegungen

Beim Vorgehen im Rahmen des Claimsmanagement geht es sowohl um inhaltliche als auch um förmliche Fragen. Darüber ist nicht zu vergessen, dass höchstes Ziel des Claimsmanagement sein sollte, einvernehmliche Vertragsänderungen (Änderungsaufträge) hinsichtlich Zeit, Inhalt und Vergütung durchzusetzen, um die Notwendigkeit zu Claims im engeren Sinn gar nicht erst entstehen zu lassen. Lässt sich dieses Streben nicht verwirklichen und wird ein Claim unvermeidlich, diskutieren in den meisten Fällen verschiedene Zuständigkeitsbereiche im Unternehmen inhaltliche und förmliche Fragen aus der jeweiligen Sichtweise und Erfahrung mit unnötigem Zeitaufwand und unterschiedlichen Ergebnissen. Gleiches gilt für die Abwehr von Claims der Gegenseite. Beide Tätigkeiten haben zwar entgegengesetzte Richtungen. Die weitgehende Identität der Voraussetzungen für Erfolg und Misserfolg rechtfertigt aber eine gemeinsame Betrachtung.

Der Rat

Um das Vorgehen kosten- und zeitsparend zu gestalten, empfiehlt sich im ersten Schritt eine Zweiteilung der nötigen Überlegungen. Sie sollte strategische Fragen einerseits streng vom eigentlichen Aufbau eines Claims andererseits unterscheiden. Der zweite Schritt dient dann der Schaffung von Unterpunkten. Dies eröffnet auch Gelegenheit, Aufgaben zu verteilen und im Unternehmen vorhandene Kenntnisse und Fähigkeiten einzelner oder mehrerer Mitarbeiter punktuell einzusetzen. Für die

Unterpunkte der ersten Gruppe gibt es weder eine verbindliche Zahl noch einen verbindlichen Inhalt. Der folgende Katalog hat sich jedoch in der Praxis als sinnvoll herausgebildet.

- Ist der beabsichtigte Claim berechtigt? Dies ist die Kernfrage; bei einer negativen Beantwortung erledigen sich alle weiteren Bemühungen. Diese Feststellung ist nicht etwa banal. Es gibt gelegentlich Berater, die auch offensichtlich unberechtigte Claims vorzutragen empfehlen und sich berühmen, damit Erfolg gehabt zu haben. Von einer solchen Claimspolitik ist abzuraten, weil sie letztlich der Glaubwürdigkeit und dem Image eines Unternehmens mittelfristig schaden wird.
- Die Frage der Berechtigung eines Claims wird häufig nicht ohne professionellen Rechtsrat zu lösen sein. Das bedeutet aber nicht, dass ein Unternehmen nicht auch mit Bordmitteln die Antwort aus eigener Kraft finden kann. Die Vorgehensweise ist (mit oder ohne juristische Hilfe) in jedem Fall logisch zwingend. Zunächst ist das Tun oder Unterlassen zu konkretisieren, mit dem eine Seite eine vertragliche Verpflichtung nicht eingehalten hat. Hat sie z. B. ihre Leistung oder Gegenleistung gar nicht erbracht, zu spät erbracht, schlecht erbracht, also nicht geliefert, fehlerhaft oder verzögert geliefert? Daran schließt sich die Frage an, ob dieser Vertragspartner für die Nichteinhaltung seiner vertraglichen Verpflichtung eintreten muss. Die Einstandspflicht kann sich aus Gesetz oder Vertrag ergeben, ebenso wie Befreiungsgründe, z. B. eine Risikoverlagerung auf die Gegenseite. Die nächste Frage richtet sich auf die Rechtsfolge des mutmaßlichen Vertragsverstoßes. Deckt Gesetz oder Vertrag bei Vorliegen der Vertragsverletzung die Rechtsfolge, die die vermeintlich berechtigte Partei in Anspruch nehmen will? Zu denken ist hier in erster Linie an Kostenerstattung, vielleicht sogar Erstattung entgangenen Gewinns, oder Leistungszeitverlängerung.
- Eng verbunden mit der Frage nach der Berechtigung des Claims ist die nach seinem Wert. Dieser ist nicht immer einfach zu quantifizieren, insbesondere bei Leistungszeitverlängerungen. Ohne eine Abschätzung aber ist die endgültige Entscheidung über das weitere Vorgehen kaum möglich.
- Die Wertermittlung wird noch schwieriger, wenn die Gegenseite im Sachzusammenhang mit dem Claim oder grundsätzlich aus taktischen Gründen Gegenclaims geltend macht. Bei deren Verhandlung und vor etwaigen Vergleichen ist unbedingt der eigene Versicherer einzubeziehen, weil möglicherweise Zugeständnisse nicht policenkonform sein können und damit Verlust des Versicherungsschutzes droht. Gleiches kann bei einem Schiedsspruch gelten, weil Versicherungen häufig nur von staatlichen Gerichten zuerkannte Schadensersatzansprüche decken.

- Weitere Überlegungen beziehen sich auf den Adressaten des Anspruchs. Richtet er sich gegen eine größere, im Claimsmanagement erfahrene Firma, die sich unter Umständen professioneller Unterstützung durch Dritte bedient? Oder geht es um ein kleineres Unternehmen, das weder nennenswerte Erfahrungen noch Personalkapazitäten hat, um eine Auseinandersetzung in Kauf zu nehmen? Die Antwort muss nicht ausschlaggebend für das Vorgehen sein, wird aber bei der Einschätzung des für die eigene Seite zu erwartenden Aufwands nützlich sein.
- Wie ist mein eigenes Haus aufgestellt? Unter diesem Punkt ist eine schonungslose Analyse der eigenen Möglichkeiten unabdingbar. Dazu gehört die Einschätzung der Bereitschaft der Unternehmensleitung, notfalls im Klageweg vorzugehen oder mit dem Kunden zu brechen wie auch die Abschätzung der Kapazitäten, die bei der Verfolgung des Claims dem Unternehmen an Produktivität verloren gehen. Selbst bei Inanspruchnahme kompetenter Dritter bleibt immer noch eine erhebliche zeitliche und nervliche Belastung beim eigenen Personal.
- In deutlichem Zusammenhang mit der soeben erörterten Frage steht die nach den mittelbaren Folgen der Geltendmachung des Claims. Hier sind einerseits Verschlechterung der Kundenbeziehungen, vielleicht sogar Verluste von Nachfolgeaufträgen zu befürchten. Das wäre bei nur gelegentlich oder einmalig bestellenden Auftraggebern schon ärgerlich genug, ist bei guten Kunden aber besonders schmerzlich. Hinzu kommen die Zwänge bei strategischen Projekten, mit denen das Unternehmen etwa einen neuen Markt erschließen oder ein Referenzprojekt durchführen will. Auf der positiven Seite der mittelbaren Folgen ist aber nicht zu vergessen, dass ein für die Gegenseite nachvollziehbares Claimsmanagement Teil eines professionellen und glaubwürdigen Unternehmensbildes ist. Es vermittelt dem Gegenüber das Gefühl, dass er für die ihm geschuldete Leistung einen angemessenen Preis entrichtet, der nicht noch Spielraum für Erweiterungen zeitlicher oder inhaltlicher Art enthält. Verzichtet ein Unternehmen von vornherein auf Claims, muss dem Vertragspartner klar sein, dass er die Ergebnissicherung gegen Widrigkeiten des Projektverlaufs wahrscheinlich schon im Preis entrichtet hat. Ein faires Claimsmanagement ist Basis für die Einsicht, dass der Kunde zwar Änderungswünsche äußern kann, aber dafür die zeitlichen und finanziellen Folgen tragen muss.
- Schließlich ist zu bedenken, in welcher äußeren Form der Claim zu präsentieren ist. Obwohl Schriftform nicht erforderlich ist, sollte sie unbedingt aus Beweisgründen eingehalten werden. Weitere Formerfordernisse können sich aus dem Vertrag ergeben. Im Übrigen aber ist die Präsentation eher eine Form des diplomatischen Geschicks. Um die wahrscheinlich zum Zeitpunkt der Stellung des Claims schon angespannte Situation nicht noch zu verschärfen, sollte die Darstellung sachlich und bar jeder Polemik sein. Die Autoren müssen sich stets vor Augen halten, dass sie die Vertragspartnerschaft fortsetzen, nicht abbrechen wollen. Andernfalls könnten sie ohne Umweg sofort den Rechtsweg beschreiten.

Der andere Bereich der Zweiteilung betrifft den Aufbau des Claims selbst. Auch für ihn gibt es zwar keine feststehenden Regeln. Ein Claim unterliegt deshalb – solange nicht Klage erhoben ist – nicht den förmlichen Anforderungen einer Klageschrift wie etwa nach der deutschen Zivilprozessordnung. Die Anforderungen in der Praxis legen jedoch einen Aufbau mit den folgenden Punkten nahe. Dabei kann auf einige der oben geschilderten strategischen Überlegungen zurückgegriffen werden.

- Um dem Leser der Claimsschrift aus der Fülle der Vorgänge im Projekt die konkret interessierenden herauszufiltern, empfiehlt es sich, mit einem bestimmten Ereignis als Anstoß für eine Entwicklung zu beginnen. Dies wird im Allgemeinen ein Vorgang sein, der zunächst durchaus noch keinen dramatischen Umfang haben muss (z. B. ein kurzfristiger Stromausfall).
- Im nächsten Schritt richtet sich die Darstellung auf die Auswirkungen dieses Ereignisses (z. B. Stillstandszeiten von elektrisch beschriebenen betriebenen Maschinen oder Aggregaten mit Zeitverlust für ihr neues Anfahren). Das Augenmerk in der Darstellung ist hier besonders auf Schwächen zu richten, die den Zusammenhang zwischen Anstoß und Auswirkung betreffen. Denn die Gegenseite wird, wenn sie schon nicht den geschilderten Anstoß selbst bestreiten kann, die Auswirkungen angreifen (z. B. mit dem Argument, die Maschinen hätten ohnehin nicht störungsfrei gearbeitet).
- Kern des Claims ist das, was die Juristen als Anspruchsgrundlage bezeichnen. Darunter ist der rechtliche Grund zu verstehen, auf den sich der Claim stützt. Dies kann sowohl eine vertragliche Vereinbarung als auch ein Gesetz sein. Dabei ist sorgfältig zu prüfen, ob der konkrete Sachverhalt die einzelnen Bestandteile der als Stütze herangezogenen vertraglichen oder gesetzlichen Regelung deckt.
- Der nächste Punkt betrifft die genaue Beschreibung des Ausmaßes der Folgen (z. B. den Zeitverlust in Tagen oder die zusätzlichen Kosten). Pauschalangaben sind wenig hilfreich, denn die Gegenseite wird handfeste quantifizierte Angaben verlangen (also z. B. nicht Stundensätze für Personal sondern tatsächlich angefallene Personalkosten).
- Schließlich ist in jedem der dargestellten Punkte davon auszugehen, dass die Gegenseite grundsätzlich das Recht hat, alle Vorgänge, Zusammenhänge und Folgen zu bestreiten. Deshalb ist unabdingbar, für diesen Fall Beweise anzubieten (z. B. durch Fotos, Zeugen, Sachverständige, Dokumente). Hier wird wichtig, bei wem die → *Beweislast* liegt. Bestreiten schlechthin hilft dem Bestreitenden nur weiter, wenn die Beweislast nicht auf ihn übergeht oder er seinerseits erfolgreich Beweis anbieten kann. Besonders dieser Punkt macht die Forderung deutlich, dass ein Unternehmen einen Claim nur stellen sollte, wenn er qualitativ den Anforderungen einer Klage ent-

spricht. Das bedeutet nicht, dass jedem nicht durchgesetzten Claim immer eine Klage folgen muss. Aber die Ernsthaftigkeit des Claims wird auf der Gegenseite dann nicht bestritten werden, wenn der Fordernde wenigstens mit einiger Aussicht auf Erfolg klagen könnte. Wenn aber schon diese Aussicht gar nicht besteht (unabhängig von der Frage ihrer Realisierung), dürfte dem Claim kein Erfolg beschieden sein.

- Die Gespräche der Vertragspartner sollten schließlich in eine Endverhandlung münden, deren Ergebnis die bei den Parteien bestehende Unsicherheit über den Claim beseitigt. Denkbar sind Anerkennung, Ablehnung oder Vergleich. Um überhaupt zu einem Ergebnis zu gelangen, sollten an der Endverhandlung nur Abschlussberechtigte teilnehmen; ansonsten besteht die Gefahr, das die Verhandlungen sich endlos strecken, ohne die für das Projekt oft nötige Klarheit herzustellen. Das Ergebnis ist in einem Protokoll festzuhalten, das den im Vertrag vorgesehenen Anforderungen genügen muss. Bei Geltung anglo-amerikanischen Rechts ist zusätzlich zu beachten, dass zur Wirksamkeit jeden Verzichts der einen Seite eine *consideration* (Gegenleistung) durch die andere Seite gegenüber stehen muss.

Das Vertagsbeispiel

AGREEMENT

between

Sorglos GmbH, ... (the "SUPPLIER") and

Pingelig GmbH, ... (the "PURCHASER")

made on December 24, 2006.
The SUPPLIER and the PURCHASER (the "PARTIES") are parties to the contract for delivery and erection of a ... plant (the "CONTRACT"), dated June 6, 2006.

The PARTIES have presented claims for additional works and services provided to each other which have not been settled yet.
Except as expressly provided for in this AGREEMENT, this AGREEMENT does not replace, affect, increase, reduce or set aside any of the PARTIES' obligations under the CONTRACT and the existence of and nothing in this AGREEMENT shall be taken to be a waiver of or impairment to any PARTY's right or obligations under the Contract unless expressly provided for herein.

The PARTIES agree that the SUPPLIER shall not be liable for any liquidated damages as described in Art. ... of the Contract.

The PARTIES agree that all mutual claims have been settled. This expressly includes all existing claims, whether presented or not, for events up to the date of this AGREEMENT.

The PARTIES agree that PURCHASER will pay to SUPPLIER, upon receipt of a respective invoice, an amount of EUR 111.000 (onehundredeleventhousand) net of VAT as compensation for settlement of all mutual claims as set out in Art. 5 of this AGREEMENT.

This AGREEMENT becomes effective upon signature by the PARTIES.

This AGREEMENT contains all agreements reached between the PARTIES with respect to the subject matters of this AGREEMENT. Any amendments or supplements to this AGREEMENT as well as any waiver of any rights under this AGREEMENT shall be in writing to be effective.

This AGREEMENT shall be governed by the laws stated in Art. ... of the CONTRACT.

Any dispute arising out of or in connection with this AGREEMENT shall be finally and exclusively settled by arbitration in accordance with Art. ... of the Contract.

SUPPLIER.. PURCHASER..

VEREINBARUNG

zwischen

Sorglos GmbH, ... („der Lieferer") und

Pingelig GmbH, ... („der Besteller")

vom 24.12.2006

Lieferer und Besteller („die Parteien") haben am 06. 06. 2006 einen Vertrag (den „Vertrag") über Lieferung und Errichtung einer ... Anlage geschlossen.

Die Parteien haben gegeneinander bisher nicht geregelte Claims für zusätzliche Lieferungen und Leistungen geltend gemacht.

Soweit nicht ausdrücklich in dieser Vereinbarung vorgesehen, ersetzt, berührt, vergrößert, reduziert oder beseitigt sie keine der Verpflichtungen der Parteien aus dem Vertrag. Nichts aus dieser Vereinbarung ist als Verzicht oder Verkürzung eines Rechts einer der Parteien aus dem Vertrag anzusehen, soweit die Vereinbarung nicht ausdrücklich etwas anderes vorsieht.

Die Parteien sind darüber einig, dass der Lieferer keine Liquidated Damages wie nach Art. ... des Vertrages schuldet.

Die Parteien vereinbaren, dass alle gegeneinander erhobenen Ansprüche geregelt sind. Dies schließt alle bestehenden Claims (ob geltend gemacht oder nicht) bis zum Abschlussdatum dieser Vereinbarung ein.

Die Parteien vereinbaren, dass der Besteller dem Lieferer gegen Erhalt einer entsprechenden Rechnung einen Betrag von 111.000,00 € netto als Abgeltung aller gegeneinander erhobenen Claims nach Art. 5 dieser Vereinbarung zahlt.

Diese Vereinbarung wird mit Unterschrift durch die Parteien wirksam.

Diese Vereinbarung enthält alle zwischen den Parteien erzielten Vereinbarungen bezüglich der Hauptpunkte dieser Vereinbarung. Alle Ergänzungen oder Anhänge zu dieser Vereinbarung bedürfen ebenso wie jeglicher Verzicht auf ein Recht aus dieser Vereinbarung zu ihrer Wirksamkeit der Schriftform.

Diese Vereinbarung soll dem Recht des in Art. ... des Vertrags genannten Landes unterliegen.

Alle Streitigkeiten aus oder in Verbindung mit dieser Vereinbarung regelt ausschließlich und endgültig ein Schiedsgericht gem. Art. ... des Vertrags.

Lieferer .... Besteller ....

Genehmigungsvermerk

Das Projekt

Der Pumpenhersteller P hatte Zeichnungen seines Zulieferers Z für die Herstellung von Antriebsmaschinen und Getrieben genehmigt. Bei der Lieferung stellt sich heraus, dass das Anlagenteil zwar nach den Zeichnungen hergestellt worden ist, diese aber Fehler enthält, die P übersehen hat.

Als der Endkunde P in Anspruch nimmt, überlegt dieser, ob er die Kosten der Mängelbeseitigung als Claim an Z weitergeben kann.

Überlegungen

Z wird den Claim mit dem Hinweis auf den Genehmigungsvermerk von P zurückweisen. Bei diesem würde es sich nämlich um ein Abnahme der Teilleistung „Zeichnung" durch P handeln. Mit der Genehmigung hat er die Leistung als insoweit vertragsgerecht gebilligt. Solche Genehmigungen sind sowohl im Verhältnis zwischen Endkunden und dessen Auftragnehmer als auch zwischen diesem und dem Zulieferer in verschiedenen Formen gebräuchlich.

- Zeichnung genehmigt
- Zeichnung anerkannt
- In Zeichnung alle Maße geprüft und genehmigt
- Zeichnung unter Berücksichtigung der eingetragenen Änderung genehmigt
- In Zeichnung Ausführungsform genehmigt

Der Rat

Für den Genehmigenden besteht häufig das Bedürfnis, die Wirkung der Genehmigungserklärung abzuschwächen, um sein Risiko zu beschränken. Der Genehmigungsempfänger bedarf dagegen der Sicherheit; er möchte auf die Erklärung seines Auftraggebers bauen können, dass die Zeichnung als Grundlage für die Fertigung dienen kann.

Die vertraglichen Vereinbarungen sollten diesem Interessengegensatz Rechnung tragen.

Er beschränkt sich nicht auf die Genehmigungen von Zeichnungen, sondern besteht in allen Bereichen, in denen ein Vertragspartner die verläßliche Erklärung des anderen als Grundlage für weiteres Vorgehen im Rahmen des Vertrags benötigt.

Das Vertragsbeispiel

The Seller acknowledges that the Buyer is not obliged to inspect the merchandise upon reception and waives the right to demand that the Buyer conduct such inspections. Consequently, the fact that the material has not been inspected by the Buyer, the Buyer has not declared any complaints about it or even has accepted it will not release the Seller from any type of liability for the defective product or service.

Der Verkäufer hält den Käufer nicht für verpflichtet, die Ware bei Empfang zu untersuchen und verzichtet auf das Recht, vom Käufer solche Untersuchungen zu verlangen. Infolgedessen binden nicht vorgenommene Untersuchungen des Materials durch den Käufer, nicht erklärte Beanstandungen oder sogar erklärte Abnahmen den Verkäufer nicht von seiner Verantwortlichkeit für fehlerhafte Produkte oder Dienstleistungen.

Hier hat sich der Käufer dem Verkäufer gegenüber in besonders eklatanter Weise von der Verbindlichkeit seiner Erklärung selbst im Fall einer Abnahme freigezeichnet. In Allgemeinen Geschäftsbedingungen wäre eine solche Klausel jedenfalls, in einer vertraglichen Individualvereinbarung mit einiger Wahrscheinlichkeit unwirksam. Sie verstößt gegen den in den meisten Rechtsordnungen der westlichen Welt verankerten Grundsatz, dass man sich sein offensichtliches Tun oder Unterlassen zurechnen lassen muss und ein „venire contra factum proprium“, ein eigener vorangegangener Verhaltensweise entgegenstehender Anspruch, rechtlich keinen Erfolg haben kann. Gleichwohl sind solche Klauseln im Investitionsgütergeschäfts national wie international durchaus üblich.

Neither the updating of Contractor's work schedule, nor the submission, updating, change or revision of any other report or schedule submitted to Buyer by Contractor under this Contract, nor Buyer's review or approval of any such report or schedule submitted to Buyer by Contractor under this Contract, shall have the effect of amending or modifying, in any way, the scheduled Completion Date or Critical Milestone Dates or of modifying or limiting in any way Contractor's obligations under this Contract.

Weder die Anpassung des Arbeitsplans des Auftragnehmers noch die Vorlage, Anpassung, Änderung oder Überarbeitung eines anderen vom Auftragnehmer dem Käufer vorgelegten Berichts oder Plans noch die Überarbeitung oder Genehmigung eines solchen dem Käufer vom Auftragnehmer vorgelegten Berichts oder Plans bewirkt irgendeine Ergänzung oder Änderung des nach diesem Vertrag geplanten Erfüllungszeitpunkts oder von Zeitpunkten entscheidender Meilensteine noch irgendeine Änderung oder Beschränkung der vertraglichen Verpflichtungen des Auftragnehmers.

Diese im Fall einer eventuell notwendigen Verlängerung der Leistungszeit wichtige Klausel macht mit ihrer Freistellung von der Verbindlichkeit selbst ausdrücklichen Verhaltens des Käufers deutlich, dass der Auftragnehmer ganz und gar auf eine entsprechende förmliche Vertragsänderung *(change order)* angewiesen ist. Er muss die dafür im Vertrag hoffentlich festgelegte Vorgehensweise berücksichtigen.

Gesprächsprotokoll

Das Projekt

Die Luftikus GmbH, ein Spezialist für industrielle Lufttechnik, hatte sich Z gegenüber zur Lieferung von dachmontierten Zuluft- und Abluftanlagen für eine Zellstofffabrik verpflichtet. Im Laufe der Vertragsabwicklung entstanden unterschiedliche Auffassungen über die Verpflichtung zur Lieferung der Unterkonstruktion. L war der Auffassung, sie hätte bauseits zu erfolgen, Z meinte, die Unterkonstruktion gehöre selbstverständlich zum Lieferumfang von L. Ohne Unterkonstruktion kann L aber nicht montieren, die Abwicklung des Projekts verzögert sich dadurch.

Es finden verschiedene *„coordination/clarification meetings"* statt. Schließlich übernimmt L „unter Aufrechterhaltung seiner Rechtsposition" in einem als *„Minutes of Meeting"* bezeichneten, standardisierten Gesprächsprotokoll die Lieferung der Unterkonstruktion.

Später von L geltend gemachte Zeit- und Kostenclaims lehnt Z mit der Begründung ab, über die Verpflichtung zur Lieferung habe man sich zwar geeinigt, nicht aber über die daraus folgenden rechtlichen Konsequenzen.

Überlegungen

L hält es zunächst für selbstverständlich, dass Z eine zusätzliche Lieferung bezahlt, die zunächst nicht im Pflichtenkreis von L lag. Schließlich kommen L aber doch Zweifel, weil er sich lediglich das Festhalten an seiner Rechtsposition vorbehalten hat, über die allerdings noch nicht endgültig entschieden war.

Im Nachhinein wird L klar, dass es besser gewesen wäre, wenn er sich das Entgegenkommen mit einer eigentlich nicht L obliegenden Lieferung durch eine eindeutige Vereinbarung bezüglich Vergütung und Lieferzeitverlängerung vertraglich festschreiben zu lassen.

Der Rat

Die lange Abwicklungszeit und die Komplexität vieler Projekte haben meist eine Vielzahl von Gesprächen (insbesondere technischen Inhalts) zur Folge. Diese Gespräche konkretisieren den Projektfortschritt und sind für das weitere Verhalten der Beteiligten meist unabdingbar. Die Teilnehmer machen sich allerdings häufig keine Vorstellungen von den Folgen, die die getroffenen Klärungen, Abmachungen, Vereinbarungen oder Zugeständnisse für das Vertragverhältnis haben können. Die Wirkung eines Protokolls dieser Gespräche kann von einer unerheblichen Festlegung eines technischen Details bis zu einer zeit- und kostenträchtigen Vertragsänderung gehen. Da die Begriffe „Gesprächsprotokoll" oder „Besprechungsbericht" in keiner Rechtordnung eindeutig besetzt sind, sollten die Vertragspartner im Vertrag den Charakter solcher Protokolle und ihre Auswirkungen auf das Projekt regeln. Dies geschieht meist in → *Definitionen* vor dem eigentlichen Vertragstext oder in einem Abschnitt, der sich mit → *Mitteilungen der Vertragspartner* untereinander befasst.

Für den Claimsmanager ist wichtig, dass der Vertrag den Zusammenhang zwischen Inhalt, Beteiligten, Form und Verbindlichkeit eines Gesprächsprotokolls regelt, um die Handhabung des Instruments im Rahmen des Claimsmanagement einschätzen zu können. Aus diesen Regelungen sollte sich auch ein Schluss auf den Einsatz als Beweisstück in einem eventuellen Verfahren ergeben.

Von den Gesprächsprotokollen zu unterscheiden sind technische Protokolle, die den Zustand einer Maschine oder Anlage zu einem bestimmten Zeitpunkt festhalten sollen. Sie kommen am häufigsten in Form von Inspektions- oder Abnahmeprotokollen vor. Regelungsbedürftig bei ihnen sind zum einen das der Protokollierung vorausgehende Verfahren (Voraussetzung, Beteiligte, zu prüfende Parameter), zum anderen die Form und schließlich die Rechtsfolgen des Protokolls.

Das Vertragsbeispiel

Meetings to review progress and discuss matters relating to the Works shall be held on a regular basis on dates to be fixed by the Project Manager. The contractor also may request that a meeting be held at another time if the circumstances require it, and the Project Manager shall not unreasonably reject such a request. Meetings shall be attended by the Project Manager or the Project Manager's Representative and by the Contract Manager or Site Manager and may be attended by other persons, including representatives of Subcontractors, as appropriate.

The Project Manager shall provide a minute secretary for each meeting. Within seven days of the meeting the Project Manager shall give three copies of the minutes signed by him to the Contract Manager. If the Contract Manager accepts the minutes as a sufficient and accurate record, he shall sign one copy and return it to the Project Manager within a further seven days. If not, the Contract Manager shall agree any modifications with the Project Manager and the amended copies shall be signed by both of them. If agreement cannot be reached upon any modification to the minutes, the disagreements remaining shall be noted in writing and attached to all copies of the minutes.

Only minutes signed by both the Contract Manager and the Project Manager shall constitute approved minutes for the purposes of Subclause...

Treffen zur Überprüfung des Fortschritts und zur Erörterung von Angelegenheit bezüglich der Arbeiten finden in regelmäßigen Abständen nach Festlegung durch den Projektmanager statt. Der Anlagenbauer kann verlangen, dass die Treffen zu einem anderen Termin stattfinden, wenn die Umstände es erfordern; der Projektmanager darf ein solches Ersuchen nicht grundlos zurückweisen. An den Treffen nehmen der Projektmanager oder sein Vertreter, der Vertragsmanager oder der Baustellenleiter oder weitere Personen einschließlich, einschließlich Vertreter der Zulieferer, soweit angemessen, teil.

Der Projektmanager stellt einen Protokollführer für jedes Treffen. Sieben Tage nach dem Treffen gibt der Projektmanager drei Kopien des von ihm gezeichneten Protokolls dem Vertragsmanager. Erkennt dieser das Protokoll als hinreichenden und korrekten Bericht an, unterzeichnet er eine Kopie und gibt sie innerhalb weiterer sieben Tage an den Projektmanager zurück. Anderenfalls einigen sich Vertragsmanager und Projektmanager auf die Änderungen, und die ergänzten Kopien werden von beiden abgezeichnet. Kommt keine Einigung über die Änderungen zustande, sind die verbleibenden unterschiedlichen Auffassungen schriftlich allen Kopien der Protokolle beizufügen.

Nur vom Vertragsmanager und Projektmanager gezeichnete Protokolle stellen genehmigte Protokolle im Sinne von Klausel ... dar.

Besprechungsberichte gelten als verbindlich, sofern nicht innerhalb von fünf Arbeitstagen nach Verteilung des Entwurfs schriftlich beim Ersteller widersprochen wird.

Alternativ hierzu können die Besprechungsberichte bei der nächsten Besprechung durchgesprochen und als verbindlich bestätigt werden.

Diese im Vergleich zum vorherigen Beispiel kurze und übersichtliche Regelung schafft wegen der widersprüchlichen Alternative eher Verwirrung.

Haftungsbeschränkung

Das Projekt

Der Kunde K hatte starkes Interesse an der bisher nur im Labormaßstab erprobten Spezialanlage. Anbieter A sieht die einmalige Chance, den Markt mit einem großen technischen Schritt nach vorn zügig zu erobern. Allerdings bereitet ihm Sorgen, dass die auf der Anlage gefertigten Produkte angesichts der noch nicht vorhandenen praktischen Erprobungen K nicht rechtzeitig, nicht in der nötigen Stückzahl oder nicht in der erforderlichen Qualität zur Verfügung stehen könnten. Außerdem könnten bei einer Errichtung der Anlage Schäden entstehen.

A sieht die Lösung des Problems in einer weitgehenden Haftungsbeschränkung zu Gunsten seines Unternehmens.

Überlegungen

Die Möglichkeit, auf die Ausgestaltung der Haftung im Rahmen eines Vertrags Einfluss zu nehmen, folgt eigentlich schon aus dem Prinzip der Vertragsfreiheit. Für das deutsche Recht legt § 276 BGB einschränkend fest, dass der Schuldner Vorsatz und Fahrlässigkeit zu vertreten hat, „wenn eine strengere oder mildere Haftung weder bestimmt noch aus dem sonstigen Inhalt des Schuldverhältnisses ... zu entnehmen ist". Haften bedeutet hier das vertragliche Verpflichtetsein, Schulden, Einstehenmüssen.

Danach sind Haftungsbeschränkungen (auch Haftungsbegrenzungen oder Freizeichnungen genannt) bis hin zum Haftungsausschluss grundsätzlich möglich. Auch der anglo-amerikanische Rechtskreis kennt die *limitation of liability* bis zu deren *exclusion*.

Das Problem der Gestaltung von Haftungsbeschränkungen besteht darin, die Grenzlinie zu finden, diesseits derer die jeweilige Rechtsordnung die vertragliche Regelung noch anerkennt und jenseits derer die Anerkennung versagt bleibt. Für den zuletzt genannten Fall taucht noch das zusätzliche Problem auf, ob die Rechtsordnung dann die gesamte Regelung (mit der Konsequenz der Geltung des Gesetzes) verwirft oder sie wenigstens (z. B. durch die Rechtsprechung) soweit reduziert, dass noch eine Restwirkung erhalten bleibt.

Der Rat

Der oben geschilderte Grundsatz verführt im Tagesgeschäft häufig dazu, Haftungsbeschränkungen zu weit auszudehnen. Für den nicht geschulten Entwerfer eines Vertrags ist nicht ohne weiteres ersichtlich, wo die zitierten Grenzen für die Wirksamkeit einer Vereinbarung liegen. Die Haftung für Vorsatz wird nicht auszuschließen sein, selten die für grobe Fahrlässigkeit, wohl aber die für leichte Fahrlässigkeit. Die Akzeptanz der Gegenseite ist nur ein Indiz für die Vereinbarung der Bestimmung, nicht für deren rechtliche Geltung. Bei hinreichender Kaltblütigkeit kann der Vertragspartner sogar im Wissen auf die rechtliche Unwirksamkeit der Vereinbarung diese akzeptieren und später diese für ihn günstige Rechtsfolge der Haftungsbeschränkung entgegenhalten.

Ein weiterer häufig begangener Fehler ist die pauschale Behandlung von Freizeichnungen. Die meisten Rechtsordnungen neigen dazu, Haftungsbegrenzungen nur für den im Vertrag jeweils behandelten Haftungstatbestand anzuerkennen. Damit soll sichergestellt werden, dass der Vertragspartner sich über den Umfang eines jeden einzelnen Haftungstatbestands klarer ist.

Vertragliche Haftungsbeschränkungen bedürfen grundsätzlich keiner Form und können deshalb auch stillschweigend erfolgen. Im deutschen Recht ist diese Möglichkeit nur für den Bereich der einfachen Fahrlässigkeit anerkannt. Der vertraglich beabsichtigte Haftungsausschluss kann sich dann konkludent aus den Umständen oder im Wege ergänzender Vertragsauslegung ergeben.

Die genannten Fehler wiegen umso schwerer, wenn sie sich in Allgemeinen Geschäftsbedingungen niederschlagen. Der Grund liegt in den höheren Anforderungen, die die meisten Rechtsordnungen – das deutsche Recht in den §§ 305 ff BGB – an die Geltung von AGB stellen.

Besonders Haftungsbeschränkungen sollten deshalb durch ausgewiesene Praktiker überprüft werden. Ob dazu in jedem Fall externe Expertise hinzuzuziehen ist, hängt von Größe und Erfahrung des jeweiligen Unternehmens ab.

Das Vertragsbeispiel

Haftung

Die Haftung des Kontraktors für Schäden, die bei oder anlässlich der Erfüllung der vertraglichen Leistungen entstehen, ist begrenzt auf die gem. Ziffer ... abzuschließenden Versicherungen.

Der Kontraktor stellt AG von sämtlichen Schadensersatzansprüchen Dritter frei, die durch schädigende Einwirkungen des Kontraktors oder seiner Gehilfen entstanden sind, mit der Maßgabe, dass sich diese Freistellungspflicht auf die gemäß Ziffer ... abzuschließenden Versicherungen beschränkt.

Der Kontraktor übernimmt nur diejenigen Gewährleistungen, Garantien und Haftungen, die in diesem Vertrag ausdrücklich – und nicht nur durch Verweis – vorgesehen sind. Eine darüber hinausgehende Haftung des Kontraktors, gleich, aus welchem Rechtsgrund, ist ausgeschlossen. Der Kontraktor haftet keinesfalls für indirekte und Vermögensschäden, gleich, welcher Art.

Haftungsbeschränkung:

Die Haftung jeglicher Art durch A und seine Beauftragten ist auf die von A gelieferten Produkte beschränkt.

Bei Warenlieferungen sowie bei Engineering-Aufträgen haftet A maximal mit der vereinbarten Auftragssumme.

Der Ersatz von Schäden, die nicht an dem Liefergegenstand selbst entstanden sind, ist außerderhalb der Haftpflichtversicherung von A ausgeschlossen.

A übernimmt grundsätzlich keine Haftung für Produktionsausfallkosten, entgangenen Gewinn sowie Verzugsschäden.

Diese Regelungen sind wegen der – unausgesprochenen – Erstreckung des Haftungsausschlusses auch für vorsätzliches Handeln zu weitgehend. Ein Gericht könnte sie deshalb für unwirksam erachten. Folge wäre die gesetzliche Haftung, die auch das Einstehen für entgangenen Gewinn umfasst.

Soweit dieser Vertrag keine andere ausdrückliche Regelung trifft, ist eine Haftung für Schäden aus Produktionsausfall und entgangenem Gewinn ausgeschlossen, es sei denn, dass diese Schäden durch Versicherungen gemäß Artikel ... abgedeckt sind. Die Haftungsbegrenzung gilt nicht bei grob fahrlässigem oder vorsätzlichem Verhalten der Geschäftsführung des AN. Die Beweislast hierfür obliegt dem AG.

Diese Bestimmung ist wegen der vernünftigen Beschränkung der Haftungsbegrenzung wirksam.

Ob die folgende weitgefasste Ausschlussklausel wirksam ist, hängt von der auf den Vertrag anzuwendenen Rechtsordnung ab. Sie ist indes international durchaus üblich – womit über ihre Rechtsbeständigkeit allerdings wenig gesagt ist.

Under no circumstances, shall the Contractor's maximum aggregate liability to the Owner in connection with or arising out of the Contract, irrespective of its legal basis or otherwise exceed an amount of five per cent (5%) of the Total Contract Price.

Neither Party shall be liable to the other Party for any indirect and/or consequential loss or damage including but not limited to loss of profits, loss of contracts, loss of production.3

In keinem Fall wird die Gesamtverantwortlichkeit des Anlagenbauers gegenüber dem Auftraggeber aus dem Vertrag oder im Zusammenhang damit unabhängig von ihrer rechtlichen Grundlage oder aus sonstigem Grund den Betrag von fünf Prozent (5%) des Vertragspreises übersteigen.

Keine Partei ist der anderen gegenüber für irgendwelche indirekten und/oder Folgeschäden oder Verluste einschließlich aber nicht beschränkt auf entgangenen Gewinn, Auftragsverlust, Produktionsausfall verantwortlich.

Die folgende Formulierung dürfte eher Bestand haben, weil der Haftungsausschluss sich nicht auf Fahrlässigkeit erstreckt.

The Contractor and his servants, agents and subcontractors shall only be liable for damage to property and injury to persons caused by their negligence in the performance of the contractual obligations and within the limits within which the German insurance companies normaly grant coverage; the liability shall be limited to ...% of the contract price but shall not exceed one million EUR in each case. Any further claims or rights on the part of the Employer, especially as to loss of production or of profit or any other consquuential damage shall be excluded.

Der Anlagenbauer und seine Erfüllungsgehilfen, Vertreter und Zulieferer sind für Schäden an Eigentum und Verletzung von Personen nur insoweit haftbar, wie diese auf Fahrlässigkeit bei Erfüllung vertraglicher Pflichten und im Rahmen dessen liegen, was deutsche Versicherungsgesellschaften üblicherweise abdecken. Die Verantwortlichkeit soll der Summe nach auf die Höhe des Vertragspreises beschränkt sein, in jedem einzelnen Fall aber eine Million EUR nicht übersteigen. Alle weiteren Claims oder Rechte des Auftraggebers, insbesondere in Form von Produktions- oder Gewinnausfall oder jeder andere Folgeschaden ist ausgeschlossen.

Die Klausel deckt zugleich auch die Arbeitnehmer und Vertreter des Unternehmens sowie die Subunternehmer, die sonst der Kunde direkt und unbegrenzt in Anspruch nehmen könnte.

Incoterms

Das Projekt

Zwei deutsche exporterfahrene Unternehmen – beide Töchter von Konzernen aus den USA – hatten einen Inlandsvertrag über die Lieferung einer Maschine geschlossen. Als Lieferklausel hatten sie auf Vorschlag des Käufers CIP Incoterms 2000 vereinbart.

Aufgrund einiger vom Käufer gewünschte Änderungen in der Auslegung der Maschine ändern sich die Transporterfordernisse mit erheblichen Kostenfolgen. Der Käufer weigert sich mit Verweis auf die Vereinbarung *„Carriage and Insurance paid to"* – frachtfrei versichert benannter Bestimmungsort –, die Mehrkosten zu tragen. Erbost verlangt der Verkäufer daraufhin nunmehr Erstattung nicht nur der Mehrkosten sondern aller Transportkosten vom Käufer.

Überlegungen

Der Verkäufer hält die Vereinbarung der Incoterms für unwirksam, da sie für den internationalen Verkehr bestimmt und bei dem vorliegenden Inlandsgeschäft nur aus Gewohnheit in den Vertrag gelangt seien. Außerdem hätte der Verkäufer die Vereinbarung der Incoterms wegen ihrer unauffälligen Erwähnung im Vertrag nicht richtig zur Kenntnis nehmen können. Da sie als Allgemeine Geschäftsbedingungen zu qualifizieren seien, seien sie somit nicht Vertragsbestandteil geworden. Deshalb müsste eigentlich § 448 BGB gelten, wonach der Käufer die Kosten der Versendung der Sache zu tragen habe.

Die Position von V ist nicht zu halten. Trotz ihrer hauptsächlichen Bestimmung für das grenzüberschreitende Geschäft sind die Incoterms auch für Inlandsverträge anwendbar. Sie gelten zwar als AGB und unterliegen deshalb bei Anwendung deutschen Rechts der Überprüfung nach den §§ 305 ff BGB, die sich sehr streng mit der Gestaltung rechtsgeschäftlicher Schuldverhältnisse durch AGB befassen. Allerdings sehen sie vor, dass auf die im Handelsverkehr geltenden Gewohnheiten angemessen Rücksicht zu nehmen ist. Zu ihnen gehört die Verwendung von Handelsklauseln wie die bezeichnete. Die Vereinbarung der Incoterms zwischen Unternehmen dürfte deshalb grundsätzlich wirksam sein.

Die drohenden Mehrkosten hätte V vor Erledigung der Kundenwünsche dem Käufer gegenüber in einem Änderungsauftrag berücksichtigen müssen.

Der Rat

Die Incoterms sind das offizielle Regelwerk der Internationalen Handelskammer (International Chamber of Commerce) zu Handelsklauseln. Nach den eigenen Erläuterungen der ICC ist es Zweck der Incoterms, internationale Regeln zur Auslegung der hauptsächlich verwendeten Vertragsformeln in Außenhandelsverträgen aufzustellen. Sie sollen Unsicherheiten, die durch die unterschiedliche Interpretation solcher Klauseln in den verschiedenen Ländern entstehen, vermeiden oder zumindest erheblich einschränken.

Trotz der Bedeutung des Regelwerks der ICC wirken die Incoterms nicht automatisch zwischen den Parteien, sondern bedürfen zu ihrer Verbindlichkeit der ausdrücklichen Aufnahme in den Vertrag.

Die Incoterms beziehen sich ausschließlich auf das Verhältnis zwischen Käufer und Verkäufer bezüglich einiger ganz bestimmter Punkte eines Kaufvertrags. Zu nennen sind etwa die Verpflichtung des Verkäufers, die Ware dem Käufer zur Verfügung zu stellen, sie zur Beförderung zu übergeben oder sie zum Bestimmungsort zu liefern sowie die Risikoverteilung in diesen Fällen. Sie betreffen direkt weder den Beförderungsvertrag noch regeln sie erschöpfend alle Verpflichtungen der Parteien untereinander. Vor allem erstrecken sich die Incoterms nicht auf die Folgen von Vertragsbrüchen und Haftungsausschlüsse.

Im Industrieanlagenbau sind die Incoterms nicht so wichtig wie im Maschinengeschäft. Das ist darauf zurückzuführen, dass der Erstellung einer Industrieanlage kein reiner Kaufvertrag zu Grunde liegt, sondern ein gemischter Vertrag, der neben dem Kauf dienstvertragliche und werkvertragliche Elemente enthält. Den Auftraggeber interessiert nicht so sehr das Schicksal der Komponenten, sondern vielmehr die Erstellung der gesamten Anlage. Er wird deshalb auch nicht die Einzelteile, sondern erst die Anlage abnehmen, so dass die Gefahr vorher beim Auftragnehmer bleibt. Trotzdem können die Incoterms für den Claimsmanager als Bestandteil der *baseline* wichtig sein. Eine nicht eingehaltene Klausel kann zu Zeit- oder Kostenfolgen führen, die im Rahmen des Claimsmanagement geltend zu machen sind. Der Claimsmanager muss deshalb die in den Vertrag aufgenommenen Incoterms kennen. Die Parteien sollten sich ausdrücklich auf die Verwendung in der bei Vertragsschluss geltenden Fassung einigen, weil die ICC immer wieder einmal Anpassungen vornimmt (zuletzt mit den Incoterms 2000).

Die 13 Klauseln enthalten neben einer allgemeinen Erläuterung unter 10 Überschriften die jeweiligen Verpflichtungen der Parteien.

Die Klauseln selbst sind in vier Gruppen unterteilt.

Die Gruppe E besteht aus der Abholklausel

- EXW (ab Werk/benannter Ort).

Die Gruppe F umfasst die vom Verkäufer nicht bezahlten Haupttransporte mit den Klauseln

- FCA (frei Frachtführer/benannter Ort)
- FAS (frei Längseite Schiff/benannter Verschiffungshafen)
- FOB (frei an Bord/benannter Verschiffungshafen)

Die Gruppe C enthält die vom Verkäufer bezahlten Haupttransporte mit den Klauseln

- CFR (Kosten und Fracht/benannter Bestimmungshafen)
- CIF (Kosten, Versicherung und Fracht/benannter Bestimmungshafen)
- CPT (frachtfrei/benannter Bestimmungshafen)
- CIP (frachtfrei versichert/benannter Bestimmungsort)

Die Gruppe D besteht aus den Ankunftsklauseln, nach denen der Verkäufer alle Kosten und Gefahren bis zur Ankunft der Ware am Bestimmungsort zu tragen hat

- DAF (geliefert Grenze/benannter Ort)
- DES (geliefert ab Schiff/benannter Bestimmungshafen)
- DEQ (geliefert ab Kai/benannter Bestimmungshafen)
- DDU (geliefert unverzollt/benannter Bestimmungsort) und
- DDP (geliefert verzollt/benannter Bestimmungsort).

Neben den Klauseln stellt die ICC die Terminologie und Diskussion einiger Begriffe (z. B. „üblich“ und „angemessen“) bereit, die den Vertragspartnern ebenfalls nützliche Dienste bei der eindeutigen Fassung ihrer Vereinbarungen leisten können.

Informationsfluss

Das Projekt

Automobilbauer A hatte ein Zweigwerk errichten wollen, für das M sich zur Lieferung von Komponenten der Antriebstechnik verpflichtete. Zu deren Produktion wiederum war M auf Zulieferungen von Z angewiesen, die Einkäufer E günstig bekommen hatte.

Als E von angeblichen wirtschaftlichen Schwierigkeiten bei Z hört, verschweigt er diese im eigenen Unternehmen, um sich nicht dem Vorwurf auszusetzen, er habe am falschen Ende gespart. Z stellt tatsächlich die Zulieferungen ein, Ersatz ist für M zunächst nicht zu bekommen.

Hässliche Auseinandersetzungen mit A unterbleiben zufällig nur deshalb, weil sich die Inbetriebnahme des Zweigwerks aus anderen, von M nicht zu vertretenden Gründen verzögert.

Überlegungen

Der Geschäftsführer von M ist sich darüber klar, dass er nur mit Glück geschäftsgefährdenden Claims von A entgangen ist. Er fragt sich, welche Maßnahmen nötig sind, um eine solche Panne nicht wieder passieren zu lassen. Sicher jedenfalls scheint, dass das Unternehmen unter diesen Umständen von einem Claimsmanagement weit entfernt ist.

Der Rat

Grundlage eines jeden Claim ist der Fluss der Information vom Ort des Geschehens (häufig aber nicht zwangsläufig die Baustelle oder der Erbringungsort der Leistung) bis zum Verantwortlichen im Management – und zurück! Viele durchaus berechtigte Forderungen kann ein Unternehmen nicht geltend machen, weil der Baustellenleiter, der Projektmanager oder der Claimsmanager Informationen nicht, nicht vollständig oder nicht rechtzeitig erhalten. Damit geht Ertragspotenzial verloren, oder eigene Positionen geraten unnötig in Gefahr. Dies gilt auch für das Abwehren von Claims. Die Reaktion auf Forderungen der Zulieferanten oder auf der anderen Seite die Verteidigungshaltung des Auftraggebers eines Projekts Claims gegenüber unterliegen spiegelbildlich den gleichen Anforderungen.

Funktionierende Organisation ist keine Selbstverständlichkeit. Die Unternehmensleitung muss deshalb das Claimsbewußtsein durch Schulung, interne Diskussionen und eine grundsätzliche Ermutigung zum Bericht über Abweichungen von geplanten Verläufen stärken. Außerdem muss sie den Ablauf des Informationsflusses von der Baustelle oder aus der Fertigung in die zuständige Unternehmensebene (zum Beispiel das Projektmanagement) praktisch regeln. Dabei muss sie sich gleichzeitig davor hüten, eine Blockwartmentalität zu fördern; das richtige Maß an Informationen ist wichtig.

In diesem Zusammenhang haben sich in der Praxis interne Anstoß-Treffen für ein Projekt als nützlich erwiesen. Sie können (mit oder ohne externe Begleitung durch einen Spezialisten) dazu dienen, den Beteiligten die wichtigsten vertraglichen, kaufmännischen und technischen Eckpunkte des Projekts deutlich zu machen, Verhaltensregeln aufzuzeigen und die Sensibilisierung für das Claimsmanagment erhöhen.

Äußerer Anstoß für die Information ist ein Ereignis, das nach Auffassung des Meldenden einen Einfluss auf den geplanten Ablauf des Projekts haben kann. Die Einwirkung des eingetretenen Umstands kann unmittelbar oder mittelbar, groß oder klein sein: So etwa kann ein fehlender Schlüssel, für dessen Aushändigung Personal des Auftraggebers verantwortlich ist, zunächst nur eine Verzögerung von einigen wenigen Stunden bewirken. Die dadurch möglicherweise entstehenden weiteren Folgen für das Tätigwerden einzelner Gewerke können aber ernsthafte Konsequenzen für das Einhalten von Zwischenzeiten oder Kosten haben. Die Fähigkeit, an Ort und Stelle zu entscheiden, was ein claimserheblicher Vorfall ist und welche Ereignisse des Meldeaufwands nicht wert sind, wird von der praktischen Erfahrung des jeweiligen Mitarbeiters abhängen. Um ihn nicht zu überfordern, ist eine strenge Meldedisziplin vorrangig wichtig, die das Unternehmen fördern und kontrollieren muss. Deren unmittelbares Ziel sollte nicht sein, dass Mitarbeiter sofort an einen Claim denken. Ihre Aufmerksamkeit dagegen, Abweichungen festzustellen und weiterzugeben – etwa in Form einer Behinderungsanzeige – sollte sich erhöhen. Es ist dann am Claimsmanager, nach Vorliegen einzelner Berichte über die notwendigen Maßnahmen zu entscheiden.

Mit der ersten Notifizierung eines claimserheblichen Sachverhalts ist es allerdings nicht getan. Die Information muss weiterfließen. Sehr oft scheitern ansonsten vielleicht berechtigte Claims daran, dass der Empfänger (zum Beispiel der Baustellenleiter) die Information nicht an die zuständige Stelle weitergibt. Obwohl in einem solchen Fall also der claimsbegründende Umstand irgendwo im Unternehmen bekannt war, kann wegen schlechten Informationsflusses doch die Zentrale vielleicht die rechtzeitige Geltendmachung von zusätzlichen Ansprüchen oder Fristverlängerung zum Schaden des Auftragnehmers versäumen.

Die formale Regelung von Abläufen darf den Fortschritt auf der Baustelle nun aber auch wieder nicht behindern. Die Anforderungen an den Meldenden müssen es ihm dagegen möglich machen, eine sinnvolle Information weiterzugeben, ohne sich in seiner täglichen Arbeit beeinträchtigt zu fühlen.

Ein Formblatt, vom Mitarbeiter am Ende der Schicht abgeliefert, hilft dem Meldenden, seine Abneigung gegen „Papierkrieg" zu überwinden. Es ist in der Tagesarbeit praktisch verwendbar, wenn es fast ohne Zeitaufwand Informationen transportiert. Diese Funktion sollte schon in der Bezeichnung deutlich werden. Das Blatt sollte deshalb inhaltlich ganz bewusst auf Angaben zur (vermuteten) Verantwortlichkeit oder zur Beurteilung durch den Meldenden verzichten. Solche Anforderungen vermindern nämlich erfahrungsgemäß die Bereitschaft zur Meldung und verringern somit den Informationsfluss. Für das Baustellenmanagement muss der urteilsfreie Hinweis auf das nicht vorhandene Bausoll an sich als Anstoß für eventuelle weitere Maßnahmen genügen. Auf Grund seiner Verantwortung und Erfahrung ist es meist auch eher in der Lage, die Bedeutung des Vorfalls für den weiteren Projektverlauf abzuschätzen. So kann sich beispielsweise die Meldung über eine nicht vereinbarte Lackierung durch einen Unterlieferanten sachlich auf die falsche Farbe und den zusätzlichen Aufwand an Arbeitsstunden und Material beschränken. Über die weitere Verantwortung ist damit noch nichts gesagt. Auf Grund seiner besseren Kenntnisse (etwa der Vertragsverhältnisse) kann der Baustellenleiter dann entscheiden, ob die Angaben als Grundlage für einen Claim entweder gegen den Auftraggeber oder gegen den eigenen Zulieferanten zu verwenden sind. Wenn Zeit verloren gegangen ist und ein Claim nicht möglich erscheint, muss der Auftragnehmer versuchen, Maßnahmen zum Einholen des Terminplans zu ergreifen.

Nach Zugang einer Meldung, die der Baustellenleiter auf Grund seiner Erfahrung als erheblich für einen möglichen Claim einstuft, muss er grundsätzlich zwei Maßnahmen treffen: Zum einen muss er das Nötige auf der Baustelle veranlassen, um die Anspruchsposition seines Unternehmens zu sichern. Dazu gehört auch, dass er nicht – zum Beispiel durch konkludentes Handeln – Claimspotential verschenkt. Zum anderen muss er, um den Informationsfluss nicht zu unterbrechen, das Projektmanagement benachrichtigen.

Zur Erledigung der Sicherungspflicht gegenüber dem Auftraggeber bedient sich das Projektmanagement häufig eines Formulars, das hinsichtlich Einfachheit und Praktikabilität ähnliche Voraussetzungen wie eine „Interne Information Planabweichung" erfüllen sollte. Allerdings ist jetzt zu berücksichtigen, dass die Meldung nach außen, nämlich an den Baustellenbeauftragten des Kunden, geht. Die Bezeichnung könnte „Berichtsblatt (extern)" lauten. Der Bericht sollte der zuständigen Person des Auftraggebers unverzüglich zugehen. Um direkte Konfrontation auf der Baustelle zu vermeiden, sollte der Bericht nicht vom Baustellenleiter sondern – soweit möglich – vom Projektmanagement kommen. Inhaltlich sollte er zunächst nur die für den weiteren Verlauf des

Projekts maßgebliche Vorgänge festhalten. Je nach vertraglicher Ausgestaltung muss er auch auf die unmittelbaren Auswirkungen auf Zeit und Kosten hinweisen. Aus Beweisgründen ist die Quittung durch den Empfänger wichtig. Dieses Papier ist allerdings nicht mit der Benachrichtigung von einem Claim oder mit dessen Geltendmachung zu verwechseln.

Über Claims sollte nicht auf der Baustelle entschieden werden; auf dieser Ebene darf es im Rahmen der täglichen Arbeit und des ständigen Kontakts mit dem Kunden nur die Wahlkompetenz zwischen Meldung und Nicht-Meldung von Sachverhalten und Vorgängen geben. Anders sieht es schon eine Ebene höher aus: das Projektmanagement wird bereits eine ganze Reihe von Entscheidungen treffen dürfen – wenn auch nicht die letzte über die Geltendmachung eines Claims. Diese muss der Unternehmensleitung vorbehalten bleiben. Die Kompetenzverteilung wird im Allgemeinen von der Unternehmensgröße abhängen. Jedenfalls ist für diese Entscheidungen wiederum ein ungestörter Informationsfluss erheblich. Die jetzt benötigten Informationen erfordern nun allerdings deutlich mehr Kenntnisse, Erfahrungen und Arbeitsaufwand als die beiden vorgenannten Meldungen. Gleichwohl ist zunächst wieder wichtig, dass auch ein dafür bestimmtes Formblatt einfach und praktisch sein sollte. Allerdings sind jetzt Angaben über Hintergrund der Meldung und Einschätzungen bezüglich der weiteren Auswirkungen auf Zeit und Kosten von Nöten. Die Angaben sollen schließlich dem Zuständigen die Entscheidung darüber ermöglichen, ob das Unternehmen einen Claim anmeldet oder nicht.

Eine Instrumentalisierung des Informationsflusses wie geschildert ist unabdingbare Voraussetzung für die Geltendmachung eines Claim. Sie allein allerdings reicht nicht zum Erfolg. Hinzu treten müssen vielmehr die vollständigen Baustellenberichte und der dort angefallene Schriftverkehr zwischen den befugten Vertretern von Auftraggeber und Auftragnehmer. Liegen diese Voraussetzungen vor, hat der Anlagenbauer seine Chancen auf Verwirklichung eines Claim ganz wesentlich verbessert.

Ingenieurleistungen

Das Projekt

Der private Energieerzeuger E beabsichtigt den Ausbau und die Optimierung der Rauchgasbehandlung einer Kraftwerksstufe. Mit den Planungsleistungen beauftragt E das mittelständische Ingenieurunternehmen I.

Nach Inbetriebnahme zeigt sich, dass die erzielten Verbesserungen unter den Erwartungen bleiben. E verlangt daraufhin Nacharbeiten von I, die das Unternehmen nur gegen zusätzliche Vergütung zu erbringen bereit ist. E droht mit Klage.

Überlegungen

Der Claimsmanager von I bekommt Zweifel, ob seine Forderung berechtigt ist. Er vertrat bis jetzt den Standpunkt, das Schuldverhältnis mit E sei ein Dienstvertrag. Gemäß § 611 BGB wäre I damit lediglich zur Leistung der versprochenen Dienste verpflichtet; diese habe das Unternehmen nach dem Stand der Technik erbracht. Deshalb sei zusätzliche Tätigkeit entsprechend zu vergüten.

Dem gegenüber steht E auf dem Standpunkt, die Parteien hätten einen Werkvertrag geschlossen. Bei diesem sei nach § 631 BGB der Unternehmer zur Herstellung des versprochenen Werkes, also eines Ergebnisses, verpflichtet. Dieses Ergebnis habe I noch nicht erbracht. Deshalb brauche E auch zusätzliche Bemühungen von I auch nicht zu vergüten.

Ingenieurleistungen und andere schuldrechtliche Verpflichtungen können je nach Ausgestaltung des Projekts im Einzelnen sowohl Gegenstand eines Dienstvertrags als auch eines Werkvertrags sein. Das macht einen offenen Begriff wie die Optimierung aus Sicht des Claimsmanagers gefährlich. Wenn sie durch das Erreichen eindeutiger Parameter umschrieben ist, (zum Beispiel niedrigerer Energieverbrauch, höhere Bandgeschwindigkeit, geringerer Ausschuss), wird ein Werkvertrag vorliegen und der Anlagenbauer seine erbrachte Leistung Mehransprüchen des Vertragspartners erfolgreich entgegen halten können. Bleibt die versprochene Optimierung im dienstvertraglichen Bereich, schuldet der Anlagenbauer zwar grundsätzlich nur Bemühungen. Es besteht aber die Gefahr von Schadensersatzforderungen der Gegenseite mit der Begründung, der Verpflichtete habe nicht im möglichen Umfang optimiert. Der Leistungsempfänger muss dann allerdings dem Schuldner Verletzung einer Pflicht aus dem Schuldverhältnis nachweisen.

Der Rat

Die Parteien sollten sich deshalb bemühen, zur Vermeidung späterer Auslegungsstreitigkeiten schon im Vertrag festzulegen, worin die Leistungen des Verpflichteten liegen, ob und wenn ja welches Ergebnis geschuldet ist und wie eine Sachmängelhaftung aussieht.

Im Inlandsgeschäft ist eine solche Genauigkeit nicht nur im Verhältnis zum Vertragspartner, sondern auch gegenüber den zuständigen Behörden angebracht. Gerade bei Langzeitprojekten verbringen Ingenieure und andere Mitarbeiter oft viele Tage, Wochen oder Monate im Werk oder auf der Baustelle des Auftraggebers. Damit gerät der Anlagenbauer schnell in den Verdacht unerlaubter Arbeitnehmerüberlassung. Der Anlagenbauer muss zu dessen Vermeidung auf die Eigenverantwortlichkeit seiner Mitarbeiter, deren Nichteingliederung in den Betrieb des Auftraggebers, dessen fehlendes Weisungsrecht, eine ordnungsgemäße Haftung, die Übernahme der Vergütungsgefahr durch den Auftragnehmer und eine Gesamtvergütung zu seinen Gunsten Wert legen. Wenn bei der Erbringung von Dienst- oder Werkleistungen auf die Einhaltung technischer Regeln abgestellt wird, sollten sie möglichst spezifiziert werden. In Deutschland unterscheidet die 3-Stufen-Theorie des Bundesverfassungsgerichts zwischen den allgemeinen anerkannten Regeln der Technik, dem Stand der Technik und dem Stand von Wissenschaft und Technik.

- Allgemein anerkannte Regeln der Technik sind schriftlich fixierte oder mündlich überlieferte technische Festlegungen für Verfahren, Einrichtungen und Betriebsweisen, die nach herrschender Auffassung der beteiligten Kreise zur Erreichung des gesetzlich vorgegebenen Ziele geeignet sind und sich in der Praxis allgemein bewährt haben oder deren Bewährung nach herrschender Auffassung in überschaubarer Zeit bevorsteht. Wirtschaftliche Gesichtspunkte sind im Rahmen der gesetzlichen Zielvorgabe als Teil der Verhältnismäßigkeitserwägungen zu berücksichtigen.
- Stand der Technik ist der Entwicklungsstand fortschrittlicher Verfahren, Einrichtungen und Betriebsweisen, der nach herrschender Auffassung führender Fachleute die Erreichung der gesetzlich vorgegebenen Zieles gesichert erscheinen lässt. Im Rahmen der gesetzlichen Zielvorgabe sind, als Teil der Verhältnismäßigkeitserwägungen, wirtschaftliche Gesichtspunkte zu berücksichtigen, in Teilbereichen, je nach gesetzlicher Zielvorgabe, allerdings nur nachrangig. Das Verfahren oder ein vergleichbares Verfahren muss sich in der Praxis bewährt haben oder das Verfahren sollte möglich im Betrieb mit Erfolg erprobt worden sein.

- Stand von Wissenschaft und Technik ist der Entwicklungsstand fortschrittlichster Verfahren, Einrichtungen und Betriebsweisen, die nach Auffassung führender Fachleute aus Wissenschaft und Technik auf der Grundlage neuester wissenschaftlich vertretbarer Erkenntnisse im Hinblick auf das gesetzlich vorgegebene Ziel für erforderlich gehalten werden und die Erreichung dieses Ziels gesichert erscheinen lassen. Dabei können im Bereich der Gefahrenabwehr wirtschaftliche Gesichtspunkte – als Teil der Verhältnismäßigkeitserwägungen – keine Rolle spielen. Im Bereich der Vorsorge hat diese Vorrang vor wirtschaftlichen Gesichtspunkten.

Bei Verträgen mit Auslandsberührungen tauchen zusätzlich Begriffe auf:

- *best available techniques (beste verfügbare Technik)*
- *good engineering practice*
- *good manufacturing practice*
- *prudent industry practice*
- *state of the art*
- *recognized rules of sound engineering practice*

Neben diesen voneinander verschiedenen technischen Anforderungen ist auch deutlich festzulegen, auf welchen Zeitpunkt sich der jeweilige Stand bezieht. In jedem Fall ist der häufig vereinbarte „neueste" Stand wenig hilfreich Bei der Langfristigkeit des Industrieanlagengeschäfts einerseits und des technischen Entwicklungstempos andererseits kann Erfolg oder Misserfolg eines Claims entscheidend davon abhängen, ob das Niveau zum Datum des Vertragsabschlusses oder zum Zeitpunkt des Gefahrübergangs gemeint ist.

Das Vertragsbeispiel

I steht für ein den allgemein anerkannten Regeln der Technik entsprechendes Erbringen der eigenen Ingenieurleistungen ein. Die Sachmängelfrist für diese Eigenleistungen beginnt mit der Übergabe der Dokumentation. Sie endet 12 Monate nach der Fertigstellung der Anlage, spätestens aber 18 Monate nach Übergabe der Dokumentation.

> Sachmängel an Eigenleistungen wird I nach eigener Wahl durch Nachbesserung oder Ersatzleistung auf eigene Kosten beseitigen.
>
> Nach drei vergeblichen Nachbesserungsversuchen kann E mindern, die Nachbesserung auf Kosten von I selbst vornehmen oder durch außen stehende Fachleute erledigen lassen.
>
> Eine weitergehende Haftung und Schadensersatzansprüche sind – mit Ausnahme der auf Vorsatz oder grobe Fahrlässigkeit zurückzuführenden – ausgeschlossen.

Die Frage der Ergebnisverantwortlichkeit ist mit dieser Klausel nicht gelöst. Immerhin ergäbe sie für I aber schon eine recht gute Verhandlungsposition.

> Der AN erbringt seine Planung in dem Umfang, der für eine Genehmigung der Lackieranlage durch die zuständigen Behörden und Institutionen zuständig ist ...

Diese Formulierung dagegen enthält eine Erfolgsbestimmtheit.

> **Umfang der Lieferungen und Leistungen**
>
> Lieferungen und Leistungen sind nach bewährten Konstruktionsgrundsätzen unter Berücksichtigung des neusten Standes von Wissenschaft und Technik zum Zeitpunkt der Auftragsvergabe auszuführen...

Abgesehen von der irreführenden Überschrift dieser Klausel, die nicht nur den Umfang der Vertragspflicht regelt, ist der Inhalt sehr weitgehend. Diesen Verpflichtungen (vgl. die Definition des Bundesverfassungsgerichts oben) wird der Anlagenbauer kaum nachkommen können.

> **Vollständigkeit der Lieferungen und Leistungen**
>
> Die vom Auftragnehmer zu erbringenden Lieferungen und Leistungen sind vorstehend aufgeführt. Ungeachtet der Vollständigkeit der darin enthaltenen Einzelbeschreibungen verpflichtet sich der Auftragnehmer, seine Lieferungen und Leistungen nach dem Stand der Technik auszuführen. Maßgeblich hierfür ist der Zeitpunkt des Gefahrübergangs.

Auch hier ist die Überschrift irreführend. Zudem liegt aus Sicht des Auftragnehmers das für das technische Niveau entscheidende Datum möglicherweise sehr weit hinter der Kalkulation und Planung, die auf dem seinerzeitigen technischen Stand beruhen.

Prudent Industry Practice

means those practices, methods, specifications and standards that a prudent, competent, experienced and expert contractor in the international food production and water desalination industry would be expected to use and/or adopt in relation to the design, engineering, manufacture, installation, construction and testing of works similar to the Works to accomplish the desired result reliably, safely and expeditiously, within the Contract Program, and for the Contract Price, without undue or unreasonable claims for variations.

Umsichtige Industriepraxis

beschreibt diejenigen Verfahren, Methoden, Spezifikationen und Standards, die ein umsichtiger, kompetenter, erfahrener und sachkundiger Anlagenbauer im Bereich der internationalen Nahrungsmittelherstellung und Meerwasserentsalzung bei Entwurf, Konstruktion, Herstellung, Errichtung, Fertigung und Erprobung von Arbeiten ähnlich denen der für die Anlage erforderlichen erwartungsgemäß anwenden und einsetzen würde, um das gewünschte Ergebnis verlässlich, sicher und schnell innerhalb des Vertragsprogramms zum vereinbarten Preis ohne unangemessene oder unbillige Änderungsansprüche zu erreichen.

The equipment and its components constituting the subject matter of delivery shall be in conformity with the best quality in Seller's country attained in manufacturing such equipment and components thereof. The said matter of delivery shall be in compliance with safety standards, health and other regulations in force in Buyer's country which will be handed over to seller at the signature of the contract or during the kick-off-meeting and are stated in Annex 3. If during the project realisation standards not indicated in Annex 3 will have to been complied with, resulting problems will be solved during a respective project meeting.

Ausrüstung und Komponenten haben der besten Qualität zu entsprechen, die im Land des Verkäufers bei deren Herstellung erreicht worden ist.

Die gelieferten Gegenstände müssen den Anforderungen an Sicherheitsstandards, Gesundheits- und andere Vorschriften im Käuferland genügen; sie werden dem Verkäufer bei Unterzeichnung des Vertrags oder während des Anstoßtreffens ausgehändigt und sind in Annex 3 aufgeführt.

Erweist sich während der Projektabwicklung, dass nicht in Annex 3 aufgeführte Standards zu berücksichtigen sind, werden die daraus sich ergebenden Probleme im Laufe eines entsprechenden Projekttreffens gelöst werden.

Dieses Beispiel enthält mit der fragwürdigen Wendung „beste Qualität" ein weiteres Problem. Nicht geregelt ist, was passiert, wenn das in der letzten Zeile erwähnte Projekttreffen kein einvernehmliches Ergebnis zeitigt. Hier kann aus zunächst nicht geplanter Berücksichtigung technischer Vorschriften ein Aufwand an Zeit und Kosten entstehen, der zu einem Claim führt.

Inkrafttreten

Das Projekt

Das mittelständische Unternehmen U, bisher sehr erfolgreich in Europa auf dem Gebiet der Dosiertechnik tätig, hatte sein erstes großes China-Projekt in Aussicht. Es ging um eine Zulieferung für eine Anlage zur Herstellung von Babynahrung. Erfreulich schnell hatten sich die Partner über die verschiedenen Liefer- und Montageabschnitte verständigt und dafür verschiedene Kalenderwochen des nächsten Jahres vereinbart. Der erste Teil der Lieferung sollte Ende 12. KW erfolgen.

Nach Vertragsunterzeichnung Anfang des Jahres gibt es unvorhergesehenen Ärger mit verschiedenen chinesischen Behörden, die Erteilung erforderlicher Genehmigungen an U verzögert sich. Der chinesische Auftraggeber ChinAlim (CA) mahnt Einhaltung der Lieferfrist KW 12 an und weist darauf hin, dass verspätete Lieferungen der Dosiertechnik die rechtzeitige Gesamterstellung des Werkes gefährden würden; vorsorglich macht CA einen Claim wegen eventuell notwendiger Einschaltung anderer Anbieter geltend.

Überlegungen

Ein Vertrag enthält verschiedene Verpflichtungen der Vertragspartner gegenüber einander. Dazu gehört neben der sachmängelfreien auch die rechtzeitige Leistungserbringung. Wenn U in der 12 KW. nicht liefert, hat das Unternehmen eine vertragliche Vereinbarung nicht erfüllt. Nach dem Sachverhalt haben die Parteien zweifelsfrei einen Vertrag geschlossen. U kann sich bestenfalls damit zu verteidigen versuchen, dass die eingetretenen Verzögerungen nicht von ihm zu verantworten seien. Dafür trifft U aber – je nachdem, welches Recht die Partner vereinbart haben – unter Umständen die → *Beweislast*. Beweise sind bei Aktivitäten in fernen Ländern allerdings erfahrungsgemäß besonders schwer zu erbringen. Somit besteht die Gefahr, dass U tatsächlich ohne Verschulden Vertragsstrafe zahlen oder Schadensersatz leisten muss.

Der Rat

Bei der rechtsverbindlichen Begründung vertraglicher Pflichten muss der Zeitpunkt des Vertragsschlusses (die Entstehung des Vertrages) nicht unbedingt mit dem Zeitpunkt zusammenfallen, in dem der Vertrag seine verpflichtende Wirkung zu entfalten beginnt. Diese sollte vielmehr an sein Inkrafttreten geknüpft sein. Dieses wiederum können die Beteiligten von verschiedenen Tatsachen abhängig machen, die als aufschiebende Bedingungen vorliegen müssen, damit der Vertrag seine volle Wirkung entfaltet.

Die Einführung solcher Anknüpfungspunkte in den Vertrag enthebt den Lieferer der Gefahr, bei Ausbleiben von ihm nicht zu vertretender Voraussetzungen Ansprüche der Gegenseite zu befürchten. Als aufschiebende Bedingungen für das Inkrafttreten kommen beispielsweise in Frage

- Unterschriften
- Klärung technischer Einzelheiten
- (An)zahlungen
- *letter of comfort*
- Genehmigungen
- Freigaben
- Importlizenzen
- Bankgarantien
- Akkreditive
- Kundenbeistellungen
- Patronatserklärungen
- Fiktiver (unterstellter) Zeitpunkt

Auch hier ist zu beachten, dass diese Begriffe noch genauer Beschreibung bedürfen, um den Anknüpfungspunkt eindeutig zu gestalten. Die Klärung technischer Einzelheiten etwa erfolgt oft in einem so genannten *kick-off meeting*, das in der Praxis große Bedeutung hat. Welche technischen Einzelheiten dann aber wie geklärt sein müssen, bleibt häufig undeutlich. Unter solchen Umständen eignet sich die „Klärung technischer Einzelheiten" nicht als Anknüpfungspunkt für den Vertragsbeginn.

Ähnlich verhält es sich mit Genehmigungen. Der Anlagenbauer gibt sich häufig mit dem Vorliegen zum Beispiel einer vorläufigen Betriebsgenehmigung zufrieden, und seine Ingenieure fangen an zu projektieren, um nicht bei späterem Arbeitsbeginn in Zeitnot zu geraten. Wenn dann nach Erteilung der endgültigen Betriebsgenehmigung Umplanungen oder Umrüstungen nötig werden, entsteht Streit über die Kostentragung.

Das Vertragsbeispiel

Effectiveness

1. This Contract shall become effective and the Parties hereto become bound by all further conditions applicable to their conduct pursuant to the Contract on the date, when all of the conditions set forth below shall have been fully satisfied.

a. All required approvals, licenses and guarantees to be issued by the responsible governmental authorities of the Republic of Usambara required for the performance of this Contract shall have been obtained by the Owner and the Owner shall have delivered to the Contractor a written confirmation to the effect that all such approvals, licenses and guarantees have been obtained.

b. All required approvals and licenses to be issued by governmental authorities for the execution and implementation of the Contract shall have been obtained by the Parties comprising the Contractor and the Contractor shall have delivered to the Owner written confirmation to the effect that all such required approvals and licenses have been obtained.

c. The down payment equivalent to twenty percent (20%) of the Total Contract Price shall have been paid by the Owner to the Contractor pursuant to Art....hereof.

d. All required financial arrangements with all financial Sources for the Project shall have been successfully made and all necessary financing arrangements shall have become effective, so that the payment of the remaining eighty percent (80%) of the Total Contract Price is assured.

e. Each Party shall notify the other Party by telex or by facsimile transmission the date when the respective conditions referred to above shall have been fully satisfied and obtained. The Parties shall sign a protocol when all of the above-mentioned conditions shall have been satisfied stating the Effective date.

f. The Parties hereby shall exert their best endeavours to make the Contract become effective as soon as practicable. If the Contract shall not have become effective within six (6) months after the signature of the Contract, the Parties shall meet and mutually agree either to extend such period or to terminate the Contract. If the Parties cannot reach a mutual agreement either Party has the right to terminate the Contract. If such period is extended, the Total Contract Price and the Overall Project Master Schedule shall be adjusted accordingly.

Inkrafttreten

1. Dieser Vertrag tritt in Kraft und bindet die Parteien entsprechend seinen Bestimmungen an dem Tag, an dem alle der folgenden Bedingungen voll erfüllt sind.

a. Der Betreiber muss alle erforderlichen Genehmigungen, Lizenzen und Garantien, die von den zuständigen Behörden der Republik von Usambara für die Erfüllung dieses Vertrages zu erteilen sind, erhalten und den Anlagenbauer schriftlich davon in Kenntnis gesetzt haben.

b. Die Parteien (einschließlich des Anlagenbauers) müssen alle erforderlichen Genehmigungen und Lizenzen, die von den zuständigen Behörden für die Ausführung und Umsetzung des Vertrages zu erteilen sind, erhalten haben. Der Anlagenbauer muss den Betreiber eine schriftliche Bestätigung erteilt haben, dass alle erforderlichen Genehmigungen und Lizenzen erteilt sind.

c. Der Betreiber muss die Anzahlung in Höhe von zwanzig Prozent (20%) des gesamten Vertragspreises gemäß Art. ... an den Anlagenbauer gezahlt haben.

d. Alle erforderlichen finanziellen Vereinbarungen mit allen Geldgebern für das Projekt müssen erfolgreich abgeschlossen sein und alle notwendigen finanziellen Vereinbarungen müssen in Kraft getreten sein, so dass die Zahlung der verbleibenden achtzig Prozent (80%) des gesamten Vertragspreise gesichert ist.

e. Jede Partei benachrichtigt die jeweils andere mit Telex oder Fax von dem Datum, an dem die entsprechenden oben genannten Bedingungen erfüllt und eingetreten sind. Die Parteien werden ein Protokoll zur Festlegung des Inkrafttretens unterzeichnen, wenn alle genannten Bedingungen eingetreten sind.

f. Die Parteien werden ihr Bestes tun, um den Vertrag so schnell wie praktisch möglich in Kraft treten zu lassen. Wenn der Vertrag nicht sechs (6) Monate nach Unterzeichnung in Kraft ist, werden sich die Parteien in einem Treffen darauf verständigen, die Übergangszeit zu verlängern oder den Vertrag zu beenden. Sollten Sie sich nicht verständigen können, hat jede Partei das Recht, den Vertrag zu beenden. Wenn die Übergangszeit verlängert wird, ist der Gesamtvertragspreis und der Gesamtabwicklungsplan entsprechend anzupassen.

Vertagserfüllung

Die Vertragserfüllung durch U steht unter dem Vorbehalt, dass keine Hindernisse in Form nationaler oder internationaler Rechtsvorschriften, insbesondere aus dem Bereich der Exportkontrolle, bestehen.

Hier haben die Parteien zwar das Problem regeln wollen, aber mit zwei Ungenauigkeiten möglicherweise eher Verwirrung gestiftet.

Das Vorliegen einer Ausfuhrgenehmigung oder die verbindliche Feststellung, eine Lieferung verstoße nicht gegen Bestimmungen der Exportkontrolle, eignen sich durchaus als Voraussetzung für das Inkrafttreten eines Vertrags. Im Beispiel erfolgt die Anknüpfung aber an die Vertragserfüllung. Diese ist ein Teil der aus dem (wirksamen) Vertrag erwachsenden Pflichten. Es erscheint zweifelhaft, ob die Parteien das wirklich gewollt haben.

Der Vorbehalt ist eine auch international (als *reservation of rights*) durchaus bekannte Rechtsfigur, zum Beispiel bei der Erklärung im Zusammenhang mit der Geltendmachung einer Vertragsstrafe bei verspäteter Annahme. Im Zusammenhang mit dem zitierten Beispiel ist die Wortwahl unglücklich, weil damit nur negativ umschrieben ist, was nicht geschieht, nämlich dass U nicht erfüllt. Alle anderen Folgen bleiben dagegen ungeregelt und müssen sich aus anderen Vorschriften des Vertrags ergeben.

Instandhaltung

Das Projekt

Der Maschinenbauer MAB hatte eine große Presse für die Automobilindustrie geliefert und parallel einen Vertrag zur Instandhaltung geschlossen. Die Presse funktionierte einwandfrei und erreichte zur Zufriedenheit des Kunden K das Ende der Sachmängelfrist ohne Beanstandung. Im Zuge der Instandhaltungsmaßnahmen stellen qualifizierte Monteure von MAB allerdings fest, dass sich wahrscheinlich mit einigen technischen Änderungen Verbesserungen in Richtung eines geringeren Instandhaltungsaufwands erzielen ließen.

MAB bietet die Maßnahmen als Nachtrag K an. Dieser beansprucht die Maßnahmen, lehnt aber Zahlung dafür von vornherein ab. Er beruft sich dabei auf DIN 31051. Danach gehörten Verbesserung und Schwachstellenbeseitigung zu den Grundlagen der Instandhaltung.

Überlegungen

Nach dem Projektverlauf dürfte deutlich sein, dass selbst eine nachweisbare Schwachstelle der Presse keine Sachmängelhaftung mit Ansprüchen des K (zum Beispiel auf Nacherfüllung) begründet. Aber die Verantwortlichen bei MAB sind wegen des Hinweises auf die DIN verunsichert. Bei den Ingenieuren genießen Normen einen hohen Stellenwert; und die Grundlagen der Instandhaltung (DIN 31051) sehen als Grundmaßnahmen tatsächlich

- Wartung (Maßnahmen zur Verzögerung des Abbaus des vorhandenen Abnutzungsvorrats)
- Inspektion (Maßnahmen zur Feststellung und Beurteilung des Ist-Zustandes einer Betrachtungseinheit einschließlich der Bestimmung der Ursachen der Abnutzung und dem Ableiten der notwendigen Konsequenzen für eine künftige Nutzung); hiervon zu unterscheiden sind Inspektionen als Voraussetzung von (für beide Seiten verbindlichen) Feststellungen des Zustands der Fertigungsstätten *(shop inspection)* oder einer Maschine oder Anlage *(field inspection)*.
- Instandsetzung (Maßnahmen zur Rückführung einer Betrachtungseinheit in den funktionsfähigen Zustand, mit Ausnahme von Verbesserungen) und
- Verbesserung

vor. Letztere ist die „Kombination aller technischen und administrativen Maßnahmen sowie Maßnahmen des Managements zur Steigerung der Funktionssicherheit einer Betrachtungseinheit, ohne die von ihr geforderte Funktion zu ändern". Schwachstellenbeseitigung erfasst „Maßnahmen zur Verbesserung einer Betrachtungseinheiten in der Weise, dass das Erreichen einer festgelegten Abnutzungsgrenze mit einer Wahrscheinlichkeit zu erwarten ist, die im Rahmen der geforderten Verfügbarkeit liegt".

Diese Definitionen sprechen für die Auffassung von K.

Der Rat

DIN-Normen sind – ebenso wenig wie andere technische Normen auch – nicht automatisch Bestandteil eines Vertrags. Sie können jedoch nützliche Formulierungshilfen geben und Auslegungsschwierigkeiten vermeiden helfen. Dies gilt besonders für weite Bereiche im so genannten → *Kundendienst*. Dort ist wegen der aus Marketing-Gründen oft wenig präzisen Leistungsbeschreibungen häufig nicht klar, wozu der Maschinen- oder Anlagenbauer verpflichtet ist und ob ein Dienst- oder Werkvertrag vorliegt. Die Verbindlichkeit technischen Regelwerks bedarf aber immer der Einbeziehung in den Vertrag. Deshalb ist sorgfältig darauf zu achten, welche Normen, welche Teile von ihnen oder welche einzelnen Definitionen in den Vertrag gelangen sollen. Wichtig ist auch das Datum der zitierten Norm, da sie der ständigen Überarbeitung durch Industrie und Verbände unterliegen.

Ebenso regelungsbedürftig ist das Profil des einzusetzenden Personals.

Mit der Übernahme bestimmter Begriffe als Leistung ist noch nicht automatisch etwas über die Vergütung gesagt. Die Partner müssen zwischen dem Leistungsinhalt einerseits und der Frage andererseits unterscheiden, ob ein vereinbarter Preis diese Leistung mit umfasst. Selbst die Zuordnung der Verbesserung zu den Maßnahmen der Instandhaltung regelt deshalb nicht das Problem, ob – bei Vereinbarung der DIN – K von MAB diese Leistungen kostenfrei verlangen könnte. Diese für ihn günstige Interpretation wird MAB sich zu eigen machen.

Das Vertragsbeispiel

Das wegen des Ergebnisses verärgerte Unternehmen K könnte versuchen, zukünftig seine Position vertraglich zu verbessern:

Schwachstellenbehebung

MAB versichert, dass die Anlage eine für den Instandhaltungsaufwand günstige Konstruktion mit hohem Laufzeitpotential aufweist. Sollten sich innerhalb der Sachmängelfrist sowie innerhalb eines anschließenden Zeitraumes von 12 Monaten nachweisbare Schwachstellen an der Anlage zeigen, die einen erhöhten Instandhaltungsaufwand erfordern bzw. das Laufzeitpotential beeinträchtigen, wird MAB unverzüglich auf seine Kosten alle Untersuchungen und Verbesserungen vornehmen, die zur Behebung der Schwachstellen nötig sind.

Aufgaben des Haustechnikers

Der im Rahmen der Instandhaltung von der Betreibergesellschaft eingesetzte Haustechniker hat Kundenwünsche entgegenzunehmen, Mängelmeldungen zu erstellen, die notwendigen Arbeiten an den technischen Anlagen durchzuführen, nicht behebbare Störungen an seine Gesellschaft und den Kunden zu melden, Arbeitsabschlüsse dem Kunden mitzuteilen und das betreute Objekt hinsichtlich Fluchtwegen und Brandschutz zu sichern.

Mit dieser Aufgabenbeschreibung treten die Parteien möglichen Auslegungsschwierigkeiten entgegen, die sich bei der Verwendung offener Begriffe wie dem eines Haustechnikers ergeben können. Die Formulierung enthält zwar direkt keine Qualifikationsmerkmale; aus dem Tätigkeitsprofil ergibt sich aber immerhin mittelbar ein brauchbares Bild.

Reaktionszeit

Sonderleistungen sind mit einer Reaktionszeit von 1,5 Stunden, auch an Sonn- und Feiertagen, an den im Anhang für solche Einsätze angegebenen Leistungsorten zu erbringen.

Diese Klausel enthält bei der Regelung der für viele Unternehmen wichtigen Reaktionszeit nach Störungen – nicht nur im Rahmen der Instandhaltung – erhebliche Mängel. Zunächst einmal fehlt es an einem Anknüpfungspunkt für die Reaktion. Worauf soll sie erfolgen? Meist wird dies eine Meldung, etwa in Form eines Anrufs, sein. Weiter ist dann weder der befugt Meldende noch der Empfänger der Meldung beschrieben. Ebenso wenig ist eine Empfangsbestätigung oder eine sonstige Form vorgesehen. Eine Vergütungsregelung fehlt ebenfalls. Insoweit wäre wenigstens ein Verweis auf die Preise des beanspruchten Unternehmens für Instandsetzungen hilfreich gewesen.

Kettengarantie

Das Projekt

Der Anlagenbauer A hatte acht Monate nach Abnahme durch den Kunden ein schadhaftes Anlagenteil ausgetauscht. Die Arbeiten dafür dauerten zwei Wochen.

Fünf Monate später zeigt sich erneut ein Schaden an diesem Teil, und in Folge dessen tritt ein weiterer Schaden an der Anlage ein.

Der Projektleiter P des Auftraggebers verlangt eine zweite Nachbesserung hinsichtlich des schadhaften Teils und Schadensersatz. A lehnt das Ansinnen mit dem Hinweis auf die vereinbarte 12-monatige Sachmängelhaftung ab.

Überlegungen

P steht auf dem Standpunkt, dass mit dem Austausch des schadhaften Teils die vereinbarte zwölfmonatige Sachmängelhaftung neu zu laufen begonnen habe. Für ihn ist der erste Nachbesserungsversuch durch A fehlgeschlagen, so dass A einen weiteren Versuch unternehmen müsse. A dagegen sieht in dieser Auffassung die Gefahr einer „ewigen" Gewährleistung, die bei jedem später auftretenden Mangel wieder mit zwölf Monaten aufzuleben drohe.

Der Rat

In der Praxis ist das geschilderte Problem unter dem Begriff „Kettengarantie" bekannt. Diese Bezeichnung ist missverständlich, weil es bei der Konstellation nicht um eine ausdrückliche Garantie etwa für Beschaffenheit oder Haltbarkeit, sondern nur um eine Frage normaler Sachmängelhaftung geht.

Nach deutschem Recht ist sehr strittig, ob bei mangelhafter Nacherfüllung die Verjährung neu zu laufen beginnt. In den meisten ausländischen Rechtsordnungen ist die Rechtslage nicht sicherer.

Um der Gefahr der immer wieder beginnenden ursprünglichen Frist für die Sachmängelhaftung zu begegnen, ist es deshalb unerlässlich, auch das Schicksal der Austauschteile und -arbeiten vertraglich zu regeln.

Das Vertragsbeispiel

Für das Ersatzstück und die Ausbesserung beträgt die Gewährleistungsfrist drei Monate, sie läuft mindestens aber bis zum Ablauf der ursprünglichen Gewährleistungsfrist für den Liefergegenstand. Die Frist für die Mängelhaftung an dem Liefergegenstand wird um die Dauer der durch die Nachbesserungsarbeit verursachten Betriebsunterbrechung verlängert.

Mit dieser Regelung würde A 4 ½ Monate nach dem Austausch von der Sachmängelhaftung frei geworden sein, weil dann die ursprüngliche Gewährleistungsfrist von zwölf Monaten zuzüglich der Zeit für die Nachbesserung abgelaufen ist.

The period of warranty for repaired or replaced parts shall end with the period of warranty for the section or portion of the Works to which they belong but shall last at least six months.

Die Sachmängelfrist für instand gesetzte oder ausgetauschte Teile endet mit dem Fristablauf für den Anlagenteil, zu dem sie gehören, beträgt aber mindestens sechs Monate.

Nach dieser Regelung trifft A noch eine Einstandspflicht für das Austauschteil, weil von der 6-Monatsfrist erst 5 Monate abgelaufen sind.

If any part(s) of the Work(s) are repaired or replaced pursuant to this Article, the period for the repairs or the replaced items shall begin anew for another 12 months after bringing into satisfactory operation of the repaired and /or replaced part(s) of the Work(s), irrespective of any portion of the original warranty period relating to the same having expired. In relation to such other equipment which could not be operated due to the necessity of repair or replacement of the defective part(s) of the Work(s) referred to herein, the warranty period shall be extended by a time equivalent to their periods of non-operation.

But in no event shall the warranty period be extended beyond 12 months after the expiration of the original guarantee period defined in Article...

Wenn gemäß dieses Artikels Teile der Anlage instandgesetzt oder ausgetauscht werden, beginnt erneut der Lauf einer 12-monatigen Sachmängelhaftung für die Arbeiten oder die ausgetauschten Teile.

Laufzeitbeginn ist der Zeitpunkt der zufrieden stellenden Funktion des instandgesetzten und/oder ersetzten Anlagenteils, unabhängig davon, ob ein Teil der dafür ursprünglich vereinbarten Haftungsfrist schon abgelaufen ist.

Bezüglich der anderen Teile der Anlage, die wegen der notwendigen Arbeiten an den schadhaften Anlagenteilen nicht betrieben werden können, verlängert sich die Sachmängelhaftung um die Zeit der Betriebsunterbrechung.

In keinem Fall allerdings beträgt die Frist für die Sachmängelhaftung mehr als 12 Monate nach Ablauf der ursprünglich in Artikel ... vereinbarten Frist

Nach dieser Regelung müsste A noch einmal tätig werden, weil von der insgesamt 24-monatigen Frist für die Sachmängelhaftung erst 13 abgelaufen sind. Ob P darüber hinaus Schadensersatz verlangen kann, hängt von der weiteren Ausgestaltung des Vertrags ab.

Konsortium

Das Projekt

Die mittelständische Schaltron GmbH fertigt Schaltschränke für die Klimaindustrie. Sie hofft, bei der Ausschreibung für eine neue Chipfabrik in Taiwan zum Zuge zu kommen und damit auf einem wichtigen Zukunftsmarkt Fuß zu fassen. Zu ihrer Enttäuschung muss sie feststellen, dass der Auftrag nur an einen General Contractor zu vergeben ist und Schaltron wegen seiner Größenordnung insoweit als Auftragnehmer nicht in Frage kommt. Allerdings besteht die Möglichkeit, im Rahmen eines Konsortiums unter Federführung des Reinraumspezialisten Cleanfab auf deren Anfrage hin an dem Projekt mitzuwirken.

Überlegungen

Der junge technische Geschäftsführer Dr. Treu ist begeistert. Ein neuer Markt, ein bedeutendes Referenzprojekt und Schaltron ist dabei!

Die älteren Projektmanager sind skeptisch. Sie weisen darauf hin, dass insbesondere die Auftraggeber häufig auf einem Konsortium als Vertragspartner bestünden. Sie müssen dann nämlich nicht während der Abwicklung ständig mit verschiedenen Gesprächspartnern verhandeln; für die eigenen Ansprüche gäbe es nur einen Hauptschuldner, wobei dessen Konsortialpartner wahlweise ebenfalls in der Pflicht wären. Alle Vorteile seien deshalb auf Seiten des Auftraggebers. Demgegenüber verweist T darauf, dass auch die andere Seite häufig an Konsortien interessiert wäre.

Nicht nur Erstmaligkeit, Einmaligkeit oder Größenordnungen im Industrieanlagenbau, sondern auch andere anspruchsvolle Vorhaben überfordern oft ein einzelnes Unternehmen mit Akquisition oder Abwicklung eines Projekts. Technische Spezialisierungen, die Einbindung internationaler Partner oder Finanzierungszwänge machen eine Arbeitsteilung unerlässlich. Deshalb schließen sich Unternehmen häufig schon in der Angebotsphase zusammen, um gemeinsam ein Projekt zu bearbeiten. Die Bauindustrie spricht dabei von Bietergemeinschaften und Arbeitsgemeinschaften (Argen), im Maschinen- und Anlagenbau findet sich eher der Begriff Konsortium. Nach deutschem Rechtsverständnis wird es sich in den meisten Fällen dabei um eine Gesellschaft bürgerlichen Rechts handeln; in ihr verpflichten sich die Gesellschafter durch den Gesellschaftsvertrag gegenseitig, die Erreichung eines gemeinsamen Zwecks in der durch den Vertrag bestimmten Weise zu fördern, insbesondere die vereinbarten Beiträge zu leisten (§ 705 BGB). Die tatsächliche Übung und die Verwendung von Vertragsmustern wird jedoch in der Praxis regelmäßig dazu führen, dass wegen der detaillierten Vertragsbestimmungen für die gesetzlichen Regelungen kein Raum bleibt.

Abgesehen von kartellrechtlichen und steuerrechtlichen Problemen ist gelegentlich die Abgrenzung von Konsortialvertrag zu Joint Venture und Kooperationsvertrag schwierig. Ersteres wird häufig aber von der (im Konsortium meist fehlenden) eigenen Rechtspersönlichkeit geprägt sein; letzterer ist oft auf einen sehr viel längeren Zeitraum angelegt als ein Konsortium.

In einem offenen Konsortium (gelegentlich auch als Außenkonsortium bezeichnet) stehen sich vertraglich der Auftraggeber und alle Konsorten als Auftragnehmer für die Arbeiten und Lieferungen gegenüber. Soweit der Vertrag nichts anderes vorsieht, haften die Konsorten als Gesamtschuldner für alle Verbindlichkeiten des Konsortiums. Der Auftraggeber kann jeden Konsorten auf Erfüllung der Leistung (und des Schadensersatzes) in Anspruch nehmen.

Bei einem stillen Konsortium (gelegentlich auch als Innenkonsortium bezeichnet) tritt der Auftraggeber einem Generalunternehmer gegenüber, der im eigenen Namen den Vertrag über das gesamte Projekt abschließt und allein haftet. Zur Erledigung der dafür erforderlichen Arbeiten schließt der Generalunternehmer mit den anderen Beteiligten einen Konsortialvertrag, aus dem die Konsorten nicht gegenüber dem Auftraggeber haften.

Die Beteiligung in einem offenen Konsortium bietet den Konsorten eine Reihe von Vorteilen. Sie sind näher an den Verhandlungen mit dem Hauptauftraggeber, können sich auf tatsächliche Änderungen und Anforderungen schneller einstellen, sind häufig über die Entwicklung des Projekts besser informiert als Zulieferer und andere Subunternehmen, profitieren vor allem aber weitaus mehr als diese von dem Prestige und Werbewert eines Vorhabens als Referenzobjekt. Dieses Argument spielt in erster Linie in Industriezweigen eine Rolle, in denen entweder auf Grund technischer Entwicklungen oder aber wegen geringer gewordener Zahl der Aufträge Referenzen seltener und damit wichtiger geworden sind.

Die Nachteile für einen Konsorten ergeben sich aus der schon geschilderten Natur des Konsortiums, insbesondere seinen Haftungsrisiken. Diese erhöhen sich häufig noch durch aufgezwungene Konsorten wie etwa unbekannte lokale Baufirmen. Für den Claimsmanager ist es wichtig, den Konsortialvertrag gut zu kennen. Die in ihm vereinbarten Entscheidungswege, Anweisungsrechte, Mitwirkungspflichten und Haftungsmaßstäbe präzisieren die Stellung des Anlagenbauers. Aus Sicht des Claimsmanagement ist diese Position wegen der großen Zahl zu berücksichtigender Interessen erheblich schwieriger als wenn das Unternehmen die gleichen Lieferungen und Leistungen in einem einfachen Zulieferverhältnis erbracht hätte.

Der Rat

In beiden Fällen ist wichtig, welche Haftungsteilung die Konsorten vereinbart und wie sie die Haftung begrenzt haben. Aus Sicht der Konsorten ist grundsätzlich erstrebenswert, dass jeder nur für die Erfüllung seines Anteils dem Grunde nach und in überschaubaren Grenzen der Höhe nach haftet. Ein Blick in den Vertragsentwurf des Taiwan-Projekts bestätigt dem Claimsmanager die Problematik:

Das Vertragsbeispiel

Hat der Auftraggeber einen begründeten Anspruch auf Zahlung der Vertragsstrafe oder von pauschaliertem Schadensersatz wegen verspäteter Erfüllung, trägt der für die Verspätung verantwortliche Konsorte die Vertragsstrafe bzw. den Schadensersatz bis zu einem Betrag von ...% des Wertes seines Anteils an der Arbeit.

Der Restbetrag ist unter allen Konsorten (einschließlich des verantwortlichen Konsorten) gemäß ihrem jeweiligen Anteil am Projekt aufzuteilen.

Bei von Schaltron verschuldeten Vertragsverstößen wäre der zu zahlende Betrag damit zwar zunächst begrenzt. Bleibt ein an den Auftraggeber zu zahlender Restbetrag, wird dieser von allen Konsorten getragen, allerdings ist hier Schaltron noch einmal dabei. Besonders riskant wird es aber, wenn ein anderer Konsorte Vertragsstrafe oder Schadensersatz verursacht und Schaltron sich nun – völlig schuldlos – an dem Restbetrag beteiligen muss.

An einem solchen Punkt ist das Unternehmen gefordert, die grundsätzliche Beteiligung an dem Projekt in Frage zu stellen, wenn sich die Vertragsklausel nicht mehr verhandeln lässt. Die Entscheidung hängt von der kaufmännischen und technischen Erfahrung mit den Konsortialpartnern (vielleicht schon aus anderen Projekten) und der Bedeutung des Projekts für die Zukunft des Unternehmens ab.

Kulanz

Das Projekt

Der Auftraggeber (AG) hatte eine Gepäckförderanlage für einen Regionalflughafen bestellt, die der Auftragnehmer (AN) unter Berücksichtigung der ihm vom Kunden beigestellten Daten und Unterlagen ordnungsgemäß und zeitgerecht ablieferte und montierte.

Sechs Wochen nach der Inbetriebnahme treten Unregelmäßigkeiten im Förderfluss auf, deren Behebung ein überschaubares Maß an Nachkonstruktion und Montagearbeiten erfordert. AN erklärte sich deshalb aus Gründen der Kundenpflege zur Übernahme der notwendigen Maßnahmen bereit und erbringt sie ohne zusätzliche Berechnung.

Als sich vier Wochen nach Ablauf der ursprünglichen vereinbarten Sachmängelfrist ein Mangel an der Anlage zeigt und AG den AN deshalb in Anspruch nehmen will, verweist dieser auf den Ablauf der Sachmängelfrist. AG behauptet demgegenüber, diese habe mit der Erbringung der Nacharbeiten erneut zu laufen begonnen, sodass ihm sogar noch zwei Wochen mehr für die Geltendmachung seines Anspruchs blieben.

Überlegungen

Der Projektmanager des AN ist aufgebracht darüber, dass AG aus dem damaligen Entgegenkommen über die Zusatzleistungen hinaus weiteren Vorteil ziehen möchte. Denn wenn die Auffassung von AG rechtens ist, erweist sich die seinerzeit freiwillig erbrachte Leistung als wesentlich teurer als zunächst angenommen.

Leistungen wie die geschilderten erbringen Unternehmen häufig aus Kulanz, um Streit zu vermeiden, Feststellungskosten zu sparen oder den Kunden enger an sich zu binden. Allerdings übersehen sie dabei oft, dass der Begriff der Kulanz nicht eindeutig definiert ist und damit Auslegungen unterliegt.

AG könnte versuchen, sich bei Geltung deutschen Rechts für den Vertrag auf § 212 BGB zu berufen. Danach beginnt die Verjährungsfrist erneut zu laufen, wenn der Schuldner dem Gläubiger gegenüber den Anspruch anerkennt. Die Beurteilung, ob ein Anerkenntnis vorliegt, würde ein Gericht unter Berücksichtigung der Umstände des jeweiligen Einzelfalls, insbesondere von Umfang, Dauer und Kosten der Mängelbeseitigung, vornehmen.

Der Rat

Nach deutschem Recht ist jedenfalls dann ein Anerkenntnis gegeben, wenn der Anlagenbauer die Mangelhaftigkeit des Werkes gegenüber dem Auftraggeber ausdrücklich zugesteht und deshalb dem Nacherfüllungsverlangen zustimmt. Auch Nachbesserungsversuche allein können schon ein konkludentes Anerkenntnis sein, wenn sie sich auf die Mängelrüge beziehen und nicht nur unwesentlich waren.

Ein Anerkenntnis liegt jedoch dann nicht vor, wenn der AN erkennbar nur aus Kulanz leistet und deutlich wird, dass er nicht in dem Bewusstsein handelt, zur Nacherfüllung verpflichtet zu sein. Deshalb ist zur Abwehr von eventuellen Claims des AG für den AN unbedingt empfehlenswert, auf den kulanten Charakter der erbrachten Zusatzleistungen zu verweisen und deutlich zu machen, dass sich AN zu der Leistung nicht für verpflichtet hält. Er sollte dafür die Schriftform mit der Formulierung „ohne Anerkennung einer Rechtspflicht“ wählen und sicherheitshalber darauf hinweisen, dass mit den Leistungen keine Fristverlängerung verbunden ist.

Kundendienst

Das Projekt

Die Praline AG (P), ein Hersteller von Präzisionswaagen und Dosiertechnik für die Süßwarenindustrie, hatte an den Kunden (H) eine Anlage zur Herstellung von Hustenbonbons geliefert. Ein wichtiges Verkaufsargument war der vom Vertrieb besonders gerühmte Kundendienst der P, der H einen weitgehenden störungsfreien Betrieb der Anlage sichern sollte.

Zu diesem Zweck hatten die Parteien einen Vertrag geschlossen, den sie als „Wartungsabkommen“ mit dem Untertitel „Vollschutzservice“ bezeichnet hatten. Vertragliche Leistungen sollten „die einmalige jährliche Leistungs- und Funktionskontrolle am Montageort“ sowie „die fachgemäße Reparatur der Anlage durch den Störungsdienst bei Störungen innerhalb kurzer Frist (an Werktagen während der Normalarbeitszeit innerhalb von 48 Stunden)“ sein.

Bei einer Störung gelingt den Monteuren von P trotz unbestreitbaren fachmännischen Einsatzes und zusätzlicher Nachtschichten die Behebung erst nach vier Tagen.

H möchte einen Claim in Höhe von zwei Tagen Produktionsausfall geltend machen. P lehnt mit der Begründung ab, ihre Leute hätten alles Zumutbare getan und sich in jeder Hinsicht fachmännisch verhalten. Da ihnen kein Verschulden vorzuwerfen sei, käme auch kein Claim in Frage. Im Gegenteil: P sei nicht nur wie vereinbart zur Normalarbeitszeit tätig gewesen, sondern habe auch noch zwei Zusatztage mit der Reparatur verbracht. Diesen Mehraufwand müsse H als Claim vergüten.

Überlegungen

P wird seine Ansicht und seinen Claim darauf stützen wollen, dass im Vertrag eine Begrenzung auf einen Einsatz von 48 Stunden vorgesehen ist und sich die Tätigkeit auf die Normalarbeitszeit beschränkt. Die Verpflichtung des Störungsdienstes weist auf einen Dienstvertrag gemäß § 611 BGB hin. Danach sei P zur Leistung der versprochenen Dienste, H zur Gewährung der vereinbarten Vergütung verpflichtet.

Für die über 48 Stunden oder die außerhalb der normalen Arbeitszeit erbrachten Leistungen enthalte der Vertrag zwar keine Regelung. Hier käme aber § 612 BGB zum Zuge. Danach gilt eine übliche Vergütung als stillschweigend vereinbart, wenn die Dienstleistung den Umständen nach nur gegen eine Vergütung zu erwarten ist.

H beurteilt den Vertrag völlig anders. Die Versprechungen des Vertriebs von P hätten ihm den Eindruck vermittelt, er habe mit dem Vertragsabschluss des Wartungsabkommens eine zusätzliche Sicherheit eingekauft. P schulde nicht Dienste schlechthin, sondern ein Ergebnis. Dafür spreche auch der Untertitel „Vollschutzservice" des Vertrages. Somit liege ein Werkvertrag gemäß § 631 BGB vor. Durch ihn werde P zur Herstellung eines versprochenen Werkes (hier: der Reparatur) verpflichtet. H müsse nur die tatsächlich vereinbarte Vergütung entrichten, gegen die er sich auch gar nicht sperre.

P sah auf Rat seiner Rechtsabteilung von der Inanspruchnahme des vereinbarten Schiedsgerichts wegen der Zusatzleistungen ab. Eine Klage hätte keinen Erfolg gehabt. Bezüglich der Produktionsausfallkosten einigten sich die Parteien vergleichsweise.

Der Rat

Es bedarf keiner weiteren Diskussion, dass hochwertige, technisch komplexe Produkte aus Kundensicht auch nach dem Erwerb und der Montage intensiver Betreuung bedürfen. Für den Hersteller liegt deren Nutzen in einer besseren Kontrolle seiner Sachmängelhaftung, in einer effizienteren Schwachstellenanalyse und in einem frühzeitigen Erkennen anstehender Investitionen beim Kunden.

Der gesamte Bereich produktbegleitender Instandhaltung ist wegen dieser mehrfachen Bedeutung ein ständiges Spannungsfeld zwischen Vertrieb (der ein zusätzliches Verkaufsargument sucht) und Kundendienst (der die Verpflichtung abarbeiten muss) eines Unternehmens. Für den Claimsmanager sind die abgeschlossenen Verträge oft Ursache ärgerlicher Inanspruchnahme durch den Kunden ebenso wie unzuverlässige Grundlage eigener Ansprüche wegen vermeintlich erbrachter Zusatzleistungen.

Das Gesetz bietet wenig Hilfestellung. Es kennt zwar den Dienstvertrag, aufgrund dessen der Verpflichtete seine Bemühungen zeitbestimmt zu erbringen hat. Zum anderen gibt es den Werkvertrag, bei dem der Verpflichtete einen bestimmten Erfolg schuldet. Die vielfältigen Mischformen der Leistungserbringung im Investitionsgütergeschäft haben in das BGB (aber auch in die Gesetze anderer Rechtsordnungen) keinen Eingang gefunden.

Will ein Unternehmen die Auslegung seines Kundendienstvertrages nicht der Unsicherheit richterlicher Auslegung aufgrund des Gesetzes überlassen, ist deshalb eine sorgfältige Regelung des einzelnen Bedarfsfalles unabdingbar.

Zu ihr gehört an vorderster Stelle die Leistungsbeschreibung. Dabei genügt eine Bezeichnung einer Tätigkeit z. B. als „Wartung“ nicht. Wäre die Wartung nur in bestimmten Zeitintervallen schlechthin zu erbringen, kann sie ein Dienstvertrag sein. Erwartet der Kunde aber ein bestimmtes Ergebnis, läge ein Werkvertrag vor. Im ersteren Fall muss der Anbieter lediglich fachmännisch seine Leistung zeitgerecht erbringen, im zweiten Fall dagegen ist ein Ergebnis abzuliefern. Diese Ergebniserreichung kann hohen zusätzlichen Aufwand aus der Sicht des Maschinen- und Anlagenbauers bedeuten. Die vereinbarte Abrechnungsmodalität (Zeitaufwand, Pauschale oder Erfolg) kann ein Hinweis auf den vertraglichen Charakter der Leistung, muss aber nicht ausschlaggebend sein.

Die Leistungsbeschreibung ist auch bei Kundendiensten im weiteren Sinn, wie sie bei wiederkehrenden Tätigkeiten im Rahmen der Verlagerung von Dienstleistungen *(outsourcing)* zu erbringen sind, wichtig. So etwa ist ein *service level agreement* ohne genaue Konkretisierung der Meldepflichten, Reaktionszeiten, Umfänge und Schnelligkeit der Bearbeitung ein Einfallstor für Claimsmanagement.

Bei der Abfassung des Vertragstextes ist Wert darauf zu legen, dass die Überschrift nicht die Leistungsbeschreibung verwässert. Zum einen würde ein Gericht im Streitfall die Überschrift nur als Auslegungshilfe hinzuziehen und sich im Wesentlichen von der Leistungsbeschreibung selbst für die Bestimmung der gegenseitigen Rechte und Pflichten leiten lassen. Sehr oft aber finden in der Praxis werbliche Begriffe in die Verträge Eingang, über deren negative rechtlichen Folgen sich die Verwender nicht klar sind. Zu vermeiden sind deshalb alle offenen oder widersprüchlichen Begriffe, insbesondere wenn ihre fremdsprachliche Herkunft wenig zur Erhellung beiträgt. Zu nennen sind beispielhaft

- Datenfernüberwachung
- Entstörung
- Fullservice
- Hotline
- Pflege
- Reparaturservice
- Rundumsorglospaket
- 24-Stunden-Service
- Stör(ungs)dienst
- Vollschutz

Gefahr für eine saubere Leistungsbeschreibung geht gelegentlich vom Einfluss organisatorischer Voraussetzungen (z. B. in den Anweisungen zur Vertragsprüfung im Rahmen eines Qualitätsmanagement-Handbuchs) beim Anbieter auf den Vertrag aus. Eine dort enthaltenen Formulierung wie „Bei Dienstleistungsaufträgen im Unternehmensbereich Technical Services handelt es sich im Wesentlichen um Montagen, Inspektionen, Wartungen, Inbetriebnahmen und Mess- und Prüfdienste..." ist wenig hilfreich. Hier entsteht nämlich der Eindruck, die aufgeführten Leistungen seien als Dienstverträge zu behandeln – mindestens im Hinblick auf Montagen ist das irreführend. Mitarbeiter könnten bei einer solchen Formulierung zu der falschen Auffassung gelangen, für die Montagen hafte das Unternehmen nach den für den Dienstvertrag geltenden Regeln.

Neben dem Charakter der Vertragspflichten sind wichtige zu regelnde Punkte:

- Ausgangszustand der Anlage
- Meldung des Störfalls durch AG
- Entgegennahme durch AN
- Umfang der Haftung
- Einsatzzeiten
- Qualifikation des Einsatzpersonals
- Verhältnis zum Liefervertrag
- Mitwirkungspflichten des AG
- Vergütung
- Kündigung

Das Vertragsbeispiel

Manche Auftraggeber lassen von vorneherein keinen Zweifel über den rechtlichen Charakter der Leistung aufkommen und bestimmen dementsprechend:

> Die folgenden Einzelteile des Leistungsverzeichnisses sind Grundlage des Angebots. Sie stellen die Mindestanforderung für die Ausführung dar. Sie sind Bestandteil des zwischen Auftraggeber und Kunden abzuschließenden Werkvertrags.

Der Vertragspartner, der bei dieser Formulierung seine Leistungen als Verpflichtungen aus einem Dienstvertrag qualifizieren will, wird es sehr schwer haben.

Der Auftragnehmer haftet für fach-, sach- und fristgemäße Durchführung der ihm übertragenen Arbeiten.....

Hier fehlt es deutlich an einem zu erzielenden Ergebnis. Der Auftragnehmer braucht nur ordentlich schlechthin zu leisten, um seiner Verpflichtung nachzukommen.

Die Beschreibung des Leistungsumfangs könnte kurz und unmissverständlich lauten

1. P erbringt planmäßige, vorbeugende Inspektion und Wartung an der bezeichneten Anlage gem. DIN 31051 (Fassung Juni 2003).
2. Für die Intervalle der Leistung und den Umfang im Einzelnen ist Inspektion- und Wartungsplan... maßgebend.
3. P erstellt aufgrund der erbrachten Leistungen ein Betriebsprotokoll nach jedem Leistungsintervall.
4. P erbringt die Leistungen durch einen Fachmonteur.
5. P erbringt in Störungsfällen von ihr als notwendig erachtete Instandsetzungen (ebenfalls gemäß DIN 31051).
6. Diese sind von H gesondert zu vergüten.

Technischer Service

Der Auftragnehmer gewährleistet für die Entsendung von qualifizierten Mitarbeitern zur Schadensbehebung eine Zeit von maximal 24 Stunden an allen Tagen bis zum Eintreffen am Einsatzort.

Diese Klausel offenbart eine neben der Leistungsbeschreibung weitere problematische Komponente des Kundendienstes: Die Leistungszeit. Die vom Auftragnehmer wahrscheinlich gut gemeinte und vom Auftraggeber gern hingenommen Zusicherung, innerhalb spätestens eines Tages Hilfe zu bekommen, kann sich als Streitstoff erweisen. Es bleibt nämlich völlig unklar, ab wann und unter welchen Voraussetzungen die 24 Stunden zu laufen beginnen. Genügt mündliche Schadensmeldung oder muss sie förmlich erfolgen, zählt der Abgang der Meldung beim Auftraggeber oder der Zeitpunkt der Kenntnisnahme beim Auftragnehmer?

Höchste Vorsicht ist bei Verträgen geboten, die Unternehmen wegen häufiger Verwendung in einer standardisierten Form verwenden. Solche Verträge kann im Zweifel ein Gericht schnell als ein Muster beurteilen, dass den strengen Vorschriften zu → *Allgemeinen Geschäftsbedingungen* (§§ 305 ff BGB) unterliegt. Dies wiederum kann dazu führen, dass Haftungsausschlüsse (beispielsweise für Schadensersatz wegen Produktionsausfall) nicht wirksam sind.

Kündigung

Das Projekt

Das inländische Bauunternehmen Buddel AG (B) hatte beim Maschinenbauer Sondermann (S) mehrere große Betonpumpen bestellt, die wegen außergewöhnlicher Verhältnisse auf der vorgesehenen Baustelle einen hohen konstruktiven Zusatzaufwand durch erfahrene Spezialisten erforderten. Sofort nachdem einer von ihnen durch schwere Krankheit absehbar längere Zeit ausfällt, teilt S dem B mit, dass der vereinbarte Liefertermin trotz der seit mehreren Monaten geleisteten Vorarbeit nicht zu halten sein werde. B setzt ihm eine angemessene Nachfrist, in der sich S verzweifelt aber erfolglos bemüht, eine Ersatzkraft zu finden. Nach Fristablauf tritt B vom Vertrag zurück.

S möchte nach dem schmerzlichen Verlust des spektakulären Auftrags wenigstens die von ihm im Vertrauen auf die Abwicklung getätigten Ingenieurkosten als Claim geltend machen. Er behauptet, B könne nicht zurücktreten, sondern hätte nur ein in die Zukunft wirkendes Kündigungsrecht. B bleibt bei der vertretenen Ansicht.

Überlegungen

S hält die Einstellung seines Vertragspartners für ungerechtfertigt. Schließlich sei die Krankheit des Mitarbeiters ein unabwendbarer Umstand, den niemand zu vertreten habe. Deshalb dürfe S auch nicht auf den bisher entstandenen Kosten ganz allein sitzen bleiben.

Demgegenüber bestimmt § 323 BGB zugunsten von B jedoch eindeutig: „Erbringt bei einem gegenseitigen Vertrag der Schuldner eine fällige Leistung nicht oder nicht vertragsgemäß, so kann der Gläubiger, wenn er dem Schuldner eine angemessene Frist zur Leistung oder Nacherfüllung bestimmt hat, vom Vertrag zurücktreten.“ S hat eine fällige Leistung (die Pumpenlieferung) nicht erbracht. Nach diesem Wortlaut ist B auch dann zum Rücktritt berechtigt, wenn S die Vertragsverletzung nicht zu vertreten hat.

Unter einem Rücktritt versteht das deutsche Recht das Rückgängigmachen eines wirksam zustande gekommenen Vertrags durch einseitige Erklärung einer Partei auf Grund einer gesetzlichen oder vertraglichen Befugnis. Bei einem Rücktritt sind nach § 346 BGB die empfangenen Leistungen zurückzugewähren und die gezogenen Nutzungen herauszugeben. Eine Erstattungspflicht wegen des von S getätigten Aufwandes dagegen trifft B nicht.

Der geschilderte Fall macht deutlich, dass diese gesetzliche Regelung den praktischen Bedürfnissen des Investitionsgütergeschäfts nicht angemessen ist. Sie nimmt keine Rücksicht auf die im Vertrauen auf den Bestand des Vertrags von S erbrachten erheblichen (Vor)leistungen – eine häufig vorkommende Konstellation im Maschinen- und Anlagenbau. Mit fortschreitendem Projektverlauf wird dieses Risiko immer größer. Denn die eventuell zurückzugebenden Anlagenteile kann der Anlagenbauer wegen deren maßgerechter Anpassung an die individuellen Anforderungen seines Auftraggebers wirtschaftlich nicht sinnvoll verwerten.

Während nach deutschem Rechtsverständnis der Rücktritt einen wirksam zustande gekommenen Vertrag von Anfang an rückgängig macht, beendet die Kündigung das Schuldverhältnis grundsätzlich erst für die Zukunft; erbrachte Leistungen sind nicht zurückzugewähren. Im Werkvertragsrecht kann gemäß § 649 BGB der Besteller bis zur Vollendung des Werkes jederzeit den Vertrag kündigen. Der Unternehmer ist dann berechtigt, die vereinbarte Vergütung zu verlangen. Er muss sich allerdings anrechnen lassen, was er in Folge der Vertragsaufhebung an Aufwendungen erspart oder durch anderweitige Verwendung seiner Arbeitskraft erwirbt. Deshalb ist aus Sicht von S eine Kündigung durch B die günstigere Alternative.

Der Rat

Die Vertragspartner sollten sich deshalb um eine sachgerechtere vertragliche Gestaltung bemühen. Anhaltspunkte dafür finden sich im Baurecht. Nach § 5 Nr. 4 VOB kann der Auftraggeber den Auftrag dem Auftragnehmer „entziehen", wenn dieser den Beginn der Ausführung verzögert, mit der Vollendung in Verzug gerät oder Verpflichtungen zur Beseitigung von Defiziten auf der Baustelle nicht nachkommt. Im Vergleich zu § 323 BGB ist damit das Rücktrittsrecht wesentlich eingeschränkt.

Darüber hinaus bietet die VOB eine Regelung für den Einfluss von Behinderungen auf die Leistungszeit an.

Nach § 6 Nr. 2 VOB verlängern sich Ausführungsfristen, soweit die Behinderung verursacht ist durch

- einen Umstand aus dem Risikobereich des Auftraggebers
- Streik oder Aussperrung
- höhere Gewalt oder andere für den Auftragnehmer unabwendbare Umstände.

§ 8 VOB räumt dem Auftraggeber ein Kündigungsrecht jederzeit bis zur Vollendung der Leistung ein. Dem Auftragnehmer steht demgegenüber die vereinbarte Vergütung abzüglich der ersparten Aufwendungen zu

Eine entsprechende Vereinbarung hätte S gegenüber B mindestens insoweit geholfen, als eine Verlängerung der Ausführungsfrist wegen höherer Gewalt den Vertrag vielleicht noch hätte retten können.

Bei der verwendeten Terminologie ist Sorgfalt angebracht. Neben dem Wort „Rücktritt" finden sich in Verträgen Begriffe wie

- Kündigung
- Stornierung
- Annullierung
- Auftragsentzug
- (vorzeitige) Vertragsbeendigung.

Die Anforderung an die Sorgfalt verschärft sich noch, wenn Wörter aus dem angloamerikanischen Rechtskreis in Frage stehen. Gebräuchlich sind

- *avoidance:* bezeichnet die Verweigerung der Vertragserfüllung mit dem Argument, schon der Entstehung der Pflicht stünden ernsthafte Hindernisse entgegen.
- *cancellation* bezeichnet häufig die einseitige Vertragsaufhebung bei einer wesentlichen Vertragsverletzung.
- *discharge:* diesen Terminus verwendet das englische Recht ganz allgemein als Oberbegriff im Zusammenhang mit der Erledigung eines Vertrages. Sie erfolgt durch Vertragserfüllung, einvernehmliche Vertragsauflösung, einseitige Erklärung oder frustration. (Eine dieser entsprechende Rechtsfigur fehlt im deutschen Recht; sie enthält wesentliche Elemente nicht zu vertretender Unmöglichkeit und des Wegfalls der Geschäftsgrundlage.)
- *rescission* ist die Erklärung, mit der bei Vertragsbruch einseitig eine Partei den Vertrag kündigt.
- *mutual rescission* bedeutet eine einvernehmliche Vertragsaufhebung.
- *termination* beendet den Vertrag durch Erklärung einer Partei auf Grund eines vertraglichen oder gesetzlichen Rechts. Sie kann *for convenience* (nach Belieben) oder *for default* (bei Vertragsverstoß) erfolgen.

Angesichts dieser Vielfalt sind – im Inlands- wie im Auslandsgeschäft – Vertragsbeendigungen unter verschiedenen Gesichtspunkten zu verhandeln.

- Zunächst sind die Umstände festzulegen, unter denen eine Vertragsbeendigung möglich sein soll.
- Weiter ist festzuhalten, wer die Vertragsbeendigung erklären können soll.
- Deren Wirkung (ab Erklärung nur für die Zukunft oder rückwirkend von Anfang an?) ist festzuschreiben.
- Schließlich ist zu bestimmen, welche Abwicklungsmodalitäten gelten sollen. Zu regeln sind beispielsweise Zahlungen, Rückzahlungen, Aufwandserstattungen, Herausgaben, Wiederherstellungen.

Das Vertragsbeispiel

Eine aus Sicht des Anlagenbauers insgesamt sehr günstige Regelung könnte lauten:

Termination for Owner's Convenience

1. The Owner my at any time terminate the Contract for any reason by giving the Contractor a notice of termination which refers to this paragraph.

2. Upon receipt of the notice of termination, the Contractor shall either immediately or upon the date specified in the notice of termination

2.1. cease all further work, except for such works as the Owner may specify in the notice of termination for the sole purpose of protecting that part of the Works already executed or any work required to leave the Site in a clean and safe condition; and

2.2. terminate all sub-contracts, except those to be assigned to the Owner pursuant to Paragraph below; and

2.3. remove all Construction Equipment from the Site and repatriate the Contractor's and its Sub-contractor's personnel from the Site, remove from the Site any wreckage, rubbish and debris of any kind, and leave the whole of the Site in a clean and safe condition; and subject to the payment specified in......below

2.4. deliver to the Owner the parts of the Works executed by the Contractor up to the date of termination; and

2.5. to the extent legally possible assign to the Owner all right, title and benefit of the Contractor to the Works and in the Material as at the date of termination, and, as may be required by the Owner, in any sub-contracts concluded between the Contractor and its Sub-contractors; and

2.6. deliver to the Owner all drawings, specifications and other documents prepared by the Contractor or its Sub-contractors as at the date of termination in connection with the Works.

3. In the event of termination of the Contract under the paragraph above, the Owner shall pay to the Contractor the following amounts:

3.1. the Contract Price properly attributable to the parts of the Works executed by the Contractor as at the date of termination; and

3.2. the costs reasonably incurred by the Contractor in the removal of the Construction Equipment from the Site and in the repatriation of the Contractor's and its Subcontractors' personnel; and

3.3. any amount to be paid by the Contractor to its Sub-contractors in connection with the termination of any sub-contracts, including any cancellation charges; and

3.4. the costs incurred by the Contractor in protecting the Works and leaving the site in a safe and clean condition pursuant to paragraph 2.1. above; and

3.5. the reasonable amount of profit for the parts of the Works not executed by the Contractor as at the date of termination; and

3.6. the costs of satisfying all other obligations, commitments and claims which the Contractor may in good faith have undertaken with third parties in connection with the Contract and which are not covered by paragraphs 3.1. through 3.4. above.

Vertragsbeendigung auf Wunsch des Auftraggebers

1. AG kann den Vertrag jederzeit gleichgültig aus welchem Grund durch Mitteilung an AN mit Bezug auf diesen Vertragsabschnitt beenden.

2. Unverzüglich nach Erhalt der Mitteilung von der Vertragsbeendigung oder zu dem in der Mitteilung festgelegten Zeitpunkt wird AN

2.1. alle weiteren Arbeiten mit Ausnahme derer, die AG in der Mitteilung zum Schutz der bereits auf der Anlage geleisteten Arbeiten bezeichnet hat sowie derer, die zum Verlassen der Baustelle in sauberem und sicherem Zustand nötig sind, einstellen;

2.2. alle Unteraufträge mit Ausnahme der an AG nach dem folgenden Abschnitt abzutretenden kündigen;

2.3. das gesamte technische Gerät von der Baustelle entfernen, das gesamte Personal des AN und seiner Zulieferer von der Baustelle zurückrufen, alle Wrack- und Trümmerteile, Abfälle und Rückstände von der Baustelle entfernen und diese in sauberem und sicherem Zustand zu hinterlassen sowie nach unten in ... näher bezeichneter Zahlung

2.4. dem AG die von AN bis zum Vertragsende ausgeführten Leistungen übergeben;

2.5. im gesetzlich möglichen Rahmen AG aller Rechte, Befugnisse und Vorteile von AN bezüglich der geleisteten Arbeit und des Materials zum Zeitpunkt des Vertragsendes ebenso wie die von AG geforderten Rechte aus Zulieferverträgen abtreten;

2.6. an AG alle Zeichnungen, Spezifikationen und andere von AN oder den Zulieferern zum Zeitpunkt der Vertragsbeendigung in Zusammenhang mit der Anlage erarbeiteten Dokumente herausgeben.

3. Im Fall der Vertragsbeendigung nach obigem Abschnitt zahlt AG an AN folgende Beträge:

3.1. den Vertragspreis den von AN erbrachten Leistungsteilen der Anlage zum Zeitpunkt der Vertragsbeendigung entsprechend;

3.2. die AN entstandenen angemessenen Kosten für die Beseitigung des technischen Geräts und die Rückführung des Personals von AN und seinen Zulieferern;

3.3. die von AN an seine Zulieferer im Zusammenhang mit der Kündigung der Unteraufträge zu zahlenden Summen einschließlich der Kündigungsgebühren;

3.4. die AN entstanden Kosten zum Schutz der geleisteten Arbeiten und der geordneten Baustellungsräumung gemäß 2.1.;

3.5. den angemessenen Gewinnanteil für die zum Zeitpunkt der Vertragsbeendigung von AN nicht ausgeführten Leistungen;

3.6. die Kosten der Befriedigung aller anderen Verbindlichkeiten, Verpflichtungen und Ansprüche, die AN nach Treu und Glauben Dritten gegenüber im Zusammenhang mit dem Vertrag eingegangen ist, soweit sie nicht von 3.1. bis 3.4. erfasst sind.

Diese Regelung entspricht der Kündigung nach deutschem Werkvertragsrecht, weil nach Punkt 3 dem Auftragnehmer nicht nur seine Vergütung erhalten bleibt, sondern der Auftraggeber Kosten zu erstatten und einen angemessenen Gewinnanteil für die nicht in Anspruch genommenen Leistungen zu entrichten hat.

Kündigung

Der Auftraggeber ist jederzeit zur ordentlichen Kündigung ohne Angaben von Gründen berechtigt.

Der Auftraggeber ist insbesondere dann zur Kündigung berechtigt, wenn wirtschaftliche Gründe gegen die Weiterführung des Projektes sprechen.

Kündigt der Auftraggeber das Vertragsverhältnis ordentlich, so schuldet er dem Auftragnehmer nur die Vergütung der bis zu diesem Zeitpunkt erbrachten Leistungen einschließlich der nachzuweisenden, angemessenen Auslaufkosten.

Dass der Auftraggeber jederzeit zu einer ordentlichen Kündigung berechtigt ist, dürfte selbstverständlich sein; auch einer Angabe von Gründen bedarf es jedenfalls nach dem Gesetz nicht. Deshalb ist auch zunächst nichts dagegen einzuwenden, dass wirtschaftliche Überlegungen bezüglich der Weiterführung des Projekts die Kündigung rechtfertigen können.

Ernsthafte Bedenken gegen die Regelung erwachsen allerdings daraus, dass der Auftraggeber nicht die vereinbarte Vergütung abzüglich vom Auftragnehmer ersparter Aufwendungen schuldet, sondern nur die Vergütung der erbrachten Leistungen einschließlich angemessener Auslaufkosten. Zudem birgt dieser Begriff ohne genauere Beschreibung erhebliches Streitpotential.

Der Auftraggeber hat das Recht, jederzeit den Vertrag schriftlich zu kündigen.

Kündigt der Auftraggeber aus einem bei seinem Endkunden liegenden Grund (zum Beispiel Zahlungseinstellung oder Vertragsbeendigung), hat der Auftragnehmer Anspruch auf anteilige Vergütung der vertragsgemäß erbrachten Leistungen und Lieferungen zuzüglich eines angemessenen Gemeinkostenanteils für den nicht erbrachten Teil des Vertrags sowie der nachgewiesenen, angemessen Kosten der Einstellung der Arbeiten.

Die auf den ersten Blick faire Regelung im zweiten Absatz verstellt den Blick darauf, dass in den Fällen, in denen die Kündigungsgründe nicht beim Endkunden liegen, der Auftraggeber den Gemeinkostenanteil nicht erstatten will.

Problematisch ist auch die folgende Regelung einer *cancellation*, die über das Schicksal der Gegenleistung, Kosten oder Gewinn nichts aussagt und damit Auslegungsstreitigkeiten provoziert.

Cancellation

In any of the following cases, the Purchaser may, without any other authorization, cancel the Contract and take all or any part of the Contract and/or of the work to be undertaken by the Contractor out of the Contractor's hands and may employ such means as the Purchaser sees fit to complete this Contract and/or the Works:

Where the Contractor has delayed commencement of the Works for 6 months or the Mechanical Completion of the Plant has not taken place within 12 months beyond the scheduled date, for reasons attributable to the Contractor and that the Purchaser has given notice to the Contractor and the Contractor has not replied or not taken action to commence or mechanically complete the Works for 2 months after such notice was given;

Where the Contractor has become insolvent and/or made an assignment of the Contract without the approval of the Purchaser;

Where the Contractor has committed an Act of Bankruptcy;

Where the Contractor has abandoned the Work.

Vertragsbeendigung

In jedem der folgenden Fälle kann der Käufer ohne irgendeine weitere Berechtigung den Vertrag beenden, die Vertragserfüllung ganz oder teilweise dem Anlagenbauer aus der Hand nehmen und nach eigenem Gutdünken Mittel zur Vertragserfüllung einsetzen:

Falls der Anlagenbauer den Beginn der Arbeiten 6 Monate verzögert hat oder die mechanische Fertigstellung der Anlage nicht innerhalb von 12 Monaten nach dem Plandatum aus vom Anlagenbauer zu vertretenden Gründen erfolgt ist, der Käufer den Anlagenbauer davon in Kenntnis gesetzt und dieser weder geantwortet noch Maßnahmen ergriffen hat, mit den Arbeiten 2 Monate nach dieser Mitteilung zu beginnen oder sie fertig zu stellen;

falls der Anlagenbauer zahlungsunfähig geworden ist oder ohne Billigung des Käufers Abtretungen aus dem Vertrag vorgenommen hat;

falls der Anlagenbauer ein Konkursvergehen begangen hat;

falls der Anlagenbauer die Arbeiten eingestellt hat.

Each party to Contract shall have the right to declare Contract avoided, if circumstances of Force Majeure invoked by the other party have been prevailing for longer than six months. The party resorting to such right may declare Contract nulled and avoided at its own choice either in part or entirely.

Beide Parteien können den Vertrag für nichtig erklären, sobald die von der Gegenseite behaupteten Umstände höherer Gewalt mehr als sechs Monate andauern. Die von diesem Recht Gebrauch machende Partei kann den Vertrag nach eigener Wahl ganz oder teilweise für null und nichtig erklären.

Es ist ganz offensichtlich, dass der englische Text weder von einem Muttersprachler noch von einem Juristen stammt. Umstände höherer Gewalt machen einen Vertrag eigentlich nicht nichtig. Deshalb müssen die Vertragspartner bei der Vorlage eines solchen Entwurfes umso mehr Wert auf die Regelung der Rechte legen, die sie sich einräumen; dazu gehören auch die Rechtsfolgen, hier zum Beispiel das Schicksal der Vergütung für den nicht mehr in Anspruch genommenen Leistungsteil.

Im Falle des Rücktritts vom Vertrag ist der Auftraggeber berechtigt, die gelieferte Anlage bis zur Schaffung eines geeigneten Ersatzes kostenlos weiterzubetreiben.

Wenn die Parteien hier wirklich einen Rücktritt im Auge hatten und nicht nur den falschen Ausdruck für die Vertragsbeendigung gewählt haben, ist das dem Auftraggeber eingeräumte Recht sehr weitgehend. Denn grundsätzlich sind beim Rücktritt die empfangenen Leistungen zurückzugewähren. Gibt der Auftraggeber sie nicht zurück, sollte er eine Gegenleistung entrichten. Der dehnbare Begriff des geeigneten Ersatzes verschafft dem Auftraggeber für den kostenlosen Betrieb einen so langen Zeitraum, dass der Rücktritt für ihn geradezu erstrebenswert wird.

Lebenszeitkosten

Das Projekt

Ein bedeutender Kunde K aus der Automobilindustrie verlangt von W bei den Verhandlungen über die Vergabe einer großen Werkzeugmaschine im Wert von 1 Mio. € verbindliche Angaben der über die Beschaffungskosten hinausgehenden Gesamtlebenskosten der Maschine. K denkt an Zusagen über einen Zeitraum von 10 Jahren.

Der junge Verkäufer von W ist von diesem Ansinnen durchaus angetan. Die hervorragenden aber hochpreisigen Maschinen seines Unternehmens tun sich im Wettbewerb gegen die niedrigen Anschaffungspreise der Konkurrenz aus anderen Ländern recht schwer. Der Qualitätsunterschied zeigt sich häufig im Lauf des Betriebs erst nach Jahren. Entsprechende Angaben schon jetzt würden den ausländischen Wettbewerbern schwer fallen und dem Einkauf von K vielleicht eine Entscheidung zu Gunsten von W nahe legen.

Der erfahrene Projektmanager P ist skeptisch. Er sieht in den Vorstellungen des Auftraggebers praktisch eine Verlängerung der Sachmängelhaftung auf 10 Jahre. Diese lange Zeit und die vielen Unwägbarkeiten der Gesamtkostenentwicklung würden ein Claimsmanagement sehr erschweren, wenn nicht unmöglich machen. P rät deshalb davon ab, auf das Ansinnen von K einzugehen.

Überlegungen

Das klassische Verhalten von Einkaufsabteilungen ist von einem möglichst niedrigen Anschaffungspreis bestimmt. Später anfallende relativ höhere Betriebskosten sind dann von anderen Stellen im Unternehmen zu tragen. Die starke Kostenkontrolle dieser Einheiten hat mittlerweile bei einer Reihe von Unternehmen zu einer bereichsübergreifenden Betrachtung geführt. Dadurch gelangen andere Kenngrößen (z. B. Instandhaltung, Verfügbarkeit, Ersatzteile) in die Beschaffungsdiskussion: So etwa ist heute bekannt, dass die Instandhaltungskosten einer Maschine oder Anlage die Investitionskosten schon nach fünf Jahren Produktionszeit übersteigen können.

Die Praxis bezeichnet Gesamtlebenskosten eines Investitionsgutes häufig etwas irreführend als Lebenszykluskosten *(life cycle costs, total costs of ownership)*. Gemeint ist aber nur der Betrachtungszeitraum von der Entstehung des Gutes bis zu seiner Verwertung oder Entsorgung, nicht etwa die Wiedergeburt einer neuen Maschine oder Anlage. Diese Feststellung ist wichtig, weil sie auf die Notwendigkeit verweist, vertraglich Anfang und Ende des Berechnungszeitraums festzuhalten. Ein Aussage über Lebenszeitkosten kann neben einer höheren Preistransparenz und der damit einhergehenden Stärkung der Wettbewerbsposition für das verkaufende Unternehmen noch andere Vorteile haben. Durch den Austausch von Nutzungsdaten ergeben sich Ansätze für die Verbesserung des eigenen Produkts, und die langjährige Zusammenarbeit mit dem Abnehmer schafft eine stärkere Kundenbindung.

Die Nachteile liegen auf der Hand. Um das für ein Claimsmanagement gerade wegen der langen Laufzeit eines solchen Projekts besonders wichtige Projektsoll zu formulieren, ist ein kontinuierlicher Informationsdialog zwischen Anlagenbauer und Betreiber über die gesamte Nutzungsdauer unerlässlich. Das erfordert erhebliches Vertrauen in den Vertragspartner, weil die Bereitstellung realer Nutzungsdaten durch den Betreiber wettbewerbskritisches Potential enthält. Andererseits muss er sich klar darüber sein, dass ohne eine solche Bereitstellung das Risiko für den Anlagenbauer wegen langer Laufzeiten, unabsehbarer Störungen und nicht einzuschätzender Folgen zu groß ist und von einer partnerschaftlichen Kooperation nicht die Rede sein kann.

Der Rat

Es ist zu erwarten, dass sich auch bedeutende Unternehmen dem Wunsch nachfragestarker Auftraggeber z. B. aus der Automobil- oder chemischen Industrie nach Vereinbarung von Lebenszeitkosten auf die Dauer nicht werden entgegenstellen können. Unternehmen wie W sollten deshalb zwar versuchen, die Risiken solcher Vereinbarungen realistisch abzuschätzen, aber die Chancen nicht gering zu erachten. Mehr noch als bei anderen Konstellationen ist das Claimsmanagement allerdings gefordert, das Projektsoll *(baseline)* möglichst lückenlos zu beschreiben. Dies wird umso schwieriger sein, als mit entsprechenden Vertragsformen noch wenig Erfahrung besteht und vieles von dem guten Willen des Auftraggebers zur Zusammenarbeit abhängt.

Die Klärung der folgenden Punkte ist deshalb Voraussetzung für einen reibungslosen Projektverlauf einschließlich eines beiderseits akzeptierten Claimsmanagement.

- Zeitraum der Zusage
- Konkretisierung der erfassten Liefer- und Leistungsteile
- (Nicht-)Erstreckung auf von Dritten zugelieferte Anlagenteile
- Behandlung von Störfällen während des Betriebs
- Einfluss von Prozess-, Material- und Mengenänderungen
- Pflicht zur Datenüberlassung (nach Inhalt, Umfang, Zeitintervallen) durch Betreiber

- Pflicht zur Dokumentation der Betriebsführung durch Betreiber
- Einsichts- und Zugangsrechte des Anlagenbauers
- Rechtsfolge bei Nichterreichen von Zusagen

Diese Aufzählung macht deutlich, dass Vereinbarungen über Lebenszeitkosten eng mit → *Allianzverträgen* und Betreiberverträgen verwandt sind. Die Individualität aller dieser Vereinbarungen als Grundlage eines funktionierenden Claimsmanagement ist gar nicht genug zu betonen.

Leistungs- und Lieferumfang

Das Projekt

Der Betreiber eines Zementwerkes Z hatte im Rahmen einer Modernisierung die gesamte Entstaubungseinrichtung an E vergeben. Die Partner hatten sich große Mühe mit der Leistungs- und Lieferbeschreibung gegeben. Trotzdem entsteht Streit, als es um die Installation eines Dachventilators geht. Dessen Aufbau war im Leistungsumfang nicht ausdrücklich enthalten. E vertritt die Meinung, es handele sich um eine bauseits (durch einen Dritten) zu erbringende Leistung, Z rechnet den Unterbau zum Gesamtumfang der von E zu erbringenden Lieferungen.

Um den Ablauf des Projekts nicht zu gefährden, liefert und montiert E den Unterbau, verlangt wegen seines Einsatzes aber Verlängerung der Leistungszeit und Kostenerstattung. Z lehnt ab.

Überlegungen

Der Claim von E könnte erfolgreich sein, wenn der Unterbau tatsächlich nicht zu den Leistungspflichten von E gehörte.

In vielen Vertragsverhältnissen des täglichen Lebens gibt der Leistungsumfang kaum Anlass zu streitiger Auslegung. Dementsprechend einfach bestimmt das Schuldrecht des BGB, dass der Verkäufer einer Sache sie dem Käufer frei von Sach- und Rechtsmängeln zu verschaffen hat oder dass der Unternehmer durch den Werkvertrag zur Herstellung des versprochenen Werkes verpflichtet wird. Der konkrete Umfang dieser Verpflichtung aber ist in der Praxis des Maschinen- und Anlagenbaus häufig sehr schwer zu bestimmen. Das gilt insbesondere dann, wenn die Verpflichtung nicht allein in Fertigung und/oder Lieferung einer Maschine besteht sondern in der schlüsselfertigen Erstellung *(turn key)* einer Industrieanlage. Zwischen diesen beiden Extremen gibt es ungezählte Abstufungen. In welchem der Bereiche sich ein Anbieter betätigt – viele Firmen decken die ganze Spannweite ab – wird eine unternehmenspolitische Entscheidung sein. Sie sollte berücksichtigen, dass mit höheren und umfangreicheren Anforderungen des Kunden an den Anlagenbauer die Bestimmung der gegenseitigen Verpflichtungen immer schwieriger wird. Daraus wiederum folgt, dass ein Claimsmanagement dann um so notwendiger ist.

E orientiert sich an der Leistungsbeschreibung allein und sieht dies als erschöpfend an. Da dort der Unterbau nicht aufgeführt ist, trifft E insoweit keine Leistungspflicht. Insofern müsste der Wunsch nach Zeit- und Kostenausgleich gerechtfertigt sein.

Der Rat

Eine korrekte Beschreibung des Leistungs- und Lieferumfangs *(subject matter of the contract)*, gegebenenfalls im Zusammenhang mit dem festgelegten Projektverlauf *(scope of work)* ist das „A und O" des Claimsmanagement. Wichtig ist dafür Klarheit über den Zeitpunkt, an dem die Diskussionen über Art und Umfang einer Leistung, z. B. des Engineering, zu einer vertraglichen Verpflichtung „erstarren". Der angloamerikanische Sprachgebrauch kennt dafür den treffenden Ausdruck *„freezing point of design"*. Weiter dazu kann auch eine Erläuterung „negativer" Inhalte oder der Festlegung, nicht zu etwas verpflichtet zu sein, gehören. An dieser Stelle ist zudem eventuell an die Abgrenzung *(battery limits)* gegenüber den Verpflichtungen Dritter zu denken. Fehler, die die Beteiligten an dieser Stelle machen, sind häufig ohne Verluste nicht wieder auszugleichen. Der vertraglich geschuldete Umfang der Verpflichtungen zu bestimmten Zeitpunkten oder innerhalb einer bestimmten Zeit bildet die Grundlage *(baseline)* für jede Form von Claims; ohne entsprechende Beschreibung ist das Vertrags-Soll nicht feststellbar, damit fehlt es an einer Vergleichbarkeit mit dem Vertrags-Ist, und damit fehlt jede Grundlage für das Claimsmanagement. Die Fülle der möglichen Leistungen und Lieferungen im Investitionsgütergeschäft macht eine Beschreibung nicht immer einfach.

Bei Lieferungen ist hauptsächlich zu denken an

- Maschinen
- Apparate
- Anlagen
- Umweltschutzvorrichtungen
- Dokumentation
- Ersatzteile
- Verschleißteile
- Betriebsmittel

Bei Leistungen werden eine oder verschiedene der folgenden in Frage kommen:

- Machbarkeitsstudie
- Kostenschätzung, -überwachung
- basic engineering
- detail engineering
- Infrastruktur
- Beschaffung
- Einkauf
- Bau und Montage
- Überwachung
- Inbetriebsetzung
- Inbetriebnahme
- Instandhaltung
- Ertüchtigung
- Training
- Lizenzen
- Know-How

Der genaueren Beschreibung der Begriffe dienen Spezifikationen wie

- Zeitpunkt
- Form
- Menge
- Gewicht
- Kapazität
- Maße
- Toleranzen
- Qualität
- Regelwerk
- Anstrich
- Verpackung
- Versand

Bei umfangreichen Leistungen und Lieferungen verwenden Auftraggeber häufig getrennte Pflichtenhefte, um den Vertragstext selbst nicht unnötig zu belasten. Sie wiederum beruhen auf Lastenheften, in die von verschiedenen Seiten gestellte Anforderungen an die Entwicklung eines neuen Produkts eingegangen sind. Lastenhefte sind als Vertragsgrundlage ungeeignet, weil aus technischen Gründen das Anforderungsprofil noch unscharf sein und sogar Widersprüche enthalten kann, bis in einem weiteren Schritt die Umsetzung in ein Pflichtenheft erfolgt.

Mangelnde Unterscheidung zwischen beiden Begriffen führt in der Praxis immer wieder zu Auslegungsstreitigkeiten. Der Auftragnehmer muss außerdem beachten, dass Pflichtenhefte nicht nur den Leistungs- und Lieferumfang fest schreiben. Häufig finden sich in ihnen darüber hinausgehende Bestimmungen über die Einhaltung technischer Vorschriften oder Fiktionen, z. B. über die Kenntnis von Verhältnissen am Leistungsort.

Streitpotential enthalten auch Bezugnahmen auf die Ergebnisse aus Pilotprojekten oder anderen Anlagen. Die Vereinbarung muss deutlich machen, ob ein solcher Hinweis nur der besseren Anschaulichkeit dienen oder tatsächlich ein Resultat beschreiben soll. Ähnliches gilt für die Übergabe von Mustern, zum Beispiel bei einer Anlage zur Herstellung von Formteilen Wenn die Produkte nicht nur „in etwa“ oder „nach Möglichkeit weitgehend“ dem Muster gleichkommen sollen, ist der Anlagenbauer schnell in der Pflicht, dass die Produkte der Anlage dem Muster vollständig entsprechen müssen.

Ein Schuldverhältnis zwischen Auftraggeber und Auftragnehmer besteht aber nicht nur aus den vertragstypischen Hauptleistungspflichten, also etwa bei einem Werkvertrag aus der Erstellung des Werkes durch den Unternehmer und der Vergütung durch den Besteller. Nach Treu und Glauben treten vielmehr – ergänzt durch Parteivereinbarung oder besondere gesetzliche Vorschriften – Nebenpflichten hinzu. Eine einheitliche Terminologie für diese besteht nicht. Juristische Kommentierungen unterscheiden in Hauptgruppen zwischen Leistungstreuepflichten, Mitwirkungspflichten, Schutzpflichten und Aufklärungspflichten mit jeweils weiteren Untergliederungen. Auf dieser Ebene (aber deshalb nicht weniger wichtig!) finden sich dann etwa Obhutspflichten für Personal und anvertrautes Material, Hilfestellung für Genehmigungen, Geheimhaltungs- und Verschwiegenheitspflichten oder Hinweis- und Warnpflichten.

Für die Praxis ist wichtig, dass gerade im Investitionsgütergeschäft wegen dessen Zuschnitt und Komplexität Inhalt und Umfang der Nebenpflichten erhebliche Bedeutung erlangen können. Ihre Verletzung berechtigt die Gegenseite zu Schadensersatzansprüchen. Um nicht auf die Auslegung der gesetzlichen Vorschriften allein angewiesen zu sein, empfiehlt sich unbedingt eine vertragliche Regelung. Diese kann sowohl im Leistungsvertrag selbst enthalten als auch Gegenstand einer eigenen Vereinbarung sein. So etwa finden sich Geheimhaltungsvereinbarungen *(non-disclosure agreements)* sowohl innerhalb als auch außerhalb des Hauptvertrags.

Das Vertragsbeispiel

Ersatzteil- und Formatteilservice, Wartung und Inspektion, Online-Dokumentation und Online-Fernwartung, Qualifizierung und Validierung, Schulung, Training und Consulting, Service just in time vor Ort. Alles selbstverständlich.

Es kommt immer wieder vor, dass infolge von Gedankenlosigkeit werbliche Angaben zum Beispiel aus Broschüren oder dem Internet-Auftritt des Unternehmens Eingang in eine Präambel oder sogar den Vertragstext selbst finden. Dabei liegt die Gefahr ungeklärter Leistungsumfänge und ihrer Vergütung nicht immer so offen auf der Hand wie in obigem Beispiel.

Teilleistungen der Beschaffung sind

- Erstellen von Unterlagen für Vorauswahl
- Auswahl von Zulieferern
- Terminprotokolle
- Unterstützung des Claimsmanagement
- Informationen für Kostenvergleich
- Vergabeverhandlungen
- Dokumentation von Vertragsstörungen
- Protokolle der Sachmängelhaftung

Mit dieser Aufstellung haben die Parteien den offenen Begriff der Beschaffung sichtlich präzisiert. Trotzdem bleiben noch quantitative Interpretationsspielräume. So etwa könnte fraglich sein, wie weit eine „Unterstützung“ *(support)*geht. Ein Teil solcher Unsicherheiten lässt sich im Zusammenhang mit der Vergütungsregelung berücksichtigen.

Bei der immer wieder zur Diskussionen führenden Abgrenzung zwischen *basic* und *detail engineering* kann die Formulierung helfen

The content and level of detail in basic engineering is such that the detail engineering can be done (possibly by another engineering firm) without significant difficulties.

Inhalt und Detaillierungsgrad des basic engineering sind so beschaffen, dass das detail engineering (möglicherweise auch von einer dritten Ingenieurfirma) ohne nennenswerte Schwierigkeiten geleistet werden kann.

Eine solche Formulierung setzt allerdings voraus, dass dieses dritte Unternehmen eine qualifizierte Ingenieurfirma ist. Zur Sicherstellung bedarf es eines ausdrücklichen Vorbehalts oder einer Genehmigungspflicht zu Gunsten des Auftragnehmers. Ähnliche Probleme können Inhalt und Abgrenzung der Inbetriebsetzung *(commissioning)* bereiten. Eine Klarstellung wäre:

„Commissioning" means those activities to be performed under the responsibility of the Contractor required to bring the Plant from Mechanical Completion to Ready for Start-Up.

Inbetriebsetzung sind die unter der Verantwortlichkeit des Anlagenbauers nötigen Tätigkeiten, um die Anlage von der mechanischen Fertigstellung zur Inbetriebnahme vorzubereiten.

Häufig höhlen Vollständigkeitsklauseln den Wert von Beschreibungen des Vertragsgegenstandes aus und bereiten damit Streitigkeiten über den Umfang von Leistungen und Lieferungen vor:

Die Leistungsbeschreibung ist nur eine allgemeine Beschreibung des Liefer- und Leistungsumfangs.

Soweit nicht anders spezifiziert hat der Auftragnehmer innerhalb der festgelegten Liefer- und Leistungsgrenzen in jeder Hinsicht vollständige und einwandfreie Lieferungen und/oder Leistungen zu erbringen.

Der Vertragszweck muss vollständig innerhalb der Liefergrenzen erfüllt sein. Der Auftragnehmer kann sich nicht darauf berufen, dass insoweit notwendige Lieferungen und Leistungen im Vertragstext oder den Unterlagen nicht aufgeführt sind.

Liefergegenstand

1.……

2. Der Auftraggeber kann im Rahmen des für den Auftragnehmer Zumutbaren Änderungen des Liefergegenstandes in Konstruktion und Ausführung verlangen. Dabei sind die Auswirkungen, insbesondere hinsichtlich der Mehr- und Minderkosten sowie der Liefertermine, angemessen einvernehmlich zu regeln.

3. Lagerungs-, Montage- und Betriebsanweisungen sind kostenlos in den gewünschten Sprachen mitzuliefern. Gleiches gilt für Unterlagen, die für die Wartung und Instandsetzung des Liefergegenstandes erforderlich sind. Der Auftraggeber ist berechtigt, diese Anweisungen und Unterlagen zu vervielfältigen, zu bearbeiten und an seine Kunden weiterzugeben.

Der zweite Absatz dieser Klausel betrifft Änderungen und verdient wegen deren Wichtigkeit eine eigene Klausel. Das wird deutlich, wenn Änderungen hinsichtlich des Terminplans in Frage kommen, die nicht auf Konstruktion und Ausführung zurückzuführen sind. Sie wären mit dieser Regelung nicht erfasst.

Die im dritten Absatz aufgeführte „kostenlose" Lieferung" kann der Auftragnehmer nur kalkulieren, wenn ihm die gewünschten Sprachen bei Erteilung des Auftrags bekannt sind. Andernfalls kann das Kostenrisiko bei exotischen Sprachen hoch sein.

Die Bearbeitung von Unterlagen des Auftragnehmers durch den Auftraggeber darf nur im Zusammenhang mit einem Haftungsausschluss erlaubt sein. Abgesehen davon droht mit der Weitergabe an den Endkunden ein Abfluss des in den Unterlagen enthaltenen Know-How.

Leistungsnachweis

Das Projekt

Die neue Anlage zur Vakuumtrocknung von Kondensatoren lief, aber der Besteller war mit den hohen Energieverbräuchen unzufrieden. Die vereinbarten Leistungsnachweise als Vorraussetzung einer Abnahme konnte der Anlagenbauer trotz zweier Versuche bisher nicht erbringen. Der Besteller hält die Bemühungen des Anlagenbauers für fehlgeschlagen und will von dem Vertrag zurücktreten. Der Anlagenbauer dagegen denkt an einen Zeitclaim, weil er ein Recht habe, die Leistungsnachweise erfolgreich zu erbringen.

Überlegungen

Das Recht zum Rücktritt des Bestellers, das z. B. das deutsche Recht mit § 636 BGB erst bei erfolgloser Nacherfüllung vorsieht, dürfte hier ebenso zweifelhaft sein wie ein unbegrenztes Recht des Anlagenbauers zur Wiederholung von Leistungsnachweisen. In der Praxis spielt dieser Punkt immer wieder eine Rolle, weil die Vertragspartner weder die Modalitäten der Leistungsnachweise sorgfältig geregelt noch die Folgen fehlgeschlagener Versuche eindeutig festgelegt haben.

Der Rat

Angesichts der Bedeutung von Leistungsnachweisen für den Projektverlauf und ihrer Rolle als Argument gegen die angebliche Nichterbringung der Leistung ist größte Sorgfalt bei der vertraglichen Ausgestaltung angeraten. Zu bedenken ist dabei stets, dass die in der Praxis verwendeten deutschen wie englischen Begriffe selten eindeutig besetzt sind und deshalb immer der Definition bedürfen, um unerwünschter Auslegung vorzubeugen. Selbst wenn nicht alle der u.a. Punkte in einem konkreten Fall in Frage kommen, ist ihre Berücksichtigung als Teil einer Prüfliste empfehlenswert.

- Sollen Leistungsnachweise vielleicht schon vor Transport und Montage beim Hersteller (oder sogar bei Zulieferern) stattfinden? Entsprechende Vereinbarungen finden sich in manchen Verträgen als Kontrollrechte durch „Inspektionen" oder so genannte „Werksabnahme" ohne Verbindlichkeit für die endgültige Abnahme. Sie sind oft Voraussetzung für eine Verschiffung durch den Anlagenbauer. Zu beachten ist, dass missbräuchliche Ausnutzung durch den Kunden diesem die Möglichkeit eröffnet, eigenen Verzug zu verschleiern.

- Sind die den einzelnen Leistungsnachweisen vorangehenden Leistungsschritte (zum Beispiel *mechanical completion*) eindeutig definiert
- Wie sehen die Vorbereitungen für eine (provisorische) Übernahme aus? Zu regeln sind unter diesem Punkt – im anglo amerikanischen Sprachgebrauch *Provisional Acceptance* oder *Provisional Taking Over* – Meldungen vom Montageabschluss, Überprüfungen durch den verantwortlichen Ingenieur, eventuell Vollständigkeitstests, die Erteilung einer Bescheinigung darüber *(Certificate of Completion)* und die Inbetriebnahme.
- Worin besteht die provisorische (vorläufige) Übernahme selbst? Hier sind Aussagen über die Leistungstests in genereller Form zu treffen (z. B. Zahl der Wiederholungen bei Fehlschlägen). Wichtig ist die vertragliche Festschreibung der rechtlichen Wirkung einer fehlgeschlagenen oder erfolgreichen vorläufigen Übernahme (z. B. kann die Verjährungsfrist für die Sachmängelhaftung zu laufen beginnen.) Ebenfalls hierher gehören Vereinbarungen zur Erteilung eines Übernahmezertifikats *(Provisional Acceptance Certificate, PAC)*.
- Die weiteren Modalitäten des Leistungsnachweises hängen verständlicherweise von der Komplexität des jeweiligen Projekts und von der Branche ab. Eine Prüfliste sollte aber aus Gründen der Vorsicht eher umfangreicher als eingeschränkt sein. In diesem Sinn sind als wichtige Punkte zu nennen
  - der Ort der Abnahmeprüfung
  - Beteiligung Dritter (z. B. TÜV, Sachverständige)
  - Zeit und Dauer von Leistungsprüfungen
  - Teilnahme von Betriebspersonal definierter Qualifikation (z. B. vorher durch Trainingsmaßnahmen ausgebildet)
  - einzuhaltende Parameter (Kalt- und Warmtests, Stückung, Feuchte, Chargierung)
  - Wiederholungsrechte und Regelung kleinerer Mängel
  - Bereitstellung und Kostentragung für Betriebsmittel
  - Folgen bei Misslingen
  - Protokolle und deren Wirkungen
  - Fiktive Abnahmen durch tatsächliche Übernahme (z. B. Kundenbetrieb bei Nichtabnahme) oder Zeitablauf
  - Nachfristen, Endtermine
  - Kostentragung.

- Sollten die Parteien zwischen vorläufiger und endgültiger Übernahme unterscheiden, ist eindeutig festzulegen, welche Übernahme die Abnahme als Billigung enthält und inwieweit die beiden Übernahmen sich in ihren Rechtsfolgen unterscheiden.
- Mittelbar mit Leistungsnachweisen zusammenhängen kann die Vereinbarung von Kontrollrechten während der Lieferfrist für die Herstellung oder für Material (beispielsweise bei Werkstoffprüfungen). Zu denken ist bei den Berechtigten an den Auftraggeber, an den Lieferer (etwa wenn ihm Fremdfirmen aufgezwungen worden sind) oder an Dritte als neutrale Sachverständige oder als Parteivertreter.

Das Vertragsbeispiel

Inspection before Dispatch

1. Before dispatch Seller shall inspect the Equipment and/or parts thereof to verify if such Equipment and/or parts thereof are in compliance with the terms of Contract.
2. Buyer have the right to commission their representatives hereto duly authorized to participate to the inspection within the meaning of point 1., the costs of such commission to be borne by Buyer. Participation of Buyer's representatives in the inspection does not release Seller from their responsibility for the quality of the inspected goods as provided in Article ...Seller shall notify Buyer of the respective goods having been manufactured and being ready for inspection 6 weeks in advance and Buyer shall inform Seller within 10 days whether they intend to participate in the inspection.
3. If the inspection shows the Equipment or parts thereof prepared to be delivered are in conformity with the terms of Contract, Seller shall make out a respective quality certificate, such certificate to state which parts of Equipment have been inspected. The certificates shall be signed by Seller's and by Buyer's representatives in case the latter participate in the inspection.

Inspektion vor Versand

1. Vor dem Versand inspiziert der Verkäufer die Ausrüstung (ganz oder teilweise), um sich davon zu überzeugen, dass sie den Anforderungen des Vertrags entsprechen.
2. Der Käufer hat das Recht, ordnungsgemäß bestellte Vertreter zur Teilnahme an der Inspektion zu entsenden; die Kosten trägt der Käufer. Die Teilnahme der Vertreter des Käufers an der Inspektion befreit den Verkäufer nicht von seiner Ver-

antwortung für die inspizierten Gegenstände gemäß § ...Der Verkäufer teilt dem Käufer 6 Wochen vorher mit, dass die entsprechenden Gegenstände fertig gestellt und zur Inspektion bereit sind. Der Käufer informiert den Verkäufer innerhalb von 10 Tagen, ob er beabsichtigt, an der Inspektion teilzunehmen.

3. Ergibt die Inspektion, dass die für den Versand vorbereiteten Ausrüstungen oder Teile davon mit den vertraglichen Anforderungen übereinstimmen, stellt der Verkäufer ein entsprechendes Qualitätszertifikat aus, das bescheinigt, welche Teile der Ausrüstung inspiziert worden sind. Das Zertifikat wird vom Verkäufer und von den Vertretern des Käufers unterzeichnet, falls sie an der Inspektion teilnehmen.

Trotz der einschränkenden Wirkung aus dem zweiten Absatz, wonach der Verkäufer nicht aus seiner Verantwortung befreit wird, kann das Qualitätszertifikat im Zweifelsfall dem Verkäufer wenigstens eine Beweiserleichterung verschaffen.

Final tests and acceptances

The tests for acceptance and the acceptances shall be effected at the times and in accordance with the instructions in the Technical Specification (annex 1 and 2).

The Supplier will be present at the acceptance tests.

It is agreed that taking possession of the goods and/or services carried out by the Supplier, their employment, the absence of complaints during a particular period of time, or even payment in full for the supplies and/or services of this order cannot be considered as constituting tacit acceptance.

However if for any reason, beyond the quality of the supplied equipment and/or the responsibility of the Supplier, the provisional acceptance cannot be pronounced at the time presently foreseen plus a fore-set period of 6 months the Supplier shall be authorized to invoice the corresponding term of invoicing and ask to be granted the provisional acceptance of its equipment.

Abnahmetests und Abnahmen

Die Abnahmetests und die Abnahmen finden in zeitlicher und inhaltliche Übereinstimmung mit den in der technischen Spezifikation (Anhang 1 und 2) enthaltenen Vorgaben statt.

Der Lieferer wird bei den Abnahmetests anwesend sein.

Die Übernahme der vom Lieferer erbrachten Lieferungen und/oder Leistungen, ihr Einsatz, das Fehlen von Beanstandungen während einer bestimmten Zeit oder auch die volle Zahlung der Lieferungen und/oder Leistungen aus diesem Auftrag stellen keine stillschweigende Abnahme dar.

Sollte jedoch – abgesehen von der Qualität der gelieferten Ausrüstungen und/oder der Verantwortlichkeit des Lieferers – die vorläufige Abnahme zum augenblicklich ins Auge gefassten Zeitpunkt zuzüglich des Zeitpunkts von sechs Monaten nicht erklärt werden können, hat der Lieferer das Recht, den entsprechenden Leistungsteil abzurechnen und eine vorläufige Abnahmeerklärung für seine Ausrüstungsgüter zu verlangen.

Inwieweit die vertragliche Regelung für das Projekt ausreichend ist, ist nur unter Berücksichtigung der Anhänge zu beurteilen. Gegen die Behandlung von technischen oder kaufmännischen Einzelheiten in Anhängen ist grundsätzlich nichts einzuwenden. Die Verhandlungspartner sollten aber nicht aus dem Auge verlieren, dass die Anhänge häufig von anderen Mitarbeitern verhandelt werden als der übrige Inhalt des Vertrags. Im Rahmen des Claimsmanagement ist aber wichtig, die Gesamtregelung zu kennen, um nicht Widersprüche oder Auslassungen zu provozieren.

Der dritte Absatz im Vertragsbeispiel ist aus Sicht des Lieferers unannehmbar. Diese Regelung eröffnet dem Auftraggeber die Möglichkeit, die Anlage zu betreiben, ohne den Lieferer entsprechend verbindlich durch eine Abnahmeerklärung zu entlasten. Der vierte Absatz mildert dieses Risiko etwas ab, belastet die Möglichkeit der Abrechnung aber gleichzeitig mit einer sechsmonatigen Sperrfrist. Das bedeutet, dass der Anlagenbauer für in dieser Zeit anfallende Kosten kaum Erstattung verlangen können wird, obwohl der Vertragstext diese Möglichkeit auch nicht ausdrücklich ausschließt.

Prior to the issue of the certificate of provisional acceptance, Contractor shall perform such tests as in the sole discretion of the Employer are necessary to demonstrate guarantee performance. If one or any of the tests so performed fail to meet the guarantee performances, Contractor shall at its sole cost and expense, repair or replace at Employer's option any equipment or materials found not to be in conformity with the guaranteed performances. After such repair work has been completed, Contractor shall repeat the tests as long as and until Employer has received satisfactory evidence of the guaranteed performances being met.

Vor der Erstellung des Zertifikats über die vorläufige Abnahme hat der Anlagenbauer alle die Tests durchzuführen, die nach Meinung des Auftraggebers notwendig sind, um die Garantieerfüllung nachzuweisen. Sollte ein solcher Test die Leistungsgarantie nicht erfüllen, hat der Anlagenbauer auf seine Kosten nach Wahl des Auftraggebers nicht den Leistungsgarantien entsprechende Ausrüstungsteile oder Material instand zu setzen oder auszutauschen. Nach diesen Arbeiten hat der Anlagenbauer die Tests solange zu wiederholen, bis der Auftraggeber den zufrieden stellenden Nachweis der Leistungen als erbracht ansieht.

Diese Klausel räumt dem Auftraggeber nicht nur hinsichtlich der Art und des Umfangs der Tests sondern auch hinsichtlich der Wiederholungen ein an Willkür grenzendes Weisungsrecht ein.

Außerdem ist der Begrifft „zufrieden stellender Nachweis" so offen, dass der Verpflichtete seinem Auftraggeber praktisch wehrlos ausgeliefert ist.

Leistungszeit

Das Projekt

Der Getränkehersteller Süß & Klebrig (S & K) hatte bei einem Zulieferer Z jährlich 1,2 Mio. Schraubverschlüsse für Kunststoffflaschen auf Abruf gekauft. Der Abruf sollte monatlich jeweils spätestens zum 5. Werktag erfolgen, Lieferung und Zahlung waren jeweils zum letzten Werktag des Monats vorgesehen. Als S & K eine Charge nicht abruft, teilt der Betriebschef von Z dem Kunden in Schriftform mit: „Wegen des nicht erfolgten Abrufs befinden Sie sich im Gläubigerverzug, außerdem wegen der nicht erfolgten Abnahmen zusätzlich im Schuldnerverzug. Wir behalten uns alle Recht vor; insbesondere werden wir entstehende Zusatzkosten als Claim geltend machen."

Der junge Produktionschef P ist verunsichert. Für ihn hatte bisher der reibungslose Betrieb seiner Abfüllung im Vordergrund gestanden. Wegen des schlechten Sommers hatte S & K bedeutend weniger Erfrischungsgetränke als geplant abgesetzt. Nun drohen auch noch Ansprüche durch Z?

Überlegungen

Der alte Gemeinplatz „Zeit ist Geld" ist tief in unserem Sprachgebrauch verankert. Trotzdem spielt die Zeit häufig in den Überlegungen der Unternehmen bei Lieferungen und Leistungen eine der Bedeutung nicht angemessene Rolle und ist damit in vielen Fällen das Mauerblümchen im Vertragsleben. Die Beratungspraxis zeigt, dass dem ganz überwiegenden Teil aller mit Claims verbundener Streitigkeiten Unzulänglichkeiten bezüglich der Behandlung des Faktors Zeit in Planung, Kontrolle oder Vertrag zu Grunde liegen. Diese Vernachlässigung ist aus Sicht des Claimsmanagement deshalb besonders gefährlich, weil bei fehlender vertraglicher Vereinbarung das Gesetz wenig Anhaltspunkte für Lösungen bietet. Das hängt damit zusammen, dass das BGB sein Hauptaugenmerk auf Vertragserfüllung von Leistung und Gegenleistung (Preis) legt, dem Erfüllungsort und der Erfüllungszeit aber nur eine Nebenrolle zuweist.

Das deutsche Recht versteht unter der Vertragserfüllung die Tilgung der Schuld durch Bewirken der geschuldeten Leistung. Der Schuldner muss sie zur rechten Zeit erbringen, § 271 BGB. Ist eine Zeit für die Leistung weder bestimmt noch aus den Umständen zu entnehmen, so kann der Gläubiger die Leistung sofort verlangen, der Schuldner sie sofort bewirken. Ist eine Zeit bestimmt, so ist im Zweifel anzunehmen, dass der Gläubiger die Leistung nicht vor dieser Zeit verlangen, der Schuldner aber sie vorher bewirken kann. Verschuldete Verzögerung der Leistung ist eine Pflichtverletzung, § 280 BGB, die den Gläubiger zum Schadensersatz berechtigen kann, § 286 BGB.

Im Werkvertragsrecht der §§ 631 ff. BGB finden sich unter den vertragstypischen Pflichten hinsichtlich der Leistungszeit keine Regelungen. Dies ist darauf zurückzuführen, dass die Väter des BGB bei der Schaffung des Vertragsrechts an einfache, im wesentlichen erfolgsbestimmte Austauschverhältnisse des täglichen Lebens der damaligen Zeit dachten und noch keine Vorstellung von den wirtschaftlichen und technisch verwickelten Langzeitverträgen heutiger Tage haben konnten. Trotz der dürftigen Regelungen sehen Rechtsprechung und juristische Lehre die Verpflichtung des Unternehmers, das Werk nicht nur sachmängelfrei sondern auch fristgemäß herzustellen, aber grundsätzlich als gleichrangig an.

Wesentlich detaillierter als in BGB und HGB ist die Erstellungszeit in den Teilen A und B der Vergabe- und Vertragsordnung für Bauleistungen (VOB) geregelt. § 5 VOB Teil B befasst sich mit Ausführungsfristen und behandelt z. B. Einzelfristen und Verzögerungen durch den Auftragnehmer. § 6 regelt Behinderungen und Unterbrechungen der Ausführung und behandelt Fristverlängerungen und andere Folgen. § 8 behandelt neben anderem die aus Zeitgründen erfolgende Kündigung.

Eine vertragliche Zeitbestimmung kann sich auf den Beginn der Berechnung und/oder das Ende der Leistungszeit beziehen.

Zeitpunkte für den Beginn der Berechnung (einzeln oder kumulativ):

- Datum des Vertragsschlusses
- Inkrafttreten des Vertrags (dies wiederum abhängig von:
- Genehmigung, Dokumenten, Klärung technischer Einzelheiten, Anzahlungen, Sicherheiten)
- Voraussetzungen auf der Baustelle

Zeitpunkte für das Ende der Leistungszeit:

- Montageende
- Erteilung des *Completion Certificate* durch den Consultant
- Inbetriebnahme
- Abnahme *(Final Acceptance Certificate?)*
- Ablauf von Nachfristen

Auch für Projekte mit dienstvertraglichem Charakter bietet das BGB keine besonderen Regeln zur Leistungszeit an. Deshalb ist bei Verpflichtungen wie Inspektion oder Wartung nicht nur Beginn und Ende der Leistungszeit, sondern auch der Erbringungszeitraum zwischen diesen Punkten vertraglich zu regeln. Das kann zum Beispiel dadurch geschehen, dass die Parteien die Arbeitszeit nach Werktag und Tageszeit festlegen. Damit lässt sich Streit darüber vermeiden, ob außerhalb dieser Zeiten Leistungen überhaupt zu erbringen sind. Hat der Schuldner sie erbracht, etwa weil ein Notfall bestand oder Gefahr im Verzug war, sind sie jedenfalls zu vergüten

In dem oben geschilderten Fall des Getränkeherstellers ist nichts über eine sorgfältige vertragliche Ausgestaltung der Abrufaufträge gesagt. Das spricht für die von Z vertretene Rechtsposition, der sich auf die kargen aber unter den gegebenen Umständen zu seinen Gunsten wirkenden Vorschriften des BGB stützen kann. P hätte sich rechtzeitig mit seinem Projektmanager verständigen müssen, um entweder auf die Formulierung des Zuliefervertrags einzuwirken oder sich vertragsgemäß zu verhalten. Der Projektmanager wiederum hätte P durch entsprechende Informationen unterstützen müssen.

Das englische Recht sieht in einer Leistung außerhalb der dafür vorgesehenen Zeit schon seit Jahrhunderten einen Vertragsbruch, der zum Schadensersatz verpflichtet. Diese Auffassung schlägt sich in der Vorstellung nieder, *„time is of the essence of a contract“*. Daran haben auch gewisse Aufweichungen durch Gerichte wenig geändert, vor allem für Verträge des Wirtschaftslebens nicht. Auftraggebern im internationalen Anlagengeschäft schien diese Doktrin ein geeignetes Mittel, den Anlagenbauer zeitlich unter entsprechenden Druck setzen zu können und ihm den Weg zur Nachbesserung abzuschneiden. So verbreitete sich im internationalen Geschäft die Klausel:

Time is and shall remain of the essence of this contract.

Liefertermine in diesem Vertrag sind Fixtermine.

Bei Geltung des anglo-amerikanischen Rechts für den Vertrag hätte dies zunächst einmal für den Auftragnehmer die unerwünschte Folge, dass auch bei kürzester Terminüberschreitung der Auftraggeber vom Vertrag zurücktreten könnte. Eine Rückabwicklung im Anlagenbau ist aber unter wirtschaftlichen Gesichtspunkten in den allermeisten Fällen eine unsinnige Lösung. Aber auch für den Auftraggeber entstünde ein Nachteil: Er hätte zwar einen Schadensersatzanspruch, dürfte aber keine Erfüllung mehr verlangen, bliebe also möglicherweise auf einer unvollendeten Anlage sitzen. Auch die mögliche Fertigstellung der Arbeiten durch einen Dritten wird für ihn meistens nicht erstrebenswert sein. Der Auftraggeber möchte vielmehr die Anlage so betreiben, wie er sie bei einem bestimmten Anlagenbauer bestellt hat. Diesem Dilemma versucht die Praxis dadurch auszuweichen, dass sie einerseits *„time is of the essence"* vereinbart, andererseits gleichzeitig pauschalierten Schadensersatz (meist kalkuliert auf wöchentlicher Basis) für Verzug vorsieht. Der Widerspruch ist offensichtlich: Entweder ist Zeit so wichtig, dass der Vertrag an ihrer Nichteinhaltung scheitern muss; oder aber die Zeit ist eben doch nicht entscheidend für die Lebensfähigkeit des Vertrags, so dass der Auftraggeber sich von vornherein auf Schadensersatzansprüche beschränken möchte. Ein mit diesem Widerspruch befasstes Gericht wird nach aller Erfahrung die Bedeutung der Zeit zurückstellen, den Vertrag erhalten und Schadensersatz zusprechen. In der Praxis des Industrieanlagengeschäfts sind die allerwenigsten Projekte trotz enormer Bedeutung der Leistungszeit Vorhaben, die die Aussage *„time is of the essence"* im engeren Sinne des englischen Rechts verdienen.

Dies sieht zunächst im Gegensatz zu den möglichen dargestellten Folgen (insbesondere Rückabwicklung) trostreich aus. Das darf allerdings nicht den Weg darauf verstellen, dass nun die Erfüllungszeit eine ganz andere Qualität gewinnt: Ihre Überschreitung definiert den Zeitpunkt, von dem ab der Auftragnehmer (pauschalierten) Schadensersatz zahlen muss, ein Damoklesschwert, das von Anfang an bei den meisten Projekten ständig über dem Claimsmanager schwebt. Diese Drohung gewinnt noch dadurch an Gewicht, dass gerade im Industrieanlagenbau viele Projekte mehrere Erfüllungszeitpunkte kennen. So etwa müssen Infrastrukturarbeiten vor Ort getätigt werden, die Ausrüstung muss auf die Baustelle gelangen, Montage und Montageüberwachung kommen hinzu, bevor der Auftraggeber die Anlage endgültig abnehmen wird. Je mehr diese Leistungen in der Hand eines einzigen Auftragnehmers (oder seines Zulieferers) liegen, desto wichtiger wird es für ihn, den Vertrag entsprechend der verschiedenen Verpflichtungen, ihrer Leistungszeiten und der Vergütung aufzuteilen. So vermeidet der Anlagenbauer, dass in einem Streit über vielleicht verspätete Montage der Wert der schon vertragsgerecht erbrachten Lieferung miteinbezogen wird und sich Schadensersatzansprüche unnötig erhöhen. Die Zusammenfassung in einem einzigen Erfüllungszeitpunkt wiederum hat für den Anlagenbauer den Vorteil, dass er an einer Stelle des Projekts entstandene Verspätungen unter Umständen an anderer Stelle wieder einholen und ohne Sanktionen vermeiden kann. Der Wert dieser Alternative ist allerdings praktisch gering. Die Erfahrung zeigt, dass bei der Errichtung von Industrieanlagen einmal entstandene Verzögerungen wegen der knapp bemessenen Termine kaum wieder aufzuholen sind.

Der Auftraggeber wird gerade bei schlüsselfertigen Projekten einer Vertragsaufspaltung nur zustimmen, wenn die einzelnen Leistungsteile als strafbewehrte Meilensteine ausgestaltet sind.

Der Rat

In der Praxis scheitern viele Zeitclaims schon daran, dass die Vertragspartner auf die Ausgestaltung und Festlegung des Zeitplans nicht genug Wert gelegt haben. Was immer dann auch der Zeitverlauf bringen mag: Ein überzeugender Vergleich von Zeit-Ist und Zeit-Soll ist damit nicht möglich. Eine der wichtigsten Forderungen an ein funktionierendes Claimsmanagement im Unternehmen richtet sich deshalb auf höchste Sorgfaltspflicht bei der vertraglichen Erarbeitung der Zeitgrundlagen des Projekts. Dabei können bestehende Regelwerke ebenso wie (inter) nationale Vertragsmuster eine Hilfe sein. Sie dürfen aber nie bedenkenlos ohne Ansehung des Einzelfalls übernommen werden.

Dies gilt insbesondere hinsichtlich der vielen Störgrößen, die zu fast jedem Zeitpunkt auf der Zeitachse auftreten können. Die Mannigfaltigkeit der Projekte im Industrieanlagenbau erlaubt keine abschließende Aufzählung oder auch nur Systematisierung dieser Störungen. Die am häufigsten im Zusammenhang mit Verzögerungen vorkommenden Ereignisse betreffen

- die Bereitstellung von → *Dokumentation*
- die Genehmigung von Zeichnungen, Tests und Inspektionen
- den Weg vom Werk zur Baustelle
- den Zugang zur Baustelle
- die Beistellungen des Auftraggebers.

Aber nicht jede Störung des geplanten Projektverlaufs schlechthin berechtigt zu einem Zeitclaim. Die Störung muss vielmehr, um claimserheblich zu sein, auf dem kritischen Weg des Vorhabens liegen. Dieser besteht aus dem Ablauf der Vorgänge, aus deren Dauer sich die Gesamtzeit des Projekts ergibt. Nur von einer Seite zu vertretende Verzögerungen dieser Vorgänge können einen Anspruch auf Verschiebung des Endtermins begründen, soweit es keine anderen Kompensationsmöglichkeiten gibt.

In jedem Fall aber muss der Claimsmanager klären, ob sein Unternehmen bei einer die Leistungszeit verlängernden Maßnahme (zum Beispiel Änderungswunsch des Auftraggebers, Stillstand, Verzögerung) vom Auftraggeber eine Leistungszeitverlängerung *(extension of time)* bekommt oder als Claim geltend machen kann. Sie ist eine Gegenwaffe für den Vorwurf, die Leistungszeit sei abgelaufen und der Auftragnehmer müsse nun Vertragsstrafe oder *liquidated damages* zahlen.

Das Vertragsbeispiel

Typisches Beispiel für eine zeitlich ungeteilte Verantwortung bezüglich der Erstellung der Anlage wäre

The Ready for Start-up shall be achieved within twenty four (24) months from the Effective Date subject to the provisions of article ... hereof.

Die Fertigstellung für die Inbetriebsetzung hat innerhalb vierundzwanzig (24) Monate vom Vertragsbeginn nach den Vorschriften des Artikel ... zu erfolgen.

Wenn sich der Anlagenbauer mit dem Vorschlag einer solchen Klausel nicht durchsetzt, bleibt ihm häufig noch eine andere Möglichkeit. In einem komplexen Projekt sind oft Teilabnahmen vereinbart, die das Risiko des Auftragnehmers vermindern können. Eine Düngemittelfertigung mit vier voneinander unabhängigen Produktlinien beispielsweise sollte einen Erfüllungszeitpunkt für jede einzelne Linie vorsehen. Dementsprechend sollte eine Verzugsentschädigung auf Basis nur der vom Verzug tatsächlich betroffenen Linie anfallen. Dieser Kunstgriff der Vertragsgestaltung versagt leider, wenn technische Gegebenheiten entgegenstehen. So etwa sind bei einer Fruchtsaftfabrik mit einer einzigen Produktionslinie bestehend aus hintereinander geschalteter Fruchtverarbeitung, Saftfilterung, Abfüllung und Verpackung Verzögerungen und dementsprechend Schadensersatz nicht aufteilbar, weil die Funktion der einzelnen Linienteile wirtschaftlich sinnlos ist.

Termine von Leistungen und Lieferungen

Der Auftragnehmer erbringt Leistungen und Lieferungen zu folgenden Terminen:

1. Maßstabsgerechte Skizzen – 1 Monat nach Vergabe
2. Montagepläne (örtlich) – 4 Monate nach Vergabe
3. Vorläufige Dokumentation – 15.04.2008
4. Anzeige Lieferbereitschaft Grobfilter – 30.06.2008 (unter Vertragsstrafe)
5. Anzeige Lieferbereitschaft Feinabschneider – 31.07.2008 (unter Vertragsstrafe)
6. Terminablaufplan – 5 Monate nach Vergabe
7. Endgültige Dokumentation – 3 Monate nach Lieferung

Hier sind die einzelnen Leistungsteile zeitlich offensichtlich klar geregelt. Auffällig sind die unterschiedlichen Anknüpfungen an den Vergabezeitpunkt einerseits und fixierte Daten andererseits. Letzteres ist grundsätzlich nicht ungefährlich, wenn sich der Vergabezeitraum verschiebt und dieses die festgelegten Lieferbereitschaftsanzeigen nicht beeinflusst. Auffällig ist weiterhin, dass von drei Datumsangaben zwei pönalisiert sind. Wenn solche Unterschiede bewusst gewollt sind, bestehen dagegen keine Bedenken. Häufig sind derartig unterschiedliche Regelungen jedoch rein zufällig das Ergebnis wenig planvoller Verhandlungen.

Extension of time

If by reason of the happening of one and/or other of the following occurences which are beyond the Contractor's control, namely...........which damage or delay the work required to be undertaken pursuant to this contract, the Contractor shall, as soon as the effect of such occurence is known to the Contractor, make written request to the Purchaser for a reasonable extension of time for completion of the work or of any portion of it and reasonable compensation of cost additionally required because of such occurence.

The Purchaser shall grant such extension in time and compensation of cost which shall reasonably make up for the delay and damage suffered by the Contractor.

....

Leistungszeitverlängerung

Falls eines oder mehrere der außerhalb des Einflusses des Anlagenbauers liegenden folgenden Ereignisse,..............die nach diesem Vertrag zu erbringenden Arbeiten beschädigen oder verzögern, hat der Anlagenbauer, sobald er von dem Ereignis erfährt, dem Auftraggeber eine schriftliche Anforderung für eine angemessene Leistungszeitverlängerung für die Arbeiten oder Teile von ihnen zuzüglich einer angemessenen Ausgleichszahlung für die zusätzlich entstandenen Kosten zu unterbreiten.

Der Auftraggeber hat eine Leistungszeitverlängerung und eine Kostenerstattung in dem Umfang zu gewähren, der die Verzögerung und den erlittenen Schaden des Anlagenbauers angemessen ausgleicht.

....

Mit einer solchen Klausel, der allerdings der Einfachheit der Darstellung wegen einige wichtige Einzelheiten fehlen, haben die Parteien den Grundsatz der Leistungszeitverlängerung vertraglich festgehalten und damit einen sonst häufigen Streitpunkt von vorn herein vermieden.

letter of intent

Das Projekt

Der Auftraggeber Red Star Food aus einem osteuropäischen Land hatte der deutschen Hopfen und Malz GmbH über eine näher bezeichnete Abwasserbehandlungsanlage für die Nahrungsmittelindustrie einen als solchen bezeichneten *letter of intent* erteilt. Das Schriftstück war zweieinhalb Seiten lang und beschrieb in sechs Punkten den Umfang der Lieferungen, die Kapazität der Anlage, den Vertragspreis, den Zeitplan, die Zahlungsbedingungen und Schlussbestimmungen.

Der Preis ist mit 2.750.000 EUR angegeben.

Im Hinblick auf die präzisen Angaben in diesem Papier erbringt H & M umfangreiche Vorarbeiten in Form von Planungsleistungen und Beschaffungsmaßnahmen bei Zulieferern. H & M gibt dann das vorgesehene Endangebot ab, muss aber enttäuscht feststellen, dass der Kunde im letzten Augenblick bei einem Wettbewerber bestellt.

Überlegungen

Die Verantwortlichen bei H & M kennen die Problematik von Absichtserklärungen. Die scherzhafte Interpretation des loi lediglich als *letter of interest* scheint sich wieder einmal bestätigt zu haben. Liegt aber hier nicht doch eine Erklärung des Kunden vor, die eher einen Vertrag als eine bloße Absichtserklärung darstellt? Erst als H & M den Kunden am Vertrag festhalten oder auf Schadensersatz in Anspruch nehmen will, stellt das Unternehmen fest, dass der *loi* weder eine Regelung des anwendbaren Rechts noch des Gerichtsstand enthält. Der Geschäftsführer weiß, dass das zwar einer Klage nicht grundsätzlich entgegen steht. Wegen der juristischen Unwägbarkeiten verzichtet H & M dann aber doch lieber auf weitere gerichtliche Schritte.

Vielen Projekten im Investitionsgütergeschäft gehen langwierige, widerspruchsvolle, technisch und kaufmännisch umfangreiche Verhandlungen voraus. Sie werden angebahnt, aufgenommen, unterbrochen, abgebrochen oder fortgesetzt. Dieser Prozess kann Jahre beanspruchen.

Um Zwischenstände von Verhandlungen festzuhalten, Wettbewerber abzuschütteln, die Voraussetzung für die Einschaltung einer (zum Beispiel technisch oder hierarchisch) anderen Verhandlungsebene zu schaffen oder Finanzierungsgespräche vorantreiben zu können, geben die Partner häufig Absichtserklärungen ab, die der internationale Wirtschaftsverkehr überwiegend als *„letter of intent"* bezeichnet.

Daneben sind Begriffe wie

- *instruction to proceed*
- *letter of acceptance*
- *letter of authorization*
- *letter of intimation*
- *memorandum of understanding*
- *notice of award*
- *pre-contractual agreement*

gebräuchlich.

Aus der Projektabwicklung ist hoher Zeitdruck zu erwarten, und die geschilderte Komplexität schafft Unsicherheit über den tatsächlichen Verhandlungsstand. Das lässt vor allem unerfahrene Unternehmen im Hinblick allein auf das Vorliegen einer der genannten Erklärungen mit Vorleistungen beginnen. Häufig werden schon Unterlagen mit *basic engineering* erstellt und dem Kunden ohne finanzielle Gegenleistung zugänglich gemacht, Vormaterial beschafft oder Zulieferer verpflichtet. Verweigert der Kunden später Zahlung mit der Begründung, es liege kein Vertrag vor, sind die Erwartungen an das Claimsmanagement groß: es soll nun wenigstens die entstandenen Kosten wieder hereinbringen. Für ein erfolgreiches Vorgehen benötigt dies jedoch eine *baseline*. Gerade daran fehlt es beim letter of intent in seinen verschiedenen Erscheinungsformen leider häufig, weil ihm die vertragliche Verbindlichkeit fehlt.

Nach deutschem Recht entsteht ein Vertrag durch

- mindestens zwei
- sich inhaltlich deckende,
- aufeinander Bezug nehmende,
- von einem Verpflichtungswillen getragene

Willenserklärungen.

Dem *letter of intent* fehlt es häufig an dem Verpflichtungswillen einer Partei, ganz abgesehen davon, dass zum Zeitpunkt seiner Entstehung noch so viele Anhaltspunkte ungeklärt sind, dass ein Vertrag allein auf der Grundlage eines *loi* in der Abwicklung nur Probleme bereiten würde.

Der Rat

Da die oben genannten Begriffe in keiner Rechtsordnung verbindlich besetzt sind, ist es für den Claimsmanager wichtig, die jeweils infrage stehende Erklärung auf ihren vertraglichen Gehalt abzuklopfen. Denn auch Absichtserklärungen können sich bei bestimmter Wortwahl zu vertraglichen Verpflichtungen verdichten, die es zumindest für die Gegenseite erforderlich machen, den Gegenbeweis anzutreten und die Behauptung eines vorliegenden Vertrags zu widerlegen. Möchte eine Partei eine Erklärung bewusst ohne vertragliche Bindungswirkung abgeben, sollte sie in dem *letter of intent*

- jeden rechtlich anmutenden Sprachgebrauch unterlassen (zum Beispiel nicht von Schuldverhältnis, Vertrag, Vertragsgegenstand, Gegenleistung, Verzug oder Sachmängelhaftung sprechen)
- Absichten betonen und Verpflichtungen nicht aussprechen (zum Beispiel: „Wir beabsichtigen so schnell wie uns möglich, eine endgültige Entscheidung über die konkrete Zusammenarbeit herbeizuführen.", nicht aber: „Der Auftragnehmer muss..."
- am Ende des Schriftstückes ausdrücklich festhalten, dass dieses lediglich Protokollzwecken dient und keine sonstigen rechtlichen Wirkungen entfalten soll (zum Beispiel: „Dieses *memorandum of understanding* stellt lediglich die Zusammenfassung der Besprechungen der Beteiligten dar. Aus ihm erwachsen keine Rechte oder Pflichten.")

Wollen die Parteien aber die gegenteilige Wirkung erzielen, müssen sie sich bemühen, dem (noch abzuschließenden) Vertrag vorauseilend möglichst nahe zu kommen. Je mehr Bestandteile eines Vertrages das Dokument enthält (zum Beispiel Angaben über Liefergegenstand, Werk- oder Dienstleistung, Preis, Zahlungsbedingungen, Haftung oder anwendbares Recht), desto eher kann der interessierte Vertragspartner von Verbindlichkeiten ausgehen. Dies gilt praktisch unabhängig vom anzuwendenden Recht. Es gilt ebenso für alle Arten von Verträgen.

Haben Partner bewusst jede vertragliche Bindung eines *loi* ausgeschlossen, bedeutet dies nach deutschem Rechtsverständnis allerdings nicht, dass zwischen den Beteiligten überhaupt keine Pflichten entstanden sind.

Denn ein Schuldverhältnis mit der Pflicht zur Rücksicht auf die Rechte, Rechtsgüter und Interessen des anderen Teils entsteht nach § 311 Abs. 2 BGB auch durch

- die Aufnahmen von Vertragsverhandlungen,
- die Anbahnung eines Vertrags,
- oder ähnliche geschäftliche Kontakte.

Um gegen spätere Überraschungen gewappnet zu sein, ist es deshalb mindestens bei nationalen Projekten innerhalb Deutschlands empfehlenswert, sich vor Erteilung eines *loi* Gedanken über seine möglichen Folgen für den Fall zu machen, dass es nicht zu einem Vertrag kommt. Die Unternehmensphilosophie sollte für das Auslandgeschäft keine andere Handhabung vorsehen.

Das Vertragsbeispiel

Der Anfangssatz im Ausgangsprojekt lautete:

RSF awards H & M GmbH, Germany, with the complete supply and installation of a „Quellrein" waste water treatment including the necessary equipment, assembly, commissioning and training to the agreements as follow: ...

RSF beauftragt H & M GmbH, Deutschland, mit der kompletten Lieferung und Errichtung einer Abwasserbehandlungsanlage „Quellrein" einschließlich der nötigen Ausrüstungen, Montage, Inbetriebsetzung und Ausbildung entsprechend den folgenden Vereinbarungen...

Später im Text hieß es:

H & M GmbH will present their final quotation for the complete "Quellrein" plant until ...

H & M GmbH wird das endgültige Angebot für die komplette „Quellrein" Anlage abgeben bis ...

Mit dem Hinweis auf das endgültige Angebot dürfte klar sein, dass die bis zur Auftragserteilung erbrachten Vorleistungen nicht erstattungsfähig sind.

Following consideration of your tender and the agreements reached, covered in minutes of meetings held in our office on........we write to inform you that we intend to award the contract for...................................to you subject to satisfactory completion of the Agreement on the basis of your tender and subsequent amendments and alterations to be agreed between yourselves and the Engineer of the Authority

The scope of the work will include...

You are accordingly requested to commence the design and manufacture of the equipment in accordance with the requirements of the Conditions of Contract and Specifications of the Contract Documents on which your Tender has been based and as modified by any subsequent correspondence between you and our Consultants for this Contract and subject also to the following conditions:

Unter Berücksichtigung Ihres Angebots und der getroffenen Vereinbarungen, festgehalten in den Protokollen der Sitzungen in unserem Büro vom.................................informieren wir Sie hiermit davon, dass wir beabsichtigen, Ihnen den Auftrag für ....zu erteilen. Voraussetzung ist die vollständige Erfüllung der Vereinbarung auf Basis des Angebots und sich daraus ergebender, zwischen Ihnen und dem Engineer der Behörde noch zu vereinbarender Ergänzungen und Änderungen.

Der Arbeitsumfang umfasst..............................

Sie werden dementsprechend aufgefordert, Konstruktion und Fertigung der Ausrüstung gemäß den Bestimmungen der Geschäftsbedingungen und Anforderungen der Vertragsdokumente, die Ihrem Angebot zugrunde liegen und soweit sie auf Grund anschließenden Schriftverkehrs zwischen Ihnen und unseren Consultants für diesen Vertrag ergänzt worden sind, unter Berücksichtigung folgender Bedingungen zu beginnen:

Diese Absichtserklärung ist zweifelsfrei kein Vertragsschluss. Selbst wenn es sich bei dem möglichen Auftraggeber um einen seriösen und dem Partner bekannten Interessenten handelte, darf sich der Auftragnehmer nicht darüber täuschen, dass er mit Beginn der angeforderten Tätigkeiten in Vorlage tritt. Wenn das aus unternehmenspolitischen Gründen (zum Beispiel bei für das Volumen des Geschäfts oder aus Referenzgründen bedeutenden Auftraggebern) nicht zu vermeiden ist, muss der Anlagenbauer Wert auf eine Erstattungsklausel legen. Sie könnte lauten:

In the event of the cancellation of this Letter of Intent or if for any reason the Agreement is not executed, then the following conditions shall apply:

1 You will be reimbursed the proved expenditure incurred up to date of cancellation of this Letter in the necessary execution of design work.

2. You will be reimbursed for the certified cost of all materials previously approved by the Engineer and ordered for work which shall have been delivered to you or of which you are legally liable to accept delivery (such materials being our property upon such payment being made by us.

3. You will be reimbursed the proved expenditure incurred in the manufacture of items of equipment to be incorporated in the works (such items of equipment being our property upon such payment being made by us).

4. All such payments made to you shall be accepted by you in full settlement of any rights or claims you may have

Sollte diese Absichtserklärung zurückgenommen oder die Vereinbarung aus irgendeinem Grunde nicht umgesetzt werden, gelten folgende Bedingungen:

1. Erstattet werden Ihnen die nachgewiesenen Ausgaben für die notwendigen Konstruktionsarbeiten bis zum Zeitpunkt der Rücknahme der Absichtserklärung.

2. Erstattet werden Ihnen die belegten Kosten für vom Engineer vorher genehmigtes für die Arbeiten in Auftrag gegebenes Material, das Ihnen geliefert wurde oder das sie rechtlich verbindlich abzunehmen hatten. (Solches Material wird mit Zahlung durch uns unser Eigentum.)

3. Erstattet werden Ihnen die nachgewiesenen Ausgaben der Fertigung von Ausrüstungsgegenständen für die Arbeiten. (Solche Gegenstände werden mit Zahlung durch uns unser Eigentum.)

4. Alle hiernach erbrachten Zahlungen werden Sie als vollständigen Ausgleich von Ihnen erhobener Ansprüche oder Claims anerkennen.

liquidated damages

Das Projekt

Die noch junge deutsche Inventa GmbH ist bisher mit ihren Spezialausrüstungen für die Nahrungsmittelindustrie fast nur auf dem heimischen Markt, dort allerdings sehr erfolgreich, tätig gewesen. Im selteneren Auslandsgeschäft konnte sie auf Grund ihrer Alleinstellung durchweg deutsches Recht vereinbaren. Mit wachsendem Konkurrenzdruck begegnet die Inventa neuerdings dort nun häufiger der Forderung nach Vereinbarung angelsächsischen Rechts auf ihre Exportverträge. So ist es bei einem als wichtig erachteten Schlüsselprojekt mit der Rough & Ready Ltd. zur Geltung englischen Rechts gekommen.

Im Zuge der Abwicklung liefert die Inventa eine Spezialmaschine im Wert von 200.000 € wegen einer logistischen Panne im eigenen Unternehmen 10 Tage zu spät auf die Baustelle. Der erboste Kunde R & R verlangt sofort nach Lieferung unter Hinweis auf die vertragliche Vereinbarung ohne weitere Begründung 2.000 € Schadensersatz wegen der Verspätung.

Überlegungen

Die Inventa hat keinen eigenen Juristen oder gar eine Rechtsabteilung. Der Projektmanager P ist ziemlich auf sich allein gestellt. Er hält die Forderung für unbegründet. Zwar lässt sich nicht bestreiten, dass Inventa die Verzögerung nicht nur objektiv verursacht, sondern sogar wegen Fahrlässigkeit zu vertreten hat. Aber aus Berichten von ebenfalls auf der Baustelle tätigen Mitarbeitern anderer am Projekt beteiligter Unternehmen weiß er, dass dem Kunden gar kein Schaden entstanden ist, weil er ohnehin nicht zu dem ursprünglich geplanten Zeitpunkt die Produktion hätte aufnehmen können.

P hält die Geltendmachung und Bezifferung eines tatsächlich entstandenen Schadens durch R & R für eine Voraussetzung des erhobenen Anspruchs und lehnt zunächst Zahlung ab. Nach Auffassung von P könnte R & R ihre Forderung nur durchsetzen, wenn die Parteien eine Vertragsstrafe vereinbart hätten. In dem englischen Vertragstext sei aber von einer *„penalty“* nicht die Rede. Nachdem R & R nunmehr sehr ungehalten auf der Forderung besteht, holt P professionellen Rechtsrat ein und muss sich dahingehend informieren lassen, dass die Zahlung der 2.000 € nach Sach- und Rechtslage unvermeidlich ist.

Alle großen Rechtsordnungen kennen den Grundsatz, dass ein Schuldner in einem Vertragsverhältnis seinem Partner den aus mangelhafter Vertragserfüllung entstandenen Schaden zu ersetzen hat. Dies ist das Ausgleichs- oder Kompensationsprinzip. Aber schon die Frage, wie weit dieser Ausgleichsanspruch geht (erstreckt er sich zum Beispiel auch auf den entgangenen Gewinn?), beantworten verschiedene Rechtsordnungen unterschiedlich. Hinzu kommt das Problem von → *Beweislast*, Beweisumfang und Beweismittel: Wer muss wem was womit beweisen?

Auch auf diese Fragen geben die verschiedenen nationalen Rechte keine einheitliche Antwort.

Das hat in der internationalen Praxis des Anlagengeschäftes dazu geführt, dass die Parteien pauschalierte Schadensersatzansprüche für verzögerte Leistung *(delay)* vereinbaren, die einen wesentlichen Teil der geschilderten Probleme regeln. Während sonst Voraussetzung des Schadensersatzanspruchs ein Schaden ist, der quantifiziert und bewiesen sein will, um erstattet werden zu können, greifen die Vertragspartner nun zu einem Instrument der Vertragsfreiheit: sie vereinbaren die Erstattung eines fiktiven (unterstellten) Schadens und knüpfen die Fälligkeit an den Sachverhalt des *delay* schlechthin. Mangels entgegenstehender Rechte des Auftragnehmers (zum Beispiel der Hinweis auf einen nicht in seinem Risikobereich liegenden Verzögerungsgrund) reicht somit schon eine Verspätung, den Anspruch entstehen zu lassen. Mehr als diese Verzögerung muss der Auftraggeber nicht beweisen. Das ist das Prinzip des pauschalierten Schadenersatzes *(liquidated damages)*.

Bei Geltung anglo-amerikanischen Rechts taucht allerdings das Problem auf, dass eine *liquidated damages*-Klausel nur wirksam ist, wenn sie eine faire und ausgewogene Ausgleichsregelung enthält. Ist das nicht der Fall, würde ein Gericht die Klausel jedoch möglicherweise als *„penalty"* qualifizieren und ihr die Anerkennung versagen. Dieses Wort hat ebenso wie *„punitive damages"* einen deutlichen negativen Unterton für anglo-amerikanische Richter. Trotz entgegenstehender Vereinbarung könnten die Parteien einen solchen Rechtsbehelf bei Vertragsverstößen nicht geltend machen. Die Vertragspartner wären damit auf den normalen Schadensersatzanspruch angewiesen. Eine solche restriktive Haltung muss angesichts des in diesem Rechtskreis sonst sehr stark verwurzelten Rechts vertraglicher Gestaltungsfreiheit verwundern. Begründen lässt sich die Einstellung damit, dass die Vertragsparteien zwar weitgehend frei in der Bestimmung ihrer vertraglichen Rechte und Pflichten sein sollen, dass aber die Ausgestaltung der Rechtsbehelfe im Fall von Vertragsverletzungen nicht im gleichen Maße ihrer Disposition unterliegt.

Traditionell führen die Gerichte drei Kriterien an, nach denen sie zwischen einer unwirksamen *„penalty"* und einer wirksamen *„liquidated damages-Klausel"* unterscheiden. Für letzte spricht es zunächst einmal, wenn die Vertragspartner mehr den Schadensersatz als die mögliche Abschreckung für den Schuldner im Auge gehabt haben.

(Diese Absicht der Parteien spielt als Argument allerdings heute nicht mehr die Rolle früherer Jahre.) Die Wirksamkeit der Klausel setzt weiter voraus, dass die Folgen des Vertragsbruchs schwer festzustellen oder zu quantifizieren sind. Das heute wichtigste dritte Kriterium, das für eine gültige Vereinbarung von *liquidated damages* spricht, ist die Angemessenheit der vereinbarten Summe als Vorausschätzung eines wirklichen Schadens. Diese Einstellung, die nichts von der Großzügigkeit des deutschen Rechts gegenüber Vertragsstrafen an sich hat, will bei der Vertragsgestaltung wohl erwogen sein. Eine bloße Bezeichnung als *„penalty"* allerdings ist noch nicht ausschlaggebend für die Unwirksamkeit, ebenso wenig wie eine Bezeichnung als *„liquidated damages"* die Klausel schon wirksam macht.

Andere Rechtsordnungen wiederum qualifizieren pauschalierte Schadensersatzansprüche als Verkürzung von Ansprüchen und legen bei der Prüfung der Wirksamkeit besonders scharfe Maßstäbe an. Das bedeutet zunächst einmal, dass solche Klauseln bei jeder Unklarheit zu ungunsten dessen ausgelegt werden, der aus ihr Rechte herleitet.

Der Rat

Auch für die Ausgestaltung einer Vertragsstrafe oder einer *liquidated damages*-Klausel gilt der Rat, den der Verfasser schon an anderen Stellen dieser Schrift mehrfach gegeben hat: Es ist im Sinne eines glaubwürdigen Claimsmanagement wichtig, dass die Parteien ihren Regelungsbedarf offen miteinander ausdiskutieren und nicht versuchen, sich dem Verhandlungspartner gegenüber mit mehrdeutigen Formulierungen oder bewussten Auslassungen einen Vorteil zu verschaffen. Der Ausgang einer darauf aufbauenden Streitigkeit ist sehr ungewiss und das Risiko angesichts der infrage stehenden Summen damit sehr hoch. Klarheit sollte insbesondere in folgenden Punkten bestehen:

- Die vereinbarte Vertragsstrafe sollte in einem nachvollziehbaren Verhältnis zu dem vermuteten Schaden stehen.
- Der zu zahlende Betrag sollte eindeutig entweder als Gesamtsumme einer Geldschuld oder als problemlos zu ermittelnder Prozentsatz mit den erforderlichen Berechnungsgrundlagen angegeben sein.
- Die Rechtsfolgen der Zahlung sollten klar geregelt sein (z. B. Ausschluss weiterer Ansprüche).
- Bei vereinbarten Höchstsätzen ist für den Fall Vorsorge zu tragen, dass die Verzögerung anhält, obwohl der Höchstsatz erreicht ist.

Das Vertragsbeispiel

Der Vertrag über Konstruktion, Fertigung und Lieferung von Maschinen für Rough & Ready sah unter anderem vor:

In the event of delay in delivery, the Seller shall pay to the Buyer as Liquidated Damages 0.1% of the price of the undelivered part of the goods for each day of late delivery.

Im Fall der Lieferverzögerung zahlt der Verkäufer dem Käufer für jeden Verspätungstag als Liquidated Damages 0,1% des Preises der nicht gelieferten Ware.

Mit der für das Projekt geschilderten Klausel haben die Parteien eine lineare, täglich anfallende Zahlung, bezogen nur auf den tatsächlich verzögerten Leistungsteil, wirksam vereinbart.

Dagegen wäre eine Formulierung wie

... liquidated damages 0.1% per day...

... Vertragsstrafe 0.1 % pro Tag ...

unwirksam, weil völlig unklar ist, worauf sich dieser Prozentsatz bezieht. Die Unwirksamkeit hätte die Geltung des normalen auf den Vertrag anwendbaren Schuldrechts zur Folge. Danach wäre wahrscheinlich die tatsächliche Schadenshöhe zu substantiieren und zu beweisen, was durchaus dazu führen kann, dass der vermeintlich Anspruchsberechtigte leer ausgeht oder andererseits der Verpflichtete noch mehr zahlen muss als befürchtet.

Es fehlt hier allerdings noch die Begrenzung der Gesamthöhe, die sich häufig auch an anderer Stelle des Vertrags findet. Orgalime (a.a.o. § 16.1) schlägt vor:

Unless otherwise specified in the Contract, the liquidated damages shall be payable at a rate of 0.5 percent of the Contract Price for each complete period of seven days of delay and the total amount of liquidated damages for delay shall not exceed 7.5 percent of the Contract Price.

Soweit im Vertrag nicht anders vorgesehen, werden mit jeder Verzögerung von sieben vollen Tagen 0,5% des Vertragspreises als Vertragsstrafe fällig; ihre gesamte Höhe darf 7,5% des Vertragspreises nicht überschreiten.

Sowohl der wöchentlichen Höhe als auch der Obergrenze nach ungünstiger für den Auftragnehmer ist das Beispiel

In the event of delay in delivery, the seller shall pay to the buyer as liquidated damages 0.1% of the Contract Price for each day of late delivery. Payment of liquidated damages for delay shall not exceed 10% of the Contract Price.

Bei Lieferverzug zahlt der Verkäufer dem Käufer für jeden Verzugstag 0,1% des Vertragspreises als pauschalierten Schadensersatz, höchstens aber 10% des Vertragspreises.

Die Formulierungen hinsichtlich der Obergrenze lassen viele Projektmanager vermuten, dass nach 100 Verzugstagen kein Schadensersatz mehr zu zahlen ist. Diese Annahme ist falsch. Die Klausel sieht zwar den pauschalierten Schadensersatz für 100 Tage vor. Danach aber ist die Geltendmachung des tatsächlich entstandenen Schadens möglich, die Schutzfunktion der *liquidated damages*-Klausel entfällt für beide Seiten. Für den Gläubiger entsteht damit Beweislast, für den Schuldner die Gefahr weiterer Inanspruchnahme. Besonders für die Zulieferer bedeutender aber finanziell kleinvolumiger Anlagenteile kann dies erhebliche Folgen haben. Deshalb ist die vertragliche Vereinbarung (z. B. normaler Schadensersatzanspruch, Kündigung, Ersatzvornahme) wichtig, die zeitlich an die Erreichung der Höchstgrenze für *liquidated damages* anschließt.

Damit zusammen hängt der Versuch, durch die Vereinbarung von *liquidated damages* (etwa im Anschluss an das Eingangsbeispiel) alle weiteren Schadensersatzansprüche auszuschließen. Die Formulierung

> ... No further rights or remedies shall be exercised by the buyer against the seller for delay in delivery under this contract.

> ... Der Auftraggeber hat nach diesem Vertrag (über die Vertragsstrafe hinaus) aus der Verzögerung keine weiteren Ansprüche gegen den Auftragnehmer.

dürfte vor vielen Gerichten allerdings keinen Bestand haben, weil sie den Auftraggeber selbst in den Fällen rechtlos stellt, in denen ihm das Festhalten am Vertrag billigerweise nicht mehr zugemutet werden kann. Die Unwirksamkeit dieses Teils der Klausel könnte dann auch den anderen gefährden. Die Folgen für den Auftragnehmer sind unübersehbar.

> „Liquidated Damages“ means the genuine estimate of the losses and/or damages that might affect Employer due to delay and/or misperformance (as the case may be) by Contractor and payment of such shall be the sole remedy for said losses or damages.

> Der “Pauschalierte Schadensersatz” beruht auf einer echten Schätzung der Verluste und/oder Schäden, die der Auftraggeber auf Grund von Verzug und/oder Schlechterfüllung durch den Anlagenbauer erleiden könnte. Mit diesem Anspruch sind weitere Ansprüche für die genannten Verluste oder Schäden ausgeschlossen.

Zwar ist hier die Definition der Schadensschätzung und die damit verbundene Abgrenzung gegenüber einer *„Penalty“* gelungen. Wie im vorangegangenen Beispiel geht der Haftungsausschluß aber wohl zu weit, selbst wenn hier nur *„remedies“* und nicht auch *„rights“* aufgeführt sind.

The liquidated damages withtin the meaning of this article shall not be subject to mitigation by any court and/or arbitrators.

Die Vertragsstrafe im Sinne dieses Abschnitts unterliegt keiner (schieds)richterlichen Herabsetzung.

Diese Regelung soll den (Schieds)richtern das nach einigen Rechtsordnungen bestehende Recht nehmen, eine Vertragsstrafe der Höhe nach abzumildern.

Machbarkeitsstudie

Das Projekt

Ein wohlhabender Privatmann in einem Schwellenland beabsichtigt, zur Umsetzung seiner Geschäftsidee eine Fabrik zur Herstellung von Gartenmöbeln zu errichten. Er hat weder Kenntnisse der Möbelbranche noch das für den Betrieb einer solchen Anlage nötige Wissen. Die Hugo Holzig GmbH (H) als Hersteller von Holzbearbeitungsmaschinen, der auch Möbelfabriken ausstattet, erhält eine Anfrage zur Anfertigung einer Machbarkeitsstudie *(feasability study)*.

Überlegungen

H hat bisher keine Erfahrungen mit solchen Aufträgen. Die Geschäftsleitung sieht aber die Möglichkeit, über eine entsprechende Studie ins Geschäft zu kommen, obwohl im konkreten Fall die Anfertigung der Studie Ausschlusskriterium für Anschlusslieferungen ist. Das Projektmanagement des Unternehmens hat Bedenken hinsichtlich des Umfangs der eigenen Leistungen und der Bemessung der Vergütung. H ist schließlich kein Beratungs- oder Ingenieurunternehmen. Dies und die grobe Umschreibung der Aufgabe lässt Auseinandersetzungen über Leistung und Gegenleistung befürchten.

Der Rat

Da es keine verbindlichen Angaben über die (zu vergütenden) Kosten von Investmentstudien gibt, dürfte wichtigster Anhaltspunkt für die Preisbildung der kalkulierte erforderliche Stundenaufwand sein. Hinzu kommen die Kosten für Reisen, Unterbringung, Zeichnungen und Gemeinkosten. Der Zeitaufwand kann sich von einem Monat bis zu zwei Jahren erstrecken.

Erfahrungsgemäß liegen die Kosten bei Projekten kleinerer Industrien zwischen 1,0 und 3,0%, bei Großprojekten mit sehr anspruchsvoller Technologie zwischen 0,2 und 1,0% der Investitionssumme.

Im Einzelfall sind verschiedene Faktoren zu berücksichtigen:

- Kenntnisse und Erfahrungen der eingesetzten Berater und Mitarbeiter bei der Erstellung der Studie
- Breite und Tiefe der Untersuchung
- Zahl und Struktur der betroffenen Zulieferer und Abnehmer
- Kostenniveau im Land des Beraters und die sich daraus möglicherweise ergebende Wettbewerbslage
- eigene Auslastung
- Niveau der Kundenkenntnis und Erwartungen des Kunden an die Studie

Zu unterscheiden ist zwischen dem Vertrag zur Erstellung der Studie und dieser selbst.

Der zugrunde liegende Vertrag wird bei Geltung deutschen Rechts ein Werkvertrag sein. Er bedarf deshalb sorgfältiger Haftungsausschlüsse und Regelungen für die Nacherfüllung bei Sachmängeln. Die Vertragsgestaltung wird jedoch um vieles einfacher sein als bei Anlagenverträgen, weil nach der Natur des Auftrags Außenstörungen des Projekts „Studie“ wenig wahrscheinlich sind.

Die Studie selbst sollte bestehen aus

- Zusammenfassung des Ergebnisses
- Geschichtlicher und wirtschaftlicher Hintergrund des Projekts
- Markt- und Anlagenkapazität
- Sachlicher Aufwand (Erstausstattung und Aufrechterhaltung des Betriebs)
- Belegenheit und lokale Bedingungen einschließlich Überlegungen zum Umweltschutz
- Anlagenengineering (Bauplanung, Infrastruktur, technische Ausrüstung)
- Betrieb der Anlage und Kosten
- Personal (operativ und Stab)
- Umsetzung des Projekts
- Finanzielle Evaluierung (Finanzierung, Produktionskosten, Profitabilität)

Das Vertragsbeispiel

Liability

Holzig agrees to devote as much care to the work as is needed for an adequate performance of the project.

Haftung

Holzig verpflichtet sich, die für eine angemessene Erledigung des Projekts erforderliche Sorgfalt anzuwenden.

Wenn der Auftraggeber mit dieser Verpflichtung zufrieden ist, könnte H unbesorgt die Aufgabe übernehmen.

Meilenstein

Das Projekt

Der Auftraggeber AG hatte im Laufe der Jahre schon verschiedentlich schlechte Erfahrungen mit der Einhaltung von Zeitplänen durch Vertragspartner gemacht. Um dieser Gefahr zu begegnen und den tatsächlichen Fortgang des Projekts besser kontrollieren, notfalls sogar eingreifen und Beschleunigungsmaßnahmen ergreifen zu können, schlägt AG seinem Verhandlungspartner AN die Einführung von Meilensteinen in den Vertrag vor.

AN hält diesen Vorschlag für überflüssig, habe man doch einen festen Fertigstellungstermin für die Gesamtanlage. Die Verhandlungen drohen an diesem Punkt zu scheitern.

Überlegungen

AN möchte die Auftragsvergabe an ihn nicht gefährden. Er neigt dazu, einzulenken. Der Projektleiter weist aber auf die Nachteile einer solchen Vereinbarung hin: Bei einem einzigen endgültigen Leistungszeitpunkt könnte AN zwischenzeitlich entstandene Verzögerungen immer wieder einmal aufholen; bei Meilensteinen *(milestones)* würden Zwischentermine verbindlich einzuhalten sein, um an ihre Überschreitung geknüpfte Zahlungspflichten zu vermeiden. Über die Rechtfertigung solcher sanktionierter Zwischentermine entstehe häufig Streit, weil sie schließlich auch zu Zahlungen führen können, obwohl der Auftraggeber keinen Schaden erlitten habe.

Der Rat

Es steht dem AG frei, mit Strafzahlung bewehrte Zwischentermine (für die Teilerfüllung) zu verlangen, und es steht dem Auftragnehmer frei, dieses Ansinnen abzulehnen. Die Errichtung von Meilensteinen – so unberechtigt sie häufig sein mögen – ist Teil der Vertragsfreiheit. Wegen des hohen zusätzlichen Risikos sollte aber bei jedem Projekt ein wichtiges Verhandlungsziel des Industrieanlagenbauers sein, strafbewehrte Meilensteine zu vermeiden. Diesem Ziel dienen Vereinbarungen von – nicht strafbewehrten – Zieldaten, Bemühungen, Überprüfungsterminen oder Einsatzterminen für Notfallpläne.

Einen Hinweis auf den Ausnahmecharakter von Meilensteinen gibt § 5 VOB. Die Ausführung einer Bauleistung ist nach den verbindlichen Fristen (Vertragsfristen) zu beginnen, angemessen zu fördern und zu vollenden. „In einem Bauzeitenplan enthaltene Einzelfristen gelten nur dann als Vertragsfristen, wenn dies im Vertrag ausdrücklich vereinbart ist."

Es mag auf den ersten Blick widersprüchlich erscheinen, dass in den Verhandlungen immer wieder auch Auftragnehmer Meilensteine verlangen.

Druck auf ihre Einführung in den Vertrag löst eine gewünschte Verknüpfung zwischen der Erreichung solcher Zwischentermine mit einer Teilzahlungspflicht durch den Auftraggeber aus. Dahinter steht die wirtschaftliche Begründung, dass der Anlagenbauer im Verlauf des Projekts Vorleistungen, z. B. Einkauf und Personal, finanzieren muss und durch Zwischenzahlungen des Vertragspartners seine Liquidität verbessert. Insoweit geht die Nichterreichung von Zwischenterminen allein zu Lasten des Anlagenbauers. Die Beschränkung der Meilensteine auf diese Funktion sollte sich aber deutlich aus dem Vertrag ergeben. Das lässt sich entweder durch eine sorgfältige Formulierung im Text oder aber durch eine Aufnahme des Begriffs in die – bei umfangreichen Verträgen üblichen – „Definitionen" erreichen.

Schließlich erhöht auch die häufige Verwendung des Begriffs im Rahmen des Projektmanagement (für Teilaufgaben wie Freigabeerklärungen, Kostenermittlungen, Entwicklungsstufen oder Beschaffungen) die Versuchung zu seiner Übernahme bei der Vertragsgestaltung. Auch hier gilt, dass der leichtfertige Umgang mit Wörtern nicht dazu verleiten darf, die mit ihrer Benutzung verbundenen Risiken zu unterschätzen. Da der Begriff „Meilenstein" rechtlich nicht verbindlich besetzt ist, müssen die Parteien zur Vermeidung von Missverständnissen größten Wert auf die Regelung der Rechtsfolgen legen, wenn sie ihn überhaupt in den Vertrag einführen.

Das Vertragsbeispiel

Als Beispiel für eine faire Lösung des ständig lauernden Konflikts mag die folgende Regelung dienen.

Within the time stated in the Contract ..., the Contractor shall submit to the Engineer for his approval the Programme for the execution of the Works showing:

a. the sequence and timing of the activities by which the Contractor proposes to carry out the Works (including design, manufacture, delivery to site, erection and testing),

b. the anticipated numbers of skilled and unskilled labour and supervisory staff required for the various activities when the Contractor is working on Site,

c. the respective times for submission by the Contractor of drawings and operat-ingand maintenance instructions for the approval thereof by the Engineer,

d. the times by which the Contractor requires the Purchaser:

i to furnish any drawings or information,

ii to provide access to Site,

iii to have completed any necessary civil engineerring or building work (including foundations for the Plant),

iv to have obtained any import licenses, consents, wayleaves and approvals necessary for the purposes of the Works,

v to provide electricity, water, gas and air on the Site or any equipment, materials or services which are to be provided by the Purchaser.

Innerhalb der im Vertrag vorgesehenen Zeit ... wird der Auftragnehmer dem Engineer zur Genehmigung durch ihn das Programm für die Ausführung der Arbeiten vorlegen. Es enthält:

a. Reihenfolge und Zeitpunkte der Maßnahmen, mit denen der Auftragnehmer die Arbeiten (einschließlich Planung, Fertigung, Lieferung, Errichtung und Leistungsnachweis) auszuführen vorschlägt,

b. die mutmaßliche Zahl gelernter und ungelernter Arbeitskräfte und ihrer Vorgesetzten, die während der Tätigkeit des Auftragnehmers auf der Baustelle erforderlich sind,

c. die jeweiligen Zeitpunkte, in denen der Auftragnehmer Zeichnungen, Betriebs- und Instandhaltungsanleitungen dem Engineer zur Genehmigung vorlegt,

d. die Zeitpunkte, zu denen der Auftragnehmer vom Auftraggeber verlangt:

I Vorlage aller Zeichnungen und Informationen

II Eröffnung des Zugangs zur Baustelle

III Vollendung der erforderlichen Bauarbeiten (einschließlich der Fundamente der Anlage)

IV Zusicherungen des Erhalts aller Einfuhrlizenzen, Zustimmungen, Zugangsberechtigungen und Genehmigungen, soweit sie für die Arbeiten erforderlich sind

V Bereitstellung von Strom, Wasser, Gas und Druckluft auf der Baustelle ebenso wie aller Ausrüstungsgegenstände, Hilfsmittel oder Dienstleistungen, die der Auftraggeber beistellen muss.

Ein sorgfältiges Lesen des Wortlauts zeigt, dass den Absichten des Anlagebauers ausgewogen gewisse Pflichten des Auftraggebers gegenüberstehen. Das Programm enthält somit in der Zeitreihe der Projektverwirklichung keine Meilensteine, sondern kritische zeitliche Annahmen *(→ critical assumptions)* des Auftragnehmers für die Erfüllung seiner Verpflichtungen. Das ist für den Claimsmanager überaus wichtig. Wenn nämlich der Auftraggeber eine dieser kritischen Annahmen nicht verwirklicht, wird das Erfüllungsdatum nicht eingehalten werden können. Verzögert sich beispielsweise die zugesagte Beistellung von Dampf, wird auch die vereinbarte Betriebsbereitschaft einer gelieferten Dampfturbine verzögert werden. Werden die aufgeführten kritischen Annahmen nicht erfüllt, trifft den Auftragnehmer keine Verantwortung, Vertragsstrafen für verspätete Erfüllung fallen nicht an, und er hat einen Erstattungsanspruch wegen seiner Zusatzkosten.

Die Vereinbarung von vertragsstrafenbewehrten Zwischenterminen lässt sich nicht immer vermeiden. Der Auftragnehmer sollte dann wenigstens versuchen, sich vertraglich eine Chance zu eröffnen, die nachteiligen Wirkungen durch rechtzeitige Erreichung des Endtermins zu neutralisieren.

Wegen der Überschreitung von Zwischenterminen verwirkte Vertragsstrafen sind zu erlassen und vom Auftraggeber deswegen einbehaltene Vertragsstrafen sind zu erstatten, wenn der Auftragnehmer den vereinbarten Endtermin einhält und der Auftraggeber aus der Überschreitung des Zwischentermins keinen Schaden erlitten hat.

method statement

Das Projekt

In den Bauplänen waren Kabel in 1 m Tiefe und über eine Länge von 500 m vorgesehen. Bei der Kalkulation war Anlagenbauer A davon ausgegangen, dass er für die erforderlichen Erdarbeiten den vor Ort gemieteten Baustellenbagger einsetzen kann. Der Consultant des indischen Auftraggebers weist kurz vor Beginn der Arbeiten aus Furcht vor Beschädigung schon im Boden befindlicher Entwässerungsrohre A an, die Erdarbeiten unter Verzicht auf den Bagger mit Hacke und Schaufel durch Hilfskräfte vorzunehmen. Der Anlagenbauer fürchtet Zeitverluste und höhere als kalkulierte Personalkosten.

Überlegungen

Der Vertrag beschreibt lediglich das Leistungsergebnis (die Kabelverlegung). Insoweit könnte der Consultant zu Recht den Einsatz des Baggers verhindern. Wegen der tatsächlich bestehenden Gefahr für die Drainage wäre das Ansinnen noch nicht einmal als willkürlich zu beschreiben.

A täte sich mit einem Claim wegen tatsächlich entstandener zusätzlicher Verzögerung und Kosten erheblich leichter, wenn der Vertrag ein *method statement* enthielte.

Der Rat

Gerade im Industrieanlagenbau kann es wegen der vielfältigen technischen Lösungsmöglichkeiten wichtig sein, eine bestimmte Methode (etwa eines Prozesses) festzuschreiben. Bedeutend ist häufig auch, in welcher Reihenfolge der Einsatz einzelner Gewerke auf der Baustelle festgelegt ist; bei einer Änderung können sich die Voraussetzungen für die Erbringung der Leistung durch das nun an anderer als vorgesehener Stelle tätige Unternehmen dramatisch verschlechtern. Nur bei eindeutig definierter vertraglicher Grundlage (des Projektsolls) besteht eine Aussicht, mittels Änderungsauftrag oder Claim die eigenen Ansprüche durchzusetzen. Die Tiefe der Regelung wird von Projekt und Verfahren abhängen.

Das Vertragsbeispiel

Die angelsächsische Praxis definiert *method statement* etwa wie folgt:

A written description of the Contractor's proposed manner of carrying out the works or parts thereof, setting out the assumptions underlying the programme, the reasoning behind the approach to the various phases of construction and listing all the work encapsulated in the programme activities. It may also contain the activity duration calculations and details of key resources and gang strengths.

Eine schriftliche Beschreibung der vom Contractor beabsichtigten Art und Weise, Leistungen oder Teile davon zu erbringen. Sie enthält die dem Programm zugrunde liegenden Annahmen, die Gründe für die Verfahrensauswahl zur Erledigung der verschiedenen Bauabschnitte und die Auflistung aller im Programm enthaltenen Aktivitäten. Sie kann auch die Kalkulationsgrundlagen für Tätigkeitszeiten und Einzelheiten für wichtige Hilfsmittel und Mannschaftsstärken enthalten.

Die Nähe zu → *critical assumption* ist unverkennbar.

Ein deckungsgleicher Begriff fehlt in der deutschen Sprache. Die Bauwirtschaft spricht häufig vom Bausoll, der Industrieanlagenbau von der Verfahrensbeschreibung. Inhaltlich gehört das Problem, soweit die Parteien dafür überhaupt Sorge getragen haben, in den Bereich der Leistungsbeschreibung im weitesten Sinn.

Mitteilungen der Vertragspartner

Das Projekt

Die Koordination eines neuen Anlagenkomplexes zur Herstellung von Baustoffen in einem indischen Bundesstaat war dem Auftraggeber AG etwas durcheinander geraten. Er sah sich gezwungen, den (von ihm selbst vorgeschriebenen) lokalen Bauunternehmer für die Erstellung der Maschinenhallen anzuweisen, die Bautätigkeit zu verlangsamen. Die Anweisung erfolgte mündlich und in der Landessprache.

Als der deutsche Generalauftragnehmer Bauplant später die Änderungen bemerkt, sind zusätzliche Kosten für den verzögerten Einsatz der Monteure und die vorübergehende sichere Zwischenlagerung der Maschinen unvermeidbar geworden. Die Geltendmachung dieser Kosten stößt bei AG auf Widerstand mit der Begründung, vom Zeitpunkt der Anweisung an habe der Anlagenbauer genug Zeit gehabt, sich auf die Änderung einzustellen. Bauplant setzt sich seinerseits mit dem Argument zur Wehr, das Unternehmen habe keine wirksame Mitteilung von AG erhalten, die Mitteilung an den *nominated subcontractor* müsse er sich nicht zurechnen lassen.

Überlegungen

Sachlich ist durchaus denkbar, dass die von Bauplant nun geltend gemachten Kosten nicht entstanden oder wenigstens niedriger wären, wenn das Unternehmen sofort nach Kenntnis der Anweisung des Auftraggebers an den indischen Bauunternehmer hätte reagieren können. Damit hängt die Beurteilung des Claim davon ab, ob Bauplant sich so behandeln lassen muss, als wenn dem Unternehmen die fragliche Anweisung direkt und wirksam zugegangen wäre. Daran können hier Zweifel bestehen, weil sie an einen Vertreter des Subunternehmens, mündlich und in der Landessprache ergangen ist.

Der Rat

Mit der Größenordnung des Projekts, seinen technischen Anforderungen und den modernen Mitteln der Datenübertragung wächst auch die Menge der während der Abwicklung zwischen den Mitwirkenden ausgetauschten Mitteilungen. Sie können Informationen, Forderungen, Ablehnungen, Anweisungen oder auch völlig Unbeachtliches zum Inhalt haben. Der größte Teil der Kommunikation wird allerdings zwei wichtige Funktionen erfüllen:

- Die meisten Mitteilungen sind für den Fortgang des Projekts erheblich (z. B. *instruction to proceed, non-conformance notice).*
- Zum anderen können viele von ihnen dem Claimsmanagement später als Beweismaterial für den Fall von Streitigkeiten dienen. Praktisch ist es deshalb unverzichtbar, die Modalitäten solcher Mitteilungen *(notices under contract)* vertraglich zu umreißen.
- Wichtig ist die Festlegung, welche Form eine Mitteilung für ihre Erheblichkeit im Sinne des Vertrages hat. Sollten die Parteien Mündlichkeit nicht genügen lassen, ist deutlich zu machen, ob neben der Schriftform auch elektronische Formen den Ansprüchen genügen.
- Bei Auslandsprojekten kann es nützlich sein, zur Verbindlichkeit der Mitteilung eine bestimmte Sprache (meistens die Vertragssprache) vorzusehen.
- Die Mitteilungen könnten zu ihrer Wirksamkeit der Bestätigung durch den jeweiligen Adressaten bedürfen.
- Eventuelle Widerspruchsrechte und deren Fristen sowie die Folgen von Widerspruch, Schweigen oder Fristablauf sind zu regeln.
- Die autorisierten Absender und Empfänger beider Seiten sind festzulegen.
- Der Vertrag sollte im Interesse eines reibungslosen Fortschritts auf der Baustelle zwischen lediglich diesem Ablauf dienenden Mitteilungen und solchen unterscheiden, die wesentlichen Einfluss auf die vertragliche Rechte und Pflichten haben können.

Für häufig vorkommende Baustellenanfragen (z. B. bezüglich Zeichnungen oder Informationen) empfiehlt sich bei größeren Projekten die Erstellung von Formblättern.

Es ist wichtig, den Charakter der Mitteilung nicht dadurch zu verwischen, dass der Urheber aus diplomatischen Gründen eine klare Sprache vermeidet. Die Deutlichkeit darf nicht darunter leiden, dass der Mitteilung etwa Enttäuschung, Verwunderung, Erstaunen, Erwartung oder mangelndes Verständnis hinsichtlich eines bestimmten Vorgangs zugrunde liegt. Entsprechend ist auch die Wahl der Tätigkeitswörter zu treffen.

Sieht der Vertrag bei bestimmten Teilen des Projektablaufs verschiedene Bezeichnungen für Mitteilungen vor, sollten diese darauf zur Klarheit Bezug nehmen. In internationalen Verträgen finden sich in diesem Sinn häufig die Begriffe

- *acceptance*
- *certificate*
- *instruction*
- *notification*
- *proposal*
- *record*
- *reply*
- *submission*

Das Vertragsbeispiel

Das *Orgalime-Muster* „Turnkey Contract for Industrial Works" *sieht unter* „Notices and Language" *vor*:

1. Whenever under these General Conditions a party is obliged to notify or inform the other party, to make a request or give his consent or approval, such communication shall be by means of a written, printed or printable communication from a party to the other party which identifies the sender and reaches the other party by mail, messenger, telefax or confirmed electronic mail. Such communication shall also be valid when entered in minutes from a meeting...
2. The language in which the Main Contract Document is drawn up is referred to as the Ruling Language....
3. All discussions, negotiations, notices and proceedings between the parties and all documents to be provided by either party under the Contract shall, unless otherwise agreed, be in the Ruling Language.

1. Ist eine Partei nach diesen Allgemeinen Bedingungen verpflichtet, die andere Partei zu benachrichtigen oder zu informieren, ihr gegenüber eine Bitte zu äußern oder eine Einwilligung oder Genehmigung zu geben, hat die Kommunikation schriftlich, gedruckt oder ausdruckbar zwischen den Parteien zu erfolgen. Der Absender muss erkennbar sein und die Botschaft der anderen Seite mit Post, Bote, Fax oder bestätigter e-Mail zugehen ...
2. Die Sprache, in der das Vertragshauptwerk abgefasst ist, ist die Vertragssprache...

3. Für alle Diskussionen, Verhandlungen, Mitteilungen und Vorgänge zwischen den Parteien und für alle Dokumente, die eine Partei nach dem Vertrag vorzulegen hat, gilt soweit nicht anders vereinbart – die Vertragssprache.

Eine solche Vereinbarung im Vertrag hätte Bauplant im geschilderten Fall erheblich geholfen. Die Mündlichkeit der Anweisung wäre nicht vertragsgerecht gewesen, der tatsächliche Adressat (der indische Bauunternehmer) war nicht Vertragspartei, und die Vertragssprache war mit hoher Wahrscheinlichkeit Englisch. AG hätte jedenfalls die von ihm gewählten Argumente nicht ernsthaft gegen die Claims vortragen können.

Mitwirkungspflicht

Das Projekt

Die Wind und Wasser AG hatte sich im Rahmen des Baus einer Meerwasserentsalzungsanlage in einem arabischen Land sowohl zur Lieferung von mehreren Pumpen als auch zur Erstellung der erforderlichen Fundamente und zu Erdbauarbeiten verpflichtet. Im Laufe der Ausschachtungen stellen sich die Bodenverhältnisse als problematischer heraus als von W & W zunächst angenommen. Es entstehen Verzögerungen, für die der Auftraggeber Arabfuture (A) das Unternehmen W & W verantwortlich machen möchte. Dieses dagegen will den entstandenen Mehraufwand als Claim A gegenüber geltend machen.

Überlegungen

W & W stellt sich auf den Standpunkt, A habe hinsichtlich der Bodenverhältnisse eine Informationspflicht gegenüber W & W gehabt. Dieser Vertragspflicht sei A nicht nachgekommen, und durch den Vertragsverstoß sei ein W & W zu ersetzender Schaden entstanden. Nachdem A eine solche Pflicht bestreitet und zudem behauptet, er habe die Bodenverhältnisse gar nicht genau gekannt, muss W & W sich darüber klar werden, worauf das Unternehmen seinen Anspruch stützen will.

Die Komplexität vieler moderner Maschinen und Anlagen erfordert ein weitgehendes Zusammenwirken der Vertragspartner, ohne dass die Projekte in den wenigsten Fällen erfolgreich fertig gestellt werden könnten. Nach den meisten Rechtsordnungen der westlichen Welt ist der Gläubiger einer Leistung bereits nach allgemeinen Rechtsgrundsätzen zur Mitwirkungshandlungen verpflichtet. Worin diese aber im Einzelfall bestehen, ist schon bei einem durchschnittlichen Liefergeschäft schwierig zu ermitteln. Gesetz und Rechtsprechung geben wenig Hilfe. Immerhin bestimmt § 642 BGB, dass der Unternehmer eine angemessene Entschädigung verlangen kann, wenn bei der Herstellung des Werkes eine Handlung des Bestellers erforderlich ist und der Besteller durch das Unterlassen der Handlung in Annahmeverzug kommt. Dieser Rechtsgedanke hat auch in die VOB Eingang gefunden, allerdings bedarf es dort zur Rechtswahrung einer unverzüglichen schriftlichen Anzeige des Auftragnehmers von der Behinderung durch den Auftraggeber. Dem Auftragnehmer legt die VOB auch die Pflicht auf, Bedenken gegen die vorgesehene Art der Ausführung, gegen die Güte der vom Auftraggeber gelieferten Stoffe oder Bauteile oder gegen die Leistungen anderer Unternehmer dem Auftraggeber unverzüglich schriftlich mitzuteilen.

Pflichten zum Zusammenwirken können sich von bloßer Duldung (zum Beispiel einer Kontrolle durch den Vertragspartner) bis zu intensiver aktiver Tätigkeit erstrecken und sind je nach Vertragsart in den verschiedensten Bereichen denkbar:

- Voraussetzungen: Abklären technischer Gegebenheiten *(critical assumptions)*
- Material: Beistellen von Betriebsmitteln bis zur Abnahme
- Personal: Abstellen von Ingenieuren/Instandhaltungskapazität
- Betrieb: alle Formen von Contracting
- Information: über Verfahren, Leistung, Material, Geschäftsabsichten, Rückrufaktionen
- Zugang: zur Anlage generell, zu kritischen Bereichen (wie z. B. Forschung und Entwicklung)
- Kontrolle: einzelner Anlagenteile vor Lieferung, der Abläufe vor Ort nach Leistung
- Dokumentation: Führen von Betriebstagebüchern
- Ergebnis: vorher festgelegte Aufteilung (z. B erzielter Einsparungen)
- Einsicht: Politik offener Bücher (z. B. hinsichtlich der Kalkulationsgrundlagen)
- Vertrieb: Verantwortlichkeit für Produktvermarktung

Der Rat

Umso wichtiger ist es im Anlagengeschäft, Art und Umfang von Mitwirkungspflichten der Parteien festzulegen, die Tragung entstehender Kosten zu regeln und durch die Einbettung im Vertrag die Rechtsfolgen der Nichteinhaltung zu definieren. Während z. B. nach deutschem Recht Verstöße gegen Mitwirkungspflichten des Gläubigers ohne eine solche Regelung häufig nur als eine Obliegenheitsverletzung (Verstoß gegen eigene Interessen) anzusehen sind, kann die Nichteinhaltung einer Pflicht zum Zusammenwirken bei einer entsprechenden Festschreibung im Vertrag durchaus zu einem Vertragsbruch führen.

Für die Entscheidung über Claim und Gegenclaim im geschilderten Fall kommt es darauf an, ob A eine Mitwirkungspflicht zur Information nach Vertrag oder Gesetz hatte. Weil die meisten westlichen Rechtsordnungen eine solche Verhaltenspflicht aus Sorgfalt für die Interessen des Vertragspartners wenigstens grundsätzlich kennen, schließen die von der Nachfragemacht der Auftraggeber diktierten Verträge eine solche Informationspflicht des Auftraggebers häufig aus und unterstellen, der Auftragnehmer habe sich selbst ausreichend über alle vor Ort bestehenden Verhältnisse informiert.

Gelegentlich ist auch die Erstellung eines Bodengutachtens im Pflichtenheft einer der Vertragsparteien verankert.

Das Vertragsbeispiel

Leistungen des Auftraggebers

Der Auftraggeber stellt die für die Montage notwendigen Ablage-, Lager- und Rastflächen, die vorhandenen freien stationären Werkskräne (mit Fahrer), die allgemeine Beleuchtung der Baustelle sowie elektrische Energie und Wasser an von der Bauleitung festgelegten Verteilungsstellen kostenlos zur Verfügung.

The Purchaser has to accomplish the following at the indicated dates:

Assign and name a Project Manager within a week from Contract award.

Issue the industrial safety instructions and work procedures of the factory for the Contractor's team within a month from Contract award.

Supply water and electricity with the quantities and dates specified by the Contractor.

Assign and name the trainees who will be involved in the operation and maintenance of the equipment after the initial acceptance. This is to be accomplished within 2 months from the Contract award.

Provide a safe store to keep the Contractor's deliveries before and during installation.

Der Käufer hat zu dem angegebenen Zeitpunkten bereit zu stellen:

Festlegung und Nennung des Projektmanagers innerhalb einer Woche nach Auftragsvergabe;

Ausgabe der Sicherheitsinstruktionen und Verfahrensweisen in der Fabrik für die Mannschaft des Anlagenbauers innerhalb eines Monats nach Auftragsvergabe;

Bereitstellung von Wasser und Strom zu den vom Anlagenbauer spezifizierten Mengen und Zeiten;

Festlegung und Benennung der Auszubildenden, die mit Betrieb und Instandhaltung der Ausrüstungsgüter nach der anfänglichen Abnahme betraut sind. Dies hat zwei Monate nach Auftragsvergabe zu erfolgen;

Bereitstellung eines sicheren Lagers zur Verwahrung der Lieferungen des Auftraggebers vor und während der Errichtung.

The Client shall make available to the Consultant free of charge and cost and in a timely manner for the purpose of the Services all reports, maps, records, data and other information necessary for the execution of the project and arrange for the collection of such data and information within its country as may be required for the purpose of the project.

Der Kunde hat dem Consultant für diesen gebühren- und kostenfrei rechtzeitig im Rahmen der Dienstleistungen alle Berichte, Pläne, Aufstellungen, Daten und andere für die Ausführung des Projekts notwendigen Informationen zugänglich zu machen und für die Beschaffung der für das Projekt notwendigen Daten und Informationen in seinem Land Sorge zu tragen.

Andererseits versuchen die Auftraggeber sich allgemein der Information durch ihren Vertragspartner mittels Vereinbarung von Prüf- und Hinweispflichten zu versichern.

Der Auftragnehmer ist im Rahmen seiner Erkenntnismöglichkeiten als Unternehmen soweit zumutbar verpflichtet, alle ihm zugegangenen Unterlagen unverzüglich darauf zu prüfen, ob sie Fehler, Widersprüche oder Unstimmigkeiten zu Vertragsteilen oder anderer Unterlagen erhalten.

In solchen Fällen ist der Auftraggeber unverzüglich schriftlich darauf hinzuweisen.

Dem unerwünschten Abfluss der vielen, dem Auftragnehmer im Rahmen seiner Mitwirkungspflicht zugegangenen Informationen sollen Vertraulichkeitsklauseln vorbeugen. Sie verpflichten meistens sehr einseitig nur den Auftragnehmer; nach deutschem Recht sind sie eigentlich überflüssig, weil die Parteien ohnehin zur Rücksicht auf die Interessen des anderen Teils verpflichtet sind.

Der Auftragnehmer wird alle im während der Projekttätigkeit bekannt werdenden Geschäfts- und Betriebsgeheimnisse des Auftraggebers und sonstige vertrauliche Informationen über geschäftliche und betriebliche Vorgänge und Tatsachen auch nach der Beendigung des Vertragsverhältnisses vertraulich behandeln.

Der Auftragnehmer wird diese Verpflichtung auch seinen Arbeitnehmern, gesetzlichen Vertretern und Erfüllungsgehilfen auferlegen.

Die für den reibungslosen Ablauf eines Projekts notwendigen gegenseitigen Informationspflichten dehnen Auftraggeber gern auf Einsichtsrechte und Vorlagepflichten aus:

All of Contractor's calculations and documents supporting schedules, reports, and forecasts shall be available to Buyer on request.

Alle Berechnungen und Dokumente, die sich auf Pläne, Berichte und Vorhersagen beziehen, sind dem Käufer auf Anforderung zugänglich zu machen.

Eine solche Klausel engt den Anlagenbauer stark in seiner Beweglichkeit für die Kalkulation von Kosten oder Zeit ein und geht weit über das hinaus, was der Auftraggeber zur Wahrung seiner berechtigten Interessen wissen muss. Das gilt insbesondere, wenn den Anlagenbauer ohnehin die Beweislast etwa für geltend gemachte Zusatzkosten oder Leistungszeitverlängerungen trifft.

Im Streitfall zwischen Auftraggeber und dessen Endabnehmer, zum Beispiel bei einem Gerichtsverfahren, wird Auftragnehmer dem Auftraggeber fachliche Unterstützung gewähren, soweit es den Liefer- und Leistungsteil des Auftragnehmers betrifft.

Dadurch, dass die möglichen Streitfälle nicht auf Gerichtsverfahren beschränkt sind, droht eine ständige Inanspruchnahme des Auftragnehmers. Der Begriff der fachlichen Unterstützung lässt zudem den Umfang dieser Mitwirkungspflicht im Einzelnen offen.

Montage

Das Projekt

Der Anlagenbauer A hatte die Lieferung einer großen Presse und die Aufsicht über deren Montage übernommen. Die Montage selbst hatte der Kunde K aus Kostengründen an eine Drittfirma F vergeben. Diese hatte bei der Ausschreibung bewusst niedrig angeboten, um den Auftrag zu bekommen. Später versucht F sich von dem niedrigen Zuschlagspreis dadurch zu erholen, dass sie behauptet, ein Teil der von ihr erbrachten Montageleistungen hätte eigentlich zum Lieferumfang gehört. Für diese nachgeholte Fertigung müsse F besonders entlohnt werden.

Den gegen ihn gerichteten Anspruch leitet K an A als Claim weiter.

Überlegungen

Der Claimsmanager von A fragt sich, wie er sich künftig besser gegen Behauptungen wie die des F zur Wehr setzen kann.

Das geschilderte Projekt enthält einen in der Praxis häufig vorkommenden Schnittstellenkonflikt. Dieser beruht nicht zuletzt darauf, dass die Beteiligten Begriffe verwenden, die nicht eindeutig besetzt sind.

- Bei der Vollmontage liegt im allgemeinen Leitung und Durchführung beim Auftragnehmer.
- Bei der Montageleitung (auch Chefmontage genannt) übernimmt der Auftragnehmer Koordinierung, Anleitung und Aufsicht.
- Bei der Montageüberwachung stellt der Auftragnehmer nur zeitweise Spezialisten.
- Bei der Montageberatung gibt der Auftragnehmer nur Informationen.

Der Rat

Daraus ergibt sich die Forderung nach einer sorgfältigen Leistungsabgrenzung (unter der Voraussetzung unbehinderter Montage). Dabei ist zwischen Eigenleistungen und Fremdleistungen zu unterscheiden, Schnittstellen sind zu definieren. Wichtig sind die Leistungen des Auftraggebers, die in Mitwirkung und Beistellung bestehen können. Als Mitwirkung kommt in Frage:

- Unterstützung bei der Montagedurchführung
- Schutzmaßnahmen
- Entladung
- Weitertransport
- Untersuchungen
- Schadensfeststellung
- Funktionsüberwachung
- Festlegung von Achsen und Höhen

Beistellungen könnten sein:

- Personal
- Material, Gerätebetriebsstoffe
- Lagerplatz, Vormontageplatz
- Zufahrtswege
- Beleuchtung, Sicherung und Bewachung
- sanitäre Anlagen
- Unterkunft
- Kantine

Montageverträge werden wegen ihrer Erfolgsbezogenheit häufig Werkverträge sein. Deshalb muss der Leistungsnachweis und die Einstandspflicht für Sachmängel geregelt werden. Andernfalls ist der lediglich dienstvertragliche Charakter (z. B. bei Montageaufsicht) im Vertrag deutlich zu betonen.

Beim Preis ist zwischen Aufwandsmontagen und Pauschalmontagen zu unterscheiden. Tagessätze müssen die Arbeitszeiten, Zuschläge für Überstunden und Feiertage sowie Erschwernisse berücksichtigen.

Viele Unternehmen vernachlässigen, dass sich diese Festschreibungen in ihren Allgemeinen Montagebedingungen befinden. Dann gelten für diese die Bestimmungen des BGB über Allgemeine Geschäftsbedingungen, was wegen der besonderen Anforderungen häufig die Unwirksamkeit der Montagebedingungen zur Folge hat. Schwerwiegende Konsequenz ist dann die Geltung des BGB mit seinen Haftungsvorschriften.

Das Vertragsbeispiel

During supervision of installation, the responsibility of the Contractor shall be limited to supervising with due diligence the staff appointed by the Owner for the purposes of installation. Supervision duties are limited to advising such staff as to the installation of plant supplied by the Contractor. During supervision of installation, the Contractor shall have no responsibility for any damage, loss or injury caused to the Owner or to any third party or for any delay to the progress of the Works except in the case that the advice given by the Contractor's staff in the performance of their supervision duties is manifestly not in accordance with good engineering practice.

Während der Montageaufsicht beschränkt sich die Verantwortlichkeit des Anlagenbauer darauf, mit angemessener Sorgfalt die vom Auftraggeber für die Zwecke der Montage eingesetzten Monteure zu beaufsichtigen. Die Aufsichtspflicht beschränkt sich auf die Anleitung der Monteure nur hinsichtlich der vom Anlagenbauer gelieferten Ausrüstungsteile. Während der Aufsicht trifft den Anlagenbauer keine Verantwortlichkeit für irgendwelche Sachschäden, Verluste oder Personenschäden des Auftraggebers oder Dritter oder für irgendeinen Verzug beim Fortschritt der Arbeit; dies gilt nicht, wenn die Anweisung des Auftraggebers in Erfüllung einer Aufsichtspflicht offensichtlich nicht im Einklang mit den anerkannten Regeln der Technik stehen.

Hier haben die Parteien den Begriff der Montageaufsicht zwar nicht klar definiert. Immerhin ergibt sich aus der Regelung der Verantwortlichkeit mittelbar eine Auslegungshilfe auch für die Leistungspflicht des Anlagenbauers.

Nacherfüllung

Das Projekt

Die in der Agrarerzeugung tätige Kraut & Rüben GmbH (K) bestellt beim Landmaschinenhersteller Listig (L) eine große Sondermaschine für die Saatgutbehandlung. L liefert und montiert pünktlich. Kurz vor Ablauf der Verjährungsfrist für die Sachmängelhaftung verlangt K wegen eines immer wieder zu Störungen führenden technischen Fehlers die Lieferung einer mangelfreien Maschine.

L weist das Ansinnen unmissverständlich mit der Begründung zurück, schließlich sei er es, der die Wahl zwischen Mängelbeseitigung und Neulieferung habe. Immerhin erklärt er sich „lediglich aus Kulanz" zu Nachbesserungsarbeiten bereit, die er noch vor Ablauf der Verjährungsfrist für die Sachmängelhaftung gewissenhaft erbringt. Nach Verjährung der Ansprüche stellt sich heraus, dass die Nachbesserung fehlgeschlagen ist.

K verlangt erneut Nachbesserung, da unter diesen Umständen keine Verjährung eingetreten sei. Außerdem erhebt K Schadensersatzansprüche, weil der Ausfall der Maschine nachweisbar zu einem Umsatzrückgang im Saatgutgeschäft geführt hätte.

L beharrt auf dem Eintritt der Verjährung für die Sachmängelhaftung und lehnt alle Ansprüche ab.

Überlegungen

Der Claimsmanager C von L beginnt sich Sorgen zu machen. Wenn er wie von K verlangt eine neue Maschine geliefert hätte, wäre mit großer Wahrscheinlichkeit wenigstens der Umsatzausfall nicht eingetreten. Durfte L sich wirklich auf Nachbesserungsarbeiten beschränken?

Wenn eine Sache bei Gefahrübergang nicht die vereinbarte Beschaffenheit hat und damit mangelhaft ist, kann der Käufer gemäß § 437 BGB Nacherfüllung verlangen. Dabei gibt ihm § 439 BGB ein Wahlrecht: Der Verkäufer muss aufgrund der Wahl des Käufers den Mangel beseitigen oder eine mangelfreie Sache liefern. Danach hätte K Anspruch auf eine neue Maschine erheben dürfen. Voraussetzung dieses Wahlrechts ist allerdings das Vorliegen eines Kaufvertrags.

Bei Konstruktion, Fertigung und Lieferung einer Sondermaschine dürfte es sich aber fast immer um einen Werkvertrag handeln. Für ihn hat der Gesetzgeber das Wahlrecht anders bestimmt. Verlangt der Besteller Nacherfüllung, kann der Unternehmer nach seiner Wahl den Mangel beseitigen oder ein neues Werk herstellen, § 635 BGB. Insoweit hätte L zurecht die Lieferung einer neuen Maschine verweigert und sich auf Nachbesserungsbemühungen beschränkt.

Damit konzentrieren sich die Sorgen von C auf die fehlgeschlagene Nachbesserung.

Der konsultierte Anwalt weist C darauf hin, dass das BGB die Folgen des fehlgeschlagenen Nachbesserungsversuchs nicht ausdrücklich regelt. (Die VOB dagegen bestimmt in § 13 Nr. 5 (2), dass nach Abnahme der Mängelbeseitigungsleistung für diese eine Verjährungsfrist von zwei Jahren neu beginnt.) Die ganz herrschende Meinung in der juristischen Literatur geht deshalb davon aus, dass eine erfolgloser Nachbesserungsversuch keine neue Verjährungsfrist beginnen lässt. Eine höchstrichterliche Entscheidung zu diesem Punkt gibt es noch nicht. Damit wären Nacherfüllungsansprüche von K verjährt.

K gibt sich mit der Darstellung dieser Rechtslage keinesfalls zufrieden. Er hat sich ebenfalls rechtlich beraten lassen und hält seine Behauptung, der Nacherfüllungsanspruch sei nicht verjährt, nunmehr mit neuer Begründung aufrecht: Gemäß § 212 BGB beginnt die Verjährung erneut, wenn der Schuldner dem Gläubiger gegenüber den Anspruch ... anerkannt habe. In der Vornahme der Nachbesserungsarbeiten, so trägt der Anwalt von K vor, läge eine Anerkennung des Rechts von K auf Nacherfüllung durch L. Damit habe eine neue Verjährungsfrist zu laufen begonnen.

Ein fehlgeschlagener Nachbesserungsversuch stellt jedoch nicht in jedem Fall automatisch ein Anerkenntnis dar und führt deshalb auch nicht unbedingt zu einem Neubeginn der Verjährungsfrist. Nach herrschender juristischer Meinung sind vielmehr alle Umstände zu berücksichtigen, unter denen die Nachbesserung erfolgt ist. Dazu gehört, dass L sich „lediglich aus Kulanz“ zu Nachbesserungsarbeiten bereit erklärt habe. Diese deutliche Erklärung steht der Annahme eines Anerkenntnisses im Wege.

Der Rat

Das Projekt Saatgutmaschine zeigt, wie problematisch schon bei Geltung deutschen Rechts Nacherfüllungsansprüche sein können. Bei Anwendung ausländischen Rechts werden diese Schwierigkeiten bestimmt nicht geringer sein. Weil im Großmaschinen- und Anlagengeschäft Nachbesserungen aber eine erhebliche Rolle spielen, empfiehlt es sich unbedingt, diesen Problembereich sorgfältig zu gestalten. Im Vertrag erfolgt dies durchweg unter dem Punkt → *Sachmangel.*

Das Vertragsbeispiel

1. If at any time prior to the expiration of the Warranty Period, Buyer discovers and/or is informed of any defect in such material or workmanship, Seller shall, upon Contractual Notice from Buyer, within four (4) Business Days from notification, submit to Buyer a plan of action for consent by Buyer. Within seven (7) Business Days after consent of Seller's plan of action by Buyer, Seller shall, unless otherwise mutually agreed between the Parties, correct such defects to the satisfaction of Buyer by repairing or replacing the defective work at a time acceptable to Buyer. All costs incidental to such corrective action including transporttation, removal, disassembly, re-installation, re-construction, re-testing and re-inspections as may be necessary to correct the defect or demonstrate that the previously defective work conform to the requirements of the Contract shall be borne by Seller.
2. In the event of failure by Seller to fully comply with all of the above obligations for the timely submission of a plan of action to Buyer, or to remedy the situation within the time stipulated, then Buyer shall have the defects corrected by others with all associated expenses and risk for the account of Seller and without any prejudice to any other of Buyer's rights and remedies.

1. Falls der Käufer vor Ablauf der Sachmängelfrist einen Fehler in Material oder Arbeit entdeckt oder auf ihn hingewiesen wird, unterbreitet der Verkäufer nach vertraglicher Mitteilung durch den Käufer diesem innerhalb von vier (4) Geschäftstagen ab Mitteilung einen Plan zur Zustimmung durch den Käufer. Innerhalb von sieben (7) Werktagen nach Zustimmung zu dem Plan durch den Käufer wird der Verkäufer, soweit die Parteien nichts anderes vereinbart haben, die Fehler zur Zufriedenheit des Käufers durch Instandsetzung oder Austausch zu einer dem Käufer passenden Zeit beseitigen. Der Verkäufer trägt alle mit solcher Fehlerbeseitigung verbundenen Kosten einschließlich Transport, Beseitigung, Zerlegung, Neumontage, Wiedererrichtung, Wiederholungstests und -inspektionen, soweit zur Fehlerbeseitigung oder zum Beweis, dass die fehlerhafte Arbeit nunmehr den Anforderungen des Vertrags entspricht, notwendig.
2. Gelingt es dem Verkäufer nicht, die oben genannten Anforderungen für die zeitgerechte Vorlage eines Plans vollständig zu erfüllen oder die Situation in der vereinbarten Zeit zu bereinigen, kann der Käufer die Fehler durch Dritte mit allen Kosten und Risiken zu Ungunsten des Verkäufers ohne Beeinträchtigung irgendwelcher Rechte und Ansprüche des Käufers beseitigen lassen.

Offen bleibt bei dieser Regelung, wann der Begriff „*event of failure*" erfüllt ist und wer dies feststellt. Das kann wegen der Übertragung der nötigen Tätigkeiten auf Dritte durch den Käufer und der damit zu Lasten des Verkäufers entstehenden Schadensersatzpflicht wichtig werden.

nominated subcontractor

Das Projekt

Das aufstrebende Ingenieurunternehmen Sinn- & Planlos (S&P) hatte es als General Contractor bei einem Infrastrukturprojekt der Wasserwirtschaft in einem Schwellenland überraschend bis in das Endstadium der Verhandlungen geschafft. Nun sieht sich S & P mit der Forderung des Auftraggebers AG nach Einbeziehung des von AG benannten lokalen Bauunternehmens Lazy, Late & Lousy in sein Angebot konfrontiert. S & P soll für deren Leistungen wie für eigene einstehen.

Überlegungen

Für S & P ist die Versuchung, auf dieses Ansinnen des AG einzugehen, groß. Das Unternehmen könnte in der Region einen bedeutenden Schritt nach vorn tun, Nachfolgeaufträge winken.

Der Projektmanager aber warnt: Die Eigentumsverhältnisse an dem benannten Zulieferer sind zweifelhaft, lokale Recherchen hätten wenig Positives ergeben, und der hohe Bauteil sei beängstigend für den Fall, dass etwas schief geht.

Der Rat

Vor allem in Schwellen- und Entwicklungsländern versuchen die Auftraggeber aus Gründen der Devisenersparnis, inländische Zulieferer in das Projekt einzuschalten. Ein anderer Grund ist das Bemühen, über die Beteiligung nationaler Unterlieferanten den Know-How-Transfer in das Land des Anlagenbetreibers zu beschleunigen. In Industrieländern benennt der Auftraggeber dagegen Zulieferer häufig, um entweder Tochtergesellschaften des eigenen Konzerns zu beschäftigen oder aber mit bestimmten Unternehmen die gewünschte Qualität des Produkts sicher zu stellen. Dem gegenüber hat der Einsatz der vom Auftragnehmer erprobten Zulieferer den Vorteil, dass er sie meistens im Zuge laufender, längerfristiger Geschäftsbeziehungen kennt und hinsichtlich Verlässlichkeit und Qualität ständig überprüfen kann. Häufiger bestehen auch Rahmenverträge, die aus Sicht des Auftragnehmers des Hauptvertrags eine günstigere Preisgestaltung möglich machen als mit benannten Zulieferern.

Wenn die Benennung von → *Zulieferern* im Vertrag nicht zu vermeiden ist, sollte der Anlagenbauer wenigstens darauf drängen, dass er eine Liste mit Unternehmen zur Auswahl bekommt. Darüber hinaus ist für ihn wichtig, dass der Vertrag Vorausset zungen für die Ablehnung problematischer Zulieferer enthält. Denkbar sind etwa fehlende Referenzen, Zweifel an der wirtschaftlichen Bonität oder der technischen Leistungsfähigkeit der benannten oder gar vorgeschriebenen Firmen.

Wichtig ist weiter das Verfahren für die Ablehnung einer Firma durch den Anlagenbauer. Beruht eine Zurückweisung auf mangelnder Qualifikation des anfangs vorgesehenen Einsatzpersonals, ist in weniger entwickelten Ländern häufig kein angemessener Ersatz zu finden. Bei Rückgriff auf fachlich besser geeignetes Personal aus anderen Ländern taucht dann das Problem auf, welche Partei die höheren Kosten zu tragen hat.

Das Vertragsbeispiel

Selten wird eine so günstige Regelung wie die folgende zu erzielen sein, die alle der vorgenannten Punkte berücksichtigt.

Nominated Subcontractors

In any case where the Employer requires the Contractor to enter into a subcontract for any Plant, Contractor's Equipment or services with any subcontractor nominated or designated by the Employer, then this subcontractor shall be designated a Nominated Subcontractor.

The Contractor may object to entering into any such subcontract on one or more of the following grounds:

a. Because there are reasonable grounds for supposing that the financial standing or solvency or technical competence or reliability of the Nominated Subcontractor is not such that a prudent contractor, having regard to the nature and extent of the scope of the subcontract and their possible effect on the remainder of the Works, would be justified at the time of the instruction in engaging such Nominated Subcontractor.

b. Because the terms of subcontract offered by such Nominated Subcontractor are unsatisfactory in that:

i the Nominated Subcontractor is not prepared to accept liabilities or duties in the subcontract equivalent to those undertaken by the Contractor in this Contract; or

ii the Nominated Subcontractor is not prepared to indemnify the Contractor against liabilities, claims and damages arising out of negligence, breach of contract or default in the same terms as the Contractor is required to indemnify the Employer in this Contract; or iii the Nominated Subcontractor is not prepared to offer firm completion and delivery dates consistent with the Contractor's delivery dates; or

iv the Nominated Subcontractor is not prepared to accept liability for liquidated or other damages for delay which are reasonable having regard to the Contractor's own liability for delay under this Contract; or

v the Nominated Subcontractor is not prepared to accept liability for making good or replacing defective work, materials, supplies or services and for reimbursing the Contractor for any Costs incurred or suffered by him in consequence of such Defects; or

vi the Nominated Subcontractor is imposing any other unreasonable exclusion of liability or other unreasonable condition having regard to the Contractor's liability under this Contract.

An objection on any of the above-named grounds shall be deemed valid if it is based on the available known facts at the time of the nomination instruction.

In the event of a valid objection, the Employer may:

a. Nominate a further subcontractor; or

b. Instruct the Contractor to supply or arrange for the supply of the Plant, Contractor's Equipment or services in question; or

c. Instruct the Contractor to enter into the subcontract notwithstanding such valid objection, in which event the Employer will compensate and save harmless the Contractor from any loss, claim, damage or cost incurred by the Contractor provided it arises as a direct result of the matters validly objected to by him and which he is unable to recover from the Nominated Subcontractor.

Benannte Zulieferer

Wenn der Auftraggeber vom Auftragnehmer verlangt, einen Zuliefervertrag für Anlagen, Ausrüstungen oder Dienstleistungen mit einem vom Auftraggeber benannten oder bezeichneten Zulieferer abzuschließen, gilt dieser Zulieferer als „benannter Zulieferer".

Der Auftragnehmer hat das Recht, den Abschluss eines solchen Zuliefervertrags aus einem oder mehreren der folgenden Gründe zu verweigern:

a. Es bestehen vernünftige Gründe für die Annahme, dass die finanzielle Lage die Liquidität, die technische Kompetenz oder Verlässlichkeit des „benannten Zulieferers" nicht so ist, dass ein umsichtiger Auftragnehmer angesichts des Charakters und Leistungsumfangs des Zuliefervertrags und der mutmaßlichen Auswirkungen auf die anderen Arbeiten bedenkenlos zum Zeitpunkt der Anordnung solchen „benannten Zulieferer“ verpflichten könnte.

b. Die Bedingungen des vom „benannten Zulieferers“ angebotenen Zuliefervertrags sind insoweit unannehmbar, als

I. der „benannte Zulieferer“ nicht bereit ist, im Zuliefervertrag Haftungen oder Verbindlichkeiten zu akzeptieren, die denen des Auftragnehmers im Hauptvertrag entsprechen; oder

II. der „benannte Zulieferer“ nicht bereit ist, den Auftraggeber von Haftungen und Ansprüchen aus Fahrlässigkeit, Vertragsverletzung oder sonstigen Fehlern in dem Umfang freizustellen, in dem der Auftragnehmer den Auftraggeber im Hauptvertrag freistellen muss; oder

III. der „benannte Zulieferer“ nicht bereit ist, feste Erfüllungs- und Lieferdaten in Übereinstimmung mit denen des Auftragnehmers anzubieten; oder

IV. der „benannte Zulieferer“ nicht bereit ist, die Verantwortung für pauschalierten oder anderen Schadensersatz für Verzug zu übernehmen, die Einfluss auf die eigene Verantwortung des Auftragnehmers für Verzug nach dem Hauptvertrag haben; oder

V. der „benannten Zulieferer“ nicht bereit ist, die Verantwortung für Nachbesserung oder den Ersatz bezüglich fehlerhafte Arbeit, Stoffe, Lieferungen oder Dienste zu übernehmen und den Auftragnehmer für die ihm infolge solcher Fehler entstandenen Kosten freizustellen; oder

VI. der „benannte Zulieferer“ einen anderen unangemessenen Haftungsausschluss oder eine andere unangemessene Bedingung bezüglich der Haftung des Auftragnehmers im Hauptvertrag vorschreibt.

Die Verweigerung aufgrund einer der genannten Gründe gilt als berechtigt, wenn sie auf zur Zeit der Benennung zugänglichen Informationen beruht.

Im Falle einer berechtigten Verweigerung kann der Auftraggeber:

a. Einen anderen Zulieferer benennen; oder

b. den Auftragnehmer anweisen, für Lieferung, Ausrüstung oder nötige Dienstleistungen Sorge zu tragen; oder

c. den Auftragnehmer anweisen, den Zuliefervertrag trotz der berechtigten Verweigerung abzuschließen. In diesem Fall wird der Auftraggeber dem Auftragnehmer alle Verluste, Ansprüche, Schäden oder sonstige Kosten ersetzen, vorausgesetzt, sie sind direkte Folge der vom Auftragnehmer beanstandeten Gründe und der Zulieferer verweigert die Erstattung.

Präambel

Das Projekt

Die Lackschicht GmbH (L), ein erfahrener Hersteller von Lackieranlagen für die Automobilindustrie, hatte im scharfen Wettbewerb den Auftrag von der Impulsiv AG (I) erhalten. Im Vorfeld der Vergabegespräche war es unter anderem um die für den Auftraggeber wichtige Frage gegangen, ob L eine Anlage auch der geplanten Größenordnung und des einzusetzenden – bisher im Großmaßstab nicht erprobten Trocknungsverfahrens – schlüsselfertig würde bewältigen können. L äußert mit Zuversicht, angesichts ihrer technischen und kaufmännischen Kompetenz würde man sich gern dieser Herausforderung stellen. Diese vage Angabe reicht dem Investor I nicht aus. Er misst den Behauptungen eher werblichen Wert bei und besteht deshalb auf einer Aufnahme in den Vertrag. Eine wirkliche Zusicherung möchte L wiederum nicht abgeben, weil man mittlerweile doch Bedenken wegen der möglichen Folgen hat. So einigen sich die Vertragspartner auf eine Präambel zum Vertrag.

Die Größenordnung des Projekts in Verbindung mit dem eingesetzten neuen Verfahren führt zu ständigen Arbeitsunterbrechungen auf der Baustelle. Der Aufwand für L steigt enorm. Mit Mühe aber immerhin erfolgreich kann sich L der Schadensersatzansprüche erwehren, mit denen I immer wieder droht.

L beabsichtigt, den zusätzlichen Aufwand als Claim geltend zu machen, da mit den aufgetretenen Problemen niemand rechnen konnte und bei voller Kenntnis der Sachlage die Kalkulation ganz anders ausgesehen hätte.

Überlegungen

Mit einem Claim könnte L die Vergütung von Leistungen geltend machen, die über das zwischen den Partnern vereinbarte Plansoll hinausgehen. Es kommt deshalb entscheidend darauf an, wie die Leistungsbeschreibung im Vertragstext aussieht. Der Projektleiter P, der auch an den Vertragsverhandlungen teilgenommen hat, weist triumphierend darauf hin, dass die Formulierungen durchaus optimistisch stimmen könnten. Den Einwand des Kollegen K, es könnten sich aber doch aus der Präambel weitergehende Verpflichtungen ergeben, wischt P vom Tisch: Die Präambel sei mehr als eine diplomatische Einführung in den Vertrag zu sehen; dieser fange erst mit § 1 richtig an.

Trotz dieser Argumentation dürfte nach Meinung von K mit harter Gegenwehr zu rechnen sein. Denn I werde eine Interpretation der Leistungsbeschreibung ohne Hinzuziehung der Präambel nicht hinnehmen. I werde sich auf den Standpunkt stellen, dass die

Präambel gleichrangiger Teil des Vertrags sei und der Inhalt für den ganzen Vertrag gelte. Sie sei gewissermaßen ein vor die Klammer des Vertrags gezogener Faktor. Die Präambel enthalte Zusicherungen, die von L auch bei höherem Aufwand als kalkuliert einzuhalten seien, nachdem L sich selbst seiner Professionalität berühmt hätte.

Nach reiflicher interner Diskussion zieht L es deshalb vor, nicht zu massiv an I mit den Wunsch nach einer finanziellen Beteiligung an den Zusatzkosten heranzutreten. Das Wort Claim vermeidet man und argumentiert mit den auch für einen Weltmarktführer technisch nur aufwendig zu bewältigenden Hindernissen. Auch I müsse ein Interesse daran haben, dieses Vorhaben als Referenzprojekt gemeinsam erfolgreich zu Ende zu bringen. I übernimmt schließlich aus Kulanz einen wenn auch nur sehr geringen Teil der Zusatzkosten.

Der Rat

Die Wurzel der Rechtsfigur der Präambel (schon länger verbreitet vor allem in Verträgen zwischen Staaten) im angelsächsischen Privatrecht liegt in dessen richterlicher Auslegungspraxis von Verträgen. Danach ist der Vertrag nur auf Grund des Inhalts und Wortlauts auszulegen, auf den sich die Parteien verständigt haben. Vorangegangener Schriftwechsel, Diskussionsergebnisse, Erwartungen oder Zusagen bleiben außer Betracht. Dies ist die sehr alte *parol evidence rule*, die trotz einiger Einschränkungen grundsätzlich auch heute noch gilt. Um diese Vorgänge in den Vertrag einzubeziehen, bedienen sich die Parteien einer Präambel oder *whereas recitals*.

Heute ist die Präambel infolge des sprunghaft gewachsenen internationalen Waren- und Dienstleistungsverkehrs auch Bestandteil vieler Verträge, die anderen Rechtskreisen zuzuordnen sind. Der Begriff ist nicht eindeutig besetzt. Es kommt deshalb entscheidend auf den Wortlaut an. Nach deutscher Rechtsprechung kann eine Präambel sogar eine kaufvertragliche Zusicherung enthalten, wenn diese eindeutig formuliert ist.

Die Präambel kann nützliche Dienste insoweit leisten, als die Vertragspartner in ihr Voraussetzungen, Erklärungen oder Erwartungen festhalten, die bei den Verhandlungen eine Rolle gespielt haben und auf die sie an anderer Stelle des Vertrags nicht mehr zurückgreifen möchten. Der Inhalt der Präambel kann sich deshalb je nach Formulierung für die eine oder andere Seite als vor- oder nachteilhaft erweisen. Wer sich ausdrücklich seiner Spitzentechnik rühmt, wird sich später bei Defiziten umso mehr daran messen lassen müssen.

Die Präambel ist in jedem Fall ernst zunehmen, ihre Bezeichnung nur als „Präambel" oder „Vorbemerkung" etwa in der Überschrift oder ihre Stellung vor dem Beginn des eigentlichen Vertragstextes schmälert ihre Bedeutung als Interpretationsquelle für ein Gericht nicht.

Das Vertragsbeispiel

Die Präambel im Ausgangsprojekt lautete:

> I als erfahrener Hersteller von schweren Lastkraftwagen für die Bauindustrie beschreitet mit der Errichtung dieser Anlage sowohl hinsichtlich der Größenordnung als auch des geplanten Verfahrens technisches Neuland. I hat deshalb das Projekt an L vergeben. L konstruiert, fertigt und errichtet seit Jahrzehnten hochwertige Lackieranlagen zur Zufriedenheit vieler Kunden weltweit.

Die Festschreibung des „technischen Neulands" kann sich für L günstig erweisen, die „Zufriedenheit vieler Kunden weltweit" kann I begünstigen.

Je nach Verhandlungsposition lässt sich mit einer Präambel zum Beispiel die Rolle des Käufers weiter stärken.

Eine aus seiner Sicht ideale Formulierung könnte lauten:

> Als Systempartner der metallverarbeitenden Industrie bietet der Lieferer (L) umfassende Beratung und marktorientierte Leistungen aus einer Hand. L gilt als Technologie- und Weltmarktführer in der Dünnbrettbohrtechnik. Ob Automobil-, Zuliefer-, Elektro- oder Hausgeräteindustrie: das Angebot von L umfasst die leistungsfähige Kombination aus modernsten Produktionsanlagen, effizienten Werkzeugen und umfassenden Verfahrens-Know-How.

> Um in der Automobilindustrie konkurrenzfähig zu sein, müssen die Fertigungsanlagen mit hoher Verfügbarkeit und Effizienz betrieben werden. Aus diesem Grund hat sich der Investor (I) dazu entschieden, in eine moderne, zukunftsorientierte und sichere Dünnbrettbohranlage inklusive Automation zu investieren. Als langjähriger Kunde des Lieferers , nach Präsentation der neuen Anlage sowie in Anbetracht der Tatsache, dass der Lieferer die entsprechende Fertigungsstraße schon vor Jahren gebaut und in Betrieb genommen hat, hat I entschieden, den Auftrag an L zu vergeben.

Günstig für den Auftraggeber wäre auch diese Präambel

> Gegenstand des Vertrages ist die Lieferung und Installation von Imprägnieranlagen auf dem letzten Stand der Technik. Dem Käufer kommt es entscheidend darauf an, dass die neue Anlage eine hohe Verfügbarkeit gewährleistet und die garantierten Leistungsdaten dauerhaft einhält.
>
> Der Verkäufer wird sich bei der Auswahl des Verfahrens, der Konstruktion, der Fertigungsmethoden sowie seiner Unterlieferanten an diesem Ziel orientieren.

Ein Verkäufer hätte eher Interesse an einer weicheren Formulierung:

> Der Auftragnehmer verfügt über Wissen und Erfahrung auf dem Gebiet der Errichtung, Abwicklung, Überwachung und Optimierung von Anlagen zur Tabakverarbeitung.

Manche Präambeln haben lediglich diplomatischen Inhalt.

> Sowohl AG als auch AN sind der Meinung, dass das im Laufe der Jahre zwischen den Partnern entstandene, gegenseitige Vertrauen eine gute Basis für eine künftige Zusammenarbeit langfristiger Natur sein würde. Dadurch ist eine Befestigung der geschäftsmäßigen Beziehungen anzustreben, u.a. mit dem Zweck, längerfristige Dispositionen und eine Optimierung der Produktharmonisierung und Lieferstabilität zum gegenseitigen Vorteil zu ermöglichen.
>
> In diesem Sinne wünschen beide Vertragspartner auf Grundlage der bisherigen jährlichen Verträge, diese durch die vorliegende, längerfristige Vereinbarung zu ersetzen. Dies vorausgeschickt, haben die Partner folgendes vereinbart:

Oder (wenn auch etwas verbindlicher)

> Whereas the "purchaser" wishes to receive all the project items in good operating conditions and according to their performance tests for acceptance.
>
> The "contractor" is able to complete such design and to execute and complete the works upon the terms hereafter appearing.
>
> Now this agreement provides as follows: ...

Während der „Käufer“ alle Anlagenteile in einwandfreiem Betriebszustand und entsprechend den „Leistungstests“ für die Abnahme erwartet und

der „Anlagenbauer“ sich im Stande sieht, Konstruktion und Ausführung der Anlage nach den folgenden Bedingungen zu leisten,

sieht diese Vereinbarung vor: ...

In manchen Verträgen schrumpft die Präambel noch weiter zu einer mit „Purpose“ überschriebenen Feststellung zusammen.

Ein Wortlaut wie

The Purpose of this document is to define the specific commercial terms and conditions for the Supply and Installation of the Measuring System.

Zweck dieses Dokuments ist die Spezifikation der wirtschaftlichen Einzelheiten und Bedingungen für Lieferung und Installation des Meßsystems.

ist nichts sagend und deshalb überflüssig.

Through this Contract, the intention of which is to set forth the mutual rights and obligations of both parties in detail, the validity of the Purchaser's enqiry, the Supplier's tender, and any other written or oral undertakings presented during contract negotiations, is completely nullified.

Mit diesem Vertrag, der die gegenseitigen Rechte und Pflichten der Parteien im Detail festlegt, sind die Anfrage des Käufers, das Angebot des Lieferers und alle anderen schriftlichen oder mündlichen während der Vertragsverhandlungen abgegebenen Erklärungen überholt.

Preis

Das Projekt

Im Anfangsstadium der Verhandlungen über die Vergabe einer Chemieanlage in einem indischen Teilstaat diskutieren der Auftraggeber und einige von ihm aufgeforderte Bieter aus verschiedenen Nationen über die Preisstellung. Während dem indischen Auftraggeber eine Preisfindung nach Liefer- und Leistungsteilen vorschwebt, denkt der deutsche Anbieter an ein Angebot *„lump sum"*, sein britischer Wettbewerber möchte das Projekt am liebsten auf der Grundlage *„cost reimbursable"* bearbeiten.

Die deutschen Teilnehmer fragen sich, welche Auswirkungen die unterschiedlichen Preisstellungen auf das Claimsmanagement haben und ob unter diesen Gesichtspunkt am eigenen Vorschlag möglichst festzuhalten sein sollte.

Überlegungen

Claims oder Änderungsaufträge richten sich neben dem Verlangen nach einer Anpassung in Bezug auf die Zeit auch auf eine Zahlung von Geld (als Kostenerstattung oder als Preis; dieser enthält außer den Kosten auch noch einen Gewinn). Deshalb könnte es aus Sicht des Claimsmanagers wichtig sein, in welcher Form die Parteien ursprünglich den Preis vereinbart haben.

Bei einem Werkvertrag ist der Besteller zur Entrichtung der vereinbarten Vergütung als Gegenleistung verpflichtet. Wie die Vertragspartner die Vergütung vereinbaren, lässt Ihnen die Vertragsfreiheit offen. In der Praxis des Industrieanlagengeschäfts hat sich ein breites Spektrum von Gestaltungsmöglichkeiten entwickelt.

Auf der einen Seite steht der Pauschalpreis *(lump sum)* für die Errichtung der Anlage. Dem Besteller bietet er den Vorteil, dass der Endpreis – abgesehen von immer eintretenden Störungen und Änderungen – von vornherein feststeht.

Dem stehen allerdings auch Nachteile für den Auftraggeber gegenüber. Sie liegen in den von vornherein von Interessengegensatz gekennzeichneten Positionen der Vertragspartner. Jede Änderung im Projektverlauf wird zu aufwendigen Auseinandersetzungen über Preis und Leistungszeit führen. Da ein Pauschalpreis aus Sicht des Anbieters eine präzise Kalkulationsgrundlage benötigt, bedarf es für die Erstellung der technischen und kaufmännischen Ausschreibungsunterlagen und des auf ihnen beruhenden Angebots eines höheren Zeitaufwands als bei anderen Preisstellungen.

Der Pauschalpreis dürfte häufig erhebliche Risikozuschläge für den Auftragnehmer treffende unvorhergesehene Entwicklungen beinhalten und damit höher sein als eigentlich nötig. Andererseits verlockt ein Angebot auf Basis *lump sum* den Anbieter gelegentlich dazu, auf Kosten der technischen Ausstattung der Anlage (den allein entscheidenden) Gesamtpreis niedrig zu halten.

Diese Nachteile veranlassen Auftraggeber immer wieder einmal zu einer Alternative, indem sie eine Preisstellung nach Liefer- und Leistungsteilen verhandeln. Dadurch konkretisieren sich Streitigkeiten im Projektverlauf auf einzelne Leistungsteile, das Ausmaß von Änderungen und Sanktionsgrundlagen ist leichter zu bestimmen. Für den Besteller wird die Kalkulation des Anbieters etwas transparenter, die Kosten für Folgeaufträge oder Erweiterungen werden übersichtlicher.

Als Teile für eine Untergliederung des Gesamtpreises kommen in der Praxis häufig vor:

- Lizenzen/Know how
- Dokumentation
- Gebäude/Bauleistungen
- Maschinen und Ausrüstungen
- Baustelleneinrichtung
- Leistungsnachweis/Inbetriebsetzung
- Ersatz- und Verschleißteile
- Teilanlagen

Eine dritte Gruppe bilden Preisstellungen auf der Basis der Kostenerstattung *(reimbursable cost)*. Der Auftraggeber zahlt dem Auftragnehmer dessen Aufwand für Personal und Material gegen Nachweis. Hinzukommt eine Gebühr *(fee)*, die entweder fest oder als Prozentsatz (z. B. des Gesamtaufwands) ausgestaltet ist. Der Nachteil für den Auftraggeber liegt hier in der Uferlosigkeit des Endpreises, der Vorteil in einer hohen Beweglichkeit hinsichtlich eigener Mitarbeit und des Verzichts auf eigene Leistungsteile. Die starke Stellung der internationalen Nachfrager hat diese Gruppe des Preisangebots im Verhältnis zu früheren Gepflogenheiten in ihrer Bedeutung stark zurückgehen lassen.

Und schließlich gibt es Mischformen wie etwa die *convertible contracts*. Bei ihnen gilt für eine Anfangsphase der vertraglichen Beziehungen das Prinzip der Kostenerstattung zuzüglich einer Gebühr. In einer zweiten Phase nach weiterer Konkretisierung des Projekts gilt dann eine Pauschalvereinbarung, häufig verknüpft mit der Politik offener Bücher bezüglich Änderungen von Vertragsumfang oder Zeit. „Wandelbar" ist dabei also eigentlich nicht der Vertrag, sondern nur die Preisgestaltung.

Der Rat

Es liegt auf der Hand, dass Verträge auf Kostenerstattungsbasis aus der Sicht des Claimsmanagement besonders attraktiv sind. Änderungen in den Umfängen – vorausgesetzt, sie beruhen nicht auf Fehlern des Anlagenbauers – gehen sofort in die Kosten und damit in die Erstattung ein. Dies wird mit ein Grund dafür sein, dass diese Preisstellung etwas aus der Mode gekommen ist. Die Auftraggeber wollen sich nicht freiwillig schlechter stellen als sei bei normaler Vertragsgestaltung stünden.

Die Preisstellung nach Leistungsteilen mag aus der Sicht des Unternehmens deshalb nicht erstrebenswert sein, weil der Auftraggeber einen besseren Einblick in die Kalkulation des Auftragnehmers gewinnt. Zudem nutzen die Besteller die Untergliederung des Gesamtpreises immer wieder dazu, einzelne Leistungsteile aus dem Gesamtpaket herauszulösen und ihre Abwicklung Niedrigpreisanbietern anzuvertrauen. Aus der Sicht des Claimsmanagement allerdings kann die Preisstellung nach Liefer- und Leistungsteilen vorteilhaft sein, weil die Beschränkung auf bestimmte Leistungsteile die Verhandlungen und die Beweisbeibringung erleichtert.

Die Projektabwicklung auf der Basis *lump sum* ist das klassische Feld, auf dem sich alle Schwierigkeiten der Praxis vor dem Claimsmanager auftürmen. Jede Abweichung kann hier enorme Auswirkungen haben, beeinflusst häufig unnötig den Fortgang an anderen Stellen des Projekts und verlangt wegen der möglichen Konsequenzen eine aufwendige Beweiserstellung. Diese Nachteile lassen eine Preisstellung nach Liefer- und Leistungsteilen wieder attraktiver erscheinen.

Ist ein Preis als Festpreis ausgestaltet, trägt der Auftragnehmer während der vertraglichen Ausführungszeit das Risiko aller Preissteigerungen, gleichgültig, ob für ihn voraussehbar oder nicht. Ausnahmen gelten nur bei vom Auftragnehmer nicht zu vertretenden Änderungen im geplanten Vertragsverlauf. Der Auftragnehmer kann bei der Ermittlung seiner Angebotspreise aber nur die Kosten berechenbar erfassen, die bei Erstellung des Angebots am Markt gelten. Er hat deshalb ein großes Interesse an → *Preisgleitklauseln*, die ihn von der Unsicherheit künftiger Kostenentwicklungen wenigstens teilweise freistellen können.

Die Ausgangsverhandlungen über die Preisstellung sind in keiner Weise ausschlaggebend für Nachtragspreise oder den Umfang von Kostenerstattungen. Die absehbaren Schwierigkeiten späterer Quantifizierung von Preisen und Kosten macht es aber empfehlenswert, eine vertragliche Anknüpfung an den Ausgangspreis sorgfältig mit dem Vertragspartner offen zu diskutieren. Als Ergebnis sind Preise denkbar, die frei gebildet, an Ausgangspreise angelehnt oder auch nur fair und angemessen sind. Die gefundene Lösung sollte berücksichtigen, dass den geänderten Preisen häufig ganz andere Bedingungen zugrunde liegen als sie bei Vertragsschluss bestanden haben.

Die zum endgültigen Vertragsschluss führenden Verhandlungen bezüglich des Preises enthalten für den Claimsmanager häufig eine Falle; die von den Verantwortlichen in letzter Minute gemachten Preiszugeständnisse sind fast immer Pauschalen und als Prozentsatz des bisherigen Angebotspreises formuliert. Bei einem Kostenclaim ist dann fraglich, worauf sich der Nachlass beziehen soll. Wenn er nicht einer bestimmten Position eindeutig zuzurechnen ist, wird sich der Claimsmanager mit der Quantifizierung seines Anspruchs schwer tun und immer mit einem letzten Prozentabschlag auf den Gesamtpreis auch für den Claim rechnen müssen.

Ein besonderes Problem bildet bei der Kostenermittlung vor allem die Höhe der Gemeinkosten. Ihre Feststellung kann großenteils aus der Betriebsbuchhaltung erfolgen, ist aber sehr aufwendig und gibt immer wieder Anlass zu Auseinandersetzungen. Kommt es zum Prozess, kann im deutschen Rechtskreis dann § 287 ZPO hilfreich sein: Ist unter den Parteien streitig, ob ein Schaden entstanden sei und wie hoch er sich oder ein zu ersetzendes Interesse beläuft, entscheidet hierüber das Gericht unter Würdigung aller Umstände nach freier Überzeugung. Im anglo-amerikanischen Rechtskreis helfen unter den Namen Eichleay, Emden und Hudson genannte Verfahren bei der Bemessung von Gemeinkosten.

Zur Preisgestaltung im weiteren Sinne gehören auch Boni, Zahlungsbedingungen und Aufrechungen. Letztere unterliegen auf Druck der Auftraggeber oft Einschränkungen oder gar Ausschlüssen. Da eine Aufrechnung grundsätzlich durch Erklärung gegenüber dem Vertragspartner erfolgt, ist bei der Vertragsgestaltung darauf zu achten, ob der Vertrag für die entsprechenden Mitteilungen eine besondere Form vorsieht.

Das Vertragsbeispiel

In case of variations the Contract Price, the Time for Completion and other terms of the contract shall be amended to reasonably reflect the consequences of the variation.

The Purchaser shall reimburse any costs incurred by the Contractor in examining the consequences of a variation requested by the Purchaser.

Bei Änderungen sind Vertragspreis, Erfüllungszeitraum und andere Vertragsbedingungen so anzupassen, dass sie die Folgen der Änderung angemessen berücksichtigen.

Der Käufer hat dem Anlagenbauer alle Kosten zu erstatten, die ihm bei der Prüfung der Folgen einer auf Wunsch des Käufers beruhenden Änderung entstanden sind.

Diese Regelung lässt dem Anlagenbauer grundsätzlich ohne Bezug auf die ursprüngliche Preisbildung freie Hand. Immerhin soll sich in der Preisänderung aber die Änderung widerspiegeln. Interessant ist die im zweiten Absatz vorgesehene Erstattung für den Preisaufwand zu Gunsten des Anlagenbauers.

The Change Order Sheet shall be accompanied by such information and data as will be reasonably required by the Owner for the Owner to properly evaluate the proposed execution of work and the effect on the Work, the Overall Project Master Schedule including the Time of Completion, the technical specifications, the technical soundness of the Plant, the warranties and guarantees contained in the Contract and the Total Contract Price.

Das Auftragsänderungsblatt soll vom Auftraggeber berechtigterweise geforderte Informationen und Angaben enthalten, die ihm erlauben, die Ausführung der Tätigkeiten, den Einfluss auf das Projekt, den gesamten Ablaufplan einschließlich der Leistungszeit, die technische Spezifikationen, die Funktion der Anlage, vertragliche Einstandspflichten und Zusagen und den Vertragspreis zu beurteilen.

Hier ist die Freiheit des Anlagenbauers insoweit etwas mehr eingeschränkt, als zu Gunsten des Auftraggebers eine Überprüfungsmöglichkeit geschaffen werden muss.

The pricing of any Change shall, as far as practicable, be calculated in accordance with the rates and prices included in the Contract. If such rates and prices are inequitable, the Parties shall agree on specific rates for the valuation of the Change.

Die Preisbildung jeder Änderung soll, soweit praktisch möglich, auf Grundlage der Sätze und Preise des Vertrags erfolgen. Sollte das zu einem unbilligen Ergebnis führen, einigen sich die Parteien auf besondere Sätze für die Bewertung der Änderung.

Zunächst ist hiermit eine Bindung an die ursprüngliche Preisfindung vorgesehen. Danach enthält die Klausel ein – von den Parteien wahrscheinlich nicht bemerktes – zweistufiges Potential für Störungen. Zunächst einmal kann Streit darüber entstehen, ob die ursprünglichen Sätze und Preise im Zusammenhang mit der Änderung wirklich unbillig sind. Wenn ja, besteht das weitere Problem, sich auf angemessene Verrechnungssätze zu einigen.

AN hat Mehrungen und Minderungen unter Nennung der Preisbestandteile für AG transparent abzurechnen. Obergrenze für die Mehr- und Minderkosten einzelner Leistungen bilden die gängigen Marktpreise. Unter diesen sind die allgemein von Teilnehmern am Markt erzielbaren Preise für die jeweiligen Leistungen zu verstehen. AN hat die Höhe der gängigen Marktpreise durch geeignete Mittel (z. B. Vergleichsangebote) nachzuweisen. AG ist berechtigt, jeden Beweis auf Grund eigener Ermittlungen zu erbringen.

Der zwischen den Parteien bei der Vergabe vereinbarte prozentuale Nachlass gilt auch für Mehrungen und Minderungen.

Auf Grund der geforderten Transparenz erhält der Auftraggeber nach dieser Klausel Einblick in die Preiskalkulation. Problematisch ist die Verknüpfung mit den gängigen Marktpreisen als Deckelung. Gerade im Anlagenbau sind auf Grund seiner technischen und kommerziellen Individualleistungen Marktpreise bestenfalls für eingesetzte Komponenten zu ermitteln. Ein Marktpreis entsteht erst, wenn mehrere Firmen die gleiche Mehrung dem Auftraggeber anbieten. Der Auftragnehmer selbst hat an einem solchen Vergleichsangebot kein Interesse. Allerdings wird sich auch der Auftragnehmer mit dem ihm eingeräumten Beweis schwer tun.

Dass der für den Gesamtvertrag zugestandene Nachlass auch für die Mehrung geltend soll, ist aus Sicht des Anlagenbauers problematisch. Seinem Zugeständnis liegt nämlich die Gesamtkalkulation zu Grunde. Eine Mehrung in einem besonders kostenträchtigen Bereich, bei dem sich vielleicht zwischenzeitlich auch noch die Preise merklich erhöht haben, trägt diesen seinerzeit kalkulierten Rabattsatz vielleicht aber nicht.

Each invoice is subject to prior acceptance by Buyer's Project Manager who will assist the Supplier to establish the invoice in accordance with the contractual documents.

Jede Rechnung bedarf der vorherigen Billigung des Projektmanagers des Käufers; dieser hilft dem Lieferer, sie den vertraglichen Anforderungen anzupassen.

Diese aus Sicht des Anlagenbauers zweifelhafte Unterstützung regelt nicht den Preis, sondern dessen Zahlung. Die Klausel wird durchweg zu einer Verzögerung sonst fälliger Vergütungen führen; sie ist für den Auftragnehmer nicht akzeptabel.

Der Auftragnehmer kann nur mit seinen vom Besteller nicht bestrittenen oder rechtskräftig festgestellten Forderungen gegen Forderungen des Bestellers aufrechnen.

Der Besteller kann nicht nur mit seinen eigenen Gegenforderungen, sondern auf Grund der ihm erteilten Ermächtigung auch mit sämtlichen Forderungen anderer zum Konzern des Bestellers gehörenden Gesellschaften gegen die Forderungen des Auftragnehmers aufrechnen.

Diese Klausel belastet den Auftragnehmer nicht nur hinsichtlich der Geltendmachung eigener Forderungen, sondern auch noch durch die Erweiterung der Aufrechnungsmöglichkeiten zugunsten des Bestellers. Eine besondere Form für die Aufrechnungserklärung sieht sie nicht vor. Das sollte jedoch kein Anlass sein, eine Aufrechung deutlich als solche zu erklären. Formulierungen wie „We have to reduce the invoices we will pay..“ oder „We were forced to recalculate the outstanding invoices from your side.“ sind missverständlich und nicht ohne weiteres als Aufrechnung zu erkennen.

Bonus

Der Auftraggeber zahlt bei Unterschreiten des geplanten Fertigstellungstermins um bis zu einem Monat einen Bonus in Höhe von € 300.000. Dieser verringert sich linear mit jedem Tag der Nichtunterschreitung bis zur Fertigstellung gemäß Terminplan um 3,33%.

Mit einer solchen nicht ungewöhnlichen Bonusvereinbarung versuchen Auftraggeber, den Vertragspartner zu größeren Anstrengungen hinsichtlich der zeitlichen Erfüllung zu motivieren. Die zu regelnden Punkte erinnern an die Vertragsstrafe. Hauptproblem ist die Frage, ob dem Auftragnehmer auch fiktive Zeiteinsparungen zugute kommen, die er nur wegen des Einwirkens Dritter nicht erzielen konnte. Der Wortlaut des gewählten Beispiels ist insoweit eindeutig, Vertretenmüssen spielt hier keine Rolle. Dem Auftragnehmer nützt nur der tatsächlich früher als vertraglich vorgesehene Fertigstellungstermin.

Preisgleitklausel

Das Projekt

In den Ausschreibungsunterlagen des Auftraggebers für ein größeres Projekt findet der Auftragnehmer Heikel (H) aus dem Bereich Heizung, Klima, Lüftung keine Angaben über die Frage, ob der Angebotspreis fest sein muss oder Anpassungen unterliegen soll. Die anstehenden Tarifverhandlungen, ständige Materialpreiserhöhungen insbesondere für Kupferhalbzeug und die für H ungewöhnlich lange Abwicklungszeit lassen die Abgabe eines Festpreises ohne Sicherheitszuschläge eigentlich nicht in Frage kommen. Andererseits fürchtet H, damit sofort aus dem Rennen zu sein.

Überlegungen

Die in vielen Ausschreibungen enthaltene Formulierung, dass die vereinbarten Einheits- und Pauschalpreise Festpreise sind, ist eigentlich überflüssig. Ohne weitere Regelung ist ein Preis ohnehin ein Festpreis. Ein solcher Preis lässt das gesamte Risiko der Kostenentwicklung von Angebot bis zur Zahlung beim Auftragnehmer. Besonders im langfristigen Industrieanlagengeschäft mit vielen Einflussfaktoren bei Lohn und Material ist ein Festpreis deshalb mit hohem unternehmerischen Risiko behaftet. Als ein Mittel, dieses Risiko zwischen den Vertragspartnern angemessener zu verteilen, haben sich Preisgleitklauseln erwiesen. Sie sollen den Endpreis so gestalten, dass er Preisentwicklungen seit dem Angebotszeitpunkt berücksichtigt.

Der Rat

Dafür ist erforderlich, dass die Klausel es möglich macht, einzelne Kostenbestandteile nach ihrer jeweiligen Entwicklung getrennt zu berücksichtigen. Dies geschieht zumeist in einer mathematischen Formel, in die verschiedene Größen eingehen. Sie sollte den in der Rechnung aufzuführenden Endpreis, den im Vertrag festgelegten Ausgangspreis und sein Gültigkeitsdatum enthalten. Erforderlich sind weiter (arithmetisch oder gewogen) Mittelpreise oder Indizes für Referenzmaterial und Lohn jeweils zu den Vergleichszeitpunkten. Die Klausel sollte das Verhältnis zwischen Festanteil, Material- und Lohnanteil (zusammen 100%) festlegen. Wegen der in den letzten Jahren gestiegenen Bedeutung dürfen die so genannten Lohnzusatzkosten nicht vernachlässigt werden. Auch Transportkosten sind noch weniger stabil als früher und können eine erhebliche Rolle spielen.

Neben der eigentlichen Klausel ist wichtig, welche Unterlagen für den Nachweis von Indizes ausschlaggebend sind. Infrage kommen hier z. B. Zahlenreihen des Statistischen Bundesamtes. Nötig ist auch eine Definition des Geltungszeitraums der Klausel, also etwa vom Vertragsbeginn bis Montageende. Viele Vereinbarungen sehen Schwellenwerte oder Bagatellklauseln vor, die auf einen Selbstbehalt des Auftragnehmers hinaus laufen. Die Parteien sollten sich bei der Vereinbarung vom Preisgleitklauseln auf bestehende Muster stützen und diese den Besonderheiten ihres Vertrages anpassen. Insbesondere im langfristigen Investitionsgütergeschäft haben sich Klauseln herausgebildet, deren vertragliche Vereinbarung des Risiko der Kostenentwicklung zwischen Auftragnehmer und Auftraggeber angemessen verteilt.

Lehnt der Auftraggeber eine Preisgleitklausel ab, kann der Auftragnehmer ein Alternativangebot in Form eines Festpreiszuschlags unterbreiten, um damit nicht voraussehbare Preissteigerungen wenigstens ansatzweise aufzufangen.

Von der Preisgleitklausel zu unterscheiden sind Währungsklauseln. Sie dienen beim Abschluss eines Vertrags in Fremdwährung dazu, das Aushöhlen der Vergütung infolge Verfalls der Vertragswährung während der Laufzeit zu vermeiden. Auf diese Weise lassen sich Sicherungskosten einsparen.

Das Vertragsbeispiel

Eine (auch im internationalen Geschäft) anerkannte Standardformel für den Maschinen- und Anlagenbau lautet:

$$P_1 = \frac{P_0}{100}(a + b\frac{M_1}{M_0} + c\frac{L_1}{L_0})$$

Dabei ist P_1 der endgültige Rechnungspreis, den der Auftraggeber schuldet.

P_1 besteht aus einem Prozentsatz von P0, dem Ausgangspreis des angebotenen Projekts. Diesen Prozentsatz bestimmen die Anteil a (Festanteil), b (Material) und c (Löhne).

Sie wiederum unterliegen einem Faktor, den Preise für Material (M) oder Lohn (L) jeweils zu einem bestimmten Anfangszeitpunkt (M_0 und L_0) oder Endzeitpunkt (M_1 und L_1) bilden.

Mehr- oder Minderkosten sind nur zu erstatten, soweit sie 0,5% der Abrechnungssumme überschreiten.

Mit dieser Klausel stellen die Parteien sicher, dass H in jedem Fall – auch bei Überschreiten der Schwelle – einen Selbstbehalt trägt und damit einen Beitrag zur gerechteren Risikoteilung leistet.

Projektierungskosten

Das Projekt

Die seit mehreren Generationen in Familienbesitz stehende Schlicht GmbH (S) hatte sich als Hersteller von Schankanlagen und Raumausstattungen für den gehobenen Restaurationsbedarf einen sehr guten Namen gemacht. Das Unternehmen arbeitet bei größeren Projekten häufig mit Planern zusammen, die den Auftraggeber bei der Vergabe beraten. P als einer dieser Planer fordert S zur Abgabe eines Angebots für die anspruchsvolle Ausgestaltung eines größeren Kreuzfahrtschiffes der fernöstlichen Reederei (R) „Supercruise" auf. S ist zwar sehr an dem Auftrag interessiert, hat aber Bedenken wegen der umfangreichen Planung. Auf telefonische Anfrage bezüglich Erstattung der beträchtlichen Projektierungskosten im Fall der Nichtvergabe an S erhält diese von P die Antwort, „das gehe schon in Ordnung".

Nachdem S die Planung abgeschlossen und die Unterlagen abgeliefert hat, erfährt sie, dass P den Auftrag aufgrund dieser Vorarbeiten an einen ausländischen Billiganbieter vergeben will. S wiederholt P gegenüber nun schriftlich die mündlich vereinbarte Projektierungskostenerstattung und bittet um Bestätigung. S erhält keine Antwort und fragt sich nun, ob sie ihre Planungskosten als Claim gegenüber P oder R geltend machen kann.

Überlegungen

Wenn S tatsächlich eine mündliche Vereinbarung mit P dahingehend getroffen haben sollte, dass die Planungskosten zu erstatten wären, reicht dies eigentlich für einen Claim aus. Schriftform ist für die Wirksamkeit einer solchen Vereinbarung nicht nötig. Wenn P allerdings die Vereinbarung bestreitet, kommt S in Beweisnot.

Deshalb wäre die Lage aussichtsreicher, wenn S ein entsprechendes Schreiben vorlegen könnte. Das erwähnte Schriftstück reicht dafür nicht aus, weil ein Gericht darin nur eine unverbindliche Klarstellung sehen könnte, die ohne Antwort geblieben ist. Zu einer anderen Beurteilung würde ein Gericht nur kommen, wenn P zu einer Antwort verpflichtet gewesen wäre. Inwieweit dass der Fall ist, hängt von der Vorfrage ab, ob zwischen den Beteiligten überhaupt ein Schuldverhältnis entstanden ist. Nach § 311 Abs. 2 BGB entsteht ein Schuldverhältnis durch die Aufnahme von Vertragsverhandlungen, die Anbahnung eines Vertrags oder durch ähnliche geschäftliche Kontakte. Danach dürfte zwischen P und S ein Schuldverhältnis entstanden sein. Dies kann gemäß § 241 Abs. 2 BGB nach seinem Inhalt P zur Rücksicht auf die Interessen des Geschäftspartners verpflichten.

Ob ein Gericht aber deshalb in dem Schweigen von P auf das Schreiben von S eine Pflichtverletzung sieht, bleibt fraglich.

Eine Inanspruchnahme von R würde nur in Frage kommen, wenn P als Erfüllungsgehilfe von R anzusehen wäre. Dagegen spricht aber die in jeder Hinsicht selbständige Stellung des Planers.

Der Rat

Die Hoffnung auf mögliche Aufträge lässt bei vielen Unternehmen die Sorge um vergeblichen Aufwand bei den Akquisitionsbemühungen in den Hintergrund treten. Bei einer Trefferquote von 1:8 bis 1:12 im Investitionsgütergeschäft sind entsprechende Angebotskosten einzukalkulieren. Insoweit gehört vergeblicher Aufwand zum normalen Geschäftsrisiko. Gesondert zu betrachten sind jedoch die Anfragen, bei denen von vornherein zu befürchten ist, dass der Planer das Angebot lediglich als informative Grundlage für eine anderweitige Vergabe nutzt. Ohne weitere Abmachung kann er sich immer darauf stützen, dass die Planung Teil eines Kostenanschlags ist. Dieser ist gemäß § 632 BGB im Zweifel nicht zu vergüten. Will ein Unternehmen Vorleistungen eindeutig nicht umsonst erbringen, ist deshalb eine vertragliche Vereinbarung unerlässlich.

In ihr sollte neben der Vergütung der Gegenstand der Projektierungsleistung beschrieben sein. Dafür kommt z. B. eine Entwurfsplanung (etwa einschließlich Leistungsverzeichnis und Wirtschaftlichkeitsberechnung), eine Detailplanung (einschließlich Angaben für die Statik, Schnittstellendefinition und Entsorgungskonzepten) und/oder auch Hilfestellung bei einer Genehmigungsplanung (Behördenkorrespondenz, Beantragung von Finanzmitteln, Koordinierungsleistungen) in Frage.

Je nach Branche dürften die Forderungen nach Vergütung von Projektierungsleistungen zwischen 1,5 und 2,5% der Angebotssumme betragen. Mit der Entrichtung der vereinbarten Vergütung sollte der Auftraggeber das Verwertungsrecht an den Planungsunterlagen erwerben.

Das Vertragsbeispiel

S hätte sich schon vor Beginn der Projektierung (eine entsprechende Marktsituation vorausgesetzt) schriftlich an P richten müssen.

> Hiermit bestätigen wir Ihnen unsere mündliche Vereinbarung, wonach uns 2% der Angebotssumme für bei der Erstellung des Angebots entstandene Planungskosten zu erstatten sind. Diese haben wir in der Zusammenstellung angeführt. Falls wir den Auftrag für das Schiffsprojekt erhalten, verzichten wir auf die Planungskostenerstattung.

Ohne eine schriftliche Bestätigung durch P besteht die Gefahr, dass S seine Leistungen vergeblich erbringt.

Pufferzeit

Das Projekt

Der Auftragnehmer hatte drei Monate lang die Arbeiten wegen Ausbleibens der Zahlungen aufgrund finanzieller Probleme des Auftraggebers zu Recht eingestellt. Als AN Verlängerung der Leistungszeit verlangt, weigert sich AG mit der Begründung, AN sollte doch zuerst die Zeitreserve einsetzen, die er als erfahrener Anlagenbauer sicherlich eingeplant habe. Damit sei eine Fristverlängerung entweder ganz überflüssig oder doch nur in sehr viel geringerem Umfang erforderlich als von AN beansprucht.

Überlegungen

Der erfahrene Projektmanager wird bei der Erstellung eines Programms für ein Vorhaben grundsätzlich etwas zeitliche Sicherheit in den Projektverlauf für den Fall einbauen, dass das Projekt nicht so zügig wie geplant von statten geht. Diese Reserven oder Pufferzeiten *(float)* dienen hauptsächlich der eigenen Absicherung gegen selbst verursachte oder zu vertretende Ablaufstörungen und sind nicht dazu gedacht, in der Risikosphäre des Vertragspartners liegende Ereignisse zu kompensieren.

Die gelegentlich – vor allem im anglo-amerikanischen Rechtsraum – vertretene Auffassung, Pufferzeiten gehörten zum Projekt und stünden den Parteien bis zum endgültigen Verbrauch nach Bedarf zu, ist aus Sicht des Anlagenbauers nicht akzeptabel. Ebenso wenig wie der Auftraggeber Zugriff auf Einsparungen des Auftragnehmers beim Einkauf von Zulieferungen gegenüber dem kalkulierten Einkaufspreis haben kann, muss ihm der Zugriff auf die Zeitkalkulation des Anlagenbauers verwehrt bleiben.

Der Rat

Pufferzeiten sind ein wichtiges Mittel, das dem Claimsmanager bei der Bewältigung seiner ohnehin zahlreichen Tagesprobleme wenigstens vorübergehend helfen kann. Die für die Vertragsgestaltung Verantwortlichen müssen dafür sorgen, dass dieses kostbare Gut nicht umsonst verschwendet wird. Sie sollten eine Regelung treffen, die die Zeitreserven als eine im Grunde dem Anlagenbauer zustehende Sicherheit betrachtet, wenn nicht ernsthafte Gründe dieser Auffassung entgegenstehen. Die offene Diskussion des Problems in Verhandlungen vor Vertragsschluss lässt beim Auftraggeber oft das Verständnis für die Lage des Auftragnehmers wachsen. Dabei dürfte klar werden, dass dieser solche Puffer nicht beliebig und unangemessen vorsehen kann. Denn bei der

Auftragsvergabe spielt die Erstellungszeit oft eine so entscheidende Rolle, dass eine vom Anbietenden zu großzügig bemessene Zeitreserve ihn aus dem Wettbewerb werfen kann. Andererseits bieten Unternehmen bewusst kurze Lieferzeiten an, um einen Auftrag zu erhalten; eine etwaige Vertragsstrafe muss dann im Verkaufspreis kalkuliert sein. Die Pufferzeit gehört also nicht zuletzt deshalb dem Auftragnehmer, weil er für sie ein Opfer in Form eines um die verlängerte Leistungszeit weniger attraktiven Angebots erbracht hat. Eine Vermeidung des Themas bei den Verhandlungen etwa aus taktischen Gründen zieht auch hier wie in anderen Fällen durchweg nur Unsicherheit nach sich.

Das Vertragsbeispiel

Das Delay und Disruption Protocol der Society of Construction Law bietet demgegenüber eine bedenkliche Lösung an.

> Unless there is express provision to the contrary in the Contract, where there is remaining float in the programme at the time of an Employer Risk Event, an Extension of Time should only be granted to the extent that the Employer Delay is predicted to reduce to below zero the total float on the activity paths affected by the Employer Delay.

> Soweit im Vertrag ausdrücklich nicht anders vorgesehen ist eine Verlängerung der Leistungszeit im Fall noch vorhandener Pufferzeit zum Zeitpunkt des vom Auftraggebers zu vertretenden Ereignisses nur ab dann zu gewähren, wenn der Verzug des Auftraggebers die gesamte Pufferzeit unter Null zu drücken beginnt.

Diese Klausel kann das absurde Ergebnis zeitigen, dass ein Auftraggeber bei von ihm selbst zu vertretender Verzögerung zunächst die Zeitpuffer verbraucht und dann der Anlagenbauer schon beim kleinsten von ihm verschuldeten Verzug Vertragsstrafe zahlen muss.

Das angemessene Interesse des Auftragnehmers bei sachlich begründeten und nicht zufällig und von einer Risikoeinschätzung völlig überhöhten rechnerischen Größenordnungen für Zeitreserven lässt sich am einfachsten im Rahmen einer Regelung zur Verlängerung der Leistungszeit wahrnehmen.

Berechnungen einer Leistungszeitverlängerung erfolgen ohne Beeinträchtigung irgendwelcher Zeitreserven oder Pufferzeiten zu Gunsten des Anlagenbauers im Projektprogramm.

Qualitätssicherung

Das Projekt

Der Getriebehersteller Gear & Tear (GT) hatte ein neues Beschichtungsverfahren für seine Zahnräder entwickelt, das die Standzeiten wesentlich erhöhen konnte. Dieser Vorteil war allerdings mit dem Nachteil kostenaufwendigerer Qualitätsprüfungen verbunden.

Kunde K verlang im Rahmen des längerfristigen Liefervertrags von GT die neuen Zahnräder, weigert sich aber, die bei der Qualitätssicherung entstehenden Mehrkosten zu tragen und verweist auf die zwischen den Parteien geschlossene Vereinbarung.

Überlegungen

Das klassische Instrument der externen Qualitätsüberprüfung ist die Kontrolle durch Inspektion der Zulieferungen oder der Anlage bei ihrer Entstehung *(inspection of the work)*. Die Verbreitung von darüber hinausgehenden Qualitätssicherungsvereinbarungen (QSV) ist eine Folge der für die Unternehmen verschärften Haftung und der zunehmenden wirtschaftlichen Arbeitsteilung. Ein anderer Grund ist die Notwendigkeit, Kosten der Lagerhaltung auf die Zulieferindustrie zu verschieben und sich die benötigten Teile so spät wie möglich *(just in time)* liefern zu lassen. Der Verlust an Fertigungstiefe und die daraus entstehende Notwendigkeit, vermehrt Zulieferer einzuschalten, kann den Qualitätsstandard des Herstellers besonders bei längerfristigen Bezugsvereinbarungen gefährden. Dieser Gefahr versucht er mit vertraglichen Abmachungen zu begegnen, die dem Lieferer Qualitätssicherungspflichten auferlegen. Diesem entstehen dadurch einerseits zusätzliche Kosten und – insbesondere bei unausgewogener Vertragsgestaltung – erhöhte Haftungsrisiken. Andererseits können die Vereinbarungen auch ein positives Unterscheidungsmerkmal gegenüber einem technisch schwächeren Wettbewerber sein, der nur über scheinbar günstigere Preise am Markt operiert.

Die QSV ist nicht mit dem Qualitätsmanagementhandbuch zu verwechseln, das die interne Kontrolle gewährleisten soll. Außenwirkung entfaltet es nur bei klarer Einbeziehung in den Vertrag.

Der Rat

Qualitätssicherungsvereinbarungen weisen für beide Seiten verschiedene Fehlerquellen auf, die die Partner im Sinne eines vernünftigen Claimsmanagements schon bei der Vertragsgestaltung berücksichtigen sollten.

Problematisch ist zunächst die Form der Vereinbarung. Die Feststellung, dass die QSV für ein bestimmtes Liefergeschäft oder für alle Geschäftsbeziehungen zwischen GT und K gelten, muss im Liefervertrag selbst enthalten sein; ohne diesen Hinweis wird die Qualitätssicherungsvereinbarung nicht Vertragsbestandteil.

QSV werden – soweit sie nicht für ein Gericht glaubwürdig als Individualvereinbarung ausgestaltet sind – durchweg als Allgemeine Geschäftsbedingungen zu bewerten sein, sodass für ihre Einbeziehung in den Vertrag bei Anwendung deutschen Rechts die strengen Bestimmungen des BGB gelten. So etwa darf die einzelne Regelung für den Vertragspartner des Verwenders nicht überraschend sein. Deshalb werden QSV nicht Vertragsbestandteil, wenn sie Bestimmungen enthalten, die der Vertragspartner hier nicht erwarten musste; Verjährungsfristen für die Sachmängelhaftung z. B. gehören nicht in eine QSV. Die nächste Hürde ist die Inhaltskontrolle, die bei einer unangemessenen Benachteiligung des Vertragspartners zur Unwirksamkeit der QSV führen kann.

Diese Gesichtspunkte übersehen die Beteiligten häufig insbesondere bei Durchstellung fremder QSV auf den eigenen Zulieferer.

Wichtige regelungsbedürftige Punkte in Qualitätssicherungsvereinbarungen sind:

- Definitionen
- Prüfgegenstand
- Qualitätsmaßstäbe
- Prüfumfang
- Erstellung technischer Unterlagen
- Eingangsprüfung beim Hersteller
- Prüferqualifikation
- Mustererstellungen
- Änderungen
- Besteller-Audits
- Geheimhaltung
- Haftung

Das Vertragsbeispiel

Inspektion und Prüfung

Der Besteller ist berechtigt, seine Inspektoren in die Werke des Auftragnehmers und der Zulieferanten zu entsenden, um in den üblichen normalen Arbeitsstunden der Werke die Fertigung und die Qualität der bestellten Ausrüstungen und der verwendeten Stoffe zu prüfen.

Darüber hinaus erfolgt eine Erprobung beim Endkunden des Bestellers unter den Fertigungsbedingungen im Betrieb des Endkunden.

Diese – im ersten Absatz klassische – Klausel enthält keine Regelung über eventuell anfallende Kosten. In der Praxis wird der Besteller Reise- und Aufenthaltskosten selbst tragen. Zur Vermeidung von Auseinandersetzungen empfiehlt sich allerdings eine kurze Klarstellung. Dies ist insbesondere dann wichtig, wenn weitere Kosten wie die einer Arbeitsunterbrechung entstehen können.

Ein weiteres Problem verbirgt sich in der Erstreckung auf die Zulieferanten. Der Vertrag zwischen Besteller und Aufragnehmer entfaltet grundsätzlich keine Drittwirkung. Der Zulieferer muss also die Prüfung durch den Besteller nur dulden, wenn der Auftragnehmer ein entsprechendes Recht des Auftraggebers im Vertrag mit dem Zulieferer durchgestellt hat.

Inspection of the Work

The Owner, the Consultant and the Contractor shall have access to the Work for inspection whenever it is in preparation or progress. The Subcontractor shall cooperate to provide reasonable facilities for such access.

Inspektion der Anlage

Auftraggeber, Consultant und Anlagenbauer haben zwecks Kontrolle Zugang zur Anlage bei ihrer Vorbereitung oder Entstehung. Der Zulieferer hat bei der Bereitstellung angemessener Zugangsmöglichkeiten eine Mitwirkungspflicht.

Hier richtet sich die Verpflichtung direkt und nur an den Zulieferer. Auch diese Klausel regelt die Kostentragung nicht.

Änderungen

Informationen über Änderungen müssen so rechtzeitig und vollständig erfolgen, dass K sie auf ihre Tragweite hin überprüfen und Widerspruch einlegen kann, bevor GT die jeweilige Änderung bei den Vertragsgegenständen vornimmt. Die Verantwortung für die Qualität der Produkte bleibt auch nach genehmigten Änderungen bei GT.

Für einen Kostenclaim im geschilderten Projekt scheint diese Klausel zunächst wenig hilfreich zu sein, weil sie über zusätzliche Kosten nichts sagt. Immerhin könnte GT argumentieren, dass die Überprüfung der Tragweite für K als Herrn des Änderungsverfahrens auch Kostenüberlegungen einschließt und ein Beharren auf der Lieferung neuer Zahnräder fairerweise die Übernahme zusätzlicher Kosten durch K beinhaltet.

Zeitliche Geltung

Diese Vereinbarung tritt mit ihrer Unterzeichnung in Kraft.

Sie kann mit einer Frist von drei Monaten zum Ende eines Kalenderhalbjahres gekündigt werden.

Sie gilt für die Lieferung aller Vertragsgegenstände, die K nach Inkrafttreten dieser Vereinbarung bestellt und deren Bestellung GT vor Beendigung dieser Vereinbarung bestätigt.

Durch diese Formulierung hat sich GT immerhin mit einer Kündigungsmöglichkeit eine Chance auf Mehrkostenerstattung durch K eröffnet.

Erfahrungsaustausch und Verbesserungen

Die Parteien werden sich regelmäßig auch außerhalb der vereinbarten Kontrolltermine treffen und Erfahrungen mit den Prüfgegenständen gemäß § ... und den durchgeführten Prüfungen austauschen.

Erkannte Verbesserungsmöglichkeiten sind auf Anforderung des K von GT umzusetzen, sofern dies für GT keine unzumutbare zusätzliche Belastung hinsichtlich Zeitaufwand oder Kosten mit sich bringt.

Vereinbarte Änderungen werden die Parteien schriftlich als Vertragsänderung festhalten.

Nach dieser Klausel hätte GT gute Aussichten, die mit dem technischen Fortschritt seiner Produkte verbundenen höheren Aufwendungen für Qualitätsprüfung von K vergütet zu erhalten.

Recht, anwendbares

Das Projekt

Die deutsche Tüftel GmbH (T) hatte mit der italienischen Costrumaf Spa. (C) einen Vertrag über die Lieferung einer Tunnelvortriebsmaschine verhandelt. Über die technischen und kaufmännischen Grundzüge war man sich schnell einig. Das Geschäft sollte zügig über die Bühne gehen, weitschweifige vertragliche Vereinbarungen hielten beide Seiten für überflüssig. Als anwendbares Recht schlug zunächst jede Partei ihr eigenes nationales Recht vor; schließlich einigte man sich auch hier sehr schnell „in der Mitte“ auf französisches Recht.

Wegen einiger Beanstandungen des Kunden an störanfälligen Antriebsaggregaten leistete Tüftel in erheblichem Umfang Nachbesserungen, zu denen sich das Unternehmen eigentlich nicht verpflichtet fühlte. T macht deshalb einen Kostenclaim in Höhe der zusätzlichen Aufwendungen geltend. C wendet ein, nach französischem Recht sei T zu den Nachbesserungen verpflichtet gewesen, der Claim sei nicht berechtigt. Im Gegenteil: C erwäge, Schadensersatzansprüche wegen versteckter Mängel geltend zu machen.

Überlegungen

T kann sich zunächst kaum vorstellen, dass die Auffassung von C begründet ist. Nach deutschem Recht jedenfalls hätte der Käufer keine Ansprüche auf kostenlose Nachbesserung im tatsächlich geleisteten Umfang gehabt und den Schadensersatz hätten die Parteien doch vertraglich eingeschränkt! Nach sachkundiger anwaltlicher Auskunft erweist sich das vereinbarte französische Recht nun überraschend als noch käuferfreundlicher als das deutsche. Denn nach französischer Rechtsprechung kann der Verkäufer seine Haftung auf Schadensersatz für einen versteckten Mangel *(vice caché)* vertraglich nicht begrenzen. T nimmt deshalb schweren Herzens von dem Claim Abstand und ist erleichtert, dass C dann schließlich doch keine weiteren Forderungen stellt.

Der Rat

Bei einem Inlandsvertrag werden die Beteiligten kaum einen Gedanken darauf verschwenden, welcher Rechtsordnung Streitigkeiten aus dem Vertrag unterliegen sollen. Es wird ohne Weiteres das Recht des Landes anwendbar sein, in dem Waren oder

Dienstleistungen erbracht und bezahlt werden. So werden deutsche Vertragspartner nur in Ausnahmefällen ausländisches Recht vereinbaren wollen. (Denkbar ist etwa, dass sie sich damit dem in einem internationalen Mutterkonzern gängigen Recht unterwerfen wollen oder sollen.) Nach dem deutschen Internationalen Privatrecht, das bei Sachverhalten mit einer Verbindung zum Recht eines ausländischen Staates die anzuwendende Rechtsordnung bestimmt, wäre eine solche Vereinbarung in Grenzen zulässig.

Sobald aber grenzüberschreitende Leistungen in Frage stehen, eröffnen sich für das auf den Vertrag anwendbare Recht grundsätzlich drei Möglichkeiten. Die Parteien können sich auf die Rechtsordnung

- des Landes des (deutschen) Auftragnehmers,
- des Landes des (ausländischen) Auftraggebers,
- eines dritten Landes

verständigen. Die meisten Rechtsordnungen gestehen den Parteien diese Wahl als Ausfluss der Vertragsfreiheit zu.

Das anwendbare Recht wird oft erst erheblich, wenn der Vertrag Fragen offen lässt und Streitigkeiten über die Auslegung entstehen – im Anlagenbau eher die Regel als die Ausnahme. Je besser und eindeutiger aber der Text gefasst ist, desto weniger bedeutend ist die Frage, welches nationale Recht für den Vertrag gilt. Im Allgemeinen möchten jedoch die Parteien möglichst das Recht des jeweils eigenen Landes durchsetzen.

- Deshalb wird es der erste Impuls des Auftragnehmers sein, auf der Notwendigkeit des eigenen Rechts zu bestehen. Dessen Vorteile sind das Fehlen sprachlicher Hürden, der leichtere Zugang zu Kennern des eigenen Rechtssystems, vielleicht sogar im Unternehmen vorhandene Kenntnisse.
- Diesem Wunsch wird häufig die Nachfragemacht des Auftraggebers, die sich auch auf die Vertragsgestaltung auswirkt, entgegenstehen. Ein nennenswerter Kampf um das anwendbare Recht findet deshalb meistens nicht statt. Davon abgesehen kann eine fremde Rechtsordnung aber durchaus insofern vorteilhafter sein, als sie grundsätzlich praxisnäher oder wirtschaftsfreundlich ist oder vielleicht die eine Seite des Vertrags für schützenswerter hält als die andere, also zum Bespiel den Verkäufer mehr begünstigt als das deutsche Recht, das überaus käuferfreundlich ist.
- In vielen Fällen scheint die Vereinbarung des Rechts eines Drittlands (z. B. Österreich, Schweden, Schweiz) ein vernünftiger Kompromiss zu sein. Wenn schon der Lieferer sein nationales Recht nicht durchsetzen kann, soll auch das des Auftraggebers nicht

anwendbar sein! Aber auch hier gilt die schon beschriebene Konstellation: Das Recht eines dritten Landes ist nicht unbedingt „neutral", wie die Parteien häufig meinen. Es kann durchaus wegen seiner gesellschaftspolitischen Ausrichtung den einen oder anderen Vertragspartner (zum Beispiel als Käufer) stärker begünstigen als den anderen. So etwa geltend in Europa neben Deutschland Frankreich und Schweden als besonders käuferfreundlich.

Die Verhandlungspartner sollten fachkundig prüfen lassen, ob ein vereinbartes ordentliches oder Schiedsgericht der vertraglichen Zuweisung eines dritten Rechts folgt oder dessen ungeachtet ein anderes Recht anwendet. Das festgelegte Recht muss leicht und verbindlich feststellbar sein. Es soll sich auf den gesamten Vertrag einschließlich seiner Wirksamkeit und Auslegung beziehen. Ebenfalls wichtig sind Anerkennung und Vollstreckbarkeit des Urteils. Zu warnen ist davor, diese Fragen offen zu lassen oder von der Entscheidung Dritter abhängig zu machen. Ebenso problematisch sind Formulierungen, nach denen die Verträge der „lex mercatoria" oder dem „Internationalen Recht" unterliegen oder „ex aequo et bono" (ausgewogen und fair) entschieden werden sollen. Diese Begriffe bilden die Grundlage für unübersehbare Auseinandersetzungen, weil es keine verbindlichen Definitionen für sie gibt.

Das Vertragsbeispiel

The law governing the substantive issues between the parties shall be determined by the Tribunal, having regard to the quality of the parties, the transnational character of their relations and the principles of law and practice prevailing in the modern world.

Das Gericht bestimmt das für die wichtigen Probleme zwischen den Vertragspartnern geltende Recht. Dabei berücksichtigt es die Eigenheit der Vertragspartner, den übernationalen Charakter ihrer Beziehungen und die Grundsätze von Recht und Praxis, wie sie in der modernen Welt vorherrschen.

Nach den obigen Bemerkungen dürfte offensichtlich sein, dass diese Regelung absolut unzureichend ist. Weder ist klar, was die wichtigen Probleme sind oder was unter den Eigenheiten der Parteien zu verstehen ist noch was die international vorherrschenden Rechtsprinzipien sind.

Rechtsänderung

Das Projekt

Dem deutschen Exporteur Zweifel (Z) war es gelungen, für eine neue Zellstoffanlage in Indonesien einen Unterauftrag von Power, Pulp & Paper (PPP) über die Lieferung einer Abwasserbehandlung im Wert von 5 Mio. EUR zu erhalten.

Ein plötzlicher Schwenk in der Umweltpolitik der gesamten Region führt nach Vertragsunterzeichnung zum Erlass eines neuen nationalen Gewässerschutzgesetzes, um die Belastung der Flüsse des Landes zu verringern.

Der Hauptauftraggeber fordert von PPP, dieser von Z die Einhaltung der neuen Umweltvorschriften. Z ist dazu bereit, fühlt sich aber ohne entsprechende Leistungszeitverlängerung um drei Wochen und Erstattung der Zusatzkosten in Höhe von 75.000 EUR für Umplanung und Material nicht verpflichtet. Z stellt sich auf den Standpunkt, seine Leistungs- und Lieferpflicht sei nach den zum Zeitpunkt des Vertragsschlusses geltenden Gesetzen zu definieren.

Überlegungen

Zweifelsfrei sind die Parteien bei Abschluss des Vertrags von anderen Voraussetzungen ausgegangen, als sie nach dem neuen Gesetz nun herrschen. Bei Kenntnis dieses Gesetzes schon zur Zeiten des Vertragsschlusses hätte Z ein anderes Angebot abgeben können, das die eventuell nötige zusätzliche Zeit und etwa höhere Kosten berücksichtigt.

Das deutsche Recht sieht für solche Veränderungen der Geschäftsgrundlage in § 313 Abs. 1 BGB vor: „Haben sich Umstände, die zur Grundlage des Vertrags geworden sind, nach Vertragsschluss schwerwiegend verändert und hätten die Parteien den Vertrag nicht oder mit anderem Inhalt geschlossen, wenn sie diese Veränderung vorausgesehen hätten, so kann Anpassung des Vertrags verlangt werden, soweit einem Teil unter Berücksichtigung aller Umstände des Einzelfalls, insbesondere der vertraglichen oder gesetzlichen Risikoverteilung, das Festhalten am unveränderten Vertrag nicht zugemutet werden kann." Diese Regelung, die sich vergleichbar auch in anderen Rechtsordnungen findet, ist für das Anlagengeschäft wenig praktikabel, weil sie zu viele offene Formulierungen enthält.

Entscheidend für die Frage, ob Z seinen Zeit- und Kostenclaim erfolgreich geltend machen kann, werden die vertraglichen Bestimmungen, insbesondere auch das anwendbare nationale Recht und das vereinbarte Gericht sein. Die Besonderheit dieses Falles liegt allerdings darin, dass es um den Zustand des anwendbaren Rechts zu einem bestimmten Zeitpunkt geht. Dieser Zustand ist zum Zeitpunkt der Vertragserfüllung ein anderer als zum Zeitpunkt des Vertragsschlusses.

Der Rat

Gerade im Bereich des Umweltschutzes, aber auch für Steuern und andere Abgaben oder auf dem Gebiet der Arbeitssicherheit sind plötzliche, unvorhergesehene gesetzliche Änderungen oder auch nur veränderte Verhaltensweisen und Interpretationen der maßgebenden Behörden nichts Ungewöhnliches. Die Parteien tun deshalb gut daran, festzulegen, welche Folgen unvorhergesehene rechtliche Neuregelungen oder Verhaltensweisen der Behörden auf den Vertrag haben. Wichtig ist in diesem Zusammenhang die Festlegung des Zeitpunkts des geltenden Rechts. In internationalen Verträgen erfolgt dies durchweg in einem Abschnitt *„Changes in Law"*.

Das Vertragsbeispiel

Marktstarke Auftraggeber versuchen gelegentlich, eine Schwelle einzubauen, mittels derer sie dem Vertragspartner einen Teil der aus der Rechtsänderung entstandenen Kosten aufbürden können:

Changes in Law

If, after the SUBCONTRACT DAY, any LAW is enacted, promulgated, abrogated or changed (which shall be deemed to include any change in interpretation or application by the RELEVANT AUTHORITIES but exclude any LAW in existence on the SUBCONTRACT DAY that is to become effective at a later date) that subsequently and unavoidably affects the costs and expenses of the SUPPLIER by an amount exceeding 50,000 EUR in the aggregate (other than salary increases under collective bargaining agreements applied to industries generally) and/or the time schedule the SUPPLIER shall promptly notify the PURCHASER and supply to the PURCHASER full details of such change in LAW, the manner in which the SUPPLIER proposes to comply with the change in LAW, a proposed expenditure budget, a revised Time Schedule (if appropriate) and all information as the PURCHASER shall reasonably require to assess the effect on the SUPPLIER's obligations. The SUPPLIER shall be entitled to an adjustment to the SUBCONTRACT PRICE (which may be increased or decreased) and/or the Time Schedule, by the issuance of a CHANGE ORDER as set forth in article ..., to the extent that the SUPPLIER has been affected in the performance of any of its obligations under the SUBCONTRACT by such change in LAW.

Rechtsänderungen

Wenn nach Abschluss des Zuliefervertrags ein Gesetz in Kraft tritt, verkündet, aufgehoben oder geändert wird (einschließlich jeder Änderung in Auslegung oder Anwendung durch die einschlägigen Behörden aber ausschließlich der zu diesem Zeitpunkt schon bestehenden jedoch noch nicht in Kraft getretenen Gesetze) und sich zwangsläufig und unvermeidbar Kosten und Ausgaben des Zulieferers um mehr als insgesamt 50.000,00 € erhöhen (abgesehen von Gehaltserhöhungen aufgrund von Tarifverhandlungen für die Industrie) und/oder den Zeitplan beeinflussen, hat der Lieferer den Auftraggeber unverzüglich zu benachrichtigen. Er hat ihm alle Einzelheiten der Rechtsänderung, die Art und Weise, in der der Lieferer die Rechtsänderung berücksichtigen wird, einen Ausgabenvorschlag, einen überarbeiteten Ablaufplan (soweit nötig) und alle Informationen, die der Auftraggeber billigerweise zur Einschätzung der Auswirkungen auf die Verpflichtungen des Auftragnehmers verlangen kann, zu liefern. Der Lieferer hat Anspruch auf Anpassung (Erhöhung oder Ermäßigung) des Zulieferpreises und/oder des Zeitplans. Dazu fordert er eine Vertragsänderung gemäß Artikel ... in dem Ausmaß an, wie es den Lieferer in der Erfüllung seiner Verpflichtungen aus dem Zuliefervertrag durch die Rechtsänderung beeinträchtigt hat.

Diese Vereinbarung lässt allerdings die Frage offen, ob Z bei dem im Ausgangsfall genannten Betrag von 75.000 EUR bis zur Höhe von 50.000 EUR ein Selbstbehalt trifft oder nicht. Wie so oft bei Vereinbarung von Schwellenwerten haben die Parteien es auch hier unterlassen, deutlich alle Konsequenzen bei Überschreitung der Schwelle zu regeln. Klar ist nur, dass bei Beträgen unter 50.000 EUR Z die Folgen zu tragen hat.

Das folgende Beispiel legt zwar einerseits bei Rechtsänderungen dem Auftraggeber sogar die Verpflichtung auf, sich bei den Behörden um Ausnahmegenehmigungen zu bemühen. Andererseits aber ist festgelegt, dass solche Versuche und Anpassungsverhandlungen nichts an der ursprünglichen Vertragsverpflichtung des Anlagenbauers ändern.

The Contractor, his staff, and representatives shall observe all codes, laws and regulations in force in the country of the Purchaser and in the region where the plant is located. In the event that any code, law or regulations are enacted after the Effective Date of the Contract (which are proven to the satisfaction of the Purchaser), to have adverse effect on the Contractor's obligations, scope of work, prices and/or time schedule under this Contract, the Purchaser shall either:

– obtain appropriate exemption(s) from the relevant authorities on the Contractor's behalf; or
– negotiate with the Contractor for commensurate change(s) in the scope of the work to be performed under the Contract, together with such changes in price as properly reflect the actual increased costs that are anticipated. The increased amount shall be subject to full audit by the Purchaser in accordance with Article ...

Nothing herein shall in any manner affect the validity of the Contract or derogate from the specified obligations of the Contractor, and his liabilities under the Contract and law.

Der AN, seine Mitarbeiter und Vertreter haben alle im Lande des AG und am Anlagenstandort geltenden Gesetze, Bestimmungen und Vorschriften zu beachten. Bei deren Inkrafttreten erst nach Vertragsbeginn (dem AG zu dessen Zufriedenheit zu beweisen) und einem nachteiligen Effekt auf die Verpflichtungen des AN, seinen Leistungsumfang, Preise und/oder Zeitplan dieses Vertrags wird der Auftraggeber entweder

– bei den einschlägigen Behörden geeignete Ausnahmen bewirken oder
– mit dem AN angemessene Änderungen des nach dem Vertrag geschuldeten Leistungsumfangs ebenso wie Preisänderungen, die die tatsächlich erwarteten erhöhten Kostenänderungen zu Recht wiedergeben, verhandeln. Der erhöhte Betrag unterliegt uneingeschränkter Kontrolle des AG gemäß Art. ...

Diese Regelung ändert nichts an der Gültigkeit des Vertrags noch hebt sie besondere Verpflichtungen des AN oder seine Pflichten nach Vertrag und Gesetz auf.

Eine faire Formulierung enthalten die FIDIC Conditions for Plant and Design-Build, 1999, § 13.7.

The Contract Price shall be adjusted to take account of any increase or decrease in Cost resulting from a change in the Laws of the Country (including the introduction of new Laws and the repeal or modification of existing Laws) or in the judicial or official governmental interpretation of such Laws, made after the Base Date, which affect the Contractor in the performance of obligations under the Contract. If the Contractor suffers delay and/or incurs additional Cost as a result of these changes in the Laws or in such interpretations, made after the Base Date, the Contractor shall give notice to the Engineer and shall be entitled to:

a. an extension of time for any such delay, and

b. payment of any such Cost, which shall be included in the Contract Price.

Der Vertragspreis ist anzupassen, um Kostenveränderungen nach oben oder unten zu berücksichtigen, die auf Rechtsänderungen (einschließlich des Erlasses neuer Gesetze und der Abschaffung oder Abänderung bestehender Gesetze) im Bestellerland oder auf der gerichtlichen oder offiziellen regierungsamtlichen Auslegung solcher Gesetze beruhen, soweit die Änderungen nach dem Basisdatum des Vertrags erfolgen und den Auftragnehmer in der Erfüllung seiner Vertragspflichten berühren.

Verzögert sich die Leistung des Auftraggebers und/oder entstehen ihm zusätzliche Kosten aufgrund solcher nach Basisdatum liegenden Gesetzes- oder Auslegungsänderungen, teilt der Auftraggeber dies dem Engineer mit und ist berechtigt,

a. Leistungszeitverlängerung für solche Verzögerung und

b. eine den Vertragspreis erhöhende Kostenerstattung zu verlangen.

Der Basiszeitpunkt ist ein wichtiger Bezug, um einen Rechtszustand zu bestimmen. Gibt es im Projekt keinen Engineer, wird die Mitteilung an den Auftraggeber gehen müssen.

Risikomanagement

Das Projekt

Das Familienunternehmen Fein hatte sich über mehrere Generationen mit seinen Produkten für die Automobilindustrie als Zulieferer einen sehr guten Ruf erarbeitet. Die wirtschaftliche Lage war solide. In letzter Zeit allerdings mehrten sich Schwierigkeiten: Der schon etwas ältere Eigentümer war neueren Geschäftsführungsmethoden wie dem Risikomanagement gegenüber nicht sonderlich aufgeschlossen, zudem trieben die Entwicklung vom Sondermaschinen- zum Anlagenbau und die steigenden Ansprüche der Auftraggeber das Unternehmen in bisher nicht gekannte Risiken. Schließlich führt ein äußerst schlecht verhandelter Vertrag zu einer Schieflage, aufgrund derer die Banken dem Unternehmer den jungen Geschäftsführer Jung an die Seite stellen. Dieser erkennt sehr schnell, dass ein funktionierendes Claimsmanagement den zuletzt entstandenen Schaden weitgehend hätte abwenden können. Darüber hinaus aber vermisst Jung nennenswerte Ansätze für irgendein Risikomanagement überhaupt.

Überlegungen

Jung erörtert mit seinen führenden Mitarbeitern, welche Maßnahmen zuerst zu ergreifen sind. Schnell zeigt sich, dass die verschiedenen Gesprächsteilnehmer gleich lautende Begriffe ungleich verstehen. Das erschwert die Entscheidungsfindung. Gibt es eine Priorität des Risikomanagements vor dem Claimsmanagement, lassen sich beide überhaupt voneinander trennen? Zwingt der Ernst der Lage vielleicht dazu, beide Instrumente gleichzeitig einzuführen, obwohl das persönliche Kräfte binden würde, die eigentlich für das Tagesgeschäft dringend gebraucht werden?

Die DIN 69905 (Projektabwicklung) definiert Risikomanagement als Aufgabengebiet innerhalb des Projektmanagements zur Ausschaltung, Vermeidung oder Verlängerung von Projektrisiken. Vom Prozess her betrachtet handelt es sich um Maßnahmen, die potentielle Risiken erkennen, bewerten, vermeiden oder Schaden minimieren sollen. Eine beispielhafte Aufzählung von Einzelrisiken könnte lauten:

- Auftragsverlust
- Beweis
- Boden
- Dokumente
- Dokumentation
- Dritte
- Entwicklung
- Exportkredit
- Finanzen
- Geistiges Eigentum
- Insolvenz
- Image
- Inflation
- Information
- Kalkulation
- Kaufmännisches Risiko
- Konvertierung
- Kunde
- Länder
- Leib und Leben
- Logistik
- Markt
- Material
- Partner
- Politik
- Preis
- Projekt
- Prozess
- Recht
- Rechtsmängel
- Sachbeschädigung
- Sachmängel
- Schadensersatz
- Steuer
- Technik
- Termine
- Transport
- Untergang
- Verfahren
- Vergütung
- Verspätung
- Vertragsabweichung
- Vollständigkeit
- Währung
- Wetter
- Wirtschaft
- Zahlung
- Zulieferer

Schrifttum und Lehre zu dem Thema gliedern die verschiedenen Risiken in willkürliche und sich überschneidende Kategorien, die weder einheitlich noch gar verbindlich sind. So finden sich wirtschaftliche, finanzielle, technische, organisatorische, logistische, terminliche, interpersonelle, politische oder rechtliche Risiken neben Kunden-, Länder-, Projekt-, Partner- oder Zulieferrisiken. Bei Verwendung jedes einzelnen dieser Begriffe muss klar sein, dass er weder genau noch gar abschließend ist, es sei denn, das jeweilige Unternehmen hat darüber Eindeutigkeit etwa in Form eines Risikokatalogs geschaffen.

Jedem Risikomanagement sollte eine firmenspezifische Risikopolitik zugrunde liegen. Von ihr hängen Risikoanalyse (Identifizierung und Bewertung des Risikos), Risikomaßnahmen (Vermeidung, Verminderung, Verlagerung oder Tragen des Risikos) und Erfolgskontrolle ab.

So wünschenswert die Quantifizierung von Risiken in der Praxis ist (z. B. Erfolgsaussicht eines Claims über 10.000 EUR) so schwierig ist sie. Zwar gibt es Hilfsmittel in Form von Entscheidungsbäumen oder Erfahrungswerten. Immer aber ist zu fragen, ob diese Hilfen den Besonderheiten des Einzelfalls zu einem bestimmten Zeitpunkt gerecht werden. Andererseits ist ohne ernsthaftes Bemühen um eine quantifizierte Risikoanalyse beispielsweise eine Entscheidung über eine bestimmte Vergleichshöhe gegenüber einem unsicheren Verfahrensausgang nicht zu treffen.

Hilfreich kann auf diesem Weg in einem ersten Schritt das Abstecken von Risikofeldern sein. Als solche kommen in Frage

- Beschaffenheit von Projekt und Vertrag
- Verlauf des Projekts
- Profil des eigenen Unternehmens
- Zahl und Profil der Zulieferer
- Profil des Auftraggebers
- Zahl und Profil sonstiger (Vertrags-)Beteiligter
- Umfeld des Projekts

Claimsmanagement bezieht sich einerseits übergreifend auf mehrere Elemente (z. B. Risikoanalyse, Risikomaßnahmen und Erfolgskontrolle); andererseits aber betrachtet es das Risiko immer nur bezüglich eines bestimmten Vertrags. Gegenstand dieser Betrachtung ist etwa nicht das technische Risiko aller Neuentwicklungen des Unternehmens, sondern nur das technische Risiko hinsichtlich der in einem bestimmten Projekt eingesetzten neuen Entwicklung. Claimsmanagement ist somit wichtiges Element der Projektsteuerung.

Der Rat

Ausgehend von der Annahme, dass die Einführung eines (umfassenden) Risikomanagements aufwendiger und zeitraubender als die Einführung eines Claimsmanagements ist, sollte Geschäftsführer Jung sich zunächst Letzterem widmen. Um schneller zu einem praktikablen Ergebnis zu kommen, empfiehlt sich die Konzentration der nächsten Maßnahmen (wie Schulung oder Organisation) auf Schlüsselelemente der Verträge.

Wie fast jede Auswahl ist auch die folgende angreifbar. In der Praxis haben sich jedoch einige Vertragspunkte als in ihrem Einfluss auf das wirtschaftliche Ergebnis des Vertrags besonders wichtig herauskristallisiert.

- Leistung (Leistungsumfang und Leistungsbeschreibung)
- Gegenleistung (Preis und Zahlungsbedingungen)
- Leistungszeit (einschließlich Verlängerung)
- Leistungen des Produkts (Menge, Qualität, Verbrauch)
- Sachmängel (Definition und Beseitigung)
- Haftungsbegrenzung (Verursachung und Obergrenzen)
- Sicherheiten *(bonds, guarantees)*

Unabhängig vom jeweiligen Wissensstand im Unternehmen dürfte sich auch eine von externen oder internen Kräften erstellte Punkteliste als nützlich erweisen, die es Mitarbeitern erleichtert, ein Projekt schon in der Angebotsphase vertraglich zu beurteilen. Eine solche Liste sollte keine bestimmten Forderungen enthalten, sondern lediglich aus Fragen bestehen, deren Antwort die Mitarbeiter sich aus dem Vertragsentwurf erarbeiten müssen. Die Liste hilft nicht nur, den Vertrag frühzeitig kennen zulernen und Schwachpunkte zu entdecken; sie kann später bei der Abwicklung des Auftrag gewordenen Projekts auch der Kontrolle von Entwicklungen dienen, auf Grund derer Claims entstehen.

Hilfreich ist auch die Zusammenstellung von Frühwarnzeichen auf Grund der mit früheren Verträgen gesammelten Erfahrungen. Diese Indikatoren können sich auf alle oben genannten Punkte beziehen. Hierher gehört auch die Berücksichtigung abgewickelter oder laufender Versicherungsfälle. Die Einbeziehung von Versicherungen in den Vertrag ist unbestreitbar ein probates Mittel zur wenigstens teilweisen Bewältigung des Risikos im Anlagenbau. Angesichts der Vielfalt der angebotenen Policen ist sorgsam zu prüfen, welche davon im Einzelfall angemessen ist. Die wichtigsten Fragen als Grundlage für eine Entscheidung dürften (gewesen) sein:

- Wie weit reicht der Umfang des Versicherungsschutzes?
- Welche Lücken zwischen den verschiedenen Deckungen bleiben bestehen?
- Welche Kosten fallen an und welche Partei trägt sie?
- Schreibt der Vertrag die Inanspruchnahme bestimmter Gesellschaften vor?
- Sind Vertragswährung und Versicherungswährung identisch?
- Welche Vorgänge führen zum Verlust des Deckungsschutzes (zum Beispiel Ausschluss des ordentlichen Rechtsweges infolge schiedsgerichtlicher Entscheidung)?

Die systematische Erfassung des im Unternehmen dazu vorhandenen Wissens unterbleibt allerdings meistens unter dem Druck des Tagesgeschäfts.

Sachmangel

Das Projekt

Das von der Firma Flüchtig (F) gelieferte und montierte Förderband in der Lackieranlage von Glanz & Glitter (G&G) in Österreich lief bald nach der erfolgreichen Abnahme immer wieder unregelmäßig und hatte sogar Stillstände. Der Betreiber wies kurzer Hand seine nicht voll ausgelastete Instandhaltungsabteilung an, sich um die Sache zu kümmern. Die dort tätigen gut ausgebildeten Spezialisten beseitigten die Störungsquelle fachmännisch, wenn auch mit einigem Aufwand.

G & G macht F gegenüber einen Claim geltend und behauptet, das Unternehmen habe gemäß dem deutschen BGB das Recht, den Mangel des Förderbandes selbst zu beseitigen und Ersatz der erforderlichen Aufwendungen von F zu verlangen.

F stellt sich auf den Standpunkt, das Band sei nicht grundsätzlich mangelhaft, sondern habe nur Anlaufschwierigkeiten. Außerdem habe G & G kein Recht, in die Funktion des Bandes ohne Erlaubnis von F einzugreifen. Und schließlich hätte G & G seinen Vertragspartner zunächst einmal die Möglichkeit der Nacherfüllung einräumen müssen.

Überlegungen

Der Projektmanager von F weiß, dass die Einstandpflicht für fehlerhafte Lieferungen und Leistungen in den verschiedenen Rechtsordnungen sehr unterschiedlich geregelt sein kann. Dies gilt sowohl hinsichtlich der Beurteilung der Lieferung als auch bezüglich der Rechtsbehelfe. Anhand des Vertragstextes stellt er aber fest, dass deutsches Recht anwendbar sein soll.

Nach § 633 Abs. 1 BGB hat F dem Besteller G & G das Förderband frei von Sachmängeln zu verschaffen. Nach Abs. 2 ist das Werk frei von Sachmängeln, wenn es die vereinbarte Beschaffenheit hat.

Für die Beurteilung kommt es entscheidend darauf an, was die Parteien als Beschaffenheit vereinbart haben. Denkbar wäre etwa, dass sie sich auf eine bestimmte Förderkapazität oder eine bestimmte Verfügbarkeit geeinigt haben.

Die Frage des Sachmangels (früher: der Gewährleistung) ist scharf zu trennen von der Frage, wie die Rechte der Beteiligten bei Vorliegen eines Sachmangels ausgestaltet sind.

Das deutsche Recht sieht verschiedene Rechtsbehelfe vor:

- Nacherfüllung – früher: Nachbesserung – durch den Lieferer (beim Kaufvertrag nach Wahl des Käufers Mangelbeseitigung oder mangelfreie Neulieferung; beim Werkvertrag nach Wahl des Unternehmers Mangelbeseitigung oder neues Werk)
- Beseitigung des Mangels durch den Auftraggeber (Selbstvornahme)
- Rücktritt
- Minderung der Vergütung
- Schadensersatz
- Ersatz vergeblicher Aufwendungen

Nach dem Gesetz hat allerdings in jedem Fall der Besteller G & G zunächst nur den Nacherfüllungsanspruch gegen F. Insoweit beharrt F zurecht auf seiner Position.

Der Rat

Gerade im Anlagengeschäft müssen sich die Parteien überlegen, ob die Vorschriften des BGB über den Werkvertrag und ähnliche Verträge den besonderen Gegebenheiten angemessen sind. Dies gilt vor allem für die Notwendigkeit, sehr sorgfältig den vertraglich fehlerfreien → *Leistungs- und Lieferumfang* der Anlage genau zu beschreiben. Dazu gehören die zu erreichenden Leistungsdaten (z. B. Wirkungsgrade, Toleranzen, Lärmpegel, Förderströme, Schwingungen, Gewichte, Verbräuche, Temperaturen), die mit den Regelungen über → *Leistungsnachweise* abgestimmt sein müssen, damit keine Widersprüche auftreten.

Die vereinbarte Beschaffenheit kann auch in negativen Beschreibungen bestehen, zum Beispiel in der Nichteignung für bestimmte Einsätze oder in der Festlegung, dass die Funktion nicht beeinträchtigende kosmetische Defizite keine Sachmängel sind.

Die moderne Steuerungstechnik macht es dem Lieferer möglich, Arbeitsprogramme für technische Prozesse zu unterbrechen, ohne dass der Kunde den Grund dafür kennt. Die Versuchung liegt nahe, dieses Mittel einzusetzen, um beispielsweise Zahlungen sicher zu stellen: Entrichtet der Vertragspartner eine bestimmte Vergütung nicht zu einem vereinbarten Zeitpunkt, erleidet die Anlage einen Stillstand. Den tätig gewordenen Virus setzt der Lieferer dann erst nach Erhalt der Zahlung wieder außer Gefecht. Von dieser Art der Zahlungssicherheit ist abzuraten. Der Virus stellt einen Sachmangel dar, auch wenn er im konkreten Einzelfall schwer zu beweisen sein mag.

Sorgfalt ist auch auf die Formulierung der Bedienungsanleitungen zu legen. Wenn diese in wesentlichen Punkten unvollständig oder fehlerhaft sind und deshalb Fehlfunktionen auftreten, ist unerheblich, ob der Liefergegenstand selbst fehlerfrei ist oder nicht.

Aber auch die Rechtsbehelfe sind wichtig, sowohl in der einzuhaltenden Reihenfolge als auch in den Inhalten.

Die vertragliche Gestaltung der Mängelhaftung sollte sich deshalb mindestens auf folgende Punkte beziehen:

- Definition und durchgehend einheitlicher Gebrauch der Begriffe, die die Praxis oft wahl- und erklärungslos nebeneinander verwendet. Neben der Sachmängelhaftung findet sich häufig noch die „Gewährleistung", „Garantie", „Funktionsgarantie", „Werksgarantie", „mechanische Garantie", oder „Garantie auf bewegliche Teile". Hinzu kommen bei Auslandsberührung noch die entsprechenden englischen Begriffe wie *„warranty", „guarantee", „condition"* oder *„fitness for purpose"*. Ohne Erläuterung können diese Begriffe missverständlich, gelegentlich sogar – wie bei der „Garantie" nach § 639 BGB – haftungsverschärfend sein.
- Im Geschäft mit kleineren, mehrfach gelieferten Anlagen oder Maschinen verzichten Auftraggeber gelegentlich gegenüber ihnen bekannten Partnern auf Sachmängelansprüche gegen Zahlung eines Rabatts von 1,0–2,0 % der Umsatzsumme. Damit wollen sich Lieferer und Besteller des Transportproblems und anderer Streitigkeiten entledigen. Wenn diese Ablöse nicht auch für „Serienfehler" gelten soll, ist dieser Begriff definitionsbedürftig: Gemeint sein können damit etwa Konstruktionsfehler oder Fehler, die in einer vertraglich bestimmten Häufung oder Gleichartigkeit auftauchen.
- Die Vereinbarung muss deutlich machen, von welchen Betriebsmodalitäten des Liefergegenstands (z. B. Zahl der Schichten) die Beteiligten ausgehen, um eine gemeinsame Grundlage für die Berechnung der Mängelfrist zu haben.
- Es muss geregelt sein, mit welchen Maßnahmen der Verpflichtete seiner Einstandspflicht nachkommt (z. B. durch Nachbesserung oder Ersatzlieferung, gegebenenfalls wahlweise).
- Wem soll ein individuelles Wahlrecht zwischen verschiedenen Nacherfüllungsmöglichkeiten zustehen?
- Für den Fall der Minderung ist zu vereinbaren, wie die Vergütung praktisch zu reduzieren sein soll. Gegebenenfalls ist hier die Einschaltung eines Sachverständigen und die Verbindlichkeit seines Vorschlags zu regeln.
- Die Parteien müssen den Zeitbedarf der (vielleicht technisch aufwendigen) Mängelbeseitigung berücksichtigen.

- Die Sachmängelfrist ist nach Laufzeit (z. B. 12 Monate) und Laufzeitbeginn (z. B. .... nach Abnahme) festzulegen.
- Ausschlusstatbestände (z. B. falscher Betrieb oder Eingriffe durch den Besteller) sind zu formulieren. Eingriffsverbote dienen sowohl der Verhinderung unnötiger Schäden durch unfachmännische Maßnahmen als auch der Sicherstellung von Beweismitteln durch ungestörte Bestandsaufnahme des Auftragnehmers.
- Der Einfluss auf die Verjährung der Sachmängelansprüche ist zu definieren (z. B. Ablauf trotz erfolglosen Versuchs oder aber Neubeginn).
- Die Folgen des endgültig fehlgeschlagenen Versuchs der Mängelbeseitigung sind zu vereinbaren (z. B. Rücktritt).

Das Vertragsbeispiel

1. Der Anlagenbauer wird nach seiner Wahl und für den Auftraggeber unentgeltlich die Teile der Anlage nachbessern oder mangelfrei ersetzen, die sich wegen eines vor Gefahrübergang liegenden Umstandes als mangelhaft erweisen. Der Auftraggeber hat dem Anlagenbauer festgestellte Mängel unverzüglich schriftlich mitzuteilen.
2. Der Auftraggeber wird dem Anlagenbauer nach Abstimmung die nötige Zeit und Gelegenheit für Nachbesserungen und Ersatzlieferungen einräumen. Der Auftraggeber darf den Mangel nur dann selbst beseitigen oder beseitigen lassen (bei unverzüglicher Verständigung des Anlagenbauers), wenn ansonsten die Betriebssicherheit gefährdet wäre oder ein unverhältnismäßig großer Schaden einzutreten droht. In diesen Fällen kann der Auftraggeber Ersatz seiner erforderlichen Aufwendungen vom Anlagenbauer verlangen.
3. Lässt der Anlagenbauer eine ihm gesetzte oder angemessene Frist für die Beseitigung des Sachmangels – unter Berücksichtigung der gesetzlichen Ausnahmen – fruchtlos verstreichen, kann der Auftraggeber bei unerheblichen Mängeln lediglich Minderung des Vertragspreises verlangen.
4. Die Sachmängelhaftung ist (sofern nicht vom Anlagenbauer zu verantworten) ausgeschlossen bei ungeeigneter oder sachlich nicht gebotener Verwendung oder Behandlung, fehlerhafter Montage oder Inbetriebsetzung, natürlicher Abnutzung, mangelhafter Instandhaltung, ungeeigneten Betriebsmitteln, mangelhaften Bauarbeiten, ungeeignetem Baugrund und chemischen, elektrochemischen oder elektrischen Einflüssen.

Diese Klausel erfüllt die meisten der vorgenannten Anforderungen.

Häufig finden sich aber gefährlich verkürzte Formulierungen, die unangemessenen Forderungen des Auftraggebers Tür und Tor öffnen.

> Während der Sachmängelfrist auftretende Mängel an der Anlage wird AN unverzüglich beseitigen. Er hat dabei nach Absprache mit AG unbrauchbare, fehlerhafte oder schadhaft gewordene Teile ausbauen und neue, funktionsfähige Teile montieren zu lassen.

Das BGB sieht beim Werkvertrag in § 635 BGB vor, dass der Unternehmer nach seiner Wahl den Mangel beseitigen oder ein neues Werk herstellen kann, wenn der Besteller Nacherfüllung verlangt. Gegenüber diesem Wahlrecht haben die Vertragspartner hier Absprache mit dem Auftraggeber vereinbart, die das Wahlrecht praktisch beseitigt.

> **Sachmängelhaftung**
>
> Der Auftragnehmer gewährleistet, dass der Liefergegenstand frei von Sachmängeln ist, insbesondere, dass er die in der Bestellung beschriebenen Eigenschaften aufweist und einen zweckentsprechenden, sicheren und störungsfreien Betrieb ermöglicht sowie dem neuesten anerkannten Stand der Technik und Wirtschaftlichkeit entspricht.

Es gibt zwar verschiedene Stände der Technik, für deren Auslegung sich Rechtsprechung heranziehen lässt. Die in dieser Klausel vorgenommene Verknüpfung mit dem Erfordernis der Wirtschaftlichkeit allerdings wird absehbar zu streitiger Interpretation führen.

> **Gewährleistung**
>
> Der Zulieferer garantiert auf das von ihm gelieferte und verwendete Material und auf die von ihm geleistete Arbeit:
>
> 36 Monate nach Ende des Probebetriebs und der vorläufigen Übernahme durch den Endkunden bzw. 48 Monate nach erfolgter Lieferung.

Das Wort „Garantie", das mit der gewählten Überschrift nicht übereinstimmt, sollte der Zulieferer vermeiden, weil das Gesetz daran strengere Folgen knüpft als an die Sachmängelhaftung im engeren Sinn.

Neben der widersprüchlichen Terminologie ist an dieser Klausel zu beanstanden, dass sie nicht regelt, in welcher Form der Zulieferer für die Sachmängelhaftung einstehen soll.

> Auftraggeber und Auftragnehmer sind sich darüber einig, dass es sich bei dem Liefergegenstand um einen Prototypen handelt. Bei dessen Sachmangel haftet Auftragnehmer nur insoweit, als die Haftung für einen Prototypen reicht. Weitergehende Sachmängelhaftung ist ausgeschlossen. Insbesondere haftet Auftragnehmer nicht für etwaige Aus- oder Einbaukosten des Prototyps und etwaige weitere dem Auftraggeber durch den Mangel entstehende Schäden.

Die im Maschinenbau weit verbreitete Bestellung von Sonderfertigungen, die erst später nach Erprobung in Serie gehen sollen, birgt ein hohes Mangelrisiko. Der mit der Klausel gewählte Ansatz ist deshalb richtig. Der Verweis auf die Haftung für einen Prototypen führt allerdings nicht weiter. Besser wäre es gewesen, die Parteien hätten die typischen Schwachstellen eines Prototypen aufgezeigt, um dem etwa befassten (Schieds)gericht eine Hilfestellung bei der Auslegung für das zu geben, was ein Auftraggeber vernünftigerweise von einem Prototypen erwarten darf und was er in Kauf nehmen muss.

Ausdrückliche Garantien

AN garantiert ausdrücklich, dass seine Lieferung die Vorgaben und Leistungsmerkmale für die Feinstaubfilter gemäß den Definitionen und dem technischen Teil des Angebots erfüllt.

Außerdem garantiert AN ausdrücklich die Einhaltung der Werksnormen XYZ des AG.

Hier sprechen der Wortlaut und die Übereinstimmung von Überschrift und Text eindeutig dafür, dass der Auftragnehmer tatsächlich mehr als nur die Sachmängelhaftung übernimmt. Die Klausel enthält eine selbstständige Garantie. Mit ihr steht der Garantiegeber für einen Erfolg ein, der über die Freiheit von Sachmängeln hinaus geht. So hätte z. B. der Auftraggeber einen sonst von der Sachmängelhaftung nicht erfassten Schaden nun auch ohne Verschulden zu vertreten.

Schadensersatz

Das Projekt

Aufgrund ihrer jahrzehntelangen guten und harmonischen Geschäftsverbindungen hatten die mittelständischen Unternehmen V und K der Vertragsgestaltung ihrer Beziehungen wenig Beachtung geschenkt. Über sich anbahnende Liefer- oder Abnahmestörungen sowie notwendige Mängelbeseitigungen der von V verkauften Aggregate zur Kälteerzeugung hatten die Vertragspartner sich auf der Basis persönlichen Vertrauens immer einvernehmlich geeinigt.

Nachdem K in eine ausländische Unternehmensgruppe übergegangen ist, wechselt diese den bisherigen Geschäftsführer aus. Kurz danach informiert die neue Geschäftsführung alle alten Lieferer, darunter auch V, dass wegen des schärferen Wettbewerbs K ab sofort alle ihr zustehenden vertraglichen Ansprüche und Claims, insbesondere die auf Schadensersatz auch für Folgeschäden, geltend machen wird.

Die Geschäftsführung von V fragt sich, was diese Ankündigung für die zukünftige Geschäftspolitik bedeutet.

Überlegungen

Schadensersatz ist ein weltweit verbreiteter, zentraler Rechtsbegriff. Es entspricht den allgemeinen Grundsätzen aller Rechtsordnungen, dass ein Schädiger den von ihm verursachten Schaden auszugleichen hat. Unterschiedlich antworten die Rechtsordnungen allerdings auf die Frage, in welcher Form und in welchem Umfang der Schuldner für sein Tun einstehen muss.

Im konkreten Fall steht der Claimsmanager deshalb immer vor zwei Fragen: Aus welchem Grund sollte mein Unternehmen von der Gegenseite etwas bekommen (oder ihr geben)? Worin besteht diese Leistung Art und Umfang nach?

Die von einem Vertragspartner beanspruchte Rechtsgrundlage wird sich häufig aus dem zwischen den Parteien geschlossenen Vertrag ergeben. Wenn dieser den Anspruch nicht rechtfertigt, kann ergänzend das Gesetz helfen. So etwa bestimmt im deutschen Recht § 280 BGB: „Verletzt der Schuldner eine Pflicht aus dem Schuldverhältnis, kann der Gläubiger Ersatz des hierdurch entstehenden Schadens verlangen."

Die Ersatzpflicht tritt jedoch nur ein, wenn der Schädiger das schadenbringende Ereignis „zu vertreten" hat. Was nun aber hat er zu vertreten? Die Antwort gibt § 276 BGB. Danach hat der Schuldner Vorsatz und Fahrlässigkeit zu vertreten, wenn eine strengere oder mildere Haftung weder bestimmt noch aus dem sonstigen Inhalt des Schuldverhältnisses zu entnehmen ist. Die strengere Haftung kann darin bestehen, dass der Schuldner trotz dieses so genannten „Verschuldensgrundsatzes" dann auch einmal für gewöhnlichen oder „niederen" Zufall haftet, obwohl ein persönliches Verschulden nicht vorliegt. (Die Haftung für diesen Zufall erfasst aber nicht die Fälle höherer Gewalt, für die das Gesetz ganz selten haften lässt.) „Vertreten" ist also der Oberbegriff und kann mehr sein als „Verschulden".

Die Art des Schadensersatzes richtet sich im deutschen Recht grundsätzlich nach § 249 BGB. Danach hat der Schädiger in erster Linie den Zustand herzustellen, der bestehen würde, wenn der zum Ersatz verpflichtende Umstand nicht eingetreten wäre. Ist wegen Verletzung einer Person oder wegen Schädigung einer Sache Schadensersatz zu leisten, kann der Gläubiger statt der Herstellung den dazu erforderlichen Geldbetrag verlangen.

Dem Umfang nach erstreckt sich der Schadensersatz zunächst auf den unmittelbaren durch die Verletzungshandlung bewirkten Schaden (z. B. Ersatz für eine Pflichtverletzung aus dem Schuldverhältnis nach § 280 BGB). Wenn der Schuldner eine vertragliche Leistungspflicht verletzt hat, hat er dem Gläubiger das so genannte positive Interesse – das volle Erfüllungsinteresse – zu ersetzen. Er ist so zu stellen, als wenn der Schuldner vereinbarungsgemäß erfüllt hätte. (Demgegenüber ist bei gelegentlichem Ersatz nur des negativen Interesses – etwa bei Ansprüchen aus Anfechtung – der Gläubiger so zu stellen, wie er stünde, hätte er nicht auf die Gültigkeit des Geschäfts vertraut.)

Der Schadensersatz erstreckt sich darüber hinaus im Allgemeinen auch auf den so genannten Folgeschaden oder mittelbaren Schaden (z. B. über eine Pflichtverletzung hinausgehende, aus dieser entstandene Schäden). Für ihn gilt der Verschuldensgrundsatz nicht, sondern es genügt, dass der Schädiger die unmittelbare Verletzungshandlung, die weitere Schäden auslöst, zu vertreten hat. Wenn die von V fehlerhaft ausgelegten Kältekomponenten die im Lagerhaus erforderliche Temperatur nicht erzeugen und Ware verdirbt, muss V deshalb diesen Folgeschaden erstatten, auch wenn er von der Lagerung der Produkte im Einzelnen nichts wusste.

Diese Schadensersatzpflicht erstreckt sich auch auf den entgangenen Gewinn. Das folgt eigentlich schon aus dem erwähnten Gesetzestext des § 249 BGB. Nur klarstellend regelt § 252 BGB deshalb: „Der zu ersetzende Schaden umfasst auch den entgangenen Gewinn. Als entgangen gilt der Gewinn, welcher nach dem gewöhnlichen Lauf der Dinge oder nach den besonderen Umständen, insbesondere nach den getroffenen Anstalten und Vorkehrungen, mit Wahrscheinlichkeit erwartet werden konnte."

Eine solche im Prinzip unbegrenzte verschuldensfreie Haftung kann unübersehbare wirtschaftliche Folgen haben. Deshalb haben Rechtslehre und Rechtsprechung ein Kriterium zur Abgrenzung ersatzpflichtiger von nicht ersatzpflichtigen Folgeschäden eingeführt. Eine Ersatzpflicht besteht danach nur unter zwei Bedingungen. Zum einen muss der Folgeschaden in den Bereich fallen, den die vom Schädiger verletzte Regelung schützen will. Die von V im Beispiel verletzte Regelung wäre die Sachmängelhaftung für die Kälteaggregate. Zum anderen muss der Schaden mit dem schädigenden Ereignis in einem adäquaten Ursachenzusammenhang steht. Dies ist dann der Fall, wenn das schädigende Ereignis im allgemeinen und nicht nur unter besonders eigenartigen unwahrscheinlichen und nach dem gewöhnlichen Lauf der Dinge außer Betracht zu lassenden Umständen geeignet ist, einen Erfolg dieser Art herbeizuführen. Diese Voraussetzung trifft für die im Lagerhaus verdorbenen Waren zu. Damit wäre V auch insoweit schadensersatzpflichtig.

Bei einer gerichtlichen Geltendmachung seines Schadens hat der Berechtigte grundsätzlich den Nachweis zu führen, in welcher konkreten Höhe der Schaden entstanden ist. Dieser Beweislast ist nicht immer leicht nachzukommen. Deshalb vereinbaren die Parteien häufig zur Erleichterung des Schadensbeweises einen pauschalierten Schadensbetrag. Der Gläubiger braucht dann nur noch die Voraussetzungen des Ersatzanspruchs schlecht hin zu beweisen, ohne einen Schaden weiter beziffern oder beweisen zu müssen.

Statt des Schadensersatzes begegnen die Parteien bei Verträgen mit Auslandsberührung häufig den *„damages"*. Die Begriffe unterscheiden sich nicht nur sprachlich voneinander. Dies hängt mit dem unterschiedlichen Verständnis des Vertragsrechts in den kontinentalen Rechtsordnungen einerseits und im *common law* andererseits zusammen.

Die kontinentalen Rechte sehen den Schwerpunkt des Gläubigerinteresses bei der Vertragserfüllung; erst wo diese nicht durchführbar oder unangemessen erscheint, erwächst ein Schadensersatzanspruch. Im anglo-amerikanischen Rechtskreis ist der Anspruch auf Vertragserfüllung *(specific performance)* eher eine Ausnahme. Wenn ein Schuldner sein Versprechen nicht zur rechten Zeit korrekt eingehalten hat und ihm kein vertraglicher Entschuldigungsgrund zur Seite steht, liegt ein *breach of contract* vor. Der entstandene Schaden ist vom Schuldner auszugleichen. Dieser Ausgleich sind die *damages*.

Bei der Bemessung des Schadensersatzes wiederum sind viele Überlegungen in den verschiedenen Rechtsordnungen vergleichbar. Auch das anglo-amerikanische Recht kennt den Unterschied zwischen negativem Interesse *(reliance loss)* und positivem Interesse *(expectation loss)*. Allerdings hat der Gläubiger anders als im deutschen Recht die Wahl zwischen den beiden Möglichkeiten.

Der Rat

Fehler im technisch komplizierten Anlagengeschäft sind unvermeidbar. Risiken und wirtschaftliche Folgen sind unübersehbar. Deshalb ist ein Ausschluss von Folgeschäden, mindestens aber eine Begrenzung von Schadensersatzansprüchen durch vertragliche Haftungsbeschränkung, für das Anlagengeschäft unverzichtbar. Größter Wert ist darauf zu legen, dass die vertragliche Regelung einer richterlichen Überprüfung nach der einschlägigen Rechtsordnung Stand hält. Nach deutschem Recht kann zwar eine Begrenzung sowohl durch Einzelvereinbarungen mit jedem Vertragspartner gesondert als auch durch Allgemeine Geschäftsbedingungen geschehen. Wenn aber die Vertragsparteien das gesetzliche Schadensersatzrecht des BGB abbedingen, sind sie nicht ganz frei, sondern müssen gewisse Grenzen einhalten. Diese werden durch den allgemein geltenden Grundsatz von Treu und Glauben und die Vorschriften zur Gestaltung Allgemeiner Geschäftsbedingungen, §§ 305 ff BGB, gesetzt.

In einem individuell ausgehandelten Vertrag wird der Haftungsausschluss deshalb weit gehen können und nur für solche Schäden nicht möglich sein, die auf Vorsatz beruhen. Eine Ausnahme gilt allerdings nach § 639 (gleichlautend für den Verkauf § 444) BGB:

„Auf eine Vereinbarung, durch welche die Rechte des Bestellers eines Mangels ausgeschlossen oder beschränkt werden, kann sich der Unternehmer nicht berufen, wenn er den Mangel arglistig verschwiegen oder eine Garantie für die Beschaffenheit des Werks übernommen hat."

In Allgemeinen Geschäftsbedingungen enthaltene Haftungsausschlüsse sind besonders sorgfältig zu formulieren, da die Gerichte an deren Wirksamkeit insbesondere im Hinblick auf die oben genannten Vorschriften der §§ 305 ff BGB strenge Anforderungen stellen. Die Beanstandung von Teilen solcher Lieferbedingungen kann dazu führen, dass ein Gericht das ganze Bedingungswerk für unbeachtlich hält und dann einen Streitfall so entscheidet, als seien überhaupt keine vertraglichen Haftungsausschlüsse entstanden. Die gesetzliche Regelung stellt den Lieferer aber schlechter als – nach seinen Bedingungen – vereinbart.

Das Vertragsbeispiel

Eine für den Bereich der Allgemeinen Geschäftsbedingungen überprüfungsfeste Begrenzung des Schadensersatzanspruchs enthalten die vom Verband Deutscher Maschinen- und Anlagenbau empfohlenen Lieferbedingungen für Inlandsgeschäfte.

Für nicht am Liefergegenstand selbst entstandene Schäden haftet der Lieferer – aus welchen Rechtsgründen auch immer – nur

a. bei Vorsatz

b. bei grober Fahrlässigkeit des Inhabers/der Organe oder leitender Angestellter,

c. bei schuldhafter Verletzung von Leben, Körper, Gesundheit,

d. bei Mängeln, die er arglistig verschwiegen oder deren Abwesenheit er garantiert hat,

e. bei Mängeln des Liefergegenstandes, soweit nach Produkthaftungsgesetz für Personen- oder Sachschäden an privat genutzten Gegenständen gehaftet wird.

Bei schuldhafter Verletzung wesentlicher Vertragspflichten haftet der Lieferer auch bei grober Fahrlässigkeit nicht leitender Angestellter und bei leichter Fahrlässigkeit, in letzterem Fall begrenzt auf den vertragstypischen, vernünftigerweise vorhersehbaren Schaden.

Weitere Ansprüche sind ausgeschlossen.

Consequential damage or loss

Notwithstanding anything contained to the contrary in this Contract, except to the extent of liquidated damages as set forth in this Contract, the Supplier shall not be liable to Purchases for any indirect and/or consequential loss or damage, including but not limited to, loss of production, loss of revenue or profit.

For the avoidance of doubt, any additional cost, damage or loss incurred by Owner, Purchaser or any third parties in relation to the Plant but outside the Scope that are due to the faulty performance of Supplier's obligations under this Contract shall in no case be considererd indirect or consequential damage or loss and shall be the full responsibility of Supplier.

Folgeschaden oder Verlust

Ungeachtet entgegenstehender Regelungen in diesem Vertrag – mit Ausnahme der vereinbarten Vertragsstrafe – ist der Lieferer dem Besteller nicht verantwortlich für irgendwelchen indirekten und/oder Folgeverlust oder Schaden einschließlich aber nicht beschränkt auf Verlust an Produktion, Ertrag oder Gewinn.

Klargestellt sei, dass alle zusätzlichen Kosten, Schäden oder Verluste des Betreibers, Bestellers oder Dritter im Zusammenhang mit der Anlage aber außerhalb des Leistungsspektrums nicht als indirekte oder Folgeschäden und –verluste anzusehen sind, wenn sie auf fehlerhafter Erfüllung der dem Lieferer vertraglich obliegenden Verpflichtungen beruhen. In diesen Fällen bleibt der Lieferer dafür voll verantwortlich.

Die Formulierung des zweiten Absatzes soll nach dem Text der Vermeidung von Zweifeln dienen. Der Absatz ist nötig, um einem Gericht die Haftungsbefreiung des Lieferers als nicht zu weitgehend erscheinen zu lassen und somit einer möglichen Unwirksamkeit zu begegnen. Allerdings birgt – anders als die klare Sprache im ersten Beispiel – der verwendete Begriff der *faulty performance* Auslegungsschwierigkeiten insoweit, als hiernach auch leichte Fahrlässigkeit zur uneingeschränkten Haftung des Lieferers führt. Das dürfte wahrscheinlich nicht beabsichtigt sein.

Schadensminderungspflicht

Das Projekt

Die Schimpf & Schande (S) AG hatte im Rahmen einer Saatgutanlage auch einen Getreidesilo an den Besteller Kornfeld GmbH (K) geliefert. Wegen mangelhafter Explosionsschutzeinrichtungen kommt es zu einer Staubexplosion. Der entstehende Brand verursacht erheblichen Sachschaden, weil K für die in solchen Fällen benötigten Feuerschutzmaßnahmen fahrlässig nur unzureichend Vorsorge getroffen hat.

K nimmt S wegen des gesamten Schadens in Anspruch. Demgegenüber will S nur einen Teil des Schadens tragen, weil seiner Ansicht nach K ein erhebliches Mitverschulden an dem Schaden trägt. K dagegen besteht auf dem vollen Schadensersatzanspruch, weil S seiner vertraglichen Informationspflicht hinsichtlich der möglichen Ausführungen unzulänglichen Feuerschutzes nicht nachgekommen sei. S wiederum meint, eine solche Pflicht bestünde in diesem Fall nicht, weil Feuerschutz für ein Industrieunternehmen selbstverständlich sei.

Überlegungen

Der Claimsmanager von S ist sich darüber klar, dass das Unternehmen wegen des sachmängelbehafteten Explosionsschutzes um die Leistung von Schadensersatz nicht herumkommen wird. Andererseits ist unstrittig, dass der Schaden bei vorschriftsmäßigem Brandschutz viel geringer gewesen wäre. Diesem Schadensbeitrag gegenüber hält er die von K ins Feld geführte verletzte Informationspflicht für weit weniger gewichtig, zumal sie nicht im Vertrag festgeschrieben sei.

Das Argument, dass S ins Feld führt, stützt sich im deutschen Recht auf das in § 254 BGB Abs. 1 geregelte Mitverschulden: Hat bei der Entstehung des Sachschadens ein Verschulden des Beschädigten K mitgewirkt, hängt der Umfang des von S zu leistenden Ersatzes insbesondere davon ab, inwieweit vorwiegend der eine oder andere Teil den Schaden verursacht hat. Die so genannte Schadensabwendungs- und Minderungspflicht ergibt sich aus § 254 Abs. 2 BGB. Danach gilt Absatz 1 auch dann, wenn sich das Verschulden von K darauf beschränkt, dass er es unterlassen hat, den Schaden abzuwenden oder zu mindern. Dies ist somit ein besonderer Anwendungsfall des im ersten Absatz ausgesprochenen allgemeinen Grundsatzes. Insoweit würde ein Gericht den Einwand von S bei der Höhe des von ihm K gegenüber zu leistenden Schadensersatzes berücksichtigen, weil K den Schaden hätte mindern können.

Der anglo-amerikanische Rechtskreis kennt diese Schadensminderungspflicht als *duty to mitigate damages.*

Auf das Verhalten seines Vertragspartners S ist § 254 BGB nicht anwendbar. K kann sich auf diese Vorschrift nicht berufen, weil S nicht der Geschädigte ist. Aber die ausgebliebenen Informationen durch S können eine Verletzung von dessen Nebenpflichten darstellen; das berechtigt wiederum K gemäß § 280 BGB, Ersatz des hierdurch entstehenden Schadens zu verlangen. Jeden Schuldner nämlich trifft die Schutzpflicht, sich bei Abwicklung des Schuldverhältnisses so zu verhalten, dass Rechtsgüter des anderen Teils nicht verletzt werden. Daneben gibt es eine Aufklärungspflicht, den anderen Vertragsteil unaufgefordert über entscheidungserhebliche Umstände zu informieren. Dabei gilt nach der Rechtsprechung des Bundesgerichtshofs der Grundsatz, dass der Schuldner zur Aufklärung verpflichtet ist, wenn Gefahren für das Interesse des Gläubigers bestehen, von denen dieser keine Kenntnis hat. Insoweit wiederum wären auch Ansprüche des K begründet, die er dem berechtigten Einwand des S entgegenhalten kann.

Der Rat

Die Vertragspartner können zwar davon ausgehen, dass in den Rechtsordnungen der Industrienationen die Schadensminderungspflicht ein integraler Bestandteil ist, der auch ohne ausdrückliche Vereinbarung im Vertrag gilt. Trotzdem ist es wegen Fehlens einer allgemein anerkannten Einteilung oder Terminologie bei Nebenpflichten ratsam, über eine dem Einzelprojekt möglichst angepasste vertragliche Regelung nachzudenken oder den Grundsatz wenigstens kurz festzulegen.

Das Vertragsbeispiel

Als Anhaltspunkt für eine Formulierung kann Artikel 77 des Übereinkommens der Vereinten Nation über Verträge über den internationalen Warenkauf dienen.

A party who relies on a breach of contract must take measures as are reasonable in the circumstances to mitigate the loss, including loss of profit, resulting from the breach. If he fails to take such measures, the party in breach may claim a reduction in the damages in the amount by which the loss should have been mitigated.

Die Partei, die sich auf eine Vertragsverletzung beruft, hat alle den Umständen nach angemessenen Maßnahmen zur Verringerung des aus der Vertragsverletzung folgenden Verlusts, einschließlich des entgangenen Gewinns, zu treffen. Versäumt sie dies, so kann die vertragsbrüchige Partei Herabsetzung des Schadensersatzes in Höhe des Betrags verlangen, um den der Verlust hätte verringert werden sollen.

Schulung

Das Projekt

Der deutsche Mittelständler Rad & Ritzel (R) plant und errichtet Fertigungsanlagen von Zulieferteilen für die Kraftfahrzeugindustrie. Der Tätigkeitsschwerpunkt lag bisher in den Industrieländern. Das blühende Asiengeschäft verspricht nun auch zunehmende Anfragen aus dieser Region. An der zu erwartenden Auftragsflut möchte die Geschäftsführung einerseits gern teilhaben. Andererseits befürchtet sie, dass angesichts erheblicher Ausbildungsdefizite bei vielen potentiellen Auftraggebern verzögerte Abnahmetest und unkalkulierbarer zusätzlicher Aufwand zu einem unerfreulichen Abtausch von Claims und Gegenclaims führen werden. Dieser Gefahr möchte das Unternehmen mit einem Standardvertrag über Schulung als Nebenleistung der Anlagenlieferung begegnen.

Überlegungen

Während in der Vergangenheit viele Unternehmen die Verpflichtung zur Schulung von Bestellerpersonal eher als Bürde empfunden haben, ist mittlerweile die Einsicht Allgemeingut, dass ein besserer Ausbildungsstand beim Kunden in vielen Ländern überhaupt erst die Voraussetzung für die Investitionsentscheidung zu Gunsten eines bestimmten Angebots schafft. Dabei ist hinsichtlich des Bedarfs zwischen Kunden in Industriestaaten mit einem durchweg schon hohen Stand an technischen Fertigkeiten und Personal in Schwellen- und Entwicklungsländern andererseits zu unterscheiden. Ein weiterer Unterschied ergibt sich daraus, dass das Training entweder Bedienungspersonal oder auch Instandhaltungspersonal betreffen kann.

Für alle Überlegungen entscheidend ist somit der Kundenbedarf. Dieser wird unter verschiedensten Aspekten von Fall zu Fall voneinander abweichen. Jede Vereinbarung ist demnach individuell auszugestalten. Eine standardisierte Regelung dürfte dem Einzelfall nicht angemessen sein.

Der Rat

Deshalb empfiehlt sich, das Gestaltungsproblem in verschiedenen Bereiche zu unterteilen. Dafür bieten sich fünf größere Felder an.

- Ziel der Ausbildung

Um Auslegungsprobleme und daraus erwachsende Streitigkeiten zu vermeiden, sollten die Parteien das mit der Schulung angestrebte Ziel möglichst genau definieren. Gleiches gilt für die erwarteten Bemühungen des Verpflichteten, etwaige Ergebniskontrollen und Einstandspflichten für erreichte Ausbildungsziele.

In den meisten Fällen werden die Ausbildungsmaßnahmen das Ziel haben, das für den Anlagenbetrieb vorgesehene Personal zum Zeitpunkt (der Beendigung) des Probebetriebs in die Lage zu setzen, die Anlage selbstständig zu betreiben. Gelegentlich bleiben die Verpflichtungen dahinter auch deutlich zurück. Andererseits umfassen über das zitierte Basisziel hinausgehende Verpflichtungen auch die Erhaltung der Betriebsbereitschaft des Systems.

Die Intensität der Schulungsbemühungen ist deshalb ein wichtiger Regelungspunkt, weil der Anlagenbauer es vermeiden soll, für ein bestimmtes Ergebnis zu haften. In manchen Verträgen finden sich allerdings Regelungen zur Ergebniskontrolle. Sie reichen von nicht näher definierten Fortschrittsüberprüfungen bis zu Verpflichtungen, mit Hilfe von Fragebögen das erworbene Wissen zu testen.

Gelegentlich bestätigt der Auftragnehmer dem Besteller nach Abschluss der Schulung schriftlich ausdrücklich, dass die notwendigen Schulungen durchgeführt wurden und nimmt eine (dem Auftraggeber mitzuteilende) Bewertung der Schüler vor. Das ist insbesondere dann nicht unproblematisch, wenn die Teilnehmer verschiedenen Nationen angehören und entsprechende Empfindlichkeiten zu beachten sind. Abgesehen davon ist jedenfalls aus Sicht des Auftragnehmers meistens selbstverständlich, dass er die Schulung des Kundenpersonals zwar nach bestem Wissen und Gewissen durchführt, nicht aber für den Erfolg haften will. Dieser Ausschluss sollte aber dann auch eindeutig im Vertrag stehen.

Ob und wie weit der Anlagenbauer überhaupt dem Wunsch des Kunden nach Ergebniskontrolle nachkommen soll, hängt stark von den Verhältnissen im Land des Auftraggebers ab. So ist durchaus vorstellbar, dass sich negative Prüfungsergebnisse einzelner Kandidaten nachteilhaft auf die vielleicht noch ausstehenden Abnahmen auswirken können. In solch kritischen Fällen empfiehlt es sich, vertraglich die Kontrolle auf die Einhaltung der Präsenzpflicht des auszubildenden Personals zu beschränken.

- Inhalt, Zeit und Ort der Schulung

Inhalt, Ort, Zeitraum und Umfang der Ausbildung sind nicht immer von vornherein festgelegt. Gleiches gilt für zeitliche Bestimmungen, beispielsweise „rechtzeitig vor dem Zeitpunkt der mechanischen Inbetriebnahme". Solche offenen Verpflichtungen sind aus Sicht des Anlagenbauers so lange nicht bedenklich, wie er nach Aufwand abrechnen oder aus der Formulierung sonst kein Streit entstehen kann. Zu bedenken ist aber, dass die Mehrzahl der Ausbildungsleistungen nicht gesondert vergütet wird.

Andererseits gibt es Versuche, den Inhalt genauer zu beschreiben. Am meisten überzeugt die Praxis, in einer tabellarischen Aufstellung als Vertragsanhang Schulungsinhalt, Ort, Dauer des Trainings, Qualifikation und Zahl der Auszubildenden festzuhalten. Zu letzterer ist anzumerken, dass manche Kunden mehr Teilnehmer als für die Anlage eigentlich nötig ausbilden lassen. Dies erhöht leider die Gefahr des Know-How-Abflusses beim Anlagenbauer, ist andererseits aber wohl eine der vielen unvermeidbaren Begleitumstände des internationalen Anlagengeschäfts. Eine Übersicht wie die genannte erleichtert Fortschrittskontrollen und Statusberichte insbesondere bei größeren Projekten.

Der Ort der Ausbildung hängt weitgehend vom Ausbildungsbedarf des Kunden ab. Hier ist festzulegen, ob beispielsweise das Training an einer Referenzanlage *(operational training)*, an einem Simulator, vor Ort und/oder in Klassenräumen *(class room-training)* etwa in Schulungszentren stattfinden soll. In letzterem Fall ist vertraglich festzulegen, wer die Räume beizustellen hat bzw. ob die Ausbildung beim Auftraggeber, beim Auftragnehmer oder bei Dritten stattfindet. Denkbar ist auch, die Ausstattung der Unterrichtsräume mit Material zu definieren.

- Programm und Unterlagen

Sehr unterschiedlich ist die vertragliche Praxis zur Vereinbarung von Programmen und Unterlagen, die an die Auszubildenden zu übergeben sind. Während sich in manchen Verträgen dazu nichts findet, enthalten andere wenigstens Hinweise. Auch zeitliche Präzisierung zur Übergabe der Unterlagen wie „zwei Monate vor Inbetriebnahme und spätestens einen Monat vor mechanischer Fertigstellung" verknüpft mit der Fixierung der wesentlichen Bestandteile diese Materials sind nützlich. Wenn nicht schon an anderer Stelle im Vertrag verbindlich geregelt, sollte die Sprache der Unterlagen festgelegt sein.

- Qualifikation der Schüler

Der Erfolg der Schulung steht und fällt mit der Qualifikation der Schüler. Wenn diese nicht aus Industrieländern kommen – schon dann ist eine verlässliche Beschreibung des erforderlichen Ausbildungs- und Erfahrungsstandes wegen mangelnder Vergleichbarkeit oft schwierig genug –, ist eine nähere Beschreibung der von den zu Schulenden mitzubringenden Voraussetzungen unerlässlich. In der Praxis gibt es dafür ein facettenreiches Angebot.

Es beginnt mit der einfachen Feststellung, Kurssprache sei Deutsch. Auf der nächsten Ebene könnten die Kurse auch in englischer Sprache gehalten werden; ein landessprachiger Dolmetscher sollte jedoch beim klassischen Training anwesend sein. Eine weitere Verschärfung würde Englisch zur Schulungssprache schlechthin erheben.

Mannigfaltig könnten die Formulierungen bezüglich der nötigen Erfahrungen sein. Nur selten werden sich die gewählten Forderungen an nachprüfbaren Kriterien einer geeigneten Vorbildung wie z. B. den Besuch von Schulungskursen knüpfen lassen. Gleiches gilt für offene Zeitbestimmungen wie *„industrial experience of at least two years"*.

Das Streitpotential interpretationsbedürftiger Begriffe wie *engineer, technician, foreman* oder *skilled worker,* lässt sich durch eine vertragliche Definition begrenzen. Der möglicherweise zu sorglosen Entsendung des Schulungspersonals durch den Auftraggeber kann dessen Verpflichtung vorbeugen, Eingangstest vorzunehmen. Für den Fall, dass der Ausbildungsstand trotzdem nicht den Erwartungen entspricht, empfiehlt sich die Vereinbarung eines Zurückweisungsrechts oder einer kostenpflichtigen Grundausbildung. Auf diese Weise lassen sich die gefährlichen Folgen der häufig recht offenen Verpflichtungen zu Gunsten des Anlagenbauers einengen.

Gelegentlich muss sich der Anlagenbauer auch dem Wunsch des Kunden stellen, die Qualifikation der Ausbilder zu regeln. Dies erfolgt allerdings dann in sehr allgemeiner Form, zum Beispiel durch Vorlage der Lebensläufe und Akzeptanz durch den Kunden.

- Kosten

Die Kosten für die Ausbildung werden abhängig von den verschiedenen Umständen im Einzelfall sehr unterschiedlich sein. Sie dürften bei Großprojekten um 0,6 bis 0,8% des Auftragswerts betragen. Im Industrieanlagenbau ist es durchweg üblich, dass der Verkäufer die Kosten für Schulung, Unterrichtsräume und Ausbildungsdokumentation trägt. Diese Kosten muss er im Preis für die Anlage oder für Montage unterbringen.

Wichtig ist eine positive oder negative Abgrenzung gegenüber den vom Auftraggeber zu tragenden Kosten: „Die Kursuskosten sind Bestandteil dieses Angebots, die Reise- und Aufenthaltskosten gehen zu Lasten des Auftraggebers." Im übrigen sollten alle bei Personalentsendungen wichtigen Punkte eindeutig geregelt sein.

Nicht ungefährlich sind Fallgestaltungen, in denen der Umfang der in Anspruch genommenen Leistungen bei Vertragsschluss noch nicht feststeht oder der Käufer der Anlage weniger oder mehr als angeboten abrufen kann. Hier ist eine in beide Richtungen offene Anpassungsklausel nötig. Sie muss ebenso einen Abschlag zu Gunsten des Kunden regeln wie einen Preiszuschlag zu Gunsten des Anlagenbauers.

Sollte das Training an einer Referenzanlage stattfinden, ist den Parteien die Vereinbarung eines separaten Vertragspreises anzuraten. Gleiches gilt für an Ausbildung grenzende Leistungen wie technische Assistenz oder Übertragung von Betreiber-Know-How.

Das Vertragsbeispiel

Training

As a condition precedent to achievement of Taking Over of any Section, the Contractor shall, in accordance with Prudent Industry Practice, conduct the training related to the Section as specified in Item ... of Appendix... for the Employer's and/or other personnel nominated by the Employer.

Training

Voraussetzung für eine Übernahme eines Anlagenabschnitts ist ein Training, das der Anlagenbauer nach den Anforderungen „umsichtiger industrieller Praxis“ wie unter Punkt...in Anhang ... aufgeführt für das eigene Personal des Auftraggebers und/oder von ihm benanntes durchführt.

Das erfolgreiche Training wird hier in den Rang einer Voraussetzung für die Übernahme erhoben. Das ist nicht ungefährlich, weil der Auftragnehmer damit ein Instrument gegen die Erteilung eines Übernahmezertifikats in der Hand hat, ohne dass die Übernahme selbst zu beanstanden wäre.

Zweifel an dem wenig bestimmten Begriff *Prudent Industry Practice* beseitigen immerhin die Definitionen am Anfang des Vertragstextes. Sie enthalten die Erläuterung

... means those practices, methods, specifications and standards that a prudent, competent, experienced and expert contractor in the international electricity generation and water desalination industry would be expected to use and/or adopt in relation to the design, engineering, manufacture, installation, construction and testing of works similar to the Works to accomplish the desired result reliably, safely and expeditiously, within the Contract Program, and for the Contract Price, without undue or unreasonable claims for variations.

... beinhaltet alle jene Verhaltensweisen, Methoden, Festlegungen und Standards, von denen man annimmt, dass ein umsichtiger, kompetenter, erfahrener und kenntnisreicher Anlagenbauer auf dem Gebiet internationaler Energieerzeugung und Meerwasserentsalzung sich ihrer bei Entwurf, Planung, Fertigung, Einbau, Errichtung und Probelauf von Arbeiten ähnlich der Anlage bedient, um das gewünschte Ergebnis verlässlich, sicher und rasch innerhalb des Vertragsprogramms und im Rahmen des Vertragspreises ohne übermäßige oder unangemessene Ansprüche auf Änderungen zu erzielen.

Gefahrenpotential enthält jedoch das noch wenig spezifizierte Nominierungsrecht des Auftraggebers. Das gilt insbesondere dann, wenn die Anhänge noch nicht behandelt sind oder Hauptvertrag und Anhang von unterschiedlichen Vertretern des Auftragnehmers verhandelt werden.

Technical Assistance means the assistance necessary, including Training and Documentation, to ensure that the Products can be manufactured in accordance with the given specifications.

Technische Unterstützung bedeutet die Unterstützung, die (einschließlich Training und Dokumentation) notwendig ist, um sicherzustellen, dass die Produkte in Übereinstimmung mit den gegebenen Spezifikationen hergestellt werden können.

Diese Definition in einem Vertrag über Technische Assistenz enthält für den zur Schulung Verpflichteten zwei Fußangeln.

Die Verknüpfung mit der Dokumentation macht eine klare Abgrenzung zum Training und zu den dabei erbrachten Leistungen praktisch unmöglich. Dass darüber hinaus mit der Tätigkeit auch noch eine bestimmte Produktion sichergestellt werden soll, kann für den Anlagenbauer verheerende wirtschaftliche Folgen haben.

Sistierung

Das Projekt

Bei den Verhandlungen um ein Inlandsprojekt benutzt ein Gesprächsteilnehmer häufiger das Wort „Sistierung“ Dem Claimsmanager C ist nicht klar, was er darunter verstehen muss. Andererseits möchte er seine Position nicht durch das Stellen einer vielleicht überflüssigen Frage schwächen.

Überlegungen

In verschiedenen Branchen, Generationen, Geschäftsebenen oder Nationalitäten kommen immer wieder Bezeichnungen vor, die andere Bereiche nicht kennen oder voneinander unterschiedlich interpretieren. Der Begriff „Sistierung“ findet sich im deutschen Sprachraum hauptsächlich auf dem Gebiet der polizeilichen Festnahme.

Der vertragsrechtlichen Verwendung des Begriffes entspricht am ehesten die englische *suspension*, die allerdings ebenso wenig klar definiert ist.

Der Rat

Es empfiehlt sich deshalb in einer Situation wie der geschilderten, lieber einmal zuviel als zu wenig zu fragen. Die Verwendung von Begriffen, über die die Vertragspartner unterschiedliche Auffassungen haben, kann für das Claimsmanagement sehr nachteilige Folgen haben.

Neben der Begriffsklärung ist wichtig, ob der Vertrag bestimmte Formen für eine wirksame *suspension order* vorsieht und was deren Folgen sein sollen. Denn die vorübergehende Einstellung der Arbeiten hat nicht nur direkte Auswirkungen wie Maßnahmen zur Erhaltung des bereits erreichten Anlagenzustands oder zur Sicherung der Baustelle. Zu denken ist vielmehr auch an eine Verlängerung der Fristen zur Fertigstellung. Geht die Sistierung vom Auftraggeber aus, könnte zwar der Anlagenbauer gegenüber dem Vorwurf des Verzugs wahrscheinlich auch nach generellen Regeln des Vertrags auf die Sistierung als eine vom Auftraggeber zu vertretende Maßnahme verweisen, die den Termin hinausschiebt. Noch sicherer ist aber eine entsprechende Behandlung bei der Sistierung selbst.

Daneben ist an zusätzliche Kosten wie Lagerung, die Verlängerung von Versicherungen und Garantien, Stillstandskosten für ungenutzt Maschinen und anderweitig nicht einsetzbares Personal, Remobilisierung der Baustelle bei Wiederaufnahme der Arbeiten und möglicherweise erhöhte Material- und Personalkosten bei späterer Fertigstellung zu denken.

Das Vertragsbeispiel

Sistierung des Vertrags

Der Besteller darf jederzeit die Arbeiten unterbrechen lassen oder ihre Verlangsamung anordnen, so genannte Sistierung.

Die Parteien sind verpflichtet, die Folgen der Sistierung möglichst gering zu halten.

Hier haben die Parteien durch vertragliche Formulierung den Begriff der Sistierung eindeutig auf Verlangsamung und Unterbrechung beschränkt.

... aus solchen Gründen kann der Auftraggeber auch eine zeitweilige Einstellung der Arbeiten („Sistierung") verlangen.

Hiernach würde der Begriff noch weiter eingeengt sein, weil er die Verlangsamung nicht erfasst.

Steuern

Das Projekt

Der Anlagenbauer Z hatte in der kleinen, allgemein noch wenig bekannten jungen Republik Usambara Planung und Errichtung einer staatlichen Versuchsanstalt für die Aufzucht von Blumenzwiebeln übernommen. Erst im Laufe der Abwicklung erfährt Z von einem weder ihm noch seinen Beratern bekannten Steuergesetz des Bestimmungslandes. Die Anwendung würde das bisher positive Ergebnis des Projekts in Frage stellen.

Z verlangt deshalb vorsorglich eine Erklärung des Auftraggebers AG mit der Bereitschaft zur Übernahme oder Erstattung der anfallenden zusätzlichen Steuern.

AG lehnt ab.

Überlegungen

Die Kenntnis der anfallenden Steuern im Zusammenhang mit der Lieferung und Errichtung einer Anlage wird grundsätzlich in den Risikobereich des Anlagenbauers gehören. Soweit er das erforderliche Know-How nicht hat, wird ihn die Verpflichtung treffen, sich selbst zu informieren, oder sich vom Vertragspartner oder Dritten informieren zu lassen.

Wenn Z nicht entsprechend vertragsgestaltende Vorsorge getroffen hat, wird also sein auf Erstattung der Steuerschuld gerichteter Claim erfolglos bleiben.

Der Rat

Der Vertrag sollte zur Vermeidung von unnötigen Streitigkeiten einmal Auskunft darüber geben, wer das Risiko der Informationsbeschaffung für steuererhebliche Sachverhalte trägt. Selbst wenn der Auftragnehmer dafür verantwortlich ist, sollte er den Auftraggeber im Rahmen des Zumutbaren zur Unterstützung bei der Informationsbeschaffung verpflichten.

Zum andern sollte der Vertrag sicher stellen, welchen Vertragspartner welche Steuerpflichten treffen.

Das Vertragsbeispiel

Except as otherwise specified in this Contract, each and every price cited in or contemplated by this Contract as described in Articles...includes and covers all patent royalties and all taxes, rates., charges and assessments of any kind whatsoever (whether Federal, State or Municipal, and whether or not in the nature of excise taxes/duties, customs tariffs, sales taxes, land taxes, license fees or otherwise) outside the PURCHASER's country pertinent to the Equipment and Materials and CONTRACTOR's Services provided, pursuant to this Contract, and/or to the performance of the work, and all other costs and charges whatsoever relevant to such Equipment and Materials, CONTRACTOR's Services and/or to such performance of the work by the CONTRACTOR.

Steuern und Abgaben

Soweit im Vertrag nicht anders vereinbart, schließen alle in diesem in den Artikeln ... beschriebenen Vertrag erwähnten und in Betracht gezogenen Preise vollen Umfangs alle Lizenzgebühren und Steuern, Tarife, Belastungen und Festsetzungen jeglicher Art (ob auf Bundes-, Landes- oder Kommunalebene und unabhängig ob von der Natur her Steuern/Abgaben, Zölle, Verkaufs- oder Grundstücksteuern, Lizenzgebühren oder ähnliches) außerhalb des Käuferlandes ein, soweit sie Ausrüstungsgegenstände, Material und Dienstleistungen des Anlagenbauers betreffen, die er zur Abwicklung dieses Vertrags und zur Erbringung der Arbeiten geleistet hat. Gleiches gilt für alle anderen Kosten und Abgaben, soweit sie mit Ausrüstung und Material, Dienstleistungen und/oder der Errichtung der Anlage durch den Anlagenbauer in Verbindung stehen.

Dieser Vertragstext scheint das Steuerproblem zu Gunsten von Z soweit zu regeln, als der Vertragspreis Steuern und Abgaben außerhalb des Bestimmungslandes enthält. Im Gegenschluss lässt sich argumentieren, Steuern in Usambara wären deshalb nicht im Vertragspreis enthalten. Der Auftraggeber wird demgegenüber argumentieren können, dass der Vertrag über solche Steuern nicht aussagt und deshalb das Grundprinzip der Risikoverteilung gegen Z spreche.

Eine eindeutigere und damit wesentlich bessere Regelung enthält der folgende Vertragstext.

Taxes

1. The Total Contract Price is based on an exemption of any and all taxes levied or to be levied in the Republic of Usambara in connection with the performance of the Contract such as but not limited to:

– corporate income tax(es) due in the Republic of Usambara including subcontractor

– sales taxes and VAT

– custom duties or other dues including custom service charges on the Plant Equipment and Spare Parts

– custom duties, import duties and other statutory taxes due in the Republic of Usambara on importation of the Construction Equipment and the Construction Temporary Facilities

– taxes and duties on any and all the Construction Temporary Facilities to be re-exported after completion of the Work.

2. Taxes, custom duties and dues, only except for income taxes on the Contractor's and its Subcontractor's expatriate personnel, whether direct or indirect inside the Republic of Usambara arising from or in connection with the performance of the Contract to be levied by Usambara's Government Authorities in accordance with laws applicable at the date these taxes are payable shall be borne and paid by the Owner, before the legal due date for payment of such taxes.

3. All taxes, custom duties and dues whether direct or indirect, outside the Republic of Usambara arising from or in connection with the performance of the Contract to be levied by the Contractor's and its Subcontractor's countries authorities in accordance with applicable laws shall be borne and paid by the Contractor and its Subcontractors.

Steuern

1. Dem Gesamtpreis des Vertrages liegt die Annahme einer Befreiung von allen Steuern zugrunde, die in der Republik Usambara im Zusammenhang mit der Erfüllung eines solchen Vertrags schon jetzt oder erst später erhoben werden. Die gilt beispielsweise (aber nicht abschließend) für:

– Steuern auf den Unternehmensgewinn in Usambara einschließlich der für Zulieferer

– Verkaufs- und Mehrwertsteuer

– Zölle und andere Verbindlichkeiten einschließlich Zölle für Gebühren für die Anlagenausrüstungen und Ersatzteile

– Zölle, Einfuhrabgaben und andere festgelegte Gebühren auf die Einfuhr der Bauausrüstungen und der vorübergehend geschaffenen Baueinrichtungen

– Steuern und Abgaben für alle nach Fertigstellung der Anlage wieder auszuführenden vorübergehend geschaffenen Baueinrichtungen.

2. Alle Steuern, Zölle und Abgaben, ausgenommen Einkaufsteuern des im Ausland tätigen Personals des Anlagenbauers und seiner Zulieferer, ob unmittel- oder mittelbar in der Republik Usambara aus oder im Zusammenhang mit der Vertragserfüllung entstanden und von den Regierungsbehörden Usambaras nach den für diese Steuern geltenden Gesetzen erhoben trägt und zahlt der Auftraggeber vor dem Ablauf des gesetzlich verbindlichen Zahlungstermins.

3. Alle Steuern, Zölle und Abgaben, die außerhalb der Republik Usambara direkt oder indirekt durch oder in Zusammenhang mit der Erfüllung des Vertrags anfallen und in den Ländern des Anlagenbauers und seiner Zulieferer in Übereinstimmung mit geltenden Gesetzen zu erheben sind, tragen und zahlen der Anlagenbauer und seine Zulieferer.

Streiterledigung

Das Projekt

Im Endstadium der Verhandlungen über ein Projekt im Nahen Osten stoßen die Parteien auf den bisher zurückgestellten Punkt „Streiterledigung“. Der Auftraggeber A stellt sich vor, dass wegen der Errichtung der Anlage in seinem Land auch ein dortiges Gericht für Streitigkeiten bei der Abwicklung des Projekts zuständig sein müsste. Der deutsche Verhandlungspartner D äußert bei aller gebotener Höflichkeit Bedenken an diesem Vorschlag, weil die Entscheidungen eines nationalen Gerichts für einen Beteiligten aus einem europäischen Land möglicherweise schwer nachzuvollziehen seien. Um sich nicht mit dem Gegenvorschlag eines deutschen Gerichts angreifbar zu machen, schlägt D als Kompromiss ein Schiedsgericht vor. Der vorgesehene Projektleiter P, dem auch die Aufgabe des Claimsmanagers in diesem Fall zukommen würde, fragt sich, welchen Einfluss der Ausgang der Verhandlungen auf seine Tätigkeit hat.

Überlegungen

Die meisten Rechtsordnungen eröffnen den Staatsbürgern einen Weg, auf dem sie die Erfüllung der von ihnen geltend gemachten rechtlichen Ansprüche durchzusetzen versuchen können. Im Allgemeinen ist das der Rechtsstreit vor einem ordentlichen Gericht im Zivilprozess. Andererseits gehört es zum Wesen der Vertragsfreiheit, diesen Weg nicht beschreiten zu müssen, sondern einen anderen zu gehen, soweit die Vertragspartner darüber einig sind.

Ein Zivilprozess vor einem ordentlichen Gericht hat den Vorteil, dass die Parteien von einem festgelegten, nachprüfbaren Verfahren ausgehen können, in dem Berufsrichter über die Angelegenheit entscheiden. Im Fall eines einer Partei ungünstigen Ausgangs des Rechtsstreits hat sie die Möglichkeit, das nächst höhere Gericht anzurufen. Wollen die Parteien sich diese Vorteile zu nutzen machen, müssen sie sich in einer Gerichtsstandvereinbarung auf die Zuständigkeit eines Gerichts einigen. Das angerufene Gericht wird bei einem Verfahren später prüfen, ob die Gerichtsstandsvereinbarung nach der entsprechenden Rechtsordnung wirksam ist; diese Prüfung sollten die Vertragspartner deshalb schon vor Vertragsschluss vornehmen (lassen).

In der Praxis des Investitionsgütergeschäfts hat sich gezeigt, dass trotz der genannten Vorteile andere Möglichkeiten attraktiver sein können.

Der Rat

Als solche hat sich insbesondere die Schiedsvereinbarung erwiesen. Durch sie unterwerfen die Parteien alle oder einzelne Streitigkeiten, die zwischen ihnen in Bezug auf ein bestimmtes Rechtsverhältnis entstanden sind oder künftig entstehen, der Entscheidung durch ein Schiedsgericht *(arbitration)*. Im deutschen Recht eröffnet diesen Weg § 1029 ZPO. Als Vorteil eines solchen Gerichts sieht die Praxis die schnellere Entscheidung an, wozu das Fehlen eines Instanzenzuges beiträgt. Der Schiedsspruch hat unter den Parteien die Wirkungen eines rechtskräftigen gerichtlichen Urteils, das Verfahren ist mit dem Spruch beendet. Dies trägt häufig auch zu niedrigen Kosten bei. Während ordentliche Gerichtsverfahren in Zivilsachen öffentlich sind, finden schiedsrichterliche Verfahren unter Ausschluss der Öffentlichkeit statt. Bei Schiedsverfahren können die Vertragspartner die Wahl der Schiedsrichter beeinflussen; sie brauchen keine Juristen zu sein. Diese Freiheit erweist sich insbesondere dann als günstig, wenn Spezialkenntnisse auf bestimmten technischen oder kaufmännischen Gebieten für die Entscheidungsfindung von Vorteil sind. Während ein Prozess vor einem ordentlichen Gericht in der Landessprache durchzuführen ist, können die Parteien bei einem schiedsrichterlichen Verfahren die Verfahrenssprache frei bestimmen. Dies wirkt sich auch bei der Beibringung von Unterlagen für die Sachverhaltsermittlung und die Beweiserhebung positiv aus. Schließlich ist auch die Vollstreckung leichter als bei Urteilen eines nationalen ordentlichen Gerichts. Die Anerkennung und Vollstreckung ausländischer Schiedssprüche richtet sich nach dem UN Übereinkommen vom 10.06.1958, das für mehr als 120 Staaten gilt.

Die Schiedsvereinbarung kann sich auf ein ad-hoc (zu diesem Zweck) gebildetes oder ein institutionelles Schiedsgericht richten. Ersteres soll nur in einem bestimmten Fall tätig werden, die von den Parteien ernannten Schiedsrichter verfahren und entscheiden im Allgemeinen nach der Zivilprozessordnung des Landes, dessen Recht die Parteien den Vertrag unterstellt haben. Die Schiedsrichter sind aber in der Wahl des Verfahrens frei.

Ein institutionelles Schiedsgericht dagegen ist nicht für eine einzige Rechtsstreitigkeit gedacht, sondern steht mit eigener Verfahrensordnung und einem administrativen Unterbau ständig einer unbestimmten Zahl von Rechtssuchenden zur Verfügung.

Der VDMA bietet seinen Mitgliedern Muster für die Vereinbarung einiger internationaler Schiedsorganisationen an:

- Internationale Handelskammer (ICC)
- Deutsche Institution für Schiedsgerichtsbarkeit (DIS)
- Schweizerische Handelskammern (Basel, Bern, Genf, Tessin, Waadt, Zürich)
- Wirtschaftskammer Österreich, Wien
- Schiedsgerichtsinstitut der Handelskammer Stockholm
- London Court of International Arbitration (LCIA)

Wegen deren sofortiger Verfügbarkeit werden insbesondere weniger erfahrene Beteiligte diese Möglichkeit einem ad-hoc Schiedsgericht vorziehen. In beiden Fällen sollte die Schiedsvereinbarung so eindeutig die Rechte und Pflichte der Parteien und der Schiedsrichter festlegen, dass keine Partei im Streitfall das Verfahren mit rechtlich zulässigen Mitteln verschleppen kann.

Um Streitigkeiten während der Projektabwicklung nicht immer sofort in Auseinandersetzungen vor dem ordentlichen oder Schiedsgericht enden zu lassen, sehen viele Verträge Vorstufen vor, auf denen eine Streiterledigung im Wege der Schlichtung – im englischen Sprachgebrauch *alternative dispute resolution procedure (ADR)* – möglich sein kann. Auch diesen Weg eröffnet die Vertragsfreiheit. Dementsprechend müssen die Vertragspartner genau bestimmen, wer unter welchen Umständen mit welcher Entscheidungsbefugnis tätig sein soll. Die in der internationalen Praxis verwendeten Begriffe sind nicht eindeutig besetzt und führen ohne sorgfältige Definition zu unnötigen Interpretationsproblemen. Gebräuchlich sind (mit ungefährer Aufgabenbeschreibung)

- *adjudication:* Der Adjudicator versucht zunächst aktiv mit den Parteien eine Einigung herbeizuführen. Hat er damit kein Erfolg, übernimmt er die Rolle eines Schiedsrichters und erlässt einen verbindlichen Spruch.
- *amicable settlement:* Formloser Versuch ohne vertraglich festgeschriebene Verfahrensschritte, zu einer gütlichen Einigung zu kommen.
- *conciliation:* Der Conciliator verfügt im Allgemeinen über Expertenwissen und entwickelt eigene Lösungsvorschläge, die für die Parteien allerdings nicht verbindlich sind.

- *early neutral evaluation:* Ein unabhängiger Dritter (meist ein erfahrener Anwalt) erstellt in einer frühen Phase des Streits ein juristisches Gutachten der Rechtslage. Die Parteien sind daran nicht gebunden.
- *expert determination:* Aufgrund vertraglicher Vereinbarung entscheidet ein Experte für die Parteien verpflichtend über eine Einzelfrage (z. B. technischer Natur). Sollte es trotzdem zum Prozess kommen, ersetzt dieses Verfahren die entsprechende Beweiserhebung durch das Gericht.
- *mediation:* Der Mediator bemüht sich, unter Zurückhaltung seiner eigenen Meinung zwischen den Parteien auszugleichen.
- *mini-trial:* Ein vertraglich festgeschriebenes Verfahren, das grobe Züge eines Prozesses aufweist. An ihm nehmen hochrangige Vertreter der Parteien und ein neutraler Berater teil. Er entwirft einen Prozessbericht, auf dessen Grundlage die Parteien innerhalb eines vorgeschriebenen Zeitraums eine übereinstimmende Entscheidung treffen. Im Fall des Scheiterns hat das Verfahren keine präjudizielle Wirkung auf einen anschließenden Prozess.

Deutsche Unternehmen neigen überwiegend zur Vereinbarung eines Schiedsgerichts oder zur Entscheidung auf Grund einer technischen Expertise. Dies dürfte damit zusammenhängen, dass Verfahren und gerichtliche Entscheidungen der großen kodifizierten Rechtsordnungen auf dem europäischen Kontinent trotz mancher Unwägbarkeiten insgesamt berechenbarer sind als im anglo-amerikanischen Rechtsraum, in dem sich alle Verfahren der Schlichtung größerer Beliebtheit erfreuen.

Vor Inanspruchnahme eines Schiedsgerichts oder eines anderen Instruments der Streiterledigung ist sicherzustellen, dass der ergehende Spruch nicht etwa bestehende Deckungen gefährdet. Denn grundsätzlich decken Versicherer nur Schadensersatzansprüche, die ein staatliches Gericht zuerkannt hat.

Das Vertragsbeispiel

Sollten bei der Durchführung dieses Vertrages Streitigkeiten entstehen, werden die Parteien sie zunächst auf gütlichem Wege beizulegen versuchen. Der Einigungsversuch gilt als gescheitert, sobald ein Vertragspartner dem anderen schriftlich das Scheitern angezeigt hat.

Alle Streitigkeiten, die sich aus oder im Zusammenhang mit dem vorliegenden Vertrag ergeben (einschließlich Fragen zu seinem Zustandekommen, seiner Gültigkeit oder seiner Beendigung) sind gemäß der Schiedsordnung der Internationalen Handelskammer in Paris in der zum Zeitpunkt des Vertragsschlusses geltenden Fassung durch drei Schiedsrichter nach der genannten Schiedsordnung unter Ausschluss des ordentlichen Rechtswegs endgültig zu entscheiden.

Diese Schiedsvereinbarung überlässt den Ort der Vereinbarung dem Schiedsgericht. Wegen der Vollstreckbarkeit kann das empfehlenswert sein. Bevorzugen die Parteien einen bestimmten Schiedsort, sollten sie sich darüber informieren, ob ein dort ergangener Schiedsspruch in dem Land des Gegners vollstreckbar ist.

...

Jede Partei hat das Recht, im Einzelfall statt der Entscheidung durch das Schiedsgericht eine Entscheidung durch das ordentliche Gericht zu verlangen.

Mit diesem Vorbehalt in einer Schiedsgerichtsklausel bleiben die Parteien auf halbem Wege stehen. Es mag im Einzelfall vielleicht gute Gründe dafür geben; dann aber sollte wenigstens die Unsicherheit beseitigt werden, bis zu welchem Zeitpunkt eines Schiedsgerichtsverfahrens ein ordentliches Gericht angerufen werden kann.

Eine ad-hoc-Schiedsgerichtsklausel kann ein aus einem Schiedsrichter bestehendes Schiedsgericht oder ein Dreierschiedsgericht vorsehen. Bei der Benennung der Institution, die über den Einsatz eines von den Parteien nicht benannten Schiedsrichters entscheidet, ist sicher zu stellen, dass es diese Institution tatsächlich gibt (z. B. regionale Handelskammern in Deutschland, ausländische nationale Handelskammern oder die Internationale Handelskammer in Paris).

Schiedsgerichtsklausel

Sämtliche Streitigkeiten zwischen den Parteien, die sich aus diesem Vertrag oder im Zusammenhang damit ergeben, werden unter Ausschluss des ordentlichen Gerichts durch ein Schiedsgericht entschieden, das aus einem oder drei Schiedsrichtern besteht.

Haben die Parteien vereinbart, dass das Schiedsgericht aus einem Schiedsrichter bestehen soll, so wird dieser von den Parteien gemeinsam benannt.

Haben die Parteien vereinbart, dass das Schiedsgericht aus drei Schiedsrichtern bestehen soll, so benennt jede Partei je einen.

Die benannten Schiedsrichter einigen sich auf einen Vorsitzenden.

Haben die Parteien keine Vereinbarung über die Anzahl der Schiedsrichter getroffen, so besteht das Schiedsgericht aus einem Schiedsrichter, es sei denn, der Wert der Streitigkeit liegt über 250.000,00 EUR.

Die Partei, die das Schiedsgericht anzurufen wünscht (Klägerin), unterrichtet die andere Partei (Beklagte) hiervon durch einen eingeschriebenen Brief, in dem der Vorname, Nachname und die Anschrift des im Fall eines Einzelschiedsrichters von ihr vorgeschlagenen, im Falle eines aus drei Schiedsrichtern bestehenden Schiedsgerichts des benannten Schiedsrichters sowie der Gegenstand des Streites anzugeben sind.

Können sich die Parteien für den Fall eines Einzelschiedsrichters innerhalb von 30 Tagen, von dem Tag gerechnet, an dem die Beklagte die Mitteilung der Klägerin erhält, nicht auf einen Schiedsrichter einigen, so wird dieser vom .... ernannt.

Benennt im Falle eines Dreierschiedsgerichts die Klägerin in ihrer Mitteilung an die Beklagte oder die Beklagte innerhalb der zuvor genannten Frist keinen Schiedsrichter, so wird der fehlende Schiedsrichter vom .... ernannt.

Die Schiedsrichter wählen binnen 30 Tagen nach der Benennung des letzten Schiedsrichters einen Vorsitzenden des Schiedsgerichts. Sollten sie sich in diesem Zeitraum auf keinen Vorsitzenden einigen, so wird dieser vom .... ernannt.

Die Ordnung des Schiedsverfahrens und die Verteilung der Kosten, die mit der Tätigkeit des Schiedsgerichts verbunden sind, werden von dem Schiedsgericht selbst bestimmt.

Die Entscheidung des Schiedsgerichts ist endgültig und für beide Parteien bindend.

Sollten die Parteien sich über die Höhe der Änderungskosten nicht einigen, wird ein von der IHK Frankfurt zu benennender Sachverständiger als Schiedsgutachter die Höhe für beide Seiten verbindlich festlegen. Die Kosten des Schiedsgutachters tragen die Parteien je zur Hälfte.

Diese Regelung soll ausdrücklich nur für einen kleinen Teil denkbarer Streitigkeiten gelten. Bemerkenswert ist, dass der Sachverständige nicht nur begutachten, sondern auch verbindlich entscheiden soll. Nicht ganz klar ist, welche genauen Voraussetzungen für die Inanspruchnahme der IHK durch eine Partei zu erfüllen sind. Den Sachverhalt der Nichteinigung festzustellen dürfe manchmal schwierig sein.

UN-Kaufrecht

Das Projekt

Die Parteien verhandeln über Lieferung und Montage eines kleineren Walzwerks. Zu dem auf den Vertrag anwendbaren Recht haben sie bisher noch keine Einigkeit erzielt. Um voranzukommen schlägt die chinesische Seite als Kompromiss die Geltung des UN-Kaufrechts als neutrales, international anerkanntes Gesetz vor.

Der deutsche Projektleiter P fragt sich, was die Annahme dieses Vorschlags für das Claimsmanagement seines Unternehmens bedeuten kann.

Überlegungen

Nach deutschem Recht können die Vertragspartner das für einen schuldrechtlichen Vertrag maßgebliche Recht – die Juristen sprechen vom Vertragsstatut – durch Rechtswahl selbst bezeichnen. Dies ergibt sich schon aus der Vertragsfreiheit, ist aber in § 27 EGBGB (Einführungsgesetz zum Bürgerlichen Gesetzbuch) auch festgeschrieben. Das EGBGB bestimmt bei Sachverhalten mit einer Verbindung zum Recht eines ausländischen Staates, welche Rechtsordnungen anzuwenden sind. Das EGBGB ist das so genannte Internationale Privatrecht (IPR) Deutschlands.

Der chinesische Vorschlag bezieht sich auf das Übereinkommen der Vereinten Nationen über Verträge über den internationalen Warenkauf, United Nations Convention on Contracts for the International Sale of Goods, CISG. Dieses Übereinkommen ist auf Kaufverträge über Waren zwischen Parteien aus verschiedenen Staaten anzuwenden, wenn sie das Übereinkommen als Vertragsstaaten unterzeichnet haben oder wenn das Internationale Privatrecht zur Anwendung des Rechts eines Vertragsstaates führt.

Die Freiheit der Rechtswahl bezieht sich nur auf staatliches Recht; das CISG als internationales Übereinkommen können die Parteien nicht isoliert vereinbaren. Es würde aber zum Zuge kommen, wenn sich die Parteien auf Geltung des chinesischen oder des deutschen Rechts für den Vertrag einigten. Denn sowohl China als auch Deutschland sind Vertragsstaaten des CISG. Einigen sich die Parteien auf ein drittes Recht, z. B. das der Schweiz, könnte auch auf diesem Weg das CISG Vertragsrecht werden, weil auch die Schweiz Vertragsstaat ist. Die Parteien müssen das CISG also nicht besonders vereinbaren, um es gelten zu lassen. Es gilt automatisch als vereinbart, wenn das Recht eines Vertragsstaates für den Vertrag gilt. Andererseits können die Parteien die Anwendung des CISG ausschließen, von einzelnen Bestimmungen abweichen oder deren Wirkung ändern.

Der Rat

Taktik und Diplomatie gebieten es häufig, den Vorschlag zur Vereinbarung des UN-Kaufrechts nicht sofort in Bausch und Bogen abzulehnen. Immerhin könnte es die Gegenseite mit einem Kompromiss zur Regelung des anwendbaren Rechts ernst meinen. Andererseits ist es erforderlich, deutlich auf die Schwächen einer entsprechenden Vereinbarung hinzuweisen und sich mit dem Vertragspartner darüber auseinander zu setzen.

Nach Art. 1 des CISG ist das Übereinkommen auf Kaufverträge anzuwenden. Die meisten Verträge in der Investitionsgüterindustrie enthalten aber über den Kauf hinaus so viele werkvertragliche oder dienstvertragliche Elemente, dass die Behandlung als Kaufvertrag nicht interessengerecht wäre.

Sollte der überwiegende Teil der Pflichten der Partei, die die Ware liefert, in der Ausführung von Arbeiten oder anderen Dienstleistungen bestehen, ist das Übereinkommen nach Art. 3 Abs. 2 ohnehin nicht anzuwenden.

Das CISG bietet für den durchschnittlichen Anlagenvertrag keine lückenlose Regelung. So fehlt z. B. eine Vorschrift über die bei fast jedem Projekt erforderliche Vertragsanpassung völlig. Für die Auslegung in Streitfragen würde Art. 7 gelten. Danach sind Fragen, die in dem Übereinkommen nicht ausdrücklich entschieden werden, nach dem Recht zu entscheiden, das nach den Regeln des Internationalen Privatrechts anzuwenden ist. Das Ergebnis kann für den deutschen Lieferer durchaus positiv sein. Damit wären die Parteien aber wieder bei einem der nationalen Rechte, das sie eigentlich durch Vereinbarung des CISG nicht anwendbar sein lassen wollten. Dieses Problem relativiert die Bedeutung des CISG als Kompromiss für Verträge im Anlagengeschäft erheblich.

Das Vertragsbeispiel

This CONTRACT shall be governed by, and disputes shall be judged and settled in accordance with German LAW, excluding however the United Nations Convention on Contracts for the International Sale of Goods.

Für diesen Vertrag gilt deutsches Recht; nach ihm sind alle Auseinandersetzungen zu beurteilen und zu entscheiden. Die Anwendung des Übereinkommens der Vereinten Nationen über Verträge über den internationalen Warenkauf ist ausdrücklich ausgeschlossen.

Verfügbarkeit

Das Projekt

Die Schall & Rauch GmbH hatte eine Vorbehandlungsanlage für Tabak an den Zigarettenhersteller Z nach Osteuropa verkauft und geliefert.

Zwischen den Parteien war bei Geltung deutschen Rechts unter anderem vereinbart: „Verfügbarkeitsgewährleistung:

Der Verkäufer gewährleistet für den Vertragsgegenstand einen Nutzungsgrad von 97%. Dies bedeutet, dass Störzeiten der Gesamtanlage, die von ihm (oder seinen Unterlieferanten) zu vertreten sind, maximal 3% der geplanten Betriebszeit der Anlagen betragen dürfen. Die minimale geplante Betriebszeit beträgt 15 Schichten pro Woche."

Nach störungsfreiem Ablauf der Sachmängelfrist von 12 Monaten funktioniert die Anlage noch drei Wochen anstandslos. In der vierten Woche fällt die Anlage für insgesamt zwei Schichten aus. Z beansprucht die vereinbarte Konventionalstrafe mit der Begründung, am Ende der vierten Wochen wären 60 Schichten verfahren gewesen, mehr als 1,8 Schichten (3% der geplanten Betriebszeit) Stillstand hätte es nicht geben dürfen. Außerdem droht Z mit einem Schadensersatzclaim wegen des Produktionsausfalls.

Überlegungen

Die Verantwortlichen von S & R sind entrüstet. Ihrer Auffassung nach ist ein Zeitraum von vier Wochen zu kurz, um schon eine Aussage über die nicht erreichte Verfügbarkeit zu treffen. Außerdem hätte Z die 52 Wochen einwandfreien Betriebs mit einrechnen müssen, sodass die Ausfallquote von 3% sich auf insgesamt 56 Wochen oder 840 Schichten beziehen würde. Und schließlich sei die Verfügbarkeit überhaupt nicht mehr von Interesse, weil die Sachmängelfrist abgelaufen sei und die Wortwahl „Verfügbarkeitsgewährleistung" eindeutig dafür spreche, dass es sich um einen Bestandteil der Gewährleistung handele.

Wie bei Schnittstellen von Recht und Technik häufig, beruht ein großer Teil der in der Praxis auftauchenden Schwierigkeiten mit Vereinbarungen über die Verfügbarkeit auf der Verwendung von Begriffen, die entweder unklar sind, oder unter denen die Parteien verschiedenes verstehen. So etwa unterscheiden einige Branchen zwischen „Zeitverfügbarkeit" und „Arbeitsverfügbarkeit". Bei Ersterer sind die vom Hersteller zu vertretenden Stillstandszeiten der Anlage innerhalb des Betrachtungszeitraums Grundlage für die Bemessung der Rechtsfolgen. Die Arbeitsverfügbarkeit dagegen stellt auf dem gesamten Umfang der Ausbringung des Betriebs ab. Sie definiert die nicht verfügbare

Arbeit als Produkt aus Ausbringungsminderung und deren Dauer. Von der Gebräuchlichkeit solcher Begriffe sollten die Parteien jedoch nicht ohne weiteres auf Eindeutigkeit schließen.

Die Verfügbarkeit ist weder gesetzlich noch durch Rechtsprechung oder juristische Literatur definiert. Anders dagegen in der Technik: Hier gibt es sowohl auf nationaler wie auf internationaler Ebene Normen und Richtlinien, die allerdings nicht automatisch für einen Vertrag gelten, sondern der ausdrücklichen Einbeziehung in ihn bedürfen. Dies gilt umso mehr, als es (auch in diesem Punkt) erhebliche Branchenunterschiede gibt.

Der anschließende Ratschlag soll deutlich machen, warum die eingangs erwähnte Vereinbarung unnötig zu einer Claimsstreitigkeit führen musste.

Der Rat

Es ist für die Parteien wichtig, auf die individuellen Besonderheiten der Anlage und ihrer Anforderungen einzugehen und sich über die folgenden Punkte zu verständigen.

- Auf welche Zeiträume soll sich die Verfügbarkeit beziehen? (Beginn und Ende der Verpflichtung)
- Welche Anforderungen sind bei den Umgebungsbedingungen einzuhalten? (Ausgangsdaten, Bewertungsperioden, Aufzeichnungen, Nachweise)
- Festlegung der Produktionszeiträume (wie Arbeitstage, Schichten, Betriebsstunden)
- Berücksichtigung von lieferseitig nicht zu vertretenden Störungen und Betriebspausen
- Was ist die ausschlaggebende Betrachtungseinheit? (z. B. Liefergegenstand, Prozesse, deren Ergebnisse)
- Erstreckung auf Zulieferungen?
- Formulierung von Risikosphären des Lieferers und des Anwenders
- Qualifikation des Betriebspersonals
- Einsichtsrecht des Lieferers (in die Betriebsführungsunterlagen des Vertragspartners)
- Rechtsfolgen des Nichterreichens der Zusage (Nachbesserung, Vertragsstrafe, Schadensersatz bzw. Ausschlüsse)
- Paralleler Abschluss eines Instandhaltungsvertrags? (über Inspektion, Wartung, Instandsetzung)

Das Vertragsbeispiel

Availability guarantee

During the guarantee period, supplier guarantees an availability of at least 97%.

Availability is defined as = (8760 h – sd) x 100/8760 h where sd = shutdowns in hours which are unplanned and/or caused by supplier.

If this is not achieved, buyer is entitled to claim a penalty of 1% of the total contract amount for each 1% shortfall, but not more than max. 5% of the total contract amount. Further claims are excluded.

Verfügbarkeitszusage

Während der Sachmängelfrist sichert der Lieferer eine Verfügbarkeit von mindestens 97% zu.

Die Verfügbarkeit ist als (8760 h – STZ) x 100/8760 h definiert; dabei ist STZ die Stillstandzeit in ungeplanten und/oder vom Lieferer verursachten Stunden.

Bei Nichterreichen hat der Käufer einen Anspruch aus Vertragsstrafe in Höhe von 1% der Vertragssumme für jede nicht erreichte 1% der Zusage, begrenzt auf höchstens 5% der Vertragssumme. Weitere Ansprüche sind ausgeschlossen.

Diese Zusage berücksichtigt zwar einen großen Teil der oben aufgeführten Punkte nicht. Immerhin aber schafft sie eine Grundlage mit der Jahresstundenzahl (24 x 365 = 8760) und begrenzt die Zusage eindeutig auf die Sachmängelfrist sowie hinsichtlich der Zahlungsfolgen. In der Praxis des Industrieanlagenbaus dürfte die Basis der Verfügbarkeit eher bei 8000 h liegen.

Verpackung

Das Projekt

Maschinenbauer M lag mit seinem China-Vertrag bestens im Zeitplan. Die Lieferung war bestimmungsgemäß im chinesischen Hafen angekommen, damit bestand gute Aussicht, auch die Montage fristgerecht erbringen zu können. Umso beunruhigender war die Nachricht, mit der der chinesische Partner auf einmal eine „Erklärung für Nichtholzverpackungen“ anforderte, ohne die die Lieferungen nicht aus dem Zoll zu bekommen wären. Der Geschäftsführer von M hatte davon noch nichts gehört und fürchtete nun wegen des zu erwartenden behördlichen Aufwands Terminüberschreitungen und Vertragsstrafen.

Überlegungen

Verpackungs- und Transportprobleme genießen häufig nicht die Aufmerksamkeit, die ihnen als Claimspotential zukommt. Dies gilt umso mehr, als der wachsende Containerverkehr die Verschiffung von im Industrieanlagenbau anfallenden Großstücken zusätzlich erschwert hat. Hinzu kommt, dass die Auslagerung an Drittfirmen bei manchen Unternehmen zu einem spürbaren Abfluss von Wissen und Fertigkeiten auf diesem Gebiet geführt hat. Das geschilderte Projekt zeigt beispielhaft, welche speziellen und auf den ersten Blick ungewöhnlich erscheinende Anforderung in der Praxis schnell erhebliche finanzielle Folgen haben können. Der chinesischen Forderung liegt die Angst zugrunde, mit Holzverpackungen könnten Schädlinge wie die Larve des Borkenkäfers in die Volksrepublik eingeschleppt werden. Eine Erklärung einer Nichtholzverpackung würde diese Befürchtung ausräumen, weil in solchen Verpackungen Schädlinge nicht überleben können.

Der Rat

Im Zusammenhang mit Verpackung und Transport (nicht nur im Ausland) hat sich eine Reihe von Fragen als für das Claimsmanagement bedeutend erwiesen. Frühzeitige Klärung und eindeutige Formulierung im Vertrag erleichtert auch hier dem Projektmanagement die Arbeit.

- Inwieweit erstreckt sich der Preis auf Verpackung und Transport (z. B. Anstriche)
- Gibt es Anforderungen hinsichtlich des Verpackungsmaterials (z. B. Pflanzengesundheitszeugnisse)?

- Sind Begriffe definiert (z. B. „seemäßige Verpackung“)?
- Besteht eine Rücknahmeverpflichtung für das Material (z. B. Paletten)?
- Ist die Wiederausfuhr (z. B. vorübergehend eingeführten Materials) geregelt?
- Sind dritte Firmen eingeschaltet oder gar vorgeschrieben (z. B. Flaggen oder Transporteure)?
- Sind Wege, Häfen, Transportmittel und Verhältnisse am Bestimmungsort geklärt (z. B. Abmessungen und Ladegeschirr)?
- Ist an notwendige Einlagerungen (z. B. Verantwortlichkeit, Kosten) gedacht?
- Wie sollen eventuelle *open-package-tests* ablaufen (z. B. Folge der Nachfertigung fehlerhafter Stücke)?

Das Vertragsbeispiel

Packing

SELLER shall pack the subject matter of each delivery/contents of each consignment so as to correspond with terms for export relating to the respective equipment or to equipment of similar kind prevailing in the country of manufacture and taking into account the mode and duration of transport.

Verpackung

Der Verkäufer hat jede Lieferung/den Inhalt jeder Sendung entsprechend den im Lande des Herstellers geltenden Exportbedingungen für diese oder ähnliche Ausrüstungsteile zu verpacken und dabei Art und Dauer des Transports zu berücksichtigen.

Diese Klausel ist wenig hilfreich. Sie berücksichtigt einmal nicht die spezifischen Anforderungen der Einzellieferungen für das Projekt. Zum anderen ist nicht ganz klar, was die Partner „*terms for export*“ verstehen. Dabei kann es sich durchaus um eine schlechte Übersetzung eines aus einer anderen Sprache stammenden Begriffs handeln. Und drittens bleibt ungeregelt, welche Folgen das Fehlen solcher Bedingungen im Herstellerland hat.

Vertragsinhalt

Das Projekt

Das junge Unternehmen Dynoptics hatte sich mit seinen Systemen für die Qualitätskontrolle bei der Herstellung von medizintechnischen Geräten eine Nische im Markt erobert und war ständig gewachsen. In der Anfangszeit hatte man aus strategischen Gründen klaglos die von den Auftraggebern vorgelegten Vertragstexte akzeptiert. Die Kosten für Rechtsberatung glaubte man einsparen zu können. Von einigen Kunden finanziell nicht honorierte Mehrleistungen und andere nicht durchsetzbare Nachforderungen führen zu einem Umdenken. Der neu eingestellte junge Vertragskaufmann K soll sich nun um das Vertrags- und Nachforderungsmanagement kümmern.

Überlegungen

K ist sich darüber klar, dass grundlegende Voraussetzungen für ein funktionierendes Claimsmanagement oder Nachforderungswesen eine sorgfältige Vertragsgestaltung ist. Er ist sich weiter darüber klar, dass das Prinzip der Vertragsfreiheit es möglich macht, bis an die Grenzen von Gesetz und Rechtsprechung alles in einem Vertrag unter zu bringen, was den Parteien wichtig erscheint. Diese Vertragsfreiheit nicht auszunutzen bedeutet Verzicht auf Gestaltungsspielraum. Andererseits weiß K, dass es viele unterschiedliche Vertragstypen und Vertragsarten mit verschiedenartigen vertraglichen Anforderungen gibt. Außerdem sollen die Vertragspartner mit dem Vertrag noch arbeiten können, sein Umfang und die Regelungsdichte müssen sich deshalb aus praktischen Gründen in Grenzen halten.

Der Rat

Als typisches Kind der Vertragsfreiheit ist ein Vertrag für jedes einzelne Projekt neu und individuell zu gestalten. Zwar gibt es → *Vertragsmuster*, Leitfäden oder Prüflisten verschiedener Institutionen im In- und Ausland. Diese Unterlagen können aber immer nur helfend für die Vertragsgestaltung sein. Ganz selten wird ein Standardvertrag den Besonderheiten des Anlagengeschäfts entsprechen.

Trotz des großen Unterschieds in den Bezeichnungen und Inhalten der im Maschinen- und Anlagenbau üblichen Verträge folgen sie – auch wenn die Reihenfolge der einzelnen Vertragspunkte sehr unterschiedlich sein kann – meistens einer ähnlichen inneren

Logik, die leider nicht immer transparent ist. Die Prinzipien des Aufbaus frühzeitig wenigstens in den Grundzügen zu erkennen ist aber für alle am Claimsmanagement Beteiligten wichtig. Ohne diese Kenntnis werden sie nämlich kaum in der Lage sein, die wichtigen Abschnitte des Projektverlaufs, Abweichungen vom Plan und daraus sich ergebende Folgen für Claims zu identifizieren. Je eher Mitarbeiter die Frage „Wo steht was mit welcher Rechtsfolge in meinem Vertrag?“ beantworten können, desto besser sind die Chancen, Fehler im Claimsmanagement zu vermeiden.

Dieser Zugang ist aus deutscher Sicht bei einem Inlandsvertrag durchweg leichter als bei einem Vertrag mit Auslandsbezug. Dafür gibt es zwei Gründe: Internationale Verträge werden meist in englischer Sprache abgefasst. Das liegt an deren Verbreitung auf Kundenseite. Darüber hinaus aber sind sie wesentlich umfangreicher als ein nach deutschem Recht konzipiertes Vertragswerk. Dieser Unterschied geht auf die voneinander abweichenden Rechtssysteme zurück: Deutsches Recht beruht im Wesentlichen auf geschriebenen Gesetzen, die von Gerichten interpretiert und angewendet werden. Dem anglo-amerikanischen Rechtskreis (dazu gehören das englische Recht und die von ihm abgeleiteten Rechtssysteme fast aller Staaten der USA und des britischen Commonwealth) liegt dagegen im Prinzip die Gesamtheit der dem zu entscheidenden Streit ähnlichen oder vergleichbaren Fälle zu Grunde. Während der deutsche Richter seine Entscheidung auf den Gesetzestext stützt, sucht sein englischer Kollege nach einem oder mehreren *precedents*. Sie schaffen mangels eines Rechts in unserem Sinn einen roten Faden zum Urteil. Dabei ist der Richter nicht auf die Entscheidungen seines Heimatlandes beschränkt, sondern er kann auch auf überzeugende Urteile von Kollegen aus anderen Ländern der anglo-amerikanischen Rechtsfamilie zurückgreifen. Im Gegensatz zu den kontinentalen Rechtssystemen spricht man deshalb hier von *case law*. Dieses System bringt eine hohe Regelungsbedürftigkeit und -dichte mit sich, weil ein Vertrag bei Regelungslücken nicht auf die in Gesetzen zu findenden generellen Lösungen und Definitionen zurückführt. Andererseits erleichtert in gut formulierten Verträgen die allgemeine Verständlichkeit der anglo-amerikanischen Rechtssprache auch juristischen Laien den Zugang zum Vertrag, während der abstrakte Sprachgebrauch des deutschen Rechts dieses Verständnis erschwert.

Ein Beispiel: Im anglo-amerikanischen Rechtskreis steht der Schuldner – wenn ihm kein Entlastungsgrund hilft – grundsätzlich für → *delay* ein. Dieser erstreckt sich auf alle Fälle der Leistungsverzögerung. Weiterer Begriffe zum Verständnis der Einstandspflicht bedarf es nicht.

Die deutsche Sprache dagegen unterscheidet zwischen Verzögerung und Verzug. Der erste Begriff ist rechtlich unbeachtlich und beschreibt lediglich die Tatsache, dass ein Vorgang nicht zum vorgesehenen Zeitpunkt erfolgt ist. In Verzug – mit nachteiligen Folgen – kommt der Schuldner solange nicht, wie die Leistung infolge eines Umstands unterbleibt, den der Schuldner nicht zu vertreten hat, § 286 Abs. 4 BGB. Was der Schuldner zu vertreten hat, bestimmt § 276 BGB. Danach hat der Schuldner Vorsatz und Fahrlässigkeit zu vertreten, wenn eine strengere oder mildere Haftung weder bestimmt noch aus dem sonstigen Inhalt des Schuldverhältnisses, insbesondere aus der Übernahme einer Garantie oder eines Beschaffungsrisikos, zu entnehmen ist.

Einem offensichtlichen Nachteil ausländischen Rechts kann sich ein deutscher Anbieter aber im allgemeinen nicht mit einem Hinweis auf Vorteile des deutschen Rechts entziehen. Die starke Verhandlungsposition der privaten wie öffentlichen Auftraggeber und deren Neigung zur Bevorzugung angelsächsischen Rechts sowie die Stellung der großen Consultants im internationalen Geschäft lassen eine ernsthafte Diskussion über diesen Punkt meist gar nicht erst aufkommen. Er eignet sich deshalb bestenfalls als Verhandlungsmasse. Für den Claimsmanager bedeutet das, dass er sehr oft mit einem Vertrag umgehen muss, der einer fremden Rechtsordnung unterliegt.

Unter Vernachlässigung der obigen – verkürzt dargestellten – Unterschiede haben die meisten Anlagenverträge in der industriellen Praxis 20 – 40 Schwerpunkte. Dabei wird tendenziell ein Vertrag über die schlüsselfertige *(turn key)* Lieferung einer Anlage wegen der damit verbundenen kaufmännischen und technischen Risiken mehr Schwerpunkte haben als ein einfacherer Vertrag. Früher war es nicht üblich, diese verschiedenen Punkte nach dem Sachzusammenhang in Gruppen oder Kapitel zu unterteilen. Das mag damit zusammenhängen, dass Verträge in der Investitionsgüterindustrie bis über die Mitte des vorigen Jahrhunderts hinaus sehr stark von der persönlichen Bekanntschaft der Vertragspartner und ihrem Vertrauen zueinander geprägt waren. Dies kam der Kürze der Verträge zugute. In den letzten Jahrzehnten hat national wie international die Regulierungsfreude der – durch Rechtsberater unterstützten – Parteien deutlich zugenommen, sicherlich auch begünstigt international durch die anglo-amerikanische Vertragspraxis und national durch eine nicht immer nachvollziehbare Rechtsprechung. (Dabei dürfte unter Fachleuten unbestritten sein, dass ein voluminöser Vertrag nicht allein wegen dieser Eigenschaft der bessere ist. Vielmehr steigt mit der Zahl einzelner Regelungen die Wahrscheinlichkeit, dass Vereinbarungen einander widersprechen und damit in einem Prozess ihr Wert fraglich wird. Dies wiederum erhöht die Unsicherheit des Prozessausgangs und birgt damit ein weiteres Kostenrisiko.)

Mit einem umfangreichen Vertrag findet sich ein mit dessen Entstehung nicht unmittelbar befasster Beteiligter besser zurecht, wenn das Klauselwerk untergliedert ist. Die Schöpfer mancher moderner Verträge versuchen deshalb, logische Gruppen zu bilden, auf die sie die Klauseln verteilen. Eine Patentlösung für dieses Verfahren gibt es nicht, weil es keine durchgängige Logik für eine Zuordnung der Klauseln geben kann.

Im Stadium der Verhandlung und Erstellung eines Anlagenvertrags sollten die Partner deshalb zunächst nicht nach einem überzeugendem Gliederungsschema suchen, sondern sechs Hauptfragen stellen, unter denen sie vertraglich zu regelnde Punkte erörtern und klären können:

- Was schuldet der Anlagenbauer dem Kunden?
- Was schuldet der Kunde?
- Wie soll die Anlage entstehen?
- Was geschieht bei Änderungen?
- Wer trägt welche Risiken?
- Wie ist der Vertrag zu verstehen?

Dabei sollten sich die Beteiligten nicht unnötig mit der Frage belasten, welchem Vertragstyp oder welcher Vertragsart ihr Projekt zuzurechnen ist. Eine solche Einordnung (z. B. wegen des Inhalts als Montagevertrag, wegen des hierarchischen Verhältnisses als Zuliefervertrag, wegen der Gesamtverantwortung als Generalunternehmervertrag oder wegen der Vergütungsregelung als Pauschalvertrag) und die daraus abgeleitete Vertragsüberschrift führen nicht weiter. Es kommt allein auf den Inhalt der Regelungen an.

Der Regelungsinhalt erstreckt sich allerdings nicht nur auf das, was direkt im Text des Hauptvertrages festgelegt ist. Dieser kann zum Beispiel die Konkretisierung einer schon bestehenden Rahmenvereinbarung sein. Das ist insbesondere bei laufenden Geschäftsbeziehungen im Zulieferverhältnis häufig. Die Parteien ersparen sich damit unnötige Verhandlungen über grundlegende Punkte, die sie für einen bestimmten Zeitraum gleich bleibend beibehalten wollen. Ebenso kann ein Vorvertrag oder eine Absichtserklärung Gegenstand der Konkretisierung sein.

Wichtige Quellen für Regelungsinhalte sind die gerade bei Langzeitprojekten des Industrieanlagenbaus gängigen Protokolle von Sitzungen zu technischen oder kaufmännischen Fragen *(minutes of meeting)*, die während der Abwicklung des Projekts auftreten und deren Beantwortung für den Fortgang wichtig ist. Die dort von Fachleuten erörterten Lösungen oder Festlegungen können weit über vertragsausfüllende Details hinausgehen und so bedeutsam sein, dass sie mit ursprünglichen vertraglichen Vereinbarungen nicht übereinstimmen. Sie können dann Vertragsänderungen darstellen. Der Vertrag muss deshalb von vorn herein festlegen, welche Anforderungen Protokolle (hinsichtlich Genehmigungen, Form, ausdrücklicher Bezugnahme auf den Vertrag) erfüllen müssen, um Vertragsinhalt zu werden.

Durch Bezugnahmen können auch andere Vereinbarungen verbindlich werden. So etwa können Qualitätsvereinbarungen, mit denen ein Anlagenbauer seine Zulieferer auf bestimmte Standards zur Sicherstellung bei der Kundenzufriedenheit festlegen will, Vertragsinhalt werden. Dabei sind zwei Voraussetzungen zu erfüllen: Zum einen muss die Qualitätssicherungsvereinbarung Bestandteil des Liefervertrags durch Inbezugnahme in diesem selbst werden. Ein Hinweis in den QSV selbst, dass die vorliegende Vereinbarung Bestandteil des Liefervertrags ist, reicht nicht. Zum zweiten sind Qualitätssicherungsvereinbarungen häufig als AGB formuliert, was an ihre Wirksamkeit besondere Anforderungen stellt. In allen diesen Fällen ist auf eine widerspruchsfreie Formulierung des Vertragsinhalts Wert zu legen. Sie ist Grundvoraussetzung für jedes Claimsmanagement.

Die ausdrückliche Einbeziehung von nicht direkt im Vertragstext enthaltenen Vereinbarungen ist besonders wichtig, wenn der Vertrag einer angelsächsischen Rechtsordnung unterliegt. Deren Richter neigen nämlich stark dazu, nur das als Vertrag anzusehen, was tatsächlich als eigentlicher Vertragstext erscheint.

Im Interesse des Claimsmanagement ist es wichtig, die auftauchenden Fragen mit dem Vertragspartner zu klären und nicht (wie so oft aus diplomatischen Gründen oder um die Gesprächsatmosphäre nicht zu belasten) darauf zu vertrauen, dass die offen gebliebenen Fragen bei der Abwicklung des Projekts keine Rolle spielen werden. Der formulierte Vertragsinhalt ist die unerlässliche Grundlage *(baseline)*, ohne die Abweichungen und schließlich Claims weder zu qualifizieren noch zu quantifizieren sind. Gänzlich abzuraten ist von der Claimsphilosophie, Fragen ganz bewusst offen zu lassen, um später Nachforderungen mit mehr Erfolg geltend machen zu können.

Vertragsmanagement

Das Projekt

Der mittelständische Anlagenbauer – seit mehreren Generationen als Familienunternehmen geführt – war aus einem Handwerksbetrieb in ländlicher Region hervorgegangen. Über die letzten Jahrzehnte hatte sich das Volumen der Projekte ständig erhöht, zudem lag der Exportanteil mittlerweile bei weit über 50% des Auftragseingangs. Rechtsstreitigkeiten in nennenswertem Umfang gab es bisher nicht, bei auftauchenden Rechtsfragen war eine alteingesessene lokale Anwaltskanzlei behilflich.

Im Zusammenhang mit unvorhergesehenen Abwicklungsschwierigkeiten bei einem größeren Projekt sieht sich das Unternehmen plötzlich existenzbedrohenden Schadensersatzansprüchen des Auftraggebers gegenüber, die sich aber glücklicherweise nicht realisieren. Immerhin ist die Geschäftsführung alarmiert und fasst Maßnahmen ins Auge, die eine Wiederholung weniger wahrscheinlich machen.

Überlegungen

Während sich andere Bereiche unternehmerischen Handelns größter Aufmerksamkeit der Verantwortlichen erfreuen, fristet das Vertragswesen gerade bei mittelständischen Firmen häufig ein Schattendasein. Die Gründe liegen auf der Hand: Juristische Tätigkeit, häufig von Zweifeln und Bedenken geprägt, scheint dem Geschäft nicht eben förderlich zu sein. Auftritt und Sprache vieler Juristen tragen zum Abbau von Vorurteilen wenig bei. Folglich ist die Vertragsarbeit nur ein notwendiges Übel.

Diese Sichtweise, so verständlich sie für den Einzelnen aus seiner eigenen Erfahrung auch sein mag, verstellt den Blick auf das Ergebnispotential eines wirksamen Vertragsmanagement. Viele Unternehmen dürften erhebliche Summen verlieren, weil Mitarbeiter Verträge fehlerhaft verfassen, mangelhaft überwachen und demzufolge für das Unternehmensinteresse unzulänglich als Instrument einsetzen – sei es zur Geltendmachung eigener, sei es zur Abwehr fremder Ansprüche.

Der Rat

Vertragsmanagement (mit seinen verschiedenen, nicht verbindlich definierten Phasen wie Vertragsentwurf, Vertragsverhandlung, Vertragsabschluß, Vertragsüberwachung oder Vertragsverwaltung) sollte integrierter Teil des Projektmanagement und des Claimsmanagement sein. Es kann letzteres allerdings nicht ersetzen.

Irreführend ist es, wenn ein Unternehmen aus Gründen der Außenwirkung sein Claimsmanagement unter der Bezeichnung „Contractmanagement" führt, weil es diesen Begriff für weniger aggressiv hält. Auch wenn das Vertragsmanagement schon frühzeitig mit der Teilnahme an Ausschreibungen, Vertragsverhandlungen oder der Vorbereitung von Einkäufen beginnt, reicht es letztlich doch nicht soweit wie das Claimsmanagement.

Wer sich mit einer Einführung des Vertragsmanagement beschäftigt, muss nicht gleich an die Einstellung eines Juristen oder gar die Organisation einer Rechtsabteilung denken. Es geht auch nicht notwendig sofort um die Installation spezieller Softwareprogramme. In einem ersten Schritt sollte sich die Geschäftsleitung eine Vorstellung davon verschaffen, in welchem Umfang im Unternehmen überhaupt Verständnis für die Verträge, ihren Inhalt, Aufbau und Bedeutung für das wirtschaftliche Ergebnis des Betriebs vorhanden sind.

Die nächsten Maßnahmen betreffen die Benennung von Verantwortlichen und den Umgang mit Verträgen, z. B. deren Verwaltung und Pflege. (Es ist immer wieder erstaunlich, wie viel Verwirrung der externe Berater mit dem einfachen Wunsch nach Aushändigung des für die Abwicklung eines laufenden Projekts verbindlichen Vertragstextes stiften kann.) Weitere Aktivitäten, die auch gleichzeitig erforderlich sein können, beziehen sich auf die Vertragspolitik: Inhalt und Grenzen der eigenen Angebote, Verhandlungsverhalten und -spielräume, Kompetenzen für Vertragsabschlüsse.

Bei allen diesen Maßnahmen können Schulungen durch Spezialisten sehr hilfreich sein. Sie ersetzen aber nicht die Willensbildung der Geschäftsleitung bezüglich der Einführung eines Vertragsmanagement überhaupt. Dieses Instrument kann zwar – wie andere Managementsysteme auch – zunächst Ausgaben verursachen. Sie dürften jedoch durch Kostenreduzierung an anderer Stelle und Mehrerlöse im Rahmen des Claimsmanagement schnell mehr als kompensiert sein.

Vertragsmuster

Das Projekt

Der Jungingenieur J hat als Assistent des Projektleiters P zum ersten Mal an langwierigen technischen und kaufmännischen Verhandlungen über ein Anlagenprojekt mit einem ausländischen Partner teilgenommen. Als P erkrankt, sieht I sich plötzlich mit der Aufgabe konfrontiert, das erzielte Zwischenergebnis in Vertragsform zu bringen und der Gegenseite vorzulegen.

Überlegungen

J weiß, dass sich für viele Geschäfte des täglichen Lebens infolge häufigen Gebrauchs Vertragsmuster (in der Umgangssprache meistens als „Musterverträge“ bezeichnet, obwohl sie nicht immer musterhaft sind) herausgebildet haben. Sie erleichtern den Abschluss zum Beispiel von einfachen Mietverträgen oder Kauf von Möbeln oder Kraftfahrzeugen. Es liegt deshalb nahe, dass mit der Verhandlung oder dem Abschluss von Verträgen im Wirtschaftsleben Betraute ebenfalls nach dieser Möglichkeit der Arbeitserleichterung suchen.

Der Rat

In der Tat gibt es einige Muster, die sich als Arbeitsgrundlage nicht nur für öfter vorkommende Verträge über einfachere oder Serienprodukte, sondern auch für anspruchsvolle Einzelfertigungen oder Anlagen der Investitionsgüterindustrie eignen. Zu nennen sind beispielsweise (weder wertend noch abschließend):

- ENGINEERING ADVANCEMENT ASSOCIATION OF JAPAN (ENAA): Model Form International Contract for Process Plant Construction
- Fédération Internationale des Ingénieurs-Conseils (FIDIC): Conditions of Contract for Design-Build and Turnkey (“Orange Book”)
- Institution of Chemical Engineers (IChemE): Form of Contract – Lump Sum Contracts (“The Red Book”)

- International Chamber of Commerce (ICC): Model Contract for the Turnkey Supply of an Industrial Plant
- LIAISON GROUP OF THE EUROPEAN MECHANICAL, ELECTRICAL, ELECTRONIC AND METALWORKING INDUSTRIES (ORGALIME): Turnkey Contract for Industrial Works
- Society of Construction Law: Delay and Disruption Protocol
- Standard Solutions Group (SSG): Delivery Contract Equipment and Erection
- Verband Deutscher Maschinen- und Anlagenbau (VDMA): Bedingungen für die Lieferung von Maschinen für Inlandsgeschäfte

Dem Claimsmanager sollten die einem Vertrag zugrunde gelegten Muster bekannt sein, weil sich daraus für ihn wichtige Konsequenzen für Interpretation der → *baseline* ergeben. Dringend zu warnen ist jedenfalls vor einer vorbehaltlosen, unkritischen Übernahme eines Musters für ein bestimmtes Projekt. Grundsätzlich gibt es gegen alle Vertragsmuster verschiedene Vorbehalte:

- Die technische Differenzierung und Komplexität besonders im schlüsselfertigen Anlagengeschäft macht nicht nur die Anlage zu „Maßanzügen", sondern erfordert auch eine entsprechende Vertragsgestaltung. Auch ein noch so sorgfältig ausgearbeitetes Muster kann immer nur einen Teil dieser Anforderung erfüllen.
- Es gibt keine neutralen Vertragsmuster. Die Herausgeber oder Urheber verfolgen durchweg (legitime) eigene Interessen, in dem sie in dem Muster die Positionen ihrer Klientel (z. B. Anlagenbauer einerseits, Betreiber andererseits) positiv zu beeinflussen suchen. Im Sinne des später für beide Seiten reibungslos funktionierenden Claimsmanagement kann es durchaus sinnvoll sein, mit dem Verhandlungspartner einvernehmlich solche Positionen zu erörtern.
- Als besonders kritische Punkte erweisen sich immer wieder Regelungen zu Vertragsänderungen, Umfang und Ausschluss von Schadensersatz, Vertragsstrafen bei verspäteter Leistung, Abnahme, Sachmängelhaftung und Beweislast.
- Fast alle Vertragsmuster gehen von der Anwendbarkeit einer bestimmten Rechtsordnung aus. Es ist deshalb gefährlich, zum Bespiel ein in Großbritannien verwendetes und vielleicht dort erfolgreich eingesetztes und anerkanntes Muster in Deutschland oder im grenzüberschreitenden Geschäft ohne weiteres zu verwenden.

- Es ist gefährlich, aus einem Muster bestimmte Klauseln herauszulösen und sie ungeprüft in einen neuen Zusammenhang zu stellen. Ein Muster welcher Herkunft auch immer wird im Großen und Ganzen in sich schlüssig sein. Eine Klausel, die in diesem Zusammenhang sinnvoll ist, kann an anderer Stelle wirkungslos sein, unter Umständen sogar Schaden anrichten.

Wenn die Beteiligten diese Gesichtspunkte bei den Vertragsverhandlungen berücksichtigen, können Vertragsmuster im nationalen wie internationalen Geschäft gute Dienste als Anschauungsmaterial oder Prüfliste leisten.

Vertragssprache

Das Projekt

Verkäufer V aus der Tschechischen Republik und Käufer K aus Ungarn hatten einen Vertrag über die Lieferung einer großen Werkzeugmaschine mit Nebenanlagen geschlossen. In den Verhandlungen hatten sich die Parteien in englischer Sprache verständigt; dementsprechend war auch der Vertragstext in Englisch gehalten. Da sie sich hinsichtlich des auf den Vertrag anwendbaren Rechts weder auf ungarisches noch auf tschechisches Recht einigen konnten, hatten sie deutsches Recht vereinbart.

Die Regelungen zur Vertragsstrafe bezeichneten diese mit „*liquidated damages*".

Nach Abnahme der sachlich einwandfreien, aber unstreitig verspätet erfolgten Lieferung verlangt K Zahlung einer Vertragsstrafe. V weigert sich mit der Begründung, nach deutschem Recht hätte der Auftraggeber bei der Abnahme einen Vorbehalt erklären müssen, um Vertragsstrafe neben der Erfüllung verlangen zu können. Das Erfordernis dieses Vorbehalts schließe der Vertrag nicht aus. K dagegen steht auf dem Standpunkt, die hier vereinbarten „*liquidated damages*" setzen keinen Vorbehalt voraus.

Überlegungen

Die Berechtigung des von K geltend gemachten Anspruchs auf Zahlung der Vertragsstrafe hängt davon ab, ob die Parteien tatsächlich eine Vertragsstrafe oder *liquidated damages* vereinbart haben. Nach dem Sachverhalt unterliegt das Vertragsverhältnis deutschem Recht. Dieses kennt das angelsächsische Rechtsinstitut *liquidated damages* nicht. Das spricht eindeutig dafür, dass es sich hier lediglich um eine Übersetzung des Wortes „Vertragsstrafe" ins Englische handelt und nicht etwa die Übernahme eine dem deutschen Recht fremden Rechtsfigur beabsichtigt ist. Da nach deutschem Recht ein Vorbehalt für die Geltendmachung für die Vertragsstrafe (soweit nicht vertraglich ausgeschlossen) erforderlich ist, wird K mit seiner Forderung nicht durchdringen.

Der Rat

- Bei der Wahl der Vertragsstrafe spielen Handelsüblichkeit, Markmacht und emotionale Befindlichkeiten der Beteiligten die entscheidende Rolle. Wo mit Rücksicht auf letztere der Vertragstext in mehreren Sprachen gefasst ist, sollte unbedingt eine von ihnen als im Streitfall verbindlich deklariert sein.

- Von der Sprache des Vertrags klar zu trennen ist das auf ihn anwendbare Recht. Aber auch trotz dieser Trennung (wie im Sachverhalt) kommt es häufig zu fehlerhaften Interpretation und in deren Folge zu zeit- und kostenträchtigen Auseinandersetzungen. Um ihnen zu begegnen, empfehlt es sich bei Übersetzungen, rechtlich kritischen Wendungen den Begriff des verbindlichen Rechts hinzu zu setzen. Die Praxis bezeichnet solche gefährlichen Wörter als *false friends*: Beiden Seiten scheint die Bedeutung nur wegen des häufigen Gebrauchs so eindeutig zu sein, dass sie eine Auseinandersetzung darüber bei Vertragsschluss nicht erwägen. Hätte im Sachverhalt hinter dem Begriff „*liquidated damages*" im englischen Text das deutsche Wort „Vertragsstrafe" gestanden, würde K wahrscheinlich seinen Claim gar nicht erst erhoben haben. Als Beispiele mögen dienen:

  – *adjudication*
  – *damage(s)*
  – *delay*
  – *guarantee*
  – *liability*
  – *maintenance*
  – *open book*
  – *penalty*
  – *performance*
  – *respresentation*

- Klarheit und Einfachheit des Vertragstextes – gleichgültig in welcher Sprache – helfen unnötige Auseinandersetzungen zu vermeiden. Die schlüssige Regelung möglicherweise streitiger Vorgänge relativiert zudem die Unwägbarkeiten vereinbarter fremder Rechtsordnungen.
- Für das Claimsmanagement ist jedoch nicht nur die Sprache des Vertragstextes wichtig. Auch erfahrene Praktiker unterschätzen immer wieder die Rolle der Sprache während der Projektabwicklung, selbst wenn dies die Muttersprache der verwendenden ist. So verstellen Formulierungen in unnötiger passiver Form den Blick auf den Verantwortlichen einer Handlung, Ankündigungen lassen weder Zeitpunkt noch Ernsthaftigkeit der Umsetzung erkennen, Feststellungen von Vorgängen erfüllen aus diplomatischen Gründen nicht die vertraglich vereinbarte Anforderung an eine verbindliche Mitteilung.
- Solche Nachlässigkeiten erschweren später das Claimsmanagement unnötig, weil sie die Beweislast erhöhen und der Gegenseite damit die Abwehr des Anspruchs erleichtern.

Das Vertragsbeispiel

Should Vendor fail to attain the completion of delivery as scheduled or within any time of extension agreed upon by the parties due to reasons attributable to Vendor, Vendor shall pay liquidated damages (Vertragsstrafe) to Buyer in the amount equivalent to 0.4% of the Contract price for each week of delay.

Sollte der Verkäufer auf Grund von ihm zu vertretender Umstände nicht wie vertraglich vorgesehen oder innerhalb einer vereinbarten Verlängerung der Leistungszeit liefern, zahlt er für jede Woche des Verzugs 4,0 % des Vertragspreises als Vertragsstrafe.

V kann sich bei Geltung deutschen Rechts hier auf § 341 Abs. 3 BGB berufen. Danach kann der Gläubiger – hier der Käufer – eine Vertragsstrafe nur verlangen, wenn er sich das Recht dazu bei Annahme der Erfüllung vorbehalten hat.

Im Übrigen enthält die vertragliche Formulierung noch insoweit eine Schwäche, als nicht klar ist, ob es sich um angefangene oder vollendete Verzugswochen handelt.

Vertragsstrafe

Das Projekt

Bei den harten Vergabeverhandlungen über die Errichtung einer pharmazeutischen Fabrik macht der Auftraggeber AG den Anbietern klar, dass es gerade auf dem Markt des mit der Anlage zu erzeugenden Medikaments auf eine äußerst pünktliche Einhaltung des Fertigstellungstermins ankomme. Deshalb sehe der Vertragsentwurf eine Pönale für Terminüberschreitungen vor.

Der junge Ingenieur J wundert sich, warum sein ihm vorgesetzter Projektleiter P trotz augenblicklicher Auftragsflaute bei AN offensichtlich zögert, das Projekt überhaupt weiter zu verfolgen. J hält es für doch wohl selbstverständlich, dass sein Unternehmen für aus Verzug entstandene Schäden aufzukommen habe.

Überlegungen

Für den erfahrenen Claimsmanager sind Vertragsstrafen, auch Pönalen genannt, nichts ungewöhnliches. Sie sind häufig Bestandteil der Verhandlungsposition des Auftraggebers, die der Auftragnehmer an seine eigenen Zulieferer weiterzureichen versucht. Inwieweit Vertragsstrafen im konkreten Fall aber akzeptabel sind, hängt entscheidend von ihrem Inhalt ab.

Im deutschen Recht ergibt sich die grundsätzliche Zulässigkeit einer Vertragsstrafe aus § 339 BGB: Verspricht der Schuldner dem Gläubiger für den Fall, dass er seine Verbindlichkeit nicht oder nicht in gehöriger Weise erfüllt, die Zahlung einer Geldsumme als Strafe, ist sie verwirkt, wenn er in Verzug kommt.

Eine solche Vereinbarung hat einen doppelten Zweck. Einerseits soll sie als Druckmittel auf den Auftragnehmer wirken, seine Leistung vertragsgerecht zu erbringen. Zum Anderen soll sie dem Auftraggeber den sonst für einen → *Schadensersatzanspruch* nötigen Beweis des entstandenen Schadens dem Grunde und der Höhe nach ersparen.

Der Auftragnehmer dagegen sollte den taktischen Einsatz von Vertragsstrafen erwägen, wenn ihre Zahlung eine kostengünstige Alternative zu sonst unvertretbarem Aufwand (zum Beispiel für eine Nacherfüllung) ist.

Der Rat

Vertragsstrafeklauseln beruhen im deutschen Recht auf der Vertragsfreiheit und unterliegen deshalb dem Gestaltungswillen der Parteien. Im Beispielfall war wahrscheinlich der Klauselvorschlag von AG so weitgehend, dass P lieber auf den Auftrag verzichtete als die Klausel zu akzeptieren. Jeder Claimsmanager sollte sein Augenmerk auf verschiedene wichtige Punkte richten, die bei Pönalen erfahrungsgemäß immer wieder ganz übersehen oder unzulänglich geregelt werden.

- Das BGB setzt für die Verwirkung der Vertragsstrafe voraus, dass der Schuldner in → *Verzug* kommt. Nach § 286 Abs. 4 BGB kommt der Schuldner nicht in Verzug, solange die Leistung infolge eines Umstands unterbleibt, den der Schuldner nicht zu vertreten hat. Nach der Rechtsprechung kann der Auftragnehmer die Vertragsstrafe in einer Individualabrede (im Gegensatz zu Allgemeinen Geschäftsbedingungen) wirksam aber auch unabhängig von einem Verschulden versprechen. Eine solche Vereinbarung verbirgt sich häufig hinter vom Auftraggeber gewählten Formulierungen wie „Verspätung", „Verzögerung", „Terminüberschreitung" oder „Nichteinhaltung des Termins". Die gleiche Absicht verfolgt die Formulierung „Die Pönale entfällt, wenn der Auftraggeber die Überschreitung zu vertreten hat." Alle diese Fälle knüpfen ihren Eintritt nicht an ein Verschulden des Leistungsverpflichteten. Ihre Vereinbarung bedeutet für den Claimsmanager deshalb den Verzicht auf das Argument, sein Unternehmen habe die Vertragsstrafe nicht verwirkt, weil kein Verzug von AN vorläge.
- In Allgemeinen Einkaufsbedingungen geregelte verschuldensunabhängige Vertragsstrafen dagegen sind nach deutscher Rechtsprechung gemäß § 307 BGB unwirksam, weil sie den Vertragspartner des Verwenders entgegen den Geboten von Treu und Glauben unangemessen benachteiligen.
- Bezieht sich die Vertragsstrafe nur auf den endgültigen Fertigstellungstermin oder sind auch Zwischentermine betroffen? In diesem Zusammenhang wird wichtig, wie so genannte → *Meilensteine* im Vertrag definiert sind. Wenn sich einmal eingetretene Verspätungen nicht wieder einholen lassen, läuft AN unter Umständen Gefahr, für eine Verspätung mehrmals zahlen zu müssen.
- Wie wirkt sich die Vereinbarung eines neuen Termins auf die Vertragsstrafenabrede aus? Soll sie weiter gelten und auch den neu vereinbarten Endtermin erfassen?
- Wie ist die Vertragsstrafe der Höhe nach bemessen? Sie kann gleichmäßig auf eine bestimmte Zeiteinheit wie (angefangene?) Tage oder Wochen bezogen oder nach Zeitdauer differenziert (zunehmend oder abnehmend) sein.
- Gibt es für die Pönale eine Obergrenze? Diese kann ein absoluter Betrag oder ein Prozentsatz des von der Verspätung betroffenen Auftragsvolumens sein.

- Hängt die Vertragsstrafe von Erklärungen oder Vorbehalten ab? Letztere sehen das BGB in § 341 und die VOB in § 11 vor, wenn der Auftraggeber die verwirkte Strafe neben der Erfüllung verlangen will.
- Soll der Auftraggeber das Recht haben, trotz der Vertragsstrafe Schadensersatzansprüche geltend zu machen? Wie ist eine Pönale auf solche Ansprüche anzurechnen?
- Wie soll die Zahlung einer angefallenen Vertragsstrafe durch den Auftragnehmer erfolgen? Hat sie Einfluss auf die Zahlungspflicht des Auftraggebers, führt sie zur Aufrechnung, darf der Auftraggeber Bankgarantien in Anspruch nehmen?

Das Vertragsbeispiel

AG hatte unter anderem vorgeschlagen:

10. Pönale

10.1 Bei Nichteinhaltung des im Zeitplan festgelegten Endtermins und aller Zwischentermine zahlt AN eine Vertragsstrafe. Sie unterliegt keiner richterlichen Beurteilung.

10.2 Die Vertragsstrafe beträgt je Kalendertag

Für Tag 1 bis Tag 14	EUR 2.000,00,
für Tag 15 bis Tag 21	EUR 4.000,00,
für Tag 22 bis Tag 28	EUR 6.000,00,
ab Tag 29	EUR 8.000,00.

10.3 Die Obergrenze der Vertragstrafe beträgt EUR 160.000,00.

10.4 Dem Auftraggeber ist es unbenommen, darüber hinausgehende Schadensersatzansprüche geltend zu machen.

10.5 Bei Verschiebungen des Endtermins oder der Zwischentermine gilt die vereinbarte Vertragsstrafe entsprechend für die neuen Termine.

10.6 Angefallene Vertragsstrafen kann AG jederzeit gegenüber von ihm zu erbringenden Zahlungen aufrechnen. Alternativ kann AG Bankgarantien in Anspruch nehmen oder die Vertragsstrafe in Rechnung stellen.

In diesem Beispiel finden sich die oben erörterten Punkte wieder. Darüber hinaus hat aber AG auch noch eine richterliche Beurteilung der Klausel ausgeschlossen. Damit will er einer Herabsetzung der Strafe durch Urteil begegnen. Die Möglichkeit für ein solches Urteil eröffnet § 343 BGB auf Antrag des Schuldners, wenn er die verwirkte Strafe für unverhältnismäßig hoch hält. Die Vorsichtsmaßnahme von AG ist aber insofern überflüssig, als gemäß § 348 HGB eine unter Kaufleuten vereinbarte Vertragsstrafe ohnehin nicht nach § 343 BGB herabgesetzt werden kann. Und gegen eine Überprüfung durch ein Gericht, weil die Vereinbarung eventuell gegen Treu und Glauben verstößt, könnte AG sich auch mit dieser Klausel nicht wehren.

Mit 10.5 nimmt AG seinem Vertragspartner auch noch das sonst mögliche Argument aus der Hand, eine Terminänderung müsse die ursprüngliche Vertragsstrafevereinbarung entfallen lassen, eine neue Regelung gäbe es nicht, und ohne neue Regelung gäbe es auch keine Verpflichtung zur Zahlung einer Pönale mehr.

Should Contractor fail to observe the start-up date of the Plant for reasons not attributable to Owner it shall pay penalties to Owner as follows:....

Hält der Auftragnehmer den Termin für die Arbeitsaufnahme der Anlage aus dem Auftraggeber nicht zuzurechnenden Gründen nicht ein, zahlt ihm der Auftragnehmer Vertragsstrafen wie folgt:...

Die Verwendung des Wortes *penalties* war im konkreten Fall unproblematisch, weil der Vertrag deutschem Recht unterfiel. Gefährlich für den Anlagenbauer an dieser Klausel dagegen ist, dass er nach ihr auch für von ihm sonst nicht zu verantwortende Verzögerungen verantwortlich sein soll, solange sie nicht in die Risikosphäre des Auftraggebers fallen.

Vertragsstrafen

Bei Überschreitung des Termins 30.06.2008 hat der Auftragnehmer im Falle des Verzuges für jeden Werktag der Verspätung eine Vertragsstrafe von 0,2 % der Auftragssumme zu zahlen, insgesamt höchstens 5 %.

Die Vertragsstrafe kann auch ohne Vorbehalt bei der Übergabe/Abnahme bis zum Zeitpunkt der Schlusszahlung geltend gemacht werden.

Die Vertragsstrafe ist auch für den Fall vereinbart, dass der Auftraggeber die Termine verschiebt und/oder neue Termine vereinbart werden. Für diesen Termin gilt die Vertragsstrafenregelung entsprechend.

Diese Klausel eröffnet dem Auftraggeber den Zugriff auf die Vertragsstrafe neben der Erfüllung auch ohne den gesetzlich vorgesehenen Vorbehalt.

Verzug

Das Projekt

Die Anlagenbau Brandenburg AG (ANBRAG) hat mit ihrem neuen Kunden Allied General (AG) einen Vertrag über Konstruktion, Fertigung und Montage einer Anlage für die Nahrungsmittelindustrie im Wert von 9 Mio. € geschlossen. Die ANBRAG hofft auf Anschlussaufträge.

Sowohl für die Verschiffung als auch für den Beginn der Vorbereitungsarbeiten auf der Baustelle ist in dem engen Zeitplan der 18.09.2006 festgeschrieben. Sobald die Ausrüstung auf der Baustelle ankommt, soll die Montage beginnen. Der ursprüngliche Zeitplan weist als Abnahmetermin den 05.02.2007 aus.

Für den Baustellenzutritt war vorgesehen, dass der Anlagenbauer unumschränkten aber nicht alleinigen Zutritt zur Baustelle spätestens am 18.09.2006 erhalten soll, damit er die vorbereitenden Arbeiten einschließlich der Beseitigung der alten Ausrüstungen und der neuen Verkabelung ausführen kann.

Die Parteien hatten für jede angefangene Woche verspäteter Abnahme 1% des Vertragspreises als Vertragsstrafe vereinbart.

Der Vertrag unterliegt deutschem Recht.

Am 04.09.2006 teilt AG der ANBRAG schriftlich mit: „Auf Grund von uns nicht zu vertretender Verzögerungen bei den Verhandlungen um unser neues Fabrikgelände werden wir Ihnen nicht wie vereinbart am 18. 09. Zutritt zu unserem Betriebsgelände gewähren können. Dieser Zutritt ist nun zwei Wochen später geplant. Sollten sich weitere Verzögerungen einstellen, werden wir Sie sofort benachrichtigen. Bitte nehmen Sie aber zur Kenntnis, dass wir keine Verzögerung in der Fertigstellung des Projekts ins Auge fassen. Der Abnahmetermin bleibt unverändert der 05. 02. 07. Dieser Termin ist für uns besonders wichtig, weil von seiner Einhaltung unsere Fähigkeit zu mehreren Auslieferungen im April abhängt."

Überlegungen

Die Vertreter des Auftragnehmers werden je nach Verantwortungsbereich diesen Vorgang unterschiedlich aufnehmen. Neben erheblicher Verärgerung wegen Ton und Inhalt der Mitteilung bei einigen Verantwortlichen wird vielleicht bei anderen (z. B. in der Fertigung) sogar Erleichterung über nachlassenden Termindruck entstehen, weil man ohnehin wegen des knappen Zeitplans schon Sorgen hatte. Für die Projektleitung ist es jetzt wichtig, emotionslos und nüchtern die Bedeutung des Schreibens zu analysieren und zu erkennen, welche Tragweite es für den weiteren Verlauf des Projekts haben kann.

Der Kunde hat nicht nur eine Mitteilung über ein für den Montagebeginn entscheidendes Ereignis gemacht. Er hat darüber hinaus den Abnahmetermin als unverändert erklärt und will insoweit das behindernde Ereignis unberücksichtigt lassen. Damit entsteht für die ANBRAG eine wichtige Frage: Kann ihr Kunde auch unter den veränderten Umständen zu Recht auf dem vereinbarten Abnahmetermin bestehen?

Die praktische Bedeutung dieser Frage ist erheblich. Der Berechnung des Abnahmetermins lag der Montagetermin zugrunde; dessen Verzögerung würde nach aller Erfahrung eine verzögerte Abnahme zur Folge haben. Daraus könnte zu Lasten der ANBRAG ein Verzugsschaden oder eine Vertragsstrafe erwachsen.

Grundsätzlich darf ein Auftraggeber vom Auftragnehmer erwarten, dass dieser seine Leistungen nicht nur sachmängelfrei, sondern auch pünktlich erbringt. Gerät die ANBRAG als Schuldner mit ihrer Leistung in Verzug, hat sie gemäß § 280 BGB wegen Verletzung einer Pflicht aus dem Schuldverhältnis Schadensersatz zu leisten. Für einen Verzug reicht es nach deutschem Recht grundsätzlich aber nicht aus, dass der Schuldner nicht zu der vereinbarten Zeit leistet. Eine (objektive) Verzögerung allein bringt ihn nämlich nicht in Verzug, solange die Leistung infolge eines Umstandes unterbleibt, den er (subjektiv) nicht zu vertreten hat, § 286 Abs. 4 BGB. Diese Umstände erläutert § 276 BGB; danach hat der Schuldner Vorsatz und Fahrlässigkeit zu vertreten, wenn eine strengere oder mildere Haftung weder bestimmt noch aus dem sonstigen Inhalt des Schuldverhältnisses zu entnehmen ist. Im Zweifel hat der Schuldner zu beweisen, dass er die Pflichtverletzung nicht zu vertreten hat. An den Entlastungsbeweis dürfen dabei die Gerichte keine zu hohen Anforderungen stellen.

Aus dem tatsächlichen Projektverlauf ergibt sich eindeutig (nach dem eigenen Vorbringen von AG), dass die Verzögerungen weder auf Vorsatz noch Fahrlässigkeit von Mitarbeitern der ANBRAG zurückzuführen sind. Deshalb kann AG sie bei Überschreitung des Abnahmetermins nicht aus dem Gesichtspunkt des Verzugs auf Schadensersatz in Anspruch nehmen.

Damit sind für die Projektleitung der ANBRAG aber noch nicht alle Sorgen beseitigt. Ein Blick in den Vertrag zeigt dem erfahrenen Claimsmanager bezüglich der Abnahme, dass der Text eine gefährliche Formulierung enthält: Dort ist nicht von (verschuldetem) Verzug, sondern lediglich von „verspäteter Abnahme“ die Rede. Würde das heißen, dass die Vertragsstrafe auch in unverschuldeten Fällen verspäteter Abnahme entsteht?

Die Formulierung ist mindestens zweifelhaft und für die ANBRAG nicht ungefährlich. Zwar knüpft § 339 BGB die Verwirkung der Vertragsstrafe an den Verzug und setzt insoweit grundsätzlich Verschulden voraus, das Verschuldenserfordernis ist jedoch nicht zwingend. In einem individuellen Vertrag (im Gegensatz zu → *Allgemeinen Geschäftsbedingungen*) könnten die Parteien die Vertragsstrafe unabhängig von einem Verschulden vereinbaren.

Je nach den Umständen des Projekts und dem Wortlaut der Klausel im Einzelnen müsste sich der Auftragnehmer deshalb mit dem allgemeinen Rechtsgrundsatz zur Wehr setzen, dass der Auftraggeber nicht eine eher in seinem Risikobereich liegende Ursache (die Verhandlungen über das neue Fabrikgelände) als Ausgangspunkt für eine → *Vertragsstrafe* in Anspruch nehmen kann.

Daran schließt sich eine weitere Frage an: Kann die ANBRAG vielleicht ihrerseits zum Gegenangriff übergehen und wegen des verzögerten Baustellenzutritts Schadensersatz von AG verlangen? Diese Überlegungen gehen in den Bereich der → *Mitwirkungspflichten*. Deren Verletzung durch den Besteller kann zu Gunsten des Auftragnehmers wegen entstandener zusätzlicher Kosten einen Entschädigungsanspruch z. B. nach § 642 BGB Abs. 1 auslösen. Dieser lautet: „Ist bei der Herstellung des Werkes eine Handlung des Bestellers erforderlich, so kann der Unternehmer, wenn der Besteller durch das Unterlassen der Handlung in Verzug der Annahme kommt, eine angemessene Entschädigung verlangen."

Und schließlich ist das Schreiben der AT nicht nur ärgerlich, sondern auch noch interpretationsbedürftig. Wenn keine Verzögerung der Fertigstellung des Projekts ins Auge gefasst und der Abnahmetermin unverändert der 05. 02. 2007 bleiben soll, könnte dies die Aufforderung des Auftraggebers an den Auftragnehmer beinhalten, zusätzliche Maßnahmen zu ergreifen, um die entstandene Verzögerung auszugleichen. Die für ANBRAG wichtige nächste Frage lautet deshalb: Enthält das Schreiben der AT eine Aufforderung zu → *Beschleunigungsmaßnahmen* und wer kommt für die Kosten auf?

Hätten die Parteien die VOB vereinbart, wären die meisten der geschilderten Fragen leichter zu beantworten. § 6 VOB regelt nämlich die Fälle von Behinderung und Bauunterbrechung. Ausführungsfristen werden verlängert, soweit die Behinderung durch → *Höhere Gewalt* oder andere durch den Auftragnehmer unabwendbare Umstände verursacht ist.

Sind die hindernden Umstände von einem Vertragsteil zu vertreten, hat der andere Teil Anspruch auf Ersatz des nachweislich entstandenen Schadens.

Zunächst einmal ergibt sich aus dem Schreiben allerdings nicht zwingend, dass AG überhaupt an zusätzliche Beschleunigungsmaßnahmen denkt. Weder wird der entsprechende deutsche oder englische Begriff genannt noch gibt es einen Hinweis auf Maßnahmen, mit denen AG selbst eine solche Beschleunigung zu unterstützen gedenkt. Hier also besteht erheblicher Klärungsbedarf.

Der Rat

Die aufgetauchten Fragen machen deutlich, dass das Schreiben der AG vom 04. 09. eine deutliche Antwort unter Berücksichtigung der geschilderten Überlegungen erfordert. Das entsprechende Schreiben lautet deshalb:

„Wir bedauern die von Ihnen geschilderte Verzögerung und den damit für uns verspäteten Baustellenzugang. Wir legen Ihre Informationen dahin aus, dass wir die vorbereitenden Tätigkeiten um zwei Wochen verschieben müssen. Schon jetzt dürfen wir Sie darauf aufmerksam machen, dass die uns dadurch für Lagerung und Versicherung entstehenden Zusatzkosten 3.700,00 € täglich betragen werden. Diese Kosten müssen wir leider Ihnen gegenüber geltend machen.

Da der von Ihnen geschilderte Grund für die Verzögerung von uns nicht zu vertreten ist, geraten wir auch nicht in Verzug, falls wir den Abnahmetermin vom 05. 02. 2007 nicht einhalten können. Wir gehen von einer angemessenen Verlängerung unserer Leistungszeit aus, die sich – ohne Zusicherung einer Verbindlichkeit dieser Schätzung – im Rahmen der Verzögerung um zwei Wochen belaufen könnte. Die Geltendmachung der uns durch diese Verschiebung entstehenden weiteren Kosten behalten wir uns ebenfalls vor.

Sobald wir mit Ihnen über Berechtigung und Umfang unserer Ansprüche Einvernehmen erzielt haben, sind wir gern bereit, über gemeinsame Maßnahmen und Kosten zu diskutieren, unter denen sich die drohenden Zeitverluste minimieren lassen. Bitte haben Sie Verständnis dafür, dass wir insbesondere denkbare Beschleunigungsmaßnahmen bis dahin zurückstellen."

Nach Eingang dieses Schreibens bei AG ist nun die Verärgerung auf deren Seite. Die Folgen sind zeitraubende Verhandlungen, an deren Ende sich die Parteien schließlich irgendwie einigen. Ein Teil des unnötigen Aufwands hätte sich bei umsichtigerer Vertragsgestaltung schon frühzeitig vermeiden lassen. Eine Regelung der Verlängerung der Leistungszeit z. B. gehört in jeden ordentlichen Vertrag der hier in Rede stehenden Art.Das Vertragsbeispiel

Eine für den Anlagenbauer günstige Klausel könnte lauten:

Der Anlagenbauer hat einen Anspruch auf eine angemessene Verlängerung der Leistungszeit, wenn seine Leistung sich auf Grund einer der folgenden Umstände verzögert:

a. Fehlerhafte oder unpünktliche Erfüllung einer Vertragspflicht, gleich aus welchem Grund, durch den AG,

b. Störungen oder Unterlassungen durch den Auftraggeber oder Dritte,

c. alle äußeren Umstände (ausgenommen klimatische Gegebenheiten) oder nicht natürliche Hindernisse, die der Anlagenbauer auf der Baustelle antrifft, soweit sie für einen erfahrenen Anlagenbauer auf Grundlage der vom Auftraggeber bereit gestellten Informationen nicht voraussehbar oder sonst verfügbar oder auf Grund einer Besichtigung der Baustelle zugänglich waren,

d. Änderungen und Übereinstimmung mit Klausel ...,

e. Aufschub durch den Auftraggeber entsprechend Klausel ...,

f. Aufschub durch den Auftragnehmer entsprechend Klausel ...,

g. alle Schäden im Risikobereich des Auftragnehmers,

h. jeder höhere Gewalt begründende Sachverhalt.

Zur Geltendmachung seines Rechts auf Verlängerung der Leistungszeit hat der Anlagenbauer seinen Auftraggeber unverzüglich nach tatsächlicher oder ihm zumutbarer Feststellung der Notwendigkeit einer Leistungszeitverlängerung zu benachrichtigen. Die Nachricht soll den Grund und – soweit möglich – die Dauer der Verlängerung angeben.

Eine für den Anlagenbauer dagegen ungünstige Klausel lautet:

Dem AN ist bewusst, dass sich aufgrund der im Anlagengeschäft herrschenden Gegebenheiten die Liefer-, Montage- und Ausführungstermine um mehrere (maximal drei) Monate hinausziehen können.

Der Pauschalfestpreis, die Einheitspreise und Verrechnungssätze berücksichtigen diesen Umstand bereits und berechtigen den AN nicht zu Forderungen von Mehrkosten.

Sollte eine Einlagerung von mehr als acht Wochen erforderlich sein, hat der AG die Kosten zu tragen. Hierzu unterbreitet der AN dem AG vor der kostenpflichtigen Einlagerung ein Angebot.

Mit der Wahl des Wortes „Hinausziehen“ im ersten Satz beschönigt der Auftraggeber den Umstand, dass er sich möglicherweise mit der Erbringung eigener Leistungen im Schuldnerverzug befindet. Er zeichnet sich damit von Ansprüchen (z. B. auf Schadenersatz) frei, die dem AN für diesen Fall zustehen. Aber auch für die Folgen des Gläubigerverzugs (z. B. verminderte Haftung des AN) muss er nun nicht mehr eintreten. In einer Individualvereinbarung ist eine solche Regelung möglich, in Allgemeinen Geschäftsbedingungen wäre sie unwirksam.

Auch eine Mehrkostenforderung ist hier dem AN abgeschnitten, obwohl angesichts der Offenheit des Leistungstermins die Preiskalkulation erheblichen Risiken unterliegt.

Schließlich soll der AN nach dieser Klausel auch noch sonst von ihm eigentlich nicht zu tragende Einlagerungskosten bis zu acht Wochen übernehmen müssen.

Kann der Auftragnehmer seine Leistungen infolge Verschuldens des Auftraggebers nicht termingerecht erbringen, verschieben sich die im Vertrag vereinbarten Termine um die Zahl der Kalendertage der durch den Auftraggeber nachweislich verursachten Verzögerung.

Für die sich ergebenden neuen Termine gelten weiterhin die Vertragsvereinbarungen.

Der Auftragnehmer kann sich auf Verzögerungen nur berufen, wenn diese unverzüglich schriftlich entgegengehalten werden.

Diese Klausel enthält verschiedene Fallstricke aus Sicht des Auftragnehmers.

Die Terminverschiebung nur bei Verschulden des Auftraggebers weist dem Risiko des Auftragnehmers (über dessen eignes Verschulden hinaus) alle Sachverhalte zu, in denen weder Auftragnehmer noch Auftraggeber ein Verschulden trifft. Der Auftragnehmer muss deshalb den Vertrag daraufhin prüfen, ob an anderer Stelle seine Risikosphäre eingeschränkt ist.

Eine Verschiebung schematisch nur um die Zeit der Kalendertage der Verzögerung berücksichtigt nicht zwischenzeitlich eventuell eingetretene Erschwernisse (zum Beispiel eine andere Jahreszeit, einen schwieriger gewordenen Zugang zur Baustelle oder das Fehlen von Arbeitskräften). Den Auftragnehmer trifft die Nachweispflicht für die Verursachung der Verzögerung durch den Auftraggeber. Und schließlich ist der sprachlich missglückte letzte Satz wohl so zu verstehen, dass der Auftragnehmer die Verzögerung unverzüglich und in Schriftform geltend machen muss.

Dem Auftragnehmer ist bekannt, dass seine Lieferungen und Leistungen Teil einer zu errichtenden komplexen Gesamtanlage werden. Er ist sich bewusst, dass mehrere Unternehmen gleichzeitig auf der Baustelle tätig sein werden, deshalb bei der Ausführung der Arbeiten gegenseitige Abhängigkeiten auftreten und es daher einer Koordinierung des Arbeitsablaufs aller auf der Baustelle arbeitenden Unternehmen bedarf, um gegenseitige Behinderungen möglichst zu vermeiden oder zumindest gering zu halten. Der Auftragnehmer akzeptiert, dass es insbesondere wegen dieser gegenseitigen Abhängigkeiten auf der Baustelle naturgemäß häufig zu – auch kurzfristigen – Planänderungen und Änderungen der vorgesehenen Ausführungsreihenfolge von Arbeiten kommt. Zusätzliche Kosten aus einem nicht systematischen Arbeitsablauf, Änderungen der vorgesehen Ausführungsreihenfolge oder sonstigen Planänderungen kann der Auftragnehmer daher nicht ersetzt verlangen.

Mit einer solchen Klausel macht der Auftraggeber zu Lasten seines Partners einen großen Teil der kritischen Annahmen für den Projektverlauf zunichte. Leistungszeit und Preis hat der Anlagenbauer auf Grund bestimmter Voraussetzungen kalkuliert. Wenn sich diese dadurch ändern, dass die verschiedenen Gewerke nicht in der vorgesehenen Reihenfolge tätig werden und dann etwa Zugangswege versperrt sind, Witterungsverhältnisse sich verschlechtern oder ursprünglich nicht vorgesehene andere Erschwernisse auftreten, trägt auf Grund dieser Regelung nun der Auftragnehmer das Kostenrisiko.

Einziger Lichtblick dieser Klausel ist die Beschränkung auf die Kostenerstattung. Ein Anspruch auf Zeitverlängerung ist dem Auftragnehmer nicht verwehrt.

VOB

Der Fall

Bei einem Projekt hatte sich durch einen Umstand aus dem Risikobereich des Auftraggebers im September eine 8-wöchige Unterbrechung der Baustellentätigkeit durch Bodenkontamination ergeben. Dies war unbestritten. Der Auftraggeber war deshalb auch damit einverstanden, dass dem Schachtbauunternehmen Schlau & Schlampig (S & S) eine Fristverlängerung zustand. Sie sollte sich an der Dauer der Unterbrechung orientieren und deshalb nicht mehr als 8 Wochen betragen.

Überlegungen

Die Verantwortlichen des Auftragnehmers nehmen die Erwartungen des Auftraggebers bestürzt zur Kenntnis. Wegen der absehbaren Länge der Unterbrechung hat S&S Hebezeuge und anderes schweres Material zeitweise von der Baustelle abgezogen und Zeitarbeitskräfte frei gesetzt. Spezialisten sind vorübergehend auf anderen Baustellen tätig. Erfahrungsgemäß bedarf es einiger Zeit, bis man beim Auftragnehmer wieder einsatzbereit ist. Außerdem ist der Spätherbst mittlerweile vorbei, der Winter steht vor der Tür. Damit drohen Bodenfrost und andere Erschwernisse für die Bodenarbeiten und die Rohrverlegung.

Ein Blick in den Vertrag führt nicht weiter. Projektleiter P nimmt das BGB zur Hilfe, findet aber auch dort keine hilfreichen Hinweise. Sein Kollege K dagegen meint, hier ginge es doch um Bauarbeiten, da gelten ohnehin die günstigen Regelungen der VOB.

S&S nimmt nach Einblick in die VOB dem Auftraggeber gegenüber Stellung zur Fristverlängerung und verweist auf § 6 Nr. 4 VOB. Die Regelung lautet:

„Die Fristverlängerung wird berechnet nach der Dauer der Behinderung mit einem Zuschlag für die Wiederaufnahme der Arbeiten und die etwaige Verschiebung in eine ungünstigere Jahreszeit."

Im Ergebnis kämen danach zu den acht Wochen Unterbrechung als Zuschlag sieben Tage Wiederanfahrtszeit und fünf Wochen wegen der ungünstigeren Jahreszeit hinzu.

AG ist mit diesem Vorschlag nicht einverstanden und pocht auf den Vertragstext, der über die Geltung der VOB nichts enthält. Schließlich einigen sich die Parteien, ohne dass sie mit dem Kompromiss zufrieden wären, auf eine Fristverlängerung von drei Tagen als Anlaufzeit und vier Wochen wegen möglicher winterlicher Beeinträchtigungen.

Der Rat

Die Vertragspartner hätten besser daran getan, sich bei Vertragsschluss ausdrücklich über die Geltung der VOB zu verständigen oder wenigstens Teile daraus in ihren Vertrag zu übernehmen.

Die Vergabe- und Vertragsordnung für Bauleistungen (VOB) vom 12.09.2002 beruht auf den Arbeiten eines Ausschusses, dem Mitglieder öffentlicher und privater Auftraggeber, der Bauwirtschaft, der Architekten und mehrer Wirtschaftverbände angehören. Dieses Gremium sieht seine Aufgabe darin, für die sachgerechte Vergabe und Abwicklung von Bauaufträgen Grundsätze zu erarbeiten und weiter zu entwickeln. Diese Grundsätze sind in den Teilen A und B der VOB niedergelegt. Dass sie ein privilegiertes Regelwerk sind, zeigt ihre ausdrückliche Erwähnung in den Vorschriften des BGB über die Gestaltung rechtsgeschäftlicher Schuldverhältnisse durch Allgemeine Geschäftsbedingungen.

Die Regeln der VOB sind jedoch keine Rechtsnormen. Sie sind auch nicht ohne weiteres auf Grund Handelsbrauchs oder Verkehrsitte für den einzelnen Vertrag maßgebend. Wenn die Vorschriften der VOB Vertragsbestandteil werden sollen, müssen die Parteien dies grundsätzlich vereinbaren. Mit gewissen Einschränkungen sieht die juristische Praxis allerdings die Vorschriften der VOB/B über die Bauzeit und die Bauverzögerung wegen der Ausgewogenheit und der Bewährung in der Baupraxis als allgemeine Grundsätze des Bauvertragsrechts auch ohne ausdrückliche Vereinbarung der Parteien an. Insoweit kann die VOB auch in das Werkvertragsrechts des BGB und damit in Verträge über die Erstellung von Industrieanlagen hineinwirken.

Aber auch die VOB haben Missstände lediglich etwas abgemildert. Von den vielen strittigen Fragen bei langfristigen Bauverträgen zeugen umfangreiche Rechtsprechung und Literatur. Dessen ungeachtet empfiehlt sich für den mit der Vertragsgestaltung befassten Praktiker im Industrieanlagenbau immer wieder auch ein Blick auf die Regelungen der VOB. Selbst wenn sich die Vorschriften im Einzelnen nicht direkt auf das jeweilige Projekt übertragen oder dort durchsetzen lassen, vielleicht sogar ungeeignet sind, können die Beteiligten die VOB als „Steinbruch“ und Anregung für mögliche Vereinbarungen verwenden.

In diesem Sinn sind aus der Sicht des Claimsmanagers besonders interessant die Regelungen über Vergütung (bei Leistungsänderung), Ausführungsfristen, Behinderung und Unterbrechung der Ausführung, Verteilung der Gefahr, Vertragsstrafe und Mängelansprüche.

Vollständigkeit

Das Projekt

Anlagenbauer A hatte die Anlage den Vorgaben des Bestellers entsprechend lückenlos ausgeführt.

Bei einer Begehung durch die Vertreter der Berufsgenossenschaft zeigt sich, dass auf einer höher gelegenen Arbeitsebene die arbeitsschutzrechtlich vorgeschriebene Sicherheitsreling fehlt.

Der Auftraggeber verlangt von A Nachrüstung, weigert sich aber, die erforderlichen Kosten zu übernehmen.

Überlegungen

A kann eine Vergütung für Lieferung und Montage geltend machen, wenn die Reling nicht zu seinem ursprünglichen Leistungsumfang gehört. Dies führt zu der Frage, ob der Leistungsumfang eindeutig und vollständig beschrieben ist. Fehler in der Leistungsbeschreibung gehen grundsätzlich zu Lasten des Auftraggebers. Denn eine eindeutige und erschöpfende Leistungsbeschreibung ergibt sich für ihn aus einem vorvertraglichen Schuldverhältnis (solange noch kein Vertrag zustande gekommen ist) oder aus den Sorgfaltspflichten zu Gunsten des Auftragnehmers (nach Vertragsschluss).

Etwas anderes würde für eine funktionale Leistungsbeschreibung gelten. Bei ihr macht der Auftraggeber nur grundlegende Vorgaben und überlässt den konkurrierenden Anlagenbauern die technische und kaufmännische Ausgestaltung des Projekts im Einzelnen. Sie ist im Industrieanlagenbau selten.

Zweifelhafter wird die Beurteilung sein, wenn der Auftragnehmer schon anhand der Anfrage oder der Ausschreibung erkennen konnte, dass der Leistungsumfang unzulänglich definiert war (etwa, weil im geschilderten Projekt die zum Stand der Technik gehörende Sicherheitsreling fehlte). In der Praxis ist die Versuchung groß, solche Defizite zu verschweigen, um nicht durch den Hinweis auf zusätzlich anfallende Kosten den Auftrag zu gefährden.

Die VOB löst das Dilemma durch die Regelung in § 4 Nr. 6. Danach hat der Auftragnehmer Bedenken gegen die vorgesehene Art der Ausführung dem Auftraggeber unverzüglich schriftlich mitzuteilen. Unterlässt der Auftragnehmer eine Bedenkenanmeldung, hat er keinen Anspruch auf Vergütung der zusätzlich erforderlichen Leistung. Das erbrachte Werk gilt als mangelhaft. Der Auftragnehmer ist dann darauf angewiesen, seine Aufwendungen dem Schadensersatzanspruch des Auftraggebers als Kosten entgegen zu halten, die diesem bei regelrechter Erledigung des Auftrags sowieso entstanden wären. Denn ein Auftragnehmer darf weder im Rahmen des Mängelbeseitigungsnoch aufgrund eines Schadensersatzanspruchs des Auftraggebers mit Kosten belastet werden, um die das Werk bei ordnungsgemäßer Ausführung von vornherein teurer geworden wäre. Die Auseinandersetzungen darüber sind aller Erfahrung nach unerfreulich und zeitintensiv. Die Bedenkenanmeldung liegt im eigenen Interesse des Auftragnehmers, weil sie den Claim auf zusätzliche Vergütung erleichtert und eine Diskussion über Berücksichtigung von Sowieso-Kosten überflüssig macht.

Diese Überlegungen gelten im Industrieanlagenbau – ohne Vereinbarung der VOB – jedenfalls nicht unmittelbar. Deshalb werden die jeweilig anwendbaren Rechtsordnungen auf allgemeine Rechtsgrundsätze zurückgreifen. Das Unterlassen einer Anmeldung tatsächlich vorhandener Bedenken dürfte dann durchweg ein Verstoß gegen Informationspflichten des Auftragnehmers dem Auftraggeber gegenüber sein. Im Ergebnis wird ersterer einen Anspruch auf zusätzliche Vergütung nicht geltend machen können und froh sein müssen, einen Claim bestenfalls unter dem geschilderten Gesichtspunkt der Sowieso-Kosten vorbringen zu können.

Der Rat

Das Verantwortlichkeitsdilemma lösen die meisten Auftraggeber mit der so genannten Vollständigkeitsklausel; gelegentlich findet sich auch der Begriff Komplettheitsklausel. Einerseits enthält die Leistungs- und Lieferbeschreibung viele Einzelpositionen; dies dient oft nebenbei auch einem Preisvergleich der Wettbewerber, wenn Einzelpreise vorgesehen sind. Andererseits ist die Gefahr groß, einzelne Punkte zu übersehen. Deshalb soll der Auftragnehmer für die Vollständigkeit der Leistungsbeschreibung verantwortlich sein und das Risiko der Unvollständigkeit allein tragen. Das aber geht weit über die ihn ohnehin treffende Aufklärungs- und Beratungspflicht hinsichtlich von ihm entdeckter Fehler der Leistungsbeschreibung hinaus. Dem gleichen Ziel gelten Richtigkeitsklauseln, mit deren Billigung der Auftragnehmer die Verantwortung für Richtigkeit oder Widerspruchsfreiheit übernimmt. Gelegentlich verbergen sich diese weitgehenden Verpflichtungen hinter harmlos erscheinenden Überschriften eines Vertragsteils.

Gefährlich für den Auftragnehmer sind in diesem Zusammenhang auch Risikozuweisungen, die sich in der Verwendung offener Begriffe verbergen. So etwa verstehen einige Teilbranchen des Industrieanlagenbaus die *balance of plant* als Gesamtheit der Anlagenteile, die zur Funktion der Anlage notwendig sind, ohne dass diese Bezeichnung festgeschrieben wäre. Gleiches gilt für eine „funktionierende“ Anlage.

Die Parteien sollten sich deshalb im Sinne einer ausgewogenen Risikoverteilung um eine angemessene Vollständigkeitsklausel bemühen.

Das Vertragsbeispiel

AN verpflichtet sich zur Lieferung eines funktionierenden Bandtrockners.

Sollte die Inbetriebnahme ergeben, dass für den ordnungsmäßigen Betrieb Teile oder Leistungen fehlen, wird AN diese auf seine Kosten schnellstens erbringen.

Dies gilt auch, wenn das Bestellschreiben die Leistungen nicht ausdrücklich nennt.

Mit dieser Klausel bürdet der Auftraggeber seinem Vertragspartner das gesamte Vollständigkeitsrisiko auf.

Vollständigkeit

Der AN plant eine innerhalb der Bearbeitungsgrenzen vollständige und betriebsfertige Anlage. Dazu gehört auch die Planung der im Leistungsverzeichnis nicht erwähnten, nicht genauer spezifizierten, fest eingebauten oder mobilen maschinen- und verfahrenstechnischen Ausrüstungsgegenstände, ohne die die Anlage nicht ordnungsgemäß betrieben und gewartet werden kann.

Ebenso sind alle zur Planung des Gesamtwerks erforderlichen Planungsleistungen und Unterlagen zu erbringen, auch wenn sie im Leistungsverzeichnis nicht erwähnt sind.

Hier geht die Überwälzung des Risikos noch weiter, weil sie sich auf die Planung des Gesamtwerks erstreckt.

Anfrageunterlagen

Der AN bestätigt, dass die Aufgabenstellung klar und eindeutig ist. Er hat zur Aufgabenstellung keine weiteren Fragen. Die zur Verfügung gestellten Unterlagen sind zur Erfüllung der gestellten Aufgabe ausreichend. Weitere Informationen und Unterlagen sind nicht erforderlich. Der AN hat die vom AG als Grundlage für die Durchführung des Projektes zur Verfügung gestellten Unterlagen genau geprüft. Der AN

> bestätigt, dass er aufgrund seiner detaillierten Fachkenntnisse den Umfang und die Schwierigkeiten des Projektes genau einschätzen und aus solchen Gründen keinerlei Mehraufwand geltend machen kann.

Diese Klausel geht soweit, dass sie die klare und eindeutige Aufgabenstellung zu Ungunsten des Auftragnehmers schon aus den Anfrageunterlagen ableitet. Zwischen erster Anfrage und Vertragsschluss verändert sich das Vorhaben aber häufig noch erheblich. Das erhöht das unter harmloser Überschrift geregelte Vollständigkeits- und Richtigkeitsrisiko des Auftragnehmers zusätzlich. Der letzte Satz ist zudem sprachlich irreführend. Gemeint ist, dass der Auftragnehmer wegen seiner fiktiven Kenntnis von Umfang und Schwierigkeiten auch trotz dem erforderlichen Mehraufwand nicht geltend machen kann.

> Sollte die Leistungsbeschreibung im Widerspruch zu technischen Anforderungen oder Bestimmungen stehen, hat AN in einem gesonderten Schreiben darauf hinzuweisen. Ohne diesen Hinweis gehen alle sich aus dem Widerspruch ergebenden Mehrleistungen zu Lasten von AN.

Bei dieser Richtigkeitsklausel beschränkt sich die unausgewogene Risikoverteilung immerhin auf die Fälle offensichtlicher Widersprüche und ist damit aus Sicht des Auftragnehmers schon erträglicher als im ersten Beispiel.

> Die vom Auftragnehmer zu erbringenden Lieferungen und Leistungen sind oben aufgeführt.
>
> Ungeachtet der Vollständigkeit dieser Aufzählung ist der Auftragnehmer verpflichtet, seine Lieferungen und Leistungen nach dem Stand der Technik zum Zeitpunkt des Gefahrübergangs zu erbringen.

Hier haben sich die Partner darauf verständig, den Stand der Technik als Leistungsniveau festzuschreiben.

Ein Risiko für die Vollständigkeit der Leistungsbeschreibung trägt der Auftragnehmer insoweit nicht, als der Vertrag es ihm wenigstens nicht von vorneherein aufbürdet. Ob der Auftragnehmer dann im Einzelfall seine Vergütung für zusätzliche Leistungen durchsetzen kann, ist Frage der Marktverhältnisse.

Balance of Plant

means all Works forming part of the Power Plant other than the Power Units, the Power Transmissions System, and the Desalination Plant, which Works are more specifically described in the Specification.

Balance of Plant

ist die Gesamtheit aller Leistungen zur Erstellung der Kraftanlage mit Ausnahme der Energieerzeugungseinheiten, der Energieübertragung und der Meerwasserentsalzung; die Leistungen dazu sind genauer in der Spezifikation festgeschrieben.

warranty

Das Projekt

Die Verhandlungen mit dem nordafrikanischen Auftraggeber N ziehen sich in die Länge. Beide Parteien verständigen sich in Englisch, für keine Seite deren Muttersprache. Während dem deutschen Anbieter A eine Einstandspflicht für seine Anlage nach den Sachmängelvorschriften wie etwa im Werkvertragsrecht vorschwebt, verwendet der Gesprächspartner ständig die Begriffe *„guarantee"* und *„warranty"*.

Überlegungen

A fragt sich nach dem grundsätzlichen inhaltlichen Unterschied der Begriffe und den Folgen für das Claimsmanagement. Er meint, bei der starken technischen Position seines Angebots würde ihm letztlich auch die Vereinbarung deutschen Rechts für den Vertrag gelingen. Damit sei der Streit um die Begriffe Makulatur.

Der Rat

Unabhängig von der auf den Vertrag anwendbaren Rechtsordnung sollten die Parteien sich bei Haftungsfragen jeder Art nicht auf die verwendeten Bezeichnungen, sondern auf den Inhalt der Regelung konzentrieren. Dies gilt auch für die im angelsächsischen Rechtskreis bedeutsamen Begriffe. Im Vertragsrecht spielt insbesondere das Wortpaar *„conditions"* und *„warranties"* eine Rolle. Ihre Unterscheidung voneinander erfolgt vom Ergebnis her: *conditions* sind so wichtige Vertragsbestimmungen, dass ihre Nichteinhaltung die Gegenseite zum Rücktritt vom Vertrag berechtigt. Demgegenüber sind *warranties* weniger wichtige Verpflichtungen. Hält eine Seite sie nicht ein, kann der Vertragspartner wie bei jedem anderen *breach of contract* Schadensersatz *(damages)* verlangen.

Nicht zum klassischen Recht des Leistungsaustauschs gehört der Begriff *guarantee*. Er steht ursprünglich für das einem Vertragspartner gegebene Versprechen, für die Verbindlichkeit eines Dritten einzustehen. Mit der häufig zu erklärenden *performance guarantee* als Zahlungsverpflichtung im Fall eigener Nichterfüllung oder mit der Bezeichnung solcher Verpflichtungen als *guarantee* hat sie Eingang in das allgemeine Vertragsrecht gefunden. Bei der Verwendung des Paares *performance guarantee* und *repair guarantee* bezeichnet der erste Begriff häufig die Verpflichtung zur Erfüllung der

Verfahrensparameter, während mit dem zweiten die Einstandspflicht für die Beseitigung von Stillständen gemeint ist, sowie sie nicht auf falschem Betrieb oder mangelnder Instandhaltung beruhen.

Gerade bei Anwendung nicht aus dem eigenen Sprach- und Rechtsbereich stammender Begriffe ist es unbedingt empfehlenswert, sich mit dem Vertragspartner über Inhalt und Rechtsfolgen bei Nichteinhaltung vor Vertragsschluss zu verständigen. Grundsätzlich unterliegen sie der Gestaltungsfreiheit der Vertragspartner, soweit gewisse Grenzen nicht überschritten werden.

Das Vertragsbeispiel

Warranty

Contractor warrants that the Plant Equipment shall be new and free from defects or deficiencies in materials and workmanship, that the Plant Equipment supplied hereunder and processes automation and mechanization involved therein will incorporate the latest technical standards for this type of Plant Equipment which will be available to Contractor at the date of the signing of the Contract and that high quality materials will be used for the manufacture of the Plant Equipment. The Plant Equipment will be of first rate workmanship and high quality of the technical execution and assembly and shall be manufactured in full conformity with the Technical Requirements.

In case of breach of aforesaid warranty Contractor shall, at his option, at no expense to Owner, arrange for the repair or replacement of defective parts of the Plant Equipment which have proven to be defective prior to the expiration of the Defect Liability Period, provided Owner notifies Contractor in writing duly substantiated as soon as such defect is discovered, but no later than the day on which the Defect Liability Period has expired.

Contractor may arrange for the removal from Plant Site and reinstallation at Contractor's expense of any part of the Plant which is defective or damaged, if the nature of the defect or damage is such that repairs cannot be expeditiously carried out on the Plant Site.

Mängelhaftung

Der Anlagenbauer steht im Rahmen der Sachmängelhaftung dafür ein, dass die Anlage neu und frei von Fehlern oder Unzulänglichkeiten in Material und Ausführung ist, dass die gelieferte Anlage einschließlich Prozessautomation und technischem

Ablauf dem neuesten technischen für den Anlagenbauer zugänglichen Standard dieses Anlagentyps zum Zeitpunkt des Vertragsschlusses entspricht und dass für die Fertigung hochklassiges Material zum Einsatz kommt. Die Anlage entsteht aufgrund erstklassiger Arbeitsqualität, hoher Qualität der technischen Durchführung und der Koordination und wird in voller Übereinstimmung mit den technischen Erfordernissen hergestellt werden.

Im Fall der Nichteinhaltung dieser Pflicht wird der Anlagenbauer nach seiner Wahl kostenfrei für den Auftraggeber die Instandsetzung oder den Ersatz von Teilen der Anlage, die sich vor Ablauf der Sachmängelfrist als schadhaft erwiesen haben, besorgen. Voraussetzung dafür ist eine schriftliche Meldung des Auftraggebers an den Anlagenbauer; sie muss angemessen konkretisiert unverzüglich nach Feststellung der Schadhaftigkeit und vor Ablauf der Sachmängelfrist abgegeben sein.

Der Anlagenbauer kann alle schadhaften Teile auf seine Kosten von ihrem Standort entfernen und wieder einbauen, wenn die Natur des Fehlers oder der Beschädigung einer schleunigen Instandsetzung vor Ort entgegensteht.

Diese Form der Sachmängelhaftung ist insgesamt annehmbar. Die gewählte Überschrift und der Inhalt stellen klar, dass es sich nicht um eine absolute Zusage handelt. Ein Rücktritt vom Vertrag kommt offensichtlich nicht ohne Weiteres in Frage. Inwieweit einzelne Punkte noch verbesserungsfähig sind, hängt von weiteren Festschreibungen ab. Die Großschreibung der Technical Requirements z. B. lässt vermuten, dass sie in einem Anhang besonders definiert sind. Damit beeinflusst dieser Anhang die Einstandspflicht erheblich.

Engineering Warranties

1. ABC warrants complete, proper, economical design in accordance with the proven state-of-the-art of engineering work and technology, especially regarding the choice of appropriate materials of construction, in order to assure trouble-free, economic and safe operation of the plant.ABC bears the exclusive responsibility for all technical design work within the scope of the engineering services set forth in Exhibit ...ABC warrants the proper mechanical design of the equipment as far as this is part of the scope of engineering services set forth in Exhibit...
2. The warranty period ends 12 months after start-up, but not later than 15 months after the coming into force of the agreement. The warranty period will be extended according to periods at which the plant is off-steam due to reasons ABC is responsible for.

3. In the event mechanical failure within the plant occurs, which is a consequence of incorrect basic engineering documents by ABC, ABC will participate in the direct costs of repair and/or replacement with 25% of said costs and bears its own cost including its personnel. ABC's liability for the participation in cost under this section is limited to...
4. ABC's total liability for the participation in cost of repair and/or replacement, the correction of Basic Engineering and payment of liquidated damages as per Exhibit ..., and the payment of schedule penalties as per section ... above shall not exceed the total set forth in Article... of the agreement.

Mängelhaftung für Engineering

1. ABC haftet für das vollständige, ordnungsgemäße und wirtschaftlich vernünftige Design gemäß dem bewährten Stand der Technik von Engineering und Verfahrenstechnik, insbesondere hinsichtlich der Wahl angemessenen Materials für die Fertigung. Ziel ist die Sicherstellung störungsfreien, wirtschaftlichen und sicheren Betriebs der Anlage. ABC trägt die alleinige Verantwortung für das gesamte technische Design innerhalb des in Anhang ... bezeichneten Umfangs der Ingenieurdienstleistungen. ABC haftet für das ordnungsgemäße mechanische Design der Ausrüstung, soweit sie Teil des in Anhang ... bezeichneten Umfangs der Ingenieurdienstleistungen ist.
2. Die Mängelhaftung endet 12 Monate nach Inbetriebnahme, spätestens aber 15 Monate nach Inkrafttreten dieser Vereinbarung. Die Frist verlängert sich um die Dauer, während der die Anlage aus von ABC zu vertretenden Gründen nicht in Betrieb ist.
3. Sollten an der Anlage mechanische Ausfälle als Folge der von ABC erstellten fehlerhaften Dokumente für das Basic Engineering auftreten, wird sich ABC mit 25% an den direkten Kosten für Instandsetzung oder Ersatz beteiligen; darüber hinaus trägt ABC seine eigenen Kosten einschließlich der für das Personal. Die Haftung von ABC für die Kostenbeteiligung nach diesem Abschnitt ist auf ... begrenzt.
4. Die Gesamthaftung von ABC für die Beteiligung an Kosten von Instandsetzung und/oder Ersatz, das Berichtigen von Basic Engineering und die Zahlung von liquidated damages gemäß Anhang ... sowie die Zahlung von Vertragsstrafen für Zeitüberschreitungen nach Abschnitt ... darf die in Artikel ... festgesetzte Gesamtsumme nicht überschreiten.

Guarantees

The Supplier guarantees that all his obligations, including among others, his services, studies, materials, equipments, supplies, works, means and methods will satisfy

- all the stipulations of this contract,
- all the consequences that normally result thereof,
- the soundest practice and best workmanship,
- the laws, decrees, orders and regulations in force at
- the time of concluding this contract.

The interventions or approvals of Buyer or their representatives in no way lessen the responsibility of the Supplier.

The technical conditions and requirements are stipulated in the Technical Specification (performances, guarantees, tests, acceptances).

Garantien

Der Lieferer garantiert, dass alle seine Verpflichtungen, eingeschlossen unter anderem seine Dienstleistungen, Studien, Material, Ausrüstungen, Lieferungen, Arbeiten, Mittel und Methoden

- allen Anforderungen des Vertrags,
- allen Folgen, die normalerweise daraus erwachsen,
- gründlichste Praxis und beste Arbeitsqualität,
- den zum Zeitpunkt des Vertragsschlusses geltenden Gesetzen, Verordnungen und Bestimmungen

entsprechen. Eingriffe oder Freigaben des Bestellers oder seiner Vertreter schränken die Verantwortlichkeit des Lieferers nicht ein. Die technischen Bedingungen und Anforderungen sind in der technischen Spezifikation (Leistung, Garantien, Tests, Abnahmen) definiert.

Die Verwendung des Wortes *guarantee* ist ein Einfaltstor für über die Sachmängelhaftung hinausgehende Ansprüche. Wie diese Gefahr konkret zu bewerten ist, hängt von den Rechtsfolgen des nicht eingehaltenen Garantieversprechens ab, die der Vertrag an dieser Stelle offensichtlich nicht regelt. Streitpotential enthalten auch die im zweiten Anstrich aufgeführten Folgen, die „normalerweise“ erwachsen.

Werkvertrag

Das Projekt

Die Ferkel AG F hatte einen kompletten Schlachthof für Geflügel als schlüsselfertige Anlage in den nahen Osten geliefert. Im Rahmen dieses Projekts hatte sie auch die Schädlingsbekämpfung zu einem Pauschalpreis übernommen. Auf den Vertrag sollte deutsches Recht anwendbar sein.

Trotz Einhaltung des vertraglich vereinbarten Auslegens von Ködermaterial und Kontrollen meldet Schlachthofbetreiber S wiederholt Rattenbefall. Zu dessen Bekämpfung erbringt F Sonderleistungen, die das Unternehmen vergütet haben möchte. S weigert sich mit der Begründung, F habe die Leistungen im Rahmen des vertraglich Vereinbarten zu erbringen.

Überlegungen

Ob F einen Anspruch auf Vergütung der erbrachten Sonderleistungen hat, hängt davon ab, worin seine vertraglichen Verpflichtungen bestehen. Nur wenn er mehr als ursprünglich vereinbart geleistet hat, wird ein Claim wegen Vergütung der Sonderleistungen erfolgreich sein. Gibt der Wortlaut des Vertrages nichts Eindeutiges her, kommt es auf den Charakter des Vertrages an.

Die vertragstypischen Pflichten bei einem Dienstvertrag – dessen Gegenstand können Dienste jeder Art seit – bestehen in der Leistung der versprochenen Dienste. Danach schuldete F nur Tätigkeit schlechthin, nicht ein bestimmtes Ergebnis, § 611 BGB.

Anders bei einem Werkvertrag. Er verpflichtet den Unternehmer zur Herstellung des versprochenen Werkes. Gegenstand des Werkvertrages kann auch ein durch Dienstleistung herbeizuführende Erfolg sein, § 631 BGB. Schuldete F Rattenfreiheit als Erfolg, könnte er seine Sonderleistungen nicht geltend machen.

Die Frage dieser Erfolgsbestimmtheit spielt für viele Leistungen im Anlagenbau eine bedeutende Rolle.

Der für solche Leistungen bedeutsame Unterschied zwischen Dienst- und Werkvertrag hat neben der Frage, ob F für seine Bemühungen schlechthin oder erst für ein erzieltes Ergebnis zu vergüten ist, noch eine andere wichtige Komponente. Sie besteht in der unterschiedlichen Mängelhaftung. Bei einem Werkvertrag hat der Unternehmer dem Besteller das Werk frei von Sach- und Rechtsmängeln zu verschaffen.

Liegen Mängel vor, kann der Besteller nach § 634 BGB eine Reihe verschiedener Rechte geltend machen: Er kann Nacherfüllung verlangen, den Mangel selbst beseitigen, vom Vertrag zurücktreten, mindern oder Schadensersatz fordern.

Solche Mängelhaftung kennt das Recht des Dienstvertrags nicht. Pflichtverletzungen sind nach den allgemeinen Vorschriften der §§ 280 ff. BGB zu beurteilen. Danach kann S Schadensersatz verlangen, wenn F eine von ihm zu vertretende Pflichtverletzung des Vertrags begangen hat. Wegen des grundsätzlich sehr weit gehenden Anspruchs kann das für F schwerwiegende Folgen haben.

Der Rat

Das bedeutet, dass die Parteien sich nicht nur um eine genaue Beschreibung der geschuldeten Tätigkeit bemühen sollten, sondern auch Einigkeit darüber erzielen müssen, ob der Vergütung vertraglich ein Ergebnis oder nur die Verpflichtung zur – allerdings sach- und fachgerechten – Tätigkeit gegenüberstehen soll. Ein Blick auf Vertragsverhältnisse außerhalb der Investitionsgüterindustrie zeigt, dass die Bezeichnung selbst noch keine eindeutige Zuweisung zum Dienstvertrag einerseits oder zum Werkvertrag andererseits bietet. So können Schönheitsoperationen, Rechtsgutachten, die Anfertigung von Kunstwerken oder Unterricht Gegenstand beider Vertragstypen sein.

In der Investitionsgüterindustrie taucht die Notwendigkeit der eindeutigen Zuweisung zu dem einen oder anderen Vertragstyp häufig vor allem bei Planungsleistungen, Maßnahmen des Umweltschutzes, Instandhaltungen oder Schulungen auf.

Das Vertragsbeispiel

Vertragsgegenstand

Der Auftragnehmer organisiert die zur Erfüllung dieses Auftrags (Schädlingsbekämpfung und Desinfektion auf dem Gelände des Schlachthofs) notwendige Maßnahmen mit eigenem Personal und in eigener Verantwortung. Er hat mit der Organisation seiner Leistungen, insbesondere mit der Zahl der eingesetzten Personen, die Vorgaben des Leistungsverzeichnisses zu erfüllen und die schlachthofspezifischen betrieblichen und technischen Notwendigkeiten zu berücksichtigen.

Bei einer solchen Formulierung hätte F gute Chancen auf Durchsetzung seines Claim, wenn die Sonderleistungen über die Angaben im Leistungsverzeichnis hinausgehen. Die absolute Schädlingsfreiheit ist als Ergebnis vertraglich nicht festgeschrieben. Später im Vertrag heißt es allerdings

Mangelhafte Leistung

Verzug...

Schlechtleistung...

Mängelrügen teilt der Auftraggeber umgehend dem Auftragnehmer mit. Erfolgt keine Mängelrüge, gelten die Leistungen als vertragsgerecht erfüllt und abgenommen. Der Auftragnehmer haftet für die fehlerhafte Durchführung des Werkvertrags.

Diese Klausel führt zu einem anderen Ergebnis. Von der Bezeichnung als Werkvertrag allein würde sich ein Gericht wahrscheinlich noch nicht beeindrucken lassen. Die gewählte Terminologie (Schlechtleistung, Mängelrüge, Abnahme) aber weist darauf hin, dass die Parteien einen Werkvertrag gewollt haben. Dann könnte F eine zusätzliche Vergütung nicht als Anspruch durchsetzen, weil er ohne die als Sonderleistung bezeichneten Bemühungen das geschuldete Ergebnis noch nicht erbracht hatte.

Wissensmanagement

Das Projekt

Das Unternehmen hatte verschiedentlich Zeit- oder auch Kostenclaims beim Kunden geltend gemacht, zum Teil auch durchgesetzt. Trotzdem hat die Geschäftsführung das Gefühl, dass die wenigen guten Erfahrungen nicht dazu geeignet sind, dem Claimsmanagement auf breiter Front im Unternehmen Geltung zu verschaffen. Zudem war völlig unklar, an welchen Stellen des Hauses nennenswertes Wissen zu dem Thema vorhanden war.

Überlegungen

Wie bei der Einführung anderer Managementbegriffe in ein Unternehmen kann sich die Geschäftsleitung auf

- Fremdmaßnahmen,
- Maßnahmen mit externer Beteiligung,
- Eigenmaßnahmen
- oder einer Mischung aus diesen Möglichkeiten

stützen. Mit Eigenmaßnahmen zu beginnen hat den Vorteil, dass bei einer später vielleicht als nötig erachteten Einschaltung externer Kräfte schon ein Erfahrungsschatz vorhanden ist, aus dem heraus sich weiterführende Tätigkeiten entwickeln lassen.

Der Rat

Am Anfang aller Bemühungen muss eine Bestandsaufnahme stehen. Sie bezieht sich auf das im Unternehmen wahrscheinlich gestreut vorhandene Wissen zum Claimsmanagement. Es wird sich ebenso in verschiedenen Abteilungen als auch bei verschiedenen Mitarbeitern befinden. Es wird ebenso positive wie negative Erfahrungen umfassen. Es kann sich auf Termine, Kosten, die Zusammenarbeit innerhalb des Unternehmens, mit dem Kunden oder auf besondere Einzelheiten beziehen. So etwa fehlt es in den Unternehmen oft an der Kenntnis der verwendeten rechtlichen Instrumente wie Auftragsbestätigungen, Einkaufs- und Verkaufsbedingungen oder Muster für Montagen. Der bewusste und einheitliche Einsatz dieser Arbeitsmittel auch im Auslandsgeschäft wird besonders leicht dann vernachlässigt, wenn ein Unternehmen schnell in eine neue Größenordnung gewachsen ist, ohne die erwähnten Instrumente entsprechend anzupassen. Hier kann eine fachkundige Überprüfung, im englischen Sprachraum als *legal audit* bezeichnet, hilfreich sein.

Dieses Wissen muss aufbereitet, zusammengefasst und den in der Zukunft wahrscheinlich mit dem Problem stärker befassten Mitarbeitern zugänglich gemacht werden. Diese Maßnahmen erfordern weder die Einrichtung neuer Organisationsformen noch erhebliche Investitionsmittel. Es genügt zunächst die Schaffung eines kleinen Arbeitskreises mit begrenzter Lebensdauer. Aufgabe dieses Kreises ist neben der Erfassung des im Unternehmens vorhanden Wissens die Erarbeitung eines Vorschlags, wie dieses Wissen im Unternehmen verteilt werden kann. Dabei sollte von vornherein Klarheit darüber bestehen, dass dies – wie bei anderen Gebieten des Wissensmanagement auch – nicht in erster Linie mit moderner Technik zu bewältigen ist. Viele Unternehmen übersehen, dass das Haupthindernis für die Verbreitung von Erfahrungen und Kenntnissen im eigenen Hause – bis in die Chefetage – Angst vor einer daraus folgenden Sozialisierung des Wissens und der damit möglicherweise einhergehenden Schwächung der Bedeutung des jeweiligen Mitarbeiters ist. Im Vordergrund muss deshalb die Erkenntnis aller betroffenen Mitarbeiter stehen, dass Claimsmanagement der Sicherung des Ertragspotentials und damit den langfristigen Interessen Aller dienen soll. Damit darf es nicht als Herrschaftswissen Einzelner verstanden werden.

Nach dem Erfassung- und Meinungsbildungsschritt sollte – aufbauend auf der bisher vielleicht zufällig an verschiedenen Stellen erfolgten Erfahrungssammlung – in einem nächsten Schritt eine gezielte Betrachtung und Dokumentation einiger bestimmter Projekte erfolgen. Hierzu ist die Einrichtung eines Gremiums empfehlenswert, dessen Mitglieder nach Persönlichkeit, Erfahrung und Reputation im Unternehmen zusammengesetzt sein sollten. Seine Aufgabe besteht darin, Grundlagen für weitere Maßnahmen des Wissensmanagements zu erstellen. Sie bestehen unter sorgfältiger Vermeidung individueller Schuldzuweisungen in

- Dokumentation der Erfahrungen bei bestimmten Projekten
- quantifizierter Fehleranalyse (welche Fehler haben welche Kosten verursacht?)
- qualifizierte Fehleranalyse (was hat zu welchen Fehlern geführt?)
- Vorschlägen zum weiteren Umgang mit dem Thema Claimsmanagement (z. B. Vertragsschulung).

Zulieferer

Das Projekt

Der Hauptauftragnehmer General Crash (GC) hatte einen Teil des in Deutschland durchzuführenden Projekts an das Heizungs- und Lüftungsunternehmen Heat Vent (HV) vergeben. HV hatte die für das Gewerk benötigten Lüftungskanäle vom Zulieferer Zufall (Z) bezogen und durch eigene Monteure eingebaut. Als der Hauptauftraggeber AG Druckverluste in der Klimaanlage wegen Rostschäden an den Kanälen feststellt, nimmt er GC wegen der Beseitigung in Anspruch. GC bestreitet seine Verantwortlichkeit und lehnt Nacherfüllung ab. Gleichzeitig macht GC vorsorglich HV gegenüber einen Regressanspruch geltend und begründet ihn damit, dass Unternehmen habe für die Lieferungen von Z einzustehen.

Überlegungen

Der Claimsmanager von HV ist unsicher. Ihm ist dem Sinne nach die gesetzliche Regelung über so genannte Erfüllungsgehilfen bekannt. Danach hat der Schuldner ein Verschulden der Personen, deren er sich zur Erfüllung seiner Verbindlichkeit bedient, im gleichen Umfang wie eigenes Verschulden zu vertreten, § 278 BGB. Trotzdem hat HV Zweifel, ob Z hier wirklich als Erfüllungsgehilfe tätig geworden ist. Z kannte weder den Bauzeitplan noch sonst die Planung des Projekts im Einzelnen. HV hatte die Kanäle auf Grund eigener Planung bei Z bestellt. Insoweit hatte Z nichts mit dem Vertragsverhältnis zwischen GC und HV zu tun. Eigenes Verschulden war HV nicht vorzuwerfen, da das Unternehmen davon ausgehen durfte, dass neugelieferte Kanäle nicht alsbald nach Einbau von Rost befallen sein würden.

Der Projektleiter als Claimsmanager von HV lehnt auf Grund dieser Überlegungen schriftlich gegenüber GC jede Verantwortung für Z als Erfüllungsgehilfe ab.

HV kann sich dabei auf die Rechtsprechung des Bundesgerichtshofs stützen. Für diesen ist Erfüllungsgehilfe, wer nach den tatsächlichen Gegebenheiten des Falles mit dem Willen des Schuldners bei der Erfüllung einer diesem obliegenden Verbindlichkeit als seine „Hilfsperson“ tätig wird. Es muss im General Crash-Project damit eine von HV gewollte oder gebilligte Mitwirkung von Z bei der Vertragserfüllung gegenüber GC vorliegen. Das aber ist bei der Lieferung von Gegenständen (hier: der Kanäle), die der Unternehmer (HV) bei der Bestellung des Werkes verwendet, nicht der Fall. Diese Lieferung erfolgt nämlich nach Auffassung des BGH im Rahmen des zwischen HV und Z geschlossenen Kauf- oder Werkvertrags und ist damit gerade nicht in den werkvertraglichen Pflichtenkreis von HV gegenüber GC einbezogen.

Um sich nicht dem Vorwurf auszusetzen, HV habe seiner Schadensminderungspflicht nicht genügt, bietet der Claimsmanager dem GC allerdings die Abtretung aller HV eventuell zustehender Ansprüche aus dem Liefervertrag mit Z an. Dies können Nachlieferungs- oder Schadenersatzansprüche wegen der rostenden Kanäle sein.

Der Rat

Zulieferungen werden für das Claimsmanagement in zwei Richtungen bedeutsam sein: Ein Unternehmen kann sowohl selbst bei einem Projekt als Zulieferer des (Haupt-) Auftragnehmers auftreten als auch sich zur Erledigung seiner Pflichten verschiedener Zulieferer, die je nach Ausgestaltung der Vertragsverhältnisse Erfüllungsgehilfen sein können oder nicht, bedienen. Die dabei besonders zu berücksichtigenden Punkte sind in beiden Konstellationen vergleichbar, wenn auch spiegelverkehrt.

In der Akquisitionsphase muss das Unternehmen zunächst einmal klären, ob es am Hauptauftrag lieber als Zulieferer oder als → Konsortialpartner des Auftragnehmers teilnehmen will.

Dieser bietet die zweite Rolle gern an, um die direkten Wirkungen des mit dem Auftraggeber geschlossenen Vertrags auf den Konsorten sicher zu stellen, insbesondere dessen Haftung möglichst weit zu fassen. Es bestehen aber auch aus Sicht des angesprochenen Unternehmens durchaus Gründe, solch eine Partnerschaft zu erwägen. Gerade im längerfristigen Anlagengeschäft gibt es technische Bereiche, in denen nur wenige Referenzprojekte am Markt sind. Unter werblichen Gesichtspunkten dürfte deshalb die deutlich herausragende Stellung als Konsortialpartner der eines Zulieferers vorzuziehen sein. Ein anderer Grund ist die direkte Zugriffsmöglichkeit auf den Hauptauftraggeber. Verzögert dieser z.B. die Abnahme, kann ein Konsortialpartner direkt Rechte geltend machen. Ein Zulieferer dagegen, dessen Bezahlung von dieser Abnahme abhängt, kann Druck nur auf seinen direkten Vertragspartner, im Ausgangsfall den GC, nicht aber den AG ausüben. Er kann also von GC bestenfalls verlangen, dass dieser einen Claim gegen AG stellt oder aber dass GC seine Rechte gegen AG an HV abtritt.

Dem gegenüber genießt ein Subunternehmer andere Vorteile. Seine Zulieferungen werden selbst bei einem Exportprojekt für ihn kaufmännisch ein Inlandsgeschäft sein; die Preisbildung ist damit übersichtlicher; Erfahrungen können mit weniger Risiko gesammelt werden; und vor allem wird die Mithaftung für Fehler anderer vermieden oder wenigstens eingeschränkt.

Auch wenn das Unternehmen deshalb in der Rolle eines Zulieferers bleibt, ist für den Claimsmanager die Analyse des technischen Risikos seines Leistungsteils besonders wichtig. Denn verzögerte oder mangelhafte Zulieferungen können im Projekt ein Vielfaches des Zulieferwerts an Schäden verursachen. Wichtig ist deshalb auch hier die

Schnittstellendefinition zu anderen Leistungsbeteiligten. Und schließlich hat das Claimsmanagement generell darauf zu achten, dass bei einem (von seinem Auftraggeber versuchten) Durchstellen der Vertragsmodalitäten des Hauptvertrags auf den Zuliefervertrag keine Bedingungen entstehen, die für den Zulieferer angesichts seines Leistungsteils, des zu erwartenden Gewinns und der eigenen Leistungsfähigkeit nicht zu verantworten sind. So etwa liegt es im verständlichen Interesse des Auftraggebers, die Vergütung seines Zulieferers an die Zahlung durch den eigenen Auftraggeber zu knüpfen – sowohl hinsichtlich des Termins als auch gelegentlich hinsichtlich des Zahlungseingangs überhaupt. Der Zulieferer läuft dadurch Gefahr, zum Kreditgeber seines Vertragspartners zu werden. Gefahren lauern auch in Änderungen des Projektverlaufs. Ein Wunsch des Auftraggebers nach Verschiebung des Erfüllungszeitpunkts kann für den Auftragnehmer und dessen Zulieferer bedeuten, dass sich in der Zwischenzeit technische Anforderungen ändern. So etwa bedeutet das Inkrafttreten der neuen Maschinenrichtlinie zum 29.12.2009, dass schlagartig die Hersteller von Teilmaschinen aufwendigere Unternehmensprozesse auf sich nehmen müssen als bisher. Die Fristverlängerung für die Leistung muss aus Sicht des Zulieferers deshalb mit der Regelung der Kostenfrage verknüpft sein.

Gegenüber dem eigenen Zulieferer wiederum hat das Claimsmanagement des Auftragnehmers dementsprechend seitenverkehrt mit verschiedenen Ausgangsfehlern seines Unternehmens zu kämpfen, die zu asymmetrischen Vertragsbedingungen geführt haben. Bei deren Vermeidung wird die wichtige Rolle des Einkaufs deutlich. Häufig hat dieser allerdings Berührungsscheu gegenüber dem Thema, sei es, weil die Übung fehlt, sei es, weil eine gewisse Abhängigkeit von bestimmten Zulieferern besteht.

Das Claimsmanagement des Anlagenbauers kann aber auch wegen der auf Seiten des Hauptauftraggebers eingesetzten Zulieferer gefordert sein: Ein Baustofflieferant (BL) hat den für Infrastrukturmaßnahmen erforderlichen Zement nicht rechtzeitig geliefert, was zu Verzögerungen geführt hat. Hier taucht das oben geschilderte Problem zumeist in der Form auf, das der Anlagenbauer Claims wegen Behinderung oder Unterbrechung der Ausführung geltend macht und der Hauptauftraggeber AG im Crash-Projekt sich damit verteidigt, das sein Vorunternehmer im Verhältnis zu ihm als Nachunternehmer kein Erfüllungsgehilfe sei; deshalb könne zum Beispiel kein Verzugsanspruch gegen AG entstehen. Die für den Anlagenbauer sonst günstige Rechtsprechung des BGH hinsichtlich Zulieferungen wirkt dieses Mal zu Gunsten des Auftraggebers.

Häufig treten Zulieferer im so genannten OEM-Geschäft *(original equipment manufacturers)* auf. Die entsprechenden Verträge sind schon deshalb besonders sorgfältig zu fassen, weil die Begrifflichkeiten uneinheitlich sind. Überwiegend gilt zwar in der Praxis als OEM der Hersteller, der seine Produktpalette durch Bezug von Fremdprodukten vervollständigt. Diese erscheinen dann mit der Anlage unter dem Namen des Endherstellers. Gelegentlich bezeichnen sich aber auch die Zulieferer selbst als OEM. In beiden

Konstellationen können die Zulieferungen aus Komponenten, Ausrüstungen oder selbständigen Einheiten bestehen. Zu Grunde liegen meistens Rahmenverträge, auf Grund deren der Berechtigte Lieferungen abruft. Zu regeln sind Vertriebsrechte, Abrufmodalitäten, Bedarfsschätzungen, Preisanpassung und Vertragslaufzeit.

Das Vertragsbeispiel

> HV ist berechtigt, einzelne Leistungen durch Subunternehmer zu erbringen. Dies bedarf jedoch in jedem Einzelfall der vorherigen, schriftlichen Zustimmung des GC. Ihre Erteilung liegt in dessen alleinigem Ermessen. Erteilt GC seine Zustimmung nicht, beeinflusst dies die Verpflichtung des HV nicht. Er hat sicherzustellen, dass GC jederzeit die Leistung des/der Subunternehmer(s) vor Ort überprüfen kann.
>
> HV steht für die Leistungen seiner Subunternehmer ein.
>
> Für Teile, die HV nicht selbst herstellt, hat er Bezugsquellen anzugeben und die Teile so zu spezifizieren, dass AG oder GC eine direkte, verwechslungsfreie Nachbestellung möglich ist.

Mit dieser Klausel hätte sich GC ein Zustimmungsrecht über die eingesetzten Subunternehmer einräumen lassen. Die für das Projekt geschilderte Rechtssprechung des Bundesgerichtshofs ist darüber hinaus insofern ausgehebelt, als HV bei einer Vereinbarung dieser Klausel für Z einstehen müsste (und diese Verpflichtung in seinem Zuliefervertrag mit Z vorher zur Wahrung seiner eigenen Interessen hätte regeln müssen).

Schließlich entzieht GC durch den letzten Absatz dem HV auch noch die Marge aus dem Weiterverkauf von nicht selbst hergestellten Teilen.

> HV ist für alle Terminverzüge seiner Unterauftragnehmer verantwortlich.
>
> Bei Terminverzögerungen, die von GC, von Auftragnehmern anderer Gewerke oder sonstigen Umstände verursacht wurden, hat HV kein Anrecht auf Geltendmachung von Mehrkosten. Sämtliche Termine des HV (auch die mit einer Vertragsstrafe versehenen) verschieben sich in diesem Fall um die Dauer der Verzögerung. HV hat GC auch in diesem Fall unverzüglich hierüber zu unterrichten.

Hier beschränkt sich die Einstandspflicht von HV nur auf Terminverzüge, also die Zeitschiene. Damit steht HV nicht mehr wie im vorherigen Beispiel für alle Leistungen seiner Subunternehmer ein.

Zustandekommen

Das Projekt

Der Zementhersteller Zackig hatte über die Lieferung einer Brechermühle mit der Lahm & Langsam AG verhandelt und telefonisch einen Auftrag erteilt. Wenige Tage später erhält L von Z eine „Bestellung", in der es heißt: „Hiermit bestätigen wir den Ihnen bereits erteilten Auftrag wie folgt: ...". Diese Bestätigung geht in einen 15-seitigen Vertragstext mit 22 Punkten über.

L antwortet 14 Tage später schriftlich mit einer „Auftragsbestätigung", die auf drei Seiten 9 der 22 Punkte abändert.

Die dessen ungeachtete harmonische und zunächst zügige Abwicklung des Projekts wird jäh gestört, als die Partner feststellen, dass Z von der Abnahme in der 34. KW, L dagegen von einer Abnahme erst in der 38. KW ausgeht. Z droht mit der Geltendmachung von Verspätungsschäden in nicht unerheblicher Höhe, da das Unternehmen sich zu umfangreichen Zementlieferungen für den Bau eines Stadions verpflichtet hat, das zu einem sportlichen Großereignis fertig gestellt sein muss.

Überlegungen

Der Projektleiter von L steht auf dem Standpunkt, dass sein Unternehmen in dieser Angelegenheit das letzte Wort gehabt habe und damit die 38. KW verbindlich geworden sei. Z hätte sich als Kaufmann ja gegen den Vorschlag wehren können und müssen. Z dagegen meint, mit seinem als Auftragsbestätigung deklarierten Schreiben sei der Vertrag über die Brechermühle zustande gekommen und für Änderungen kein Raum mehr gewesen. Damit müsse L auf eine Abnahme schon in der 34. KW hinarbeiten.

Aufgrund des ihm erteilten Rechtsrats beharrt L auf seiner Meinung, einigt sich schließlich unter dem Gesichtspunkt der Risikobegrenzung jedoch mit Z auf eine Abnahme in der 37. KW.

Nach deutschem Recht ist zur Begründung eines Schuldverhältnisses durch Rechtsgeschäft sowie zur Änderung des Inhalts eines Schuldverhältnisses ein Vertrag zwischen den Beteiligten erforderlich, § 311 Abs. 1 BGB.

Ein Vertrag kommt zustande durch

- mindestens zwei Willenserklärungen,
- die sich inhaltlich decken,
- aufeinander Bezug nehmen
- und von einem Verpflichtungswillen getragen sind.

Das Vorliegen dieser einfach erscheinenden Voraussetzungen ist im Tagesgeschäft oft nicht ohne weiteres festzustellen. In dem oben geschilderten Fall haben Z und L den Auftrag zu verschiedenen Bedingungen bestätigt. Es wird nun von den (beweisbaren) Einzelheiten abhängen, ob Z tatsächlich einen schon geschlossenen Vertrag nur bestätigt hat und L diesen Vertrag gar nicht mehr ändern konnte, ob ein Vertrag zu den von L in seiner Auftragsbestätigung formulierten Modalitäten durch das Schweigen des Z hierauf oder ob ein Vertrag überhaupt nicht zustande gekommen ist.

Die Auslegung von Sachverhalten, die als so genanntes schlüssiges Verhalten zu einem Vertragsschluss führen können, bereitet in der Praxis häufig Schwierigkeiten. Die Aufnahme von Planungsarbeiten, Fertigungsbeginn oder Teillieferungen einerseits können ebenso wie Leistungen einer Anzahlung oder Entgegennahme einer Lieferung andererseits einen Vertrag begründen.

Gleiches gilt für die Interpretation des Schweigens. Entgegen einer weit verbreiteten Ansicht bedeutet nach deutschem Rechtsverständnis Schweigen grundsätzlich Ablehnung. Im kaufmännischen Geschäftsverkehr dagegen kann Schweigen ausnahmsweise als Annahme eines Antrags gelten, § 362 HGB.

Der Rat

Der Druck des Tagesgeschäfts verstellt häufig den Blick auf die Prüfung der Frage, welchen Status die Verhandlungen mit einem Verhandlungspartner erreicht haben. Nur aufgrund eines verbindlich abgeschlossenen Vertrags aber ist ein funktionierendes Claimsmanagement überhaupt möglich. Im Zweifel sollten die Partner deshalb einer etwa bestehenden Unsicherheit über Vertragsabschluss oder Inhalt so früh wie möglich nachgehen. Spätere Auseinandersetzungen über diese Frage werden erheblich teurer als die zügige zeitliche Investition in eine Klärung.

Im Investitionsgütergeschäft liegen vor dem Abschluss eines Vertrags häufig langwierige, widerspruchsvolle, technisch und kaufmännisch umfangreiche Verhandlungen. Sie werden angebahnt, aufgenommen, unterbrochen, abgebrochen oder fortgesetzt. Dieser Prozess kann Jahre beanspruchen. Andererseits gehen Verträgen wegen starken Zeitdrucks und irrtümlich vermuteter Einigkeit der Partner wiederum nur kurze mündliche Verständigungen voraus. Dabei bleibt es nicht aus, dass die Beteiligten gelegentlich den Überblick verlieren. Das führt in der Praxis zu zwei Problemen: Haben die Partner überhaupt einen Vertrag geschlossen? Welchen Inhalt hat ein solcher Vertrag? Gleiches gilt bei der Verwendung fremdsprachlicher Begriffe wie *memorandum of understanding* oder *letter of intent*.

Zur Vermeidung später entstehender Auslegungsprobleme sollten sich die Partner zu einem frühen Zeitpunkt über den tatsächlichen Vertragsstatus vergewissern.

Schriftform ist für das Zustandekommen eines Vertrags im Maschinen- und Anlagenbau nach deutschem Recht grundsätzlich nicht erforderlich. Die Vertragsfreiheit erlaubt allerdings die Vereinbarung der Schriftform. Sie ist insbesondere auch für Mitteilungen bei der Projektabwicklung aus Beweisgründen nützlich. Bei Anwendbarkeit ausländischem Rechts auf den Vertrag ist sorgfältig zu prüfen, ob die fremde Rechtsordnung für das Zustandekommen Schriftform oder andere Voraussetzungen wie Stempelpapier, Registrierung oder Genehmigungen vorsieht.

Sollte ein Vertrag nicht zustande gekommen sein, dürfen aber die Parteien nicht ohne weiteres davon ausgehen, dass sie damit aller Verpflichtungen ledig sind. Als Ebene unterhalb des Vertrags entsteht nach § 311 Abs. 2 BGB durch die Aufnahme von Vertragverhandlungen ein Schuldverhältnis, das zur Rücksicht auf die Rechte, Rechtsgüter und Interessen des anderen Teils verpflichtet, § 241 Abs. 2 BGB.

Vom Zustandekommen des Vertrags ist sein → Inkrafttreten zu unterscheiden. Dieses kann vom Vorliegen weiterer Voraussetzungen abhängen.

Das Vertragsbeispiel

CONTRACT AGREEMENT

This Contract made this day....of the month of .... of the year two thousand and.... between

.... on behalf of the Government of Usambara (hereinafter called the "Employer") of the one part

and .... on behalf of .... (hereinafter called the "Contractor") of the other part.

Agreement is reached between the Employer and the Contractor that the Contractor shall undertake the construction execution completion and maintenance of the works pertaining to Contract .... (name of Contract) in accordance with the Contract's documents and stipulations against the sum of € .... with a period of .... days.

On the other part the Employer agrees to pay the amounts due to the Contractor according to the prices conditions and dates stated in the Contract. Each of the following documents shall be deemed complementary to the other and all of which shall form "Contract Documents" in accordance with the contents of which the execution of Works shall be carried out either in the planned or in a revised or modified form in accordance with the permits provided in the said documents:

1. Instruction to Tenderers
2. Tender Form
3. Contract Agreement
4. General Conditions
5. Drawings
6. Specifications
7. Bill of Quantities and Prices
8. Letter of Intent

In compliance therewith this Contract is signed by the above mentioned two contracting parties.

....

Contractor Employer

VERTRAG

Am .... des Jahres zweitausend..... haben

....

für die Regierung von Usambara (im folgenden „Auftraggeber") einerseits und

....

für .... (im folgenden „Auftragnehmer") andererseits diesen Vertrag geschlossen.

Auftraggeber und Auftragnehmer vereinbaren, dass der Auftragnehmer die Erfüllung der Bauausführung und Wartung der zum .... (Name des Vertrags) gehörenden Arbeiten gemäß der Vertragsdokumentation und -anforderungen gegen eine Zahlung von € .... innerhalb von .... Tagen übernimmt.

Andererseits verpflichtet sich der Auftraggeber, dem Auftragnehmer die in den Zahlungsbedingungen gemäß den im Vertrag vereinbarten Terminen genannten Beträge zu zahlen. Die folgenden Dokumente gelten als sich gegenseitig ergänzend; sie stellen die "Vertragsdokumente" dar, nach deren Inhalt die Arbeiten entweder in der geplanten oder überarbeiteten oder abgeänderten Form in Übereinstimmung mit den in den genannten Dokumenten vorgesehenen Erklärungen zu erbringen sind:

1. Instruktion der Bieter
2. Angebotsformular
3. Vertrag
4. Allgemeine Geschäftsbedingungen
5. Zeichnungen
6. Spezifikationen
7. Mengen- und Preisaufstellungen
8. Absichtserklärung

In Übereinstimmung mit dem Vorgehenden unterzeichnen die genannten beiden Parteien diesen Vertrag.

....

Auftragnehmer Auftraggeber

Eine solche Vereinbarung beseitigt vielleicht noch nicht alle offenen Punkte eines Projekts. Immerhin hilft sie den Parteien, sich darüber klar zu werden, ob wirklich alles Nötige geregelt ist.

Stichwortverzeichnis

B

C

S

T

U

W

Z